Peter Rosegger im Kontext

Hrsg. von Wendelin Schmidt-Dengler und Karl Wagner

böhlau Wien

Die Deutsche Bibliothek – CIP-Einheitsaufnahme:
Peter Rosegger im Kontext. Wendelin Schmidt-Dengler / Karl Wagner (Hg.). –
Wien; Köln; Weimar : Böhlau, 1999
ISBN 3-205-98841-8

Mit Förderung des Bundesministeriums für Wissenschaft und Verkehr

INHALT

Vorwort

Wendelin Schmidt-Dengler
Als ich noch. Peter Roseggers einfache Kunst des Erzählens 1

William M. Johnston
Peter Rosegger: ein Leben zwischen Stadt und Land,
ein Jubiläum zwischen Wechsel und Dauer 14

Hubert Lengauer
Peter Rosegger: ein Fall für die Literaturgeschichte 23

Gerald Schöpfer
Peter Rosegger: ein Zeuge der Sozialgeschichte 38

Werner Hahl
Ritualisierung der sinnlichen Erfahrung. Versuch, Versuchung und
Scheitern einer Religionsstiftung in Peter Roseggers ‚Der Gottsucher'. 57

Juliane Vogel
Ahasvers Waldheimat. Unendliche Fahrten bei Robert Hamerling
und Peter Rosegger 85

Gisela Steinlechner
Blick zurück - Flucht nach vorn.
Inszenierung von Autorschaft bei Peter Rosegger und
Leopold von Sacher-Masoch 100

Karlheinz Rossbacher
„Ich erzähle Träume und sage die Wahrheit." Peter Roseggers
‚Waldheimat'-Geschichte ‚Fremd gemacht!' 119

Jürgen Lehmann
„Der Waldbauernbub und der Graf."
Vergleichende Betrachtungen zu Peter Rosegger und
Lev Nikolaevic Tolstoj 135

Jürgen Hein
Rosegger und das Volksstück 149

Hans-Anton Ederer
War Peter Rosegger ein religiöser Schriftsteller? Oder: Literarische Wertminderung durch religiöse Sentimentalität 172

Karl Wagner
Rosegger und die Dialektik der Gegenaufklärung 186

Wolfgang Hölzl
Völkisch-nationale Rosegger-Rezeption in den zwanziger und dreißiger Jahren 204

Karl Wagner
Dokumentarischer Anhang zur Wirkungsgeschichte Peter Roseggers 222

Vorwort

Rosegger ist eine Legende, die es ohne Textkenntnis ermöglicht, unterschiedlichsten Projektionen, naturgemäß auch den unsäglichsten, als Folie zu dienen. Eine Besichtigung dieser Legende hat von solchen ideologischen Ablagerungen auszugehen und muß sich um den Prozeß der Legendenbildung kümmern, an dem Rosegger selbst mitgearbeitet hat. Mythen sagen allerdings in erster Linie etwas über eine Gesellschaft aus, die sich in ihnen erkennen will. Roseggers beispielloser Erfolg schien daher der Walter Buchebner-Gesellschaft im Rosegger-Jubiläumsjahr 1993 ein geeigneter Anlaß für ein Symposion, das versucht, sein Werk im Kontext seiner Zeit zu sehen. Statt vorschneller Aktualisierung, die heute unter den Stichworten Heimat, Regionalismus, Ökologie wieder möglich scheint, sollte die Traditionslast des Aktuellen erkennbar werden: eine Gelegenheit also für die Selbstkritik von Konzepten, deren naiver Gebrauch, wie nicht zuletzt die Wirkungsgeschichte Roseggers zeigt, jeder historischen Erinnerung Hohn spricht. Roseggers widersprüchliche Teilhabe am ökonomisch-technischen Fortschritt und an den von diesem hervorgetriebenen Potential der Zivilisationskritik war eines der Anliegen des Symposions. Dazu gehört auch Roseggers Stellung im ‚literarischen Feld' der Epoche. Der Habitus des Volksschriftstellers, des Repräsentanten für unterschiedliche Interessengruppen ist eine Funktion der Strategie von Machtkämpfen in diesem Feld, dessen Modernisierung die Voraussetzung für Roseggers zunehmenden Einfluß war. Roseggers Beziehungen zu den Instanzen des Literaturbetriebs, seine Abgrenzungen von anderen Autoren und literarischen Gruppierungen, aber auch die Bezugnahmen von in- und ausländischen Schriftstellern auf sein literarisches und politisches Wirken werden im vorliegenden Band oft zum ersten Mal in den Blick genommen.

Die Werkanalysen haben neue Forschungsansätze der literaturwissenschaftlichen, historischen und sozialanthropologischen Disziplinen einbezogen: Alltagsgeschichte, bäuerliche Kultur, ethnohistorische Aspekte sind Domänen Roseggers, wobei insbesondere seine spezifisch literarisch-publizistische Form der Darstellung nicht als Defizit (im Faktischen), sondern als individueller/epochaler Wahrnehmungsmodus Beachtung verdient. Dieses Zurück zu den Texten Roseggers schien den Herausgebern die beste Gewähr, Roseggers literarische Leistung nicht dem jeweils tagesaktuellen Gerücht anheimzustellen.

Wendelin Schmidt-Dengler / Karl Wagner

Wendelin Schmidt-Dengler

Als ich noch. Peter Roseggers einfache Kunst des Erzählens

Als ich noch im Paradies des kindlichen Lesens und Erzählens weilte und mir die Literaturgeschichte noch keine verbotenen Früchte darbot, war für mich Peter Rosegger der Erzähler, neben dem ich keinen anderen Erzähler dulden wollte. Die abgezirkelte Welt seiner Erzählungen aus der Waldheimat war die ideale Distanz, über die ich eine Handlung auf Grund meiner Kombinationsfähigkeit beim Lesen bringen konnte, und die Überschaubarkeit war garantiert durch dieses kleine Weltleben Roseggers mit Haus, Hof und Stall, mit Wald, Wiese und Alm und den Familienmitgliedern, Knechten, Mägden und wandernden Sonderlingen. Aber der Sündenfall gehört auch zu diesem Paradies, und der Engel mit der flammenden Feder der Literaturkritik scheint davor zu stehen und die Rückkehr zu verwehren. Diese Bilder sollen der bescheidene Versuch sein, Rosegger nachzuahmen, wenn er sich als Schriftsteller geben will. Wie wenig aber wird Rosegger eben als der Schrift-Steller gesehen; er wird zusehends zu einem Schemen, dessen Bedeutung in mehrfacher Hinsicht herbeizitiert zu werden vermag, im allgemeinen aber läßt sich sagen, daß von seiner schriftstellerischen Leistung immer weniger die Rede ist, bei voller Würdigung seiner Leistung auf publizistischem Gebiet. Sein Name scheint, ganz im Gegensatz zu vielen seiner Zeitgenossen, in den Literaturgeschichten nur am Rande auf, und seine literarische Leistung ist heute vielen obsolet. Das Werk ist im literaturwissenschaftlichen Diskurs kaum präsent, soferne es um die ästhetische und literaturgeschichtliche Erheblichkeit geht; daß seine Themen heute noch aktuell sind, steht außer Zweifel, es geht aber da immer um die Inhalte, und die Abnehmer für Roseggers vielfältige Aussagen finden sich vielmehr im Bereich von praktischer Religion, Geschichte, Kulturgeschichte, Politikwissenschaft, Soziologie, ja auch die Psychoanalyse ist hier besonders fündig geworden. Die Germanistik hat in der jüngeren Vergangenheit - sieht man von den grundlegenden Untersuchungen zur Provinzliteratur und Heimatkunst ab - an Roseggers Werk keine Besitzansprüche angemeldet, ja es läßt sich geradezu von einer Vernachlässigung dieses Autors sprechen, und zwar gerade in bezug auf die philologischen Grundlagen. Die Vielzahl der Ausgaben ist Zeugnis für die Wirksamkeit dieses Autors, einer Wirksamkeit, die zunächst doch einmal über den Text lief, sie ist aber auch Zeugnis für die Unbekümmertheit des Lesepublikums gegenüber der Überlieferung. Die ebenso verwickelte wie aufschlußreiche Textgeschichte von ‚Heidepeters Gabriel‘ - der ‚Wilhelm Meister‘ und ‚Heinrich von Ofterdingen‘ Roseggers - hat Karl Wagner unlängst aufgezeigt [1] und auch einen Überblick über die verästelte Geschichte des ‚Waldheimat'-Komplexes geboten. [2] Vieles wäre hier noch nachzuholen, vor allem aber wäre im Gedenkjahr doch einmal der Anlaß gegeben, eine Ausgabe zumindest der wichtigsten Schriften Roseggers zu fordern, eine Ausgabe, die wenigstens im Überblick kritisch über die komplizierte Textgeschichte informiert. Dies würde die Rosegger-Legende auf den Boden von Tatsachen stellen, die weit über die Person und das Werk Roseggers hinaus interessant wären und Indizien für die Konstitution eines solchen Erfolgs- und Volksschriftsstellers abwerfen würden. Rosegger in einer heute vorhandenen Ausgabe lesen heißt, sich einem Text anvertrauen, der sich in keiner Weise um seine historischen Voraussetzungen kümmert und die verwirrende Genese und die - meist zu Lebzeiten des Autors erfolgte - Verwandlung der Texte negiert. Die Textgeschichte selbst und die Art der Überlieferung ist wiederum ein Umstand, der aufschlußreich für die Wirkungsgeschichte ist: Es kommt nicht auf den einzelnen Text an, sondern auf einen Komplex, nicht auf ein festumrissenes Werk, sondern auf eine Summe von Werkeinheiten, die in ihrer Summe erst ein Ganzes ergeben. Die Wirkung dieser Texte hat sich schon früh vom geschriebenen Wort emanzipiert; festzuhalten ist, daß diese - wie Karl Wagner formuliert hat - „Wirkungsgeschichte ohne Text" [3] aber doch immer wieder auf mehr oder weniger deutliche Vorstellungen vom Autor Rosegger und seinem Erzählen rekurriert. Daß diese Vorstellung vom Erzähler Rosegger keineswegs eindeutig ist, ist ebenso einsichtig. Sich nach der Besonderheit des Roseggerschen Erzählens zu fragen, scheint mehr oder weniger außer Mode. Es scheint fast, als würde man um dessen Leistung einen Bogen machen wollen, als ein für Poetologie und Literaturgeschichte unergiebiges Sujet. Seine Schriften figurieren nicht in den massiven Interpretationssammlungen und scheinen den Vergleich mit den großen Zeitgenossen wie Stifter, Keller, C.F. Meyer, Storm, Fontane, Raabe - um von den Engländern, Franzosen und Russen zu schweigen - nicht auszuhalten. Rosegger scheint ins Ausgedinge der Provinzliteratur geschickt, und die Frage nach der Besonderheit seiner Erzählkunst wird überhaupt nicht gestellt. Denn diese Formen des Erzählens einfach mit der Signatur des Simplen abzustempeln, verrät doch nur die Unlust, sich den sehr komplizierten Strukturen dieses Simplen nähern zu wollen. Mit den Worten „einfach" oder „simpel"

---

[1] Karl Wagner: Der Heimat-Stoff und seine Verwandlungen. Werk und Wirkung Peter Roseggers. In: Peter Rosegger 1843-1918. Hg. von G. Schöpfer. Graz 1993, S. 207-210.

[2] Karl Wagner: Die literarische Öffentlichkeit der Provinzliteratur. Der Volksschriftsteller Peter Rosegger. Tübingen 1991, S. 211-220.

[3] Wagner (zit. Anm. 1), S. 207.

verbindet sich hier kein Werturteil; es geht lediglich darum, einzelne Strukturen freizulegen, die möglicherweise die Besonderheit des Roseggerschen Erzählens ausmachen und damit vielleicht die nicht gewöhnliche Wirkung ermöglichten, die auch ohne den Text zustandekommen konnte. Denn das Interesse an der Biographie eines „Naturdichters“, die Sammlung seiner vielen Sentenzen, die für alle Lebensgebiete Breviere abwerfen - all dies würde nicht den Anreiz erklären, sich mit Rosegger zu beschäftigen. Daß am Anfang der Lyriker, dann aber - über die engere Region hinaus - vor allem der Erzähler Rosegger wahrgenommen wurde, ist eine unbezweifelbare Tatsache, und es geht darum, diesen Praktiken des Erzählens anhand einschlägiger Beispiele nachzuspüren, die nun den Ruf dieses Autors - weit über die Festschreibung als Lesebuchautor hinaus - begründen. Sinnvoll ist daher die Konzentration auf das unter dem Titel ‚Waldheimat‘ überlieferte Textcorpus recht unterschiedlichen Umfangs und überdies auf Schriften ähnlichen Charakters kürzerer, skizzenhafter Prosa, wie etwa die ‚Sonderlinge‘. In diesen kürzeren Gebilden werden Roseggers Qualitäten am besten erkennbar. Die Romane sind ja auch durch Episoden erweiterte Anreicherungen eines Grundeinfalls und weisen eine - wie Uwe Baur sie nannte - „additive Werkstruktur“[4] auf. Damit sei das Kapitel über die Konzeption der Romane Roseggers nicht ad acta gelegt, sehr wohl aber doch betont, daß diese sich von der Konzeption solcher Romane wie Stifters ‚Nachsommer‘ und Gottfried Kellers ‚Grünem Heinrich‘ radikal unterscheiden. Es hat seinen Sinn auch nicht, diese Texte von den dominanten Erzählformen seiner Zeit wie der Novelle oder dem großen Roman her beurteilen zu wollen, es scheint angemessener, die Kriterien aus den Texten Roseggers selbst zu entwickeln. Dabei ist klar, daß diese Prosa auch im Einverständnis mit ihren Publikationsbedingungen steht, so sehr die Klage des Autors über sein Schreibleben auch durchscheinen mag. Die Veröffentlichungsform in Zeitungen und Periodika begünstigt gerade diesen Formtyp, der an die Kalendergeschichte erinnert. Daß gerade diese formal prägende Kraft hatten, braucht nicht weiter ausgeführt zu werden, aber es scheint auch nicht sinnvoll, von Johann Peter Hebel her den Typ der Kalendergeschichte oder von Auerbach her den Typ der Dorfgeschichte mit Blick auf Rosegger hochzurechnen, sondern vielmehr ist die Frage zu stellen, wie Rosegger die Abläufe in diesen Erzählungen gestaltet, die noch immer mit seinem Namen verbunden sind. Die Geschichten aus der ‚Waldheimat‘ präsentieren sich von Anfang an als Teile einer gewaltigen und umfassenden Erzählung, und mitunter scheint es kaum einen, den Autor eingeschlossen, zu kümmern, wer spricht. So läßt sich Rosegger

---

[4] Uwe Baur: Peter Rosegger und die Wissenschaft. In: „Fremd gemacht“? Der Volksschriftsteller Peter Rosegger. Hg. von U. Baur, G. Schöpfer und G. Pail. Wien/Köln/Graz 1988, S. 17.

in der Einleitung vernehmen: „Die Erzählungen dieses Buches wollen zu jener Gattung von Wahrheit gehören, welche allgemein ist und die durch den Mund des Poeten bedeutsamer wird“ (AS 1,4)[5], ein Satz aus dem Vorwort des Druckes von 1881, den Rosegger bezeichnenderweise in der Staackmann-Ausgabe von 1914 umgewandelt hat: „Die Erzählungen wollen zu jener Gattung von Wahrheit gehören, welche durch den Poeten ins allgemeine gehoben wird und den ganzen Menschen zeigt.“(AlH 11,5)[6] Gibt es vorher noch eine Wahrheit, die unteilbar und allgemein ist, so tritt nun eine Spezifikation ein: Es gibt eine Form besonderer Wahrheit, die durch den Poeten hergestellt wird. Als Hersteller dieser Wahrheit fungiert offenkundig das Erzählen, und das Verhältnis von Vater und Sohn gründet ebenso offenkundig in dieser Leidenschaft für das Erzählen. Der schriftkundige Sohn muß dem der Schrift unkundigen Vater erzählen, während der Vater „wunderbare Dinge aus den Zeiten der Ureltern [wußte], wie diese gelebt, was sie erfahren und was sich in diesen Gegenden einst für Sachen zugetragen, die sich in den heutigen Tagen nicht mehr ereignen“. (AS 1,19; AlH 11,39) In den Erzählungen selbst ist viel vom Erzählen die Rede, es scheint, als wäre oft das Erzählen das Thema der Erzählung und alles, was sich irgendwie in seiner Besonderheit - sei es eine Sache, ein Brauch oder ein Person - bemerkbar macht, wird Anlaß der Erzählung. Was sich von dem Allgemeinen durch Besonderheit abhebt, soll zum Zeugen jener Wahrheit werden, die „allgemein ist“. Trotz der so oft und so nachhaltig betonten Beteuerungen, daß es sich um authentisches Erzählgut handle, dürfte Rosegger sich mehr und mehr klar geworden sein, wie dieses Erzählgut sich verselbständigte und mit den realen Anlässen nur bedingt zu tun hatte. Und so ist auch das Bekenntnis im Vorwort „zur neu bearbeiteten und neu eingeteilten Ausgabe“ zu verstehen, wo es heißt: „Wenn ich nun aber in diesem Buche von Kindheits- und Jugendtagen des Waldbauernbuben erzähle, so muß man diesen Buben nicht allemal gerade auf meine Person beziehen. Man kann es tun, aber mit einiger Vorsicht.“ (AlH 11,5) Entscheidend ist der Sprung von der Allgemeingültigkeit des Erzählgutes zum freimütigen wie hochmütigen Eingeständnis der Leistung des Poeten: Dessen Stellung wird als Lizenz auch zur Durchmischung des authentischen Materials mit allenfalls vernommenem Erzählgut akzentuiert. Und so ist auf Grund dieser Art von Wahrheit, die der Autor in den Text schmuggelt, der Einsicht Jürgen Lehmanns zuzu-

[5] Die Sigle AS bezieht sich auf die Hartleben-Ausgabe (Peter Rosegger: Ausgewählte Schriften. Bde 1-30. Wien/Pest/Leipzig 1881-1894) und die folgenden Ziffern auf Band und Seitenzahl. Die Siglen stimmen mit den von Wagner (zit. Anm. 2) verwendeten überein.

[6] Peter Rosegger: Gesammelte Werke. Vom Verfasser neu bearbeitete und neu eingeteilte Ausgabe. Bde 1-40. Leipzig 1913-1916. Zitiert als AlH.

stimmen, derzufolge es sich bei ‚Weltleben' und ‚Waldheimat' nicht im Sinne der so bequemen organologischen Vorstellung um etwas „Gewachsenes" handelt, sondern um ein Konstrukt, um etwas, das „gedichtet" ist, „was aber offenkundig weder der Qualität der Texte geschadet noch ihre intensive Rezeption verhindert hat".[7]

Lassen sich diese Qualitäten nun auch beschreiben? Mit der Herleitung von verschiedenen Mustern aus der Kalenderliteratur, aus Goethes ‚Dichtung und Wahrheit', von Stifter, Auerbach und Bogumil Goltz ist zwar vieles ausgeleuchtet, aber es ist offenbar nicht die Besonderheit Roseggers angesprochen. Daß Rosegger Anteil an der stets wirksamen Topik der Replastizierung von Kindheit hat, verbindet ihn mit vielen ebenso erfolgreichen Erzählern und ist allein nicht das Rezept, mit dem er seine Fortune in der Rezeption machte. Es geht Rosegger offenkundig darum, alles, was sich ihm darbietet, erzählend zu beleben. Nichts, worauf das Auge des Erzählers fällt, bleibt ohne Geschichte, alles erhält in einem quasi universalen Erzählmodell seinen Kontext und seinen Platz. Die Erzählungen ergehen sich in der Herstellung von neuen Ordnungen. Die maliziöse Bemerkung Peter Handkes über Rosegger in Kontrast zu Felder zielt auf diese Lust am Erzählen und mehr noch auf das erzählerische Ornament ab: „[...] im Unterschied [...] zu dem Waldbauernbub Peter Rosegger kommt er [Franz Michael Felder] ganz ohne Schnurren, Anekdoten, Ausmalungen, Dramatisierungen aus."[8] Was für die Asketen nur entbehrlicher Zusatz ist, ist für andere schlichtweg Substanz: Schnurren, Anekdoten, Ausmalungen, Dramatisierungen. Und so erklärt sich auch die Suche nach der oft nur schwer auffindbaren und nicht immer glücklichen Pointe; in jedem Falle aber sollen die Texte so etwas wie ein Ornament erhalten, und zu den Dramatisierungen tritt nun auch das Sententiöse hinzu, dessen der einfühlsame Leser schon gar nicht bedarf. Aber gerade hier kann der Leser ausruhen und seinen Sinn dem des Autors gleichschalten. Und Rosegger selbst verrät seine Devise mehrmals, am augenfälligsten in ‚Herr Meyer, der Belehrende' aus der Sammlung ‚Sonderlinge'. Herr Meyer - er endet als Dozent in Wien - belehrt ungebeten die Landbevölkerung, einfach weil ihm bei dieser das Erzählen von wüsten Geschichten auf die Nerven geht. Auf einer Seite versammelt Rosegger eben das, was an Unsinn unter dem Volke einhergeht, dieses Erzählen der abstrusen Geschichten. „Der Kaiser Josef der Zweite, der ist nicht todt, den halten die Geistlichen in einem Kloster gefangen, und umbringen können sie ihn nicht,

---

[7] Jürgen Lehmann: Weltleben und ‚Waldheimat'. Zur Technik autobiographischen Schreibens bei Peter Rosegger. In: Fremd gemacht (zit. Anm. 4), S. 140.

[8] Peter Handke: Zu Franz Michael Felder. In: Franz Michael Felder. Aus meinem Leben. Salzburg/Wien 1985, S. 5.

weil er der Freund vom Papst Pius dem Siebenten gewesen ist, und weil ihn der gesegnet hat. [...] Ja, jetzt kriegen wir Krieg. Unser Kaiser hat seinen Alleröbersten, der nach ihm halt der Höchste ist, zum Türken in die Türkei hineingeschickt, und daß er - der Türk' - halt sollt' Fried' geben und nicht Krieg führen. Und jetzt, da ist der Türk' hergegangen und hat dem Kaiser seinen Freund, halt, der nach ihm der Alleröberste ist, abschlachten und braten lassen, und hat ihn gebraten unserem Kaiser zurückgeschickt." (AS 11,32) In hübscher Umständlichkeit und mit präziser Mimesis der volkstümlichen Rede werden facta bruta mitgeteilt, die heute als Kronen-Zeitung-Schlagzeile vom Typ „Österreichischer Diplomat in der Türkei gebraten" nicht undenkbar sind. Gegen solche Schreckgeschichten mobilisiert der belehrende Herr Meyer seine Aufklärungsarbeit, aber er scheitert letztlich an der Intransigenz der Bevölkerung, denn Rosegger belehrt ihn und gibt dabei auch sein Rezept preis: „Nur in Einem hätte er selbst belehrt werden sollen, nämlich daß der große Haufen des Volkes ausschließlich an dem hält, was auf ihn die größte Wirkung übt, und daß die Phantasie auf denselben mehr Einfluß nehmen muß als die Logik." (AS 1,33) Es ist also vor allem die Wirkungsästhetik, auf die Rosegger es abgesehen hat; Aufklärung kann also nur auf dem Umweg über eine instrumentalisierte Phantasie erreicht werden, und das mag auch der Grund dafür sein, daß er sich nun alle die „Schnurren, Anekdoten, Ausmalungen, Dramatisierungen" erlauben kann, ja daß sie unentbehrlich sind. Roseggers Texte nehmen ihren Ausgang von Dingen, Bräuchen und Figuren. Gleich zu Beginn der ‚Waldheimat' wird eines jener Dinge beschworen, die in der Literatur einen geradezu unbefragten Symbolwert über die Jahrhunderte hinweg haben und die bis heute in der ökologischen wie ästhetischen Debatte einen hohen Streitwert haben: ein Baum. Man denke an den mächtigen Patriarchen in Sealsfields ‚Kajütenbuch' oder an die ‚Judenbuche' der Droste-Hülshoff. Die Tanne, auf der der Urgroßvater saß, ist der Baum, an dem sich die regionale Geschichte und die Familiengeschichte festmachen lassen. Dieser Baum ist Zeuge der Türkenkriege, dieser Baum ist Zeuge der Schreckensnacht, die den Urgroßvater offenkundig zum Mann und zum Mann mit grauen Haaren gemacht hat, er brennt, da der Erzähler „schon erwachsen" (AS 1,26) ist nieder, es bleibt noch ein Rest, aber dann verschwindet auch dieser: „Auf dem Stocke und auf den letzten Resten des Baumes, die langsam in die Erde wachsen und vermodern, wächst das Moos." (AS 1,27) Und es ist der Erzähler, der weiß, was vormals da war. Er weiß diese Zeichen der Natur zu deuten, er legt sie aus. Im Erzählen bleiben auch die entschwundenen Dinge lebendig. Ähnliches gilt von den Bräuchen, mehr aber noch von den Menschen. Hier stehen die Sonderlinge im Mittelpunkt; diese Sonderlinge sind nun weniger Sonderlinge auf Grund wahrer Schrulligkeit (wie etwa der belehrende Herr Meyer), sie sind mehr die Opfer, die Marginalisierten, die Beschädigten, die Ausgegrenzten. Die blinde Jula, das Mooswaberl und, obwohl ihm nur ein ganz kleiner

Part im Text gegönnt wird, der Jude Maischel. Diesen Außenseitern wird eine entscheidende Rolle jeweils in der Handlungsstruktur zugestanden, sie sind Helfer oder gar Retter. In jedem Falle läuft die Sympathielenkung durch den Erzähler immer in eine Richtung: Sie will, daß wir die Partei der Außenseiter ergreifen, so in der Geschichte vom einfältigen Samer-Sim, dem Einleger, der sich selbst als Teil einer solchen Geschichte begreift. Beim Wirt gibt es ein Buch, worin die Geschichte vom Ewigen Juden erzählt wird; das ist für ihn die „anmuthigste Geschichte" (AS 11,141), und da man einen törichten Scherz treibt und davon die Rede ist, daß der Ewige Jude gerade vorbeigekommen ist, da schickt sich der Samer-Sim an, diesem nachzulaufen, um das Ewige Leben zu erhalten. Bei diesem „schwachsinnige[n] Greis" (AS 11,143) gehen Fiktion und Wirklichkeit eine Einheit ein; die Legende wird zum Lebensinhalt, und in den meisten Texten Roseggers steht so ein Einleger, so ein Ausgestoßener als die große Rätselfigur im Hintergrund, als Wesen, dessen Besonderheit es zu ergründen gälte. In dieser Hinsicht ist die Handlung von Carl Morres Stück ,'s Nullerl' (1884) ja ganz auf einem Schema aufgebaut, das den Unbedeutenden allmählich Bedeutung, mehr aber noch poetische Gerechtigkeit zuteil werden läßt. Der Sämann, bekannt als der „Samstag-Christof", hätte dreimal Anrecht gehabt auf das Spital, denn er war übel geboren. Eine Krankheit hatte ihn zugerichtet, er war stocktaub und einäugig und hatte eine verstümmelte rechte Hand. Doch dann kommt bei Rosegger immer das große Aber, das diese Ausgesetzten so besonders macht: „Aber seine Linke war gesund und ernährte drei Gemeinden." (AS 11,15) Denn dieser Samstag-Christof ist ein Sämann, und seine Saat bringt Glück; und typisch auch das Ende, das dieser Sonderling nehmen darf: „An einem Samstagabend fand man ihn mitten auf einem reichen Kornfeld leblos, tief zusammengekauert wie ein Samenkorn, das, in Verwesung übergehend, keimen will. Man konnte den Greis nicht mehr gerade legen, der Sarg mußte kurz und breit sein." (AS 11,20) Roseggers Figuren finden meist ihre Vollendung im Tod; unzählige Geschichten handeln vom Einsargen der Menschen, am eindrucksvollsten im Abschluß des ,Waldheimat'-Komplexes unter dem Titel ,Von meiner Mutter', worin darüber Klage erhoben wird, daß der Anblick der Toten dem Erzähler entzogen wird. Diese Bilder des oft einsamen Todes und der Anblick des Toten beschließen meist die Erzählungen; man denke an den Schluß der ,Schriften des Waldschulmeisters', dessen Leiche - er ist dann der rätselhafte Alte - im Hochgebirge gefunden wird. So wird dem Konzept des Einsiedlers ja seine besondere Wiederbelebung zuteil: auf die Funktion der Robinsonade hat Karl Wagner nachdrücklich aufmerksam gemacht.[9] Die Figuren in den ,Schriften des Waldschulmeisters' sind ja

[9] Wagner (zit. Anm. 2), S. 138-173.

allesamt solche Spiegelungen der Robinson-Figur, die, einmal von der Gesellschaft ausgestoßen, sich dieser verweigern; am sinnfälligsten wird dieses Muster in der Figur des Einspanig, des Pater Paulus, der an einer Schuld zu tragen hat, die ihn in die Einsamkeit treibt. Das Leben dieser Eremiten ist das Negativ der Gesellschaft im Weltleben. „Oft habe ich mir gedacht", schreibt der Waldschulmeister Andreas Erdmann, „der erste Seelsorger in Winkelsteg darf kein Gerechter sein, sondern ein Büßer. Nicht ein Mann sei es, der nie gefallen, sondern einer, der aus dem Falle ist aufgestanden. In der Tiefe und Finsterniß der Wäldler muß er sehen und sich zurechtfinden können, auf daß er den Menschen vorauszugehen weiß hinan zur lichten Höhe." (AS 6,227) In diesem Konzept vom Sonderling indes weiß sich der Erzähler selbst eingespannt; auch er ist ein Sonderling. Rosegger berichtet, daß ihm ein Freund für die Sammlung ‚Sonderlinge' den Titel ‚Halbnarren aus dem Volke der Alpen' vorgeschlagen hatte (AS 11,3); da der Waldbauernbub nach Wien gehen will - einer jener zahlreichen Ausbruchsversuche, von denen es so viele in der ‚Waldheimat' gibt -, schilt ihn der Vater einen „Halbnarren" (AS 1,251), und gäbe es diese Halbnarren nicht, wäre es schwer, überhaupt von Menschen zu erzählen. Man müßte sonst fast ausschließlich vom Alltag erzählen, von der Arbeit. Diese bekommt erst durch das Vorhandensein der Sonderlinge ihre Folie. Das Ich in der ‚Waldheimat' entwickelt sich ja in stetem Kontrast zu der Arbeit der anderen; doch möchte dieses Ich auch Anteil haben an dieser Arbeit und an dieser Gesellschaft, wie die letzte Geschichte des ersten Bandes der ‚Waldheimat' erzählt. Der Waldbauernbub ackert, er freut sich seiner Leistung und des Lobes, das ihm für diese zuteil wird. Aber der Hagelschlag vernichtet die Ernte, die sich, nach den Worten des Vaters, so schön anließ wie nie zuvor; doch der Erfolg dieser Arbeit bedeutet auch das Ende einer Epoche, denn der Vater gibt schließlich „durch mannigfaltige Mißgeschicke entmuthigt, allmählich den Streit mit den Elementen" auf. (AS 1,359) Wesentlich aber ist in allen anderen Fällen, daß der Waldbauernbub weg von zu Hause möchte, ja daß die Bindung an die Natur, die vor allem in den Schlußpartien jeder Erzählung so emphatisch gefeiert wird, sich durchaus als die spätere Sicht auf die Dinge offenbart: So beginnt die Schilderung ‚Als ich mir die Welt am Himmel baute' mit einer Abkehr von dieser Natur. „Unsere Waldberge waren mir schon gar lästig geworden, das ewige Dunkelgrün und das ewige Vögelzwitschern und Windrauschen war nicht mehr auszustehen. Es war ein Einerlei, nicht zu sagen. Und ich sann, ich träumte Anderem nach." (AS 1,236) Die Worte des Herrn von Lips in Nestroys ‚Zerrissenem' sind die ironische Kontrafaktur dieses Bekenntnisses, allerdings aus dem Munde des notorischen Dandys: „Sag' mir ein Land, wo ich was Neu's seh'; wo der Wasserfall einen andern Brauser, der Waldbach einen anderen Murmler, die Wiesenquelle einen andern Schlängler hat, als ich schon hundertmahl g'sehn und gehört hab' - führ mich auf einen Gletscher mit schwarzem Schnee und glühende Eiszapfen, - segeln wir in einen Welttheil, wo das Waldesgrün lilafarb, wo die Morgenröthe paperlgrün ist - laßts mich aus, die Natur kränckelt auch an einer unerträglichen Stereotipigkeit.“ [10] Und der Waldbauernbub beschreibt die Natur, was zu einer Stilübung in der Manier Stifters gerät und wobei im Fortschreiten die Naturwahrnehmung zu einer Kunstwahrnehmung wird. Die Farben werden von Mal zu Mal unnatürlicher, die Wolkenfiguren werden Kunstfiguren, die die visionäre Kraft des Knaben erschauen will. Zuletzt mündet diese Schilderung in die Schilderung eben der Katastrophe des Hagelschlags. Es ist, als ob dieses Gefühl des Überdrusses an der „Stereotipigkeit“ der Natur seine Strafe durch die Natur fände, es ist der Sündenfall. Die Natur muß verwandelt werden, um eine andere Sicht der Dinge zu gewinnen. In nahezu allen Geschichten der ‚Waldheimat‘ ereignet sich so ein Sündenfall, eine Verfehlung, eine Fehlleistung; allerdings sind diese Fehlleistungen in ihrer Gewichtung außerordentlich unterschiedlich. Das kleine Vergehen, der kleine Irrtum, bis hin zu schweren Unterlassungen oder gar bis hin zum Betrug, zum Verschweigen. Von diesen Verfehlungen wird berichtet, und es läßt sich daher vom Bekenntnischarakter, ja sogar Beichtcharakter dieser Texte sprechen. Offenkundig ist der Sündenfall notwendig, um überhaupt zum Erzählen zu kommen. Auch Andreas Erdmann im ‚Waldschulmeister‘ hat so eine Sünde begangen - er hat seinen Freund im Krieg erschossen; desgleichen hat (und hier erkennen wir das bei Rosegger so beliebte Spiel der Doppelung) auch „Einspanig“, der Pater Paulus, mehrfach Schuld auf sich geladen - zwei Tote - und büßt nun in der Einsamkeit ab. Die Streiche des Waldbauernbuben könnten von Mal zu Mal gefährliche Folgen haben; aber offenkundig ist immer wieder für eine Lösung gesorgt. Der mehrfach verlorene Sohn wird mehrfach heimgebracht. Die erste literarische Darstellung einer Schwarzfahrt - da ist allerdings der Vetter schuldtragend - endet vergleichsweise harmlos. Immer muß der Erzähler allerdings etwas verbergen, er muß sich verbergen. Die Dinge kommen an den Tag, allerdings nie so ganz. In ‚Als ich mit der Thresel ausging und mit dem Maischel heimkam‘ ist es die gute Intrige, die ins Werk gesetzt wird, die aber nicht so endet, wie es sich der Held versprochen hat: Er versucht, durch unlautere Werbung, durch Kundenbestechung quasi, der Thresel Käufer zuzuführen und dem Maischel wegzunehmen, ein Verfahren, das zu einer Schlägerei führt; markant und mit einer jähen Drehung, die auch die Qualität dieser Geschichte ausmacht, wird der Erzähler gerettet, just durch den, dem er durch seine Manipulation schaden wollte. Ein Moment der Unaufmerksamkeit, eine Herausforderung der Ord-

---

[10] Johann Nestroy: Stücke 21. Hinüber-Herüber. Der Zerrissene. Hg. von J. Hein. Wien/München 1985, S. 37.

nung führt zum Unglück; die Folgen des Leichtsinns zwingen zum Verschweigen der Missetat. Und doch kommt alles an den Tag, aber es kommt gemildert an den Tag: ‚Wie das Zicklein starb' gehört nicht nur von der Handlungsführung zu den bizarrsten Texten der ‚Waldheimat'-Geschichten, sondern ist zugleich in der Technik der Enthüllung und Verhüllung der Tat ein Bruchstücklein aus einer großen Konfession. Das „herzlich lustige Spiel" mit dem Brotlaib wird zur Ursache für den Tod des Zickleins, das der Waldbauernbub und seine Geschwister dem Vetter Jok, den sie gar so gerne haben, schenken wollen. Und es ist gerade dieser Vetter Jok, der weiß, wie das Unheil seinen Lauf nahm. Der Brotlaib entgleitet der Kontrolle des Knaben, der Feuer bei der Nachbarin holen soll; und da er heimkommt, findet er den Vetter mit dem toten Zicklein, und der weiß alles - und schweigt. An die Stelle der Wahrheit wird die Lüge gesetzt; ein Stein hätte das Tier erschlagen. An dieser Geschichte mag die geradezu unwahrscheinliche Zufallskonstruktion, die an verhängnisvolle Gabeln erinnert, befremden, doch ist diese Art der Dramatisierung für sich genommen aufschlußreich: Das Zicklein, das dem lieben Vetter Jok zugedacht ist, wird ihm auch zuteil. Schon der Beginn der Erzählung verrät das Bauprinzip: In der Sprache Dinge zueinander zu bringen, die später durch die Erzählung zueinander gebracht werden sollen: „Mein Vater hatte ein schneeweißes Zicklein, mein Vetter einen schneeweißen Kopf. Das Zicklein kaute gern an Halmen oder Erlzweigen; mein Vetter gern an einem kurzen Pfeifchen. Das Zicklein hatten wir, ich und meine noch jüngeren Geschwister, unsäglich lieb; den Vetter Jok auch. So kamen wir auf den Gedanken: wir sollten das Zicklein und den Vetter zusammentun." (AS 1,98) Der Plan der Kinder wird verwirklicht, allerdings nicht so, wie sie es sich ausgemalt haben: Dem Vetter wird das tote Zicklein zuteil, der Brotlaib, der der Knierutscherin zugedacht war, ist im Graben verschwunden und mit ihm die Wahrheit, um die es geht. Die Güte des Vetter Jok, der verschweigt, verdeckt auch die Wahrheit. Die Geschichte ‚Als ich-' birgt bereits im Titel, und zwar im Gedankenstrich, das Entsetzen über die Unterdrückung der Wahrheit. Der Waldbauernbub hat dem „Talerbüchsentoni", eben einem jener Außenseiter, die Münzsammlung, die sein Stolz ist, versteckt; ein übler Scherz mit üblen Folgen, denn ein andrer Außenseiter, der Hias, wird verdächtigt; aber zum Bekenntnisakt fehlt der Mut, da der Talerbüchsentoni Himmel und Hölle in Bewegung setzt. Aber alles geht gut aus, der Hias wird wiedergefunden, ein Nachbar, der zufällig des Weges kommt, bringt alles ins Reine und nimmt den Hias zu sich. Der Waldbauernbub bekommt noch zum Abschied vom Talerbüchsentoni ein „funkelndes Tälerlein" (AlH 11,298), und der Hias wird zum Schwiegersohn des Bauern, der ihn und den Waldbauernbuben gefunden hat, und später zum wohlbestallten Herrn auf dessen Hof. Alles ist ins Lot gebracht, und was so tragisch enden könnte, wird in dieser Ordnung des Erzählens einem guten, ja einem zu guten Ende zugeführt. Der Leser kann beruhigt sein: Entwicklungen, die sich zu einem tragischen Ende zuspitzen könnten, werden rechtzeitig wenngleich nicht mit geringer Anstrengung abgefangen. Die tragische Entwicklung wird, und das scheint bezeichnend, in den außermenschlichen Bereich verlegt; ‚Beim lieben Vieh' heißt die Geschichte, in der von dem „vierjährigen Zugochsenpaar" Pöll Foich gehandelt wird (AS 1,307), von denen der eine an dem Stier Grull beim Nachbarn einen Eifersuchtsmord begeht. Beschrieben wird das Schicksal dieses Ochsen mit einer jeden Tierfreund in Erstaunen setzenden Anteilnahme; der Stier, der sich in die Kuh des Nachbarn verliebt, der von dem ursprünglichen Bauernhof weggebracht und kastriert wird, der schließlich mit ansehen muß, wie seine Lieblingskuh mit einem anderem, dem Grull, ein glückliches Eheleben führt, obwohl dieser fremdgeht, und der schließlich seinen Gegenspieler ermordet, hierauf quasi verurteilt wird, die Nahrungsaufnahme verweigert und zuguterletzt noch lange lebt, einfach weil er zu dürr für die Schlachtung ist. Das ist eine Tragödie Anzengruberschen Zuschnittes, nur verlagert ins Tierreich. Im Mittelpunkt steht ein Verbrechen, dessen der Täter überführt werden kann - eine echte Milieutragödie, deren einzelne Phasen wortreich kommentiert werden. Diese etwas dünne Sozialparabel, die Anteilnahme mit dem Verbrecher auf dem Umweg über das liebe Vieh befördern soll, schließt mit der Verwunderung des Erzählers, „wie es doch so seltsam sei, daß, wie der Mensch, so auch das Thier hinausgestoßen werde in das Leben, um schuldig und unglücklich zu werden". Und das bekommt schließlich auch seinen Sinn durch die Bemerkung eines Naturforschers, der da anmerkt: „Lieber Freund, das Unglück Ihres Helden war, daß er für einen Ochsen zu gescheit gewesen ist!" (AS 1,323) Spätestens an dieser Stelle müßte es klar werden, daß Roseggers Geschichte von zwei Themen handelt, selten allerdings ist dies so schön auseinandergenommen und geradezu aufdringlich gleichnishaft serviert. Die meisten Geschichten verknüpfen zwei nicht aufeinander beziehbare oder kausal voneinander ableitbare Motive. Das wird in der Geschichte ‚Als ich im Walde beim Käthele war' bereits deutlich, wo der Bub nur auf das Geld beim Holzhändler wartet, das Käthele aber meint, er wäre seinetwegen bei ihm geblieben. Ein Motivstrang scheint den anderen zu verdecken, und der Schluß führt beide zueinander. In ‚Wie das Zicklein starb' wird diese Gegenstrebigkeit in der Kombination besonders deutlich. Zunächst wird mit der Geschichte vom Zicklein und dem Vetter Jok begonnen. Der Brotlaib, der aus einem ganz andren Motivkomplex kommt, rollt förmlich aus der Geschichte und in eine Schlucht hinein; am Ende werden beide Komplexe miteinander verflochten und ineinandergeblendet. ‚Weg nach Mariazell' enthält die Geschichte vom Unfall mit der Egge, ein Unfall mit glücklichem Ausgang. Die Wallfahrt wird zur Danksagung unternommen; doch dieses Motiv verschwindet ganz aus der Geschichte zugunsten einer Beschreibung der Weges, bis am Ende plötzlich wieder ein Zahn der Egge hervorgeholt wird. Dabei hätte sich der Bub schon wieder gefährdet, da er die Glocke zum Stillstand bringen will und von dem Seil in die Höhe gerissen wird. Rätselhaft ist nur ein Gegenstand, den der Vater mit sich trägt: einen Zahn der Egge, wie sich am Ende herausstellt (AS 1,179). In ‚Das Mahl' schwelgt der Autor in der Beschreibung der verschiedenen Gänge, die er als Lehrbub zusammen mit seinem Meister beim Ziselhofer, einem reichen Bauern, einnimmt: Diese Darstellung des tatsächlich fürstlichen Mahls entspricht einem Prinzip Roseggerschen Erzählens; dem Erzählen steht das Beschreiben gegenüber. Es ist ein Katalog, eine Aufzählung, und viele der Texte Roseggers enthalten an zentralen Stellen solche Kataloge. Der Fluß der Erzählung wird gestaut; es ist eine schlichte Aufzählung der Gänge eines üppigen Mahles bei einem reichen Bauern. Diese homerisch anmutende Schilderung eines Gelages hat jedoch ein Kontrast-Thema, das offenkundig durch den Wortprunk, der der Speisenfolge gewidmet ist, übermalt wird. Der Schand-Hannes, ein Außenseiter, dessen Leben durch seinen unglücklichen Namen förmlich ruiniert wurde, ist bei diesem Mahl bescheiden anwesend; er schleppt ein Geheimnis mit sich und spricht von einer Sünde, zweideutig auf eine hübsche Kellnerin anspielend. In der Tat hat sie ihm nur das „Schnapsplutzerl" am Samstag gefüllt - das war seine bescheidene Sünde (AS 2,86). Diese einfachen Geschichten werden, je sorgsamer man sie auseinanderzunehmen bemüht ist, immer komplizierter, wenn es um die schicksalhafte Verstrickung der einzelnen Figuren geht. Roseggers Kunst liegt darin, eine Geschichte zu erzählen und dem Leser bewußt werden zu lassen, daß während der eine Vorgang abgewickelt wird, sich zugleich ein anderer abwickelt, der am Ende für eine Aufdeckung, für eine Erklärung sorgt. Während der Erzähler in ‚Fremd gemacht' schläft und einen wahrhaft erhellenden Traum hat, ruht um ihn herum das Zimmer mit Homer, Dante, Shakespeare und Goethe im „stylvollen Bücherschranke" (AS 2, 305), und es ist dieses raffinierte Spiel mit der Synchronizität, in dem die Konflikte und Widersprüche, die diesem Erzählwerk zugrunde liegen, aufbewahrt werden. Roseggers Umgang mit der Zeit macht diese Widersprüche noch deutlicher. Er kargt mit den genauen Datenangaben, immer wieder werden die Schatten auf den Feldern zu den natürlichen Uhrzeigern. So wird einerseits die subjektive Zeiterfahrung in den Vordergrund gestellt, andererseits ist die Zeitmessung noch der Verfügbarkeit durch die genauen Chronometer entzogen. Die Anstrengung des Erzählers dient dazu, die Handlung mehr und mehr der Geschichtlichkeit und Veränderung zu entziehen. Gerade in den ersten Geschichten der ‚Waldheimat' erhalten die Vorgänge zusehends durch das kokette Arrangement der Diminutiva einen märchenhaften Charakter, und das Finale bedeutet oft nicht mehr als die Herstellung des Zustandes, wie es früher einmal war. Über alles ist - und das mitunter im wahrsten Sinne des Wortes - wieder das Gras gewachsen. Alles fällt zurück an die Natur, so wie das väterliche Anwesen zum Teil wieder zu Wald geworden ist. Die Zeit, da das „Als ich noch“ gegolten hatte, ist dahin; und die Geschichten künden von einer Vergangenheit, die nur durch die Erzählung wieder herstellbar ist. Sie kann nur im Erzählen überleben; sie künden aber auch von einer Gegenwart, die oft bewußt an das idyllische Finale gesetzt wird - man denke etwa an ‚Als ich -‘, wo das unschuldige Opfer schließlich damit belohnt wird, ein wohlhabender Bauer zu sein. Die „Schnurren, Anekdoten, Ausmalungen, Dramatisierungen“ haben Funktion; sie sind Teil einer Wirkungsabsicht, die der Aufklärungsarbeit behilflich sein möchte, der Aufklärung über einen Zustand, der unwiederbringlich dahin ist. Hinter diesen vordergründigen Zurichtungen des Stoffes, die mitunter der gewollten Aufklärung hinderlich sind, finden sich die wiederkehrenden Konstellationen, die den Leser stets mit Vertrautem versorgen, zugleich aber entsteht durch die Vordergrundhandlung der Eindruck einer unüberschaubaren Varietät. Es geht darum, die märchenhaft entrückte Welt erzählbar zu machen; erzählbar wird sie durch das Personeninventar, durch die Bevorzugung jener Außenseiter oder Sonderlinge, durch die Abläufe, die sich durch Verfehlungen des Helden ergeben und die von ihm das Bekenntnis verlangen, und zuletzt durch das Erzählen oft gegenstrebiger Handlungsbewegungen in einer Geschichte und das Verdekken eines Handlungsstranges. Solcherlei mag bei vielen anderen Autoren gleich oder ähnlich vorkommen. Rosegger hat Stereotypen entwickelt, die dem Leser stets aufs neue in neuer Einkleidung begegnen. Wenn ich hier von Klischee spreche, so ist das nicht pejorativ zu verstehen, sondern als Kennzeichnung eines Verfahrens, das es dem Autor ermöglichte, stets neue Geschichten zu produzieren, stets ein Grundmuster zu haben, das sich beliebig auffüllen ließ. Ich bin mir sicher, nicht alle dieser Grundmuster benannt, nicht alle Kombinationen angeführt zu haben; es wäre nun erneut nach dem Erzähler Rosegger zu fragen.

William M. Johnston

Peter Rosegger: ein Leben zwischen Stadt und Land, ein Jubiläum zwischen Wechsel und Dauer

1. Eine ideale Jahresfeier

In mancher Hinsicht ist Peter Rosegger ein idealer Held für ein Jubiläum. Ich möchte mit einem Blick auf verschiedene Faktoren anfangen, die den steirischen Dichter für eine Jahresfeier so geeignet machen. Ich werde dann einige Kulturbewegungen, die die beiden Generationen seines Lebenswerkes überwölben, kurz darstellen. Ein Hauptanliegen meines Referates ist es, Roseggers Beschreibung des Bauernlebens im Kontext nicht nur der deutschsprachigen, sondern auch der europäischen Debatte zum Stadt-Land-Gegensatz nach 1880 zu setzen. Ich werde mit einer Anwendung der Kategorien des amerikanischen Ethnologen Robert Redfield auf Roseggers Problematik von Stadt und Dorf schließen.

Wie wir alle wissen, hat sich der Kult der Jahresfeiern in den letzten fünfzehn Jahren stark vermehrt. Selbstverständlich feierte die Steiermark Erzherzog Johann 1982 in seinem zweihundertsten Geburtsjahr. In Österreich zeichnete sich das Jahr 1993 durch die Feier des hundertfünfzigsten Geburtstages der Gründerin der Friedensbewegung Bertha von Suttner sowie durch den zweihundertsten des Schriftstellers Charles Sealsfield (alias Karl Postl) aus. Andere wichtige österreichische Feiern des letzten Jahrzehnts waren das Türkenjahr von 1983, das Kafka-Jahr im selben Jahr, das Hermann-Broch-Jahr von 1986, die Jahresfeier von Mayerling im Jahr 1989, das Franz-Werfel-Jahr 1990 und das Grillparzer-Jahr 1991. Warum sind Jahresfeiern für Akademiker, Medienleute, Geschäfte und Staatsbeamte unentbehrlich geworden? Jahresfeiern bieten die einzige Gelegenheit, bei der diese vier Sektoren des Wirtschaftslebens ihre eigenen Bemühungen und die Artikulierung der kulturellen Identität zusammenbringen können. Jahresfeiern fördern die Zusammenarbeit um die Identität einer Stadt, einer Region, einer Nation oder sogar ganz Europas. Stiftungen, Universitäten, Intellektuelle, Medien und Regierungen einigen sich, um die Bedeutung der historischen Ereignisse, Figuren und Bewegungen für die heutige Identität herauszuarbeiten. Jahresfeiern machen uns, wenn auch nur für kurze Zeit, zu Zeitgenossen des Jubilars oder, besser gesagt, Zeitgenossen seines Jubiläums. Im Jahre 1993 sind alle Steirer mehr oder weniger Zeitgenossen von Peter Rosegger geworden.

Übrigens spielt Rosegger perfekt die Rolle eines Kulturträgers seiner Region gegenüber der Nation. Rosegger ist neben Grillparzer etwa oder Stefan Zweig ein Autor, der bewußt manche Eigenschaften, die er in seiner Prosa skizziert hat, zu personifizieren versucht hat. Noch dazu erstreckte sich Roseggers Karriere genau auf jene fünfzig Jahre, in denen die Steiermark ohne ihn keine kulturelle Symbol- und Identifikationsfigur gehabt hätte. Die Periode von 1815 bis 1860 wird in der Steiermark von Erzherzog Johann verkörpert. Von 1868 bis 1918 wurde Rosegger dessen Nachfolger als lebende Verkörperung der Steiermark. Auch Roseggers Tod im Juni 1918, vier Monate also vor dem Zusammenbruch des Habsburgerreiches, kann als Symbol gewertet werden. Sein Leben ging nicht mehr über in die Wirrungen der Ersten Republik. Roseggers fünfundsiebzigjährige Lebensdauer setzt ihn in die einzigartige Kategorie jener Koryphäen, deren Geburtsfeier und Todesfeier ins gleiche Jahr fallen. Der Preuße Achim von Arnim, geboren 1781, gestorben 1831, ist auch so ein Beispiel.

2. Die zwei Generationen

Obwohl Rosegger den Jahren 1868 bis 1918 gehörte, zeigte dieses halbe Jahrhundert keine Einheitlichkeit. Die ersten zwanzig Jahre von 1867 bis etwa 1890 sind in der Geistesgeschichte viel schwerer zu erfassen als die folgende Periode nach 1890. Die erste Hälfte von Roseggers Karriere steht unter dem Zeichen großer politischer Ereignisse wie der Niederlage bei Königgrätz und des Ausgleichs von 1868, der Wiener Weltausstellung von 1873, des zwölfjährigen Ministeriums von Eduard Taaffe zwischen 1879 und 1891 und des Selbstmords des Kronprinzen Rudolf im Jahre 1889. Die bekanntesten österreichischen Schriftsteller dieser Periode waren Realisten wie Marie von Ebner-Eschenbach, Leopold von Sacher-Masoch, Ferdinand von Saar und Ludwig Anzengruber. In der Musik entspricht dies der Blütezeit von Johannes Brahms, Johann Strauss und Anton Bruckner. Die bemerkenswerteste kulturelle Erfindung der Epoche war vielleicht die Wiener Operette.

Nicht wenige Kulturhistoriker interpretieren diese zwei Jahrzehnte vor allem als eine Vorbereitung auf die faszinierende Periode, die nach 1890 kam.

Das Wiener Fin-de-siècle ist in den letzten zwei Jahrzehnten eine der meiststudierten Kulturepochen überhaupt geworden. Doch in vieler Hinsicht gehört Rosegger natürlich eher der ersten Periode an als der zweiten. Er ist ein Volksdichter, der sich vom Experimentieren der Wiener Moderne fernhielt. Es fiele schwer, ihn mit Peter Altenberg, dem Ökonom Carl Menger oder dem Physiker-Philosophen Ernst Mach auf einen Nenner zu bringen. Roseggers Verbindungen gelten eher Mitgliedern der älteren Generation. Darunter waren beispielsweise Bertha von Suttner, Leopold von Sacher-Masoch und Hanns Gross. Ihre Lebensdaten entsprechen in etwa denjenigen Peter Roseggers.

Manche dieser Verbindungen stehen im Zusammenhang mit der Steiermark. Der Romancier Leopold von Sacher-Masoch (1836-1895) lebte von 1854 bis 1872 in Graz, wo er sich vom Autor historischer Romane zum Verfasser von Erzählungen über sexuelle Obsessionen entwickelte. Es war die Weihnachtsnummer 1866 der von Sacher-Masoch herausgegebenen Zeitschrift ‚Gartenlaube', in der Rosegger seine erste Erzählung veröffentlichte. Die Feststellung erübrigt sich, daß sich beider Karrieren in der Folge auseinanderentwickelten. Der Psychiater Richard von Krafft-Ebing, der von 1873 bis 1889 in Graz lehrte, wagte sich 1890 an die Prägung des Begriffs Masochismus als Bezeichnung für die Liebe zum Schmerz. Indem er diese Perversion mit dem Sadismus zu einem Begriffspaar vereinte, diskredidierte Krafft-Ebing Sacher-Masoch und lenkte die Aufmerksamkeit zukünftiger Generationen von der vortrefflichen beschreibenden Dichtung des Schriftstellers ab. So fiel Sacher-Masochs Ruf noch augenfälliger einem Klischee zum Opfer als derjenige Roseggers.

Ein anderer Neuer aus Graz, der Kriminologe Hanns Gross (1847-1915), weist sogar noch mehr Parallelen zu Rosegger auf. Von 1869 bis 1897 als Untersuchungsrichter in den steirischen Bezirken tätig, sammelte Gross Geschichten über Kriminelle, die er in den zwölfhundert Seiten seines ‚Handbuchs für Untersuchungsrichter' (1893; 6. Auflage 1914) klassifizierte. Ohne die Fertigkeiten der Gesetzesbrecher zu glorifizieren, versuchte Gross, sie durch die Anwendung von Methoden einzuordnen. Als Professor für Kriminalistik von 1905 bis 1915 in Graz tätig, war Gross der maßgebliche Begründer der Kriminalwissenschaft in Europa. Aber auch Aberglauben, Geheimschriften und Zigeunerpraktiken fesselten ihn. Neben Rosegger leistete Gross vielleicht am meisten dafür, daß steirisches Brauchtum in ganz Europa bekannt wurde, aber im Unterschied zu Rosegger war er bestrebt, regionale Besonderheiten unter einen bürokratischen Hut zu bringen. Gross wollte die Absonderlichkeiten, die ihn faszinierten, regulieren; Rosegger zog es vor, sie zu zelebrieren und auch zu betrauern.

Etwas erfreulicher ist Roseggers Freundschaft mit seiner im selben Jahr geborenen Zeitgenossin Bertha von Suttner (1843-1914). In eine der ältesten Aristokratenfamilien Böhmens, die Kinskys, hineingeboren, mußte sie 1876 ihre Familie verlassen, um den jüngeren Arthur von Suttner heiraten zu können. Während ihrer Zeit in Tiflis wurden sie beide Zeugen der Leiden russischer Soldaten im Krieg gegen die Türkei 1877/78. Berthas Erfahrungen bei der Pflege von Verwundeten ließen in ihr den Entschluß reifen, gegen den Krieg als solchen zu Felde zu ziehen. Der Welterfolg ihres Romans ‚Die Waffen nieder!' (1889) ermutigte sie 1890 zur Gründung der Österreichischen Friedensgesellschaft, die hauptsächlich bei Aristokraten und Liberalen der oberen Mittelschicht Unterstützung fand. Suttner verschaffte ihrem Anliegen ein bleibendes Denkmal, indem sie ihren Freund und früheren Arbeitgeber Alfred Nobel dazu überredete, einen Friedensnobelpreis zu stiften. Ursprünglich zur Vergabe im Fünf-Jahres-Rhythmus gedacht, wird der Friedensnobelpreis seit 1901 jährlich verliehen, und Suttner war 1905 die erste Frau, die ihn bekam. Ihre Bemühungen, Einzelpersonen zu einem Engagement für den Frieden anzusporenen, zeugen von einer mit Peter Rosegger vergleichbaren hohen Gesinnung, aber keiner von beiden versuchte, Massenbewegungen ins Leben zu rufen. Bertha von Suttner war eine typische Vertreterin der Wiener Liberalen, die daran glaubten, daß Reformen durchgeführt werden könnten, indem Einzelpersonen andere Einzelpersonen überzeugten. Im Unterschied z.B. zu Theodor Herzl begriff weder sie noch Peter Rosegger, daß die Zeit der Politik für breite Massen angebrochen war.

3. Die Debatte „Stadt versus Land“

Nachdem ich eine Reihe von Parallelen zwischen Rosegger und einigen Zeitgenossen aufgezeigt habe, möchte ich jetzt seine Stellung im Geistesleben des damaligen Europa skizzieren. Das Anliegen, das Rosegger am stärksten mit den Intellektuellen seiner Zeit verbindet, ist die unter Schriftstellern und Soziologen geführte Debatte „Stadt versus Land“. Als Verteidiger des Dorfes steht Rosegger für einen Pol in der Diskussion, der Schriftsteller wie den Franzosen Maurice Barrès, französische Soziologen wie Gabriel Tarde und Emile Durkheim, aber auch deutsche Soziologen wie Ferdinand Tönnies und Georg Simmel vereinte. Niemand brachte die Fragen, die Rosegger bewegten, schärfer auf den Punkt als Maurice Barrès (1862-1923). In Romanen, Essays und Wahlkampagnen erhob er den Begriff Entwurzelung (dérracinement) zum Slogan, um die Malaise der neunziger Jahre des 19. Jahrhunderts zu beklagen. Zuviele junge Menschen, behauptete er, verließen ihre Heimatprovinzen für eine Karriere in Paris. Durch die Abwanderung blieben die Provinzen führerlos zurück, während Paris diese Jungen zur Stadtstreicherei verführte. In dem am meisten diskutierten französischen Roman jener Zeit ‚Les décracines‘ (Die Entwurzelten) (1897) vertrat Barrès die Meinung, daß junge Intellektuelle eine Karriere in ihren Heimatstädten anstreben sollten, wo Familie, Freunde und Rivalen aus Kindertagen sie auf einen fruchtbaren Weg geleiten würden. In Paris hingegen hielte sie nichts und niemand von einem liederlichen, ja sogar verbrecherischen Leben zurück. Die sechzig Jahre früher entstandenen Romane Honoré de Balzacs, in denen die Dorfbewohner noch Paris erobern, wichen nun Barrès' Geschichten von einem Paris, das die Landmenschen verschlingt. Eine ähnliche Thematik findet sich übrigens bei dem mährischen Schriftsteller Jakob Julius David (1859-1906), z.B. in seinem ‚Am Wege sterben' (1906).

Auch Deutschland brachte Publizisten hervor, die das Leben auf dem Land als moralisches Stärkungsmittel priesen. Sogenannte völkische Romanciers wie Friedrich Lienhard (1865-1929) aus dem Elsaß und Gustav Frenssen (1863-1945) aus Diethmarschen rühmten die Ernsthaftigkeit der Landbevölkerung als ein Gegengewicht zum Kommerzialismus der Großstädte. Im Unterschied zu Rosegger waren viele dieser Heimatliteraten Antisemiten, da sie die Juden für den Aufschwung der so verachteten Industrialisierung und Modernisierung verantwortlich machten. Es wäre der Mühe wert, Rosegger mit den deutschen Heimatdichtern zu vergleichen, um die Unterschiede zwischen ihm und der deutschen völkischen Bewegung aufzuzeigen.

Die Abwanderungsbewegung vom Dorf in die Metropole wurde von zwei französischen Soziologen, Gabriel Tarde (1834-1904) und Emile Durkheim (1858-1917), einer objektiven Analyse unterzogen. Der in Bordeaux lehrende Tarde sah im Phänomen der „Nachahmung" einen Schlüssel zum sozialen Verhalten überhaupt. In ‚Les lois de l'imitation' (Die Regeln der Nachahmung) (1890) beschreibt er, wie Landleute, die erst kurze Zeit in der Stadt sind, sich einem Übermaß an neuen Reizen ausgesetzt finden. Oft würden sie an einer Willenslähmung leiden, da sie die Fähigkeit verlieren zu entscheiden, welche Vorbilder sie nachahmen und welche sie meiden sollten. Während solche Leute im Dorf traditionelle Verhaltensmuster imitieren würden, ohne diese in Frage stellen zu müssen, versuchten sie in der Stadt manchmal einem ungeeigneten oder überhaupt keinem Modell zu folgen. Selbstverständlich erinnert das alles sehr an Roseggers Fragestellungen.

Tardes Rivale im Ruf als Begründer der französischen Soziologie, Emile Durkheim, erklärte ebenfalls dieses Überangebot an Möglichkeiten, dem die Stadtneulinge ausgesetzt seien, zu einer Ursache für den moralischen Niedergang. Zerrissen zwischen einem alten und einem neuen Angebot an Normen, könnten sich Dorfleute in Paris allzu oft keinem von beiden anschließen. In ‚Der Selbstmord' (Le suicide) (1897) bezeichnete Durkheim diesen Zustand der Normlosigkeit als „Anomie" und kam zum Schluß, daß zu viele Zuwanderer in den Industriegesellschaften darunter litten. In den Augen Roseggers hingegen war Anomie genau das, woran die Bergbauern nicht litten.

Ein paar Jahre später formulierte ein deutsch-jüdischer Soziologe in Berlin, Georg Simmel (1858-1918), in seinem Essay ‚Die Großstädte und das Geistesleben' (1903) eine weniger düstere Hypothese über die Wirkung einer Industriestadt auf ihre Bewohner. Simmel diagnostizierte die Überreizung als das vorherrschende Phänomen des Stadtlebens. Tag für Tag in einem überhöhten Tempo zu leben, beschleunige zwar die geistige Mobilität, erzeuge aber auch eine blasierte Haltung, wodurch ein eindeutiges Engagement schwer möglich werde. Jeder müsse nach der Uhr schauen, die Spezialisierung verstärke sich, und Geld werde zum Maßstab aller Dinge, weil für persönlichere Bewertungskriterien die Muße fehle. Die Kultur trotte nicht länger im würdevollen Takt von Maria Theresias Schönbrunn oder Goethes Weimar, sondern hämmere stattdessen im Pulsschlag des Warenhauses oder der Zeitungsredaktion.

Simmel bekräftigte zwei Idealtypen von Stadt und Land, die der Schleswiger Soziologie Ferdinand Tönnies (1855-1936) zwanzig Jahre zuvor als Gesellschaft und Gemeinschaft bezeichnet hatte. Letztere steht für die Welt des Dorfes, wo ein vertrautes soziales Umfeld das Gefühl der Geborgenheit und auch die Widerstandskraft gegenüber Veränderungen fördert. Gesellschaft hingegen bezeichnet die Welt der Industriestadt, wo Bürokratie, fehlende menschliche Nähe und Profitdenken die Betonung auf Vernunftorientierung und Anpassungsfähigkeit legen. Peter Rosegger verkörperte auf sehr ursprüngliche Weise die Eigenschaften der Gemeinschaft, versuchte sie aber in Ansätzen mit der Rationalität der Gesellschaft zu verbinden. Er begriff, daß die Großstadt, wie Simmel sie verstand, durchaus nützliche Ideen hervorbrachte, stimmte aber mit Barrès und Durkheim darin überein, daß ein zu plötzliches Eintauchen in einen solchen Mahlstrom einen jungen Menschen zerstören kann. Rosegger schilderte auch, etwa in ‚Jakob der Letzte' die Gefahr, die das Einbrechen der großstädtischen Werte in das Landleben bedeuten kann. Peter Rosegger beschrieb das Leben der Dorfbewohner zu einer Zeit, als die damit verbundenen Werte in Wien, Berlin und Paris von der Sozialwissenschaft genau unter die Lupe genommen wurden. Sein Beitrag bestand darin, das Dorf jenen näherzubringen, die andernfalls vielleicht eine zu scharfe Trennlinie zwischen Dorf und Stadt gezogen hätten. Auf eine für Stadtbewohner nachvollziehbare Weise zeigte er auf, wie die Dorfbewohner von all den Theorien über sie unberührt blieben.

Die Periode zwischen 1870 und 1918 machte den europäischen Gesellschaftsforschern schmerzlich die wachsende Kluft zwischen Land und Stadt bewußt. Roseggers Lebenswerk veranschaulicht diese Kluft, indem er die Tugenden des einen Pols, nämlich des Landlebens, als vorbildlich darstellte. In den neunziger Jahren unseres Jahrhunderts, da mehr und mehr Merkmale von Gesellschaft das kapitalistische Europa und Nordamerika durchdringen, lohnt es sich, über eine andere Konsequenz nachzudenken, die durch diesen Riß vor einem Jahrhundert bedingt wurde. Ob man nun mit Roseggers Bauern oder mit Simmels Positivisten sympathisiert, heute sind wir alle von einem Durchbruch geprägt, der durch diesen stimuliert wurde. Denn die Soziologen wurden vor allem durch die Notwendigkeit, diesen Riß zwischen Stadt und Land zu verstehen, dazu motiviert, die „Idealtypen" als das künftig unentbehrliche Instrument der Sozialwissenschaften zu erfinden. Georg Simmel und Max Weber erkannten, daß bei der Klassifizierung sozialer Phänomene die operativen Kategorien nie die Genauigkeit jener der Biologie erreichen konnten. Diese sozialwissenschaftlichen Vordenker des frühen 20. Jahrhunderts erkannten, daß Methoden, die für die meisten Untersuchungsgegenstände geeignet waren, nicht auf alle passen müssen. Stattdessen konstruierten diese Denker daher Strukturen bzw. Systeme, die Einzelwerte zu einem Ganzen zusammenfügen, auch wenn dabei einige der Werte durch das Netz von Idealtypen hindurchschlüpfen.

Indem sie Stadt und Land als Gesellschaft und Gemeinschaft klassifizierten, erkannten Tönnies, Simmel und Weber, daß in den Sozialwissenschaften bestenfalls die Annäherung an Idealtypen unternommen werden könne. Untersuchungen über die Entwurzelung durch Barrès, Tarde und Durkheim brachten Idealtypen hervor, die die Perioden der rapiden Veränderung gut erhellen. Tatsächlich geht heute bei der Diagnostizierung von Trends ohne die Anwendung von Idealtypen nichts mehr. Um 1900 entdeckten die Wissenschaftler, wie man Idealtypen anwenden muß, um einen Prozeß unaufhörlicher Veränderung zu begreifen. Von da an hat die Methode der Idealtypen das kreative Denken über den Menschen und die Gesellschaft bestimmt.

4. Peter Rosegger und Robert Redfield

Es war Peter Roseggers Berufung, für einen der beiden Pole, die durch ihre Gegensätzlichkeit der Methode der Idealtypen zum Aufschwung verhalfen, Zeugnis abzulegen. Zum Abschluß möchte ich nun Roseggers Stellung zur Frage „Stadt versus Land“ in einen Zusammenhang mit den Ideen des zeitgenössischen amerikanischen Ethnologen Robert Redfield bringen. Im Gegensatz zu Tönnies und Simmel sah Robert Redfield (1897-1958) das Landvolk als einen Typus, der auf der ganzen Welt und nicht nur in Europa verbreitet ist. Auf Basis seiner Forschungen in Mexiko während der zwanziger Jahre interpretierte Redfield den Bauern als Mittelpunkt zwischen zwei anderen Grundtypen: dem „Stamm“ (tribe) und der „Stadt“ (city). Ein Stamm hat laut Redfield überhaupt keinen Kontakt mit Fremden, während eine Stadt ein ganzes Kontaktgebiet um sich schafft. Das Landvolk, d.h. die Bauern, steht in der Mitte, wobei es zwar von einer Stadt abhängig ist, aber seine eigene Kultur durch Jahrtausende aufrecht zu erhalten weiß. Insbesondere widerlegte Redfield die deutschen Theorien über Volksmusik und Volkslegenden, die die Kultur des Landvolkes als herabgesunkenes Kulturgut sahen. Redfield sah stattdessen die Bauern als Nachkommen autochthoner Bewohner, die ihre Gegend seit Jahrtausenden bewohnt hatten und die ihre Kultur auch vor der Leihkultur der Städte bewahrten. Die Problematiken, die Rosegger in den Alpendörfern des 19. Jahrhunderts schilderte, sind laut Redfield uralt und überall zu finden. Seit eh und je hätten Bauern Kontakt mit der Stadtkultur gepflegt, denn sie wüßten nicht, wie sie

Widerstand dagegen leisten können. Es sind vor allem die Bauern von der Stadtkultur bedroht; seit alters haben die Bauern die Stadtkultur von sich ferngehalten. Stämme hingegen, die keinen Kontakt mit der Stadtkultur gepflegt haben, wissen nicht, wie man Widerstand dagegen leisten kann. Bauern seien Experten im Widerstand gegen das Monopol der Stadtkultur. Rosegger hätte diese Thesen Redfields sicher gern gehört.

Um diese ganze Problematik zu beleuchten, schuf Redfield zwei Sammelbegriffe, mit denen ich dieses Referat abschließen will. Lokale Traditionen, die innerhalb eines kleinen Kreises gedeihen, nannte Redfield ganz einfach „die kleine Tradition“. Sie hat Tausende von Varianten. Alle Dialekte z.B. gehören zur kleinen Tradition. Im Gegensatz dazu nannte Redfield die überwölbenden Traditionen der Großstadtkultur einfach „die große Tradition“. Das Hochdeutsche ist ein Beispiel dafür. Die moderne Welt sei von einem Kampf zwischen den kleinen und den großen Traditionen besstimmt, wobei heute vor allem die elektronischen Medien die große Tradition fördern. Zu Roseggers Zeiten machte der Kriminologe Hanns Gross den Versuch, die kleinen Traditionen der Lokalverbrecher unter den Hut der großen Tradition der wissenschaftlichen Kriminologie zu bringen. Hanns Gross’ Gesamtwissenschaft des Verbrechens ist ein Beispiel für die große Tradition des akademischen Rationalismus.

Wenn wir Redfields Grundbegriffe auf Peter Roseggers Hauptproblematiken anwenden, können wir sagen, daß die Reform von 1848, die den Bauern uniforme Steuern auferlegte, ein Einbrechen der großen Tradition in die kleinen Traditionen der Bauern bedeutete. Stadtbewohner, die sich ein Jagdrevier von Bauern kaufen wollten, verkörpern die große Tradition des Bürgertums, die die kleine Tradition der Bauern bedrohte und auch zum Teil zerstörte. Analog dazu wird unser Rosegger-Symposion wohl zum Teil von der post-modernen Identifikation mit den Verteidigern der kleinen Traditionen motiviert. Manche von uns sehen Rosegger als einen Gegner jener Art der großen Tradition, die die kleinen Traditionen überschwemmen und ausmerzen will. Es ist wohl nicht nötig, dieses Publikum daran zu erinnern, daß die Kulturpolitik der Steiermark in ganz Europa für exemplarisch gilt, vor allem in der Verteidigung und Pflege kleiner Traditionen.

Roseggers Weltanschauung geht aber über Redfields Unterscheidung zwischen kleinen und großen Traditionen hinaus, da er noch eine dritte, universale Tradition verteidigt, die Tradition allgemeinmenschlicher Sitten, die sowohl bäuerliche als auch städtische Horizonte überwölbt. Diese Einstellung rückt Rosegger in die Nähe seiner Vorgänger Adalbert Stifter (1805-1868) und Ernst von Feuchtersleben (1806-1849). Die Affinität Roseggers zu Goethes Universalhumanismus zeigt, daß er weit mehr als ein Dichter der kleinen Tradition war. Er verteidigte aber kleine Traditionen, vor allem indem er *ihnen* Werte der universalen Tradition zuschrieb. Rosegger bejammerte die große Tradition seiner Epoche, die den Bergbauern durch die Autorität des Staates eine unerwünschte wirtschaftliche Entwicklung aufzwang. Denn er sah die Bergbauern als die wahren Vertreter der universalen Tradition im Gegensatz zum habsburgischen Staat, der die Interessen der bürgerlichen Großstadtkultur unterstützt habe. Roseggers Leitidee von einer Versöhnung zwischen Katholiken und Protestanten sowie zwischen Fremden und Dorfbewohnern zeigt, wie Rosegger die kleinen Traditionen mit den großen versöhnen wollte. Er blieb seinen steirischen Wurzeln treu mit dem Glauben, daß eine derartige Versöhnung eher auf dem Land als in der Stadt stattfinden konnte und mußte.

Wenn wir Rosegger mit Sigmund Freud vergleichen, so haben wir auf der einen Seite Freud, der sich der großen Tradition der wissenschaftlichen Forschung hingab. Er erblickte in der weltweiten wissenschaftlichen Forschung die Fortsetzung des Goetheschen Humanismus und wollte sie deshalb der ganzen Menschheit und allen kleinen Traditionen auferlegen. Freud war also kein Freund der kleinen Traditionen. Im Gegensatz dazu sah Rosegger die Zukunft des Goetheschen Humanismus in den alten Sitten des Dorfes. Die einzige Hoffnung auf Versöhnung von Land und Stadt liege auf Seiten des Landvolkes, weil die Bergbauern, wie ihre Vorfahren, einige städtische Verhaltensweisen und Denkmuster übernähmen.

Die soziologischen Theorien von Tönnies, Simmel, Durkheim und Weber sind zu *der* großen Tradition der Sozialwissenschaften überhaupt geworden. Auch Robert Redfield folgte dieser Tradition. Im Gegensatz dazu verteidigte Peter Rosegger das Einzigartige und das Einmalige, genau das also, was Idealtypen eher verstellen. Obwohl Sozialwissenschaftler Roseggers Schriften als wertvolle Quellen ausgraben könnten, wäre er wohl diesem Ausbeuten der kleinen Traditionen feindlich gegenübergestanden. Denn laut Rosegger ist die einzige wertvolle Tradition eben die universale Tradition des abendländischen Humanismus, die alle anderen Traditionen überwölbt.

Roseggers Lebenswerk kann als Hinweis darauf gelesen werden, daß Sozialwissenschaftler wie Tönnies und Simmel einen wichtigen Bereich vernachlässigten, als sie zwischen den kleinen Traditionen der Gemeinschaft und der großen Tradition der Gesellschaft unterschieden. Rosegger stellte sich nämlich zusätzlich dazu eine höhere Dimension vor, die die zwei Pole der kleinen und großen Tradition überwölbt. Er hat erkannt, daß diese höhere Dimension nicht in der Großstadt, sondern nur auf dem Lande überlebt hat. Wenn wir Postmoderne ernsthaft von Peter Rosegger lernen wollen, dann sollten wir die Idealtypen von Durkheim und Simmel erweitern. Wir sollten untersuchen, auf welche Art und Weise die kleinen Traditionen des ländlichen Lebensraumes, die großen Traditionen der Sozialwissenschaften *und* die universalen Traditionen der Grundtugenden sich miteinander vereinen lassen. Das ist die wohl wichtigste geistesgeschichtliche Problematik, die Peter Rosegger uns vererbt hat.

Hubert Lengauer

Peter Rosegger: ein Fall für die Literaturgeschichte

1. Ausgangslage: Zu viel des Guten oder Razzia auf Literarhistoriker

„Still ist es geworden um den weltbekannten, seinerzeit sogar nobelpreisverdächtigen steirischen Erfolgsautor Peter Rosegger in den Jahren nach 1945", schreibt Gerhard Pail zu Beginn eines Artikels, der - mit Ausnahme dieses einen Satzes von Anfang bis Ende, Titel miteingeschlossen - vom Gegenteil redet: vom immer größer werdenden Rauschen und Brausen um eine Figur, die „Vom Nothelfer zum Tourismus-Animateur" verwendbar ist und ständiger „Gegenstand und Anlaß öffentlicher Aufmerksamkeit nach 1945" war; vor 1945 war Rosegger dies auch, allerdings in wieder anderer Funktion.

Dennoch, oder vielleicht gerade deshalb, wird eine Literaturwissenschaft, die eine solche Zuwendung nicht akademisch aufdoppelt, unter Zugzwang gesetzt und methodisch verdächtigt, „literarische Texte lediglich als autonome, vom gesellschaftlichen Kontext abgelöste geistig-seelische Phänomene" sehen zu wollen und konsequenterweise eine „pseudoästhetische Werteskala literarischer Texte" zu etablieren, welche die sogenannte „Hohe Literatur" unziemlich begünstigt.[1] Dies zu einem Zeitpunkt und in einer - etwas lärmenden - Publikation zu äußern, welche - die Steirische Landesausstellung 1993 begleitend - einen Kulminationspunkt wissenschaftlicher wie kulturpolitischer Zuwendung darstellt, zeugt von einer gewissen Unersättlichkeit regionalpatriotischer Verehrung, die zwar nicht alle Formen der öffentlichen Inanspruchnahme gleichermaßen gutheißen kann, sie anderseits auch als eine Art Volksabstimmung nicht missen möchte. Heterogenes wird zur „Vielschichtigkeit" subsumiert, kritische Sonderung gerät in den Verdacht elitärer, das Volkstum und seine Meinungen gering schätzender Überheblichkeit. „Zersetzend" wäre diese Art des Abweichlertums wohl früher genannt worden. Der Rosegger-Altar ist also derzeit wohlbesucht und, so könnte man ein wenig boshaft auf die zu ihm Pilgernden aus den verschiedenen Wissens- und Glaubensgebieten formulieren, reich geschmückt mit den Prothesen der Bresthaften, die bei ihm Trost und Beihilfe gefunden haben. Mit Bedacht soll deshalb hier die sogenannte „literaturwissenschaftliche" Befassung wiederaufgenommen werden, Peter Rosegger als „ihr Fall" ge-

---

[1] Gerhard Pail: Vom Nothelfer zum Tourismus-Animateur. Peter Rosegger als Gegenstand und Anlaß öffentlicher Aufmerksamkeit nach 1945. In: Peter Rosegger. 1843-1918. Hrsg. v. Gerald Schöpfer. Graz 1993, S. 379-394, Zit. S. 379.

prüft werden. Ihn so zu betrachten bedeutet jedenfalls, ihn aus der universellen Zuständigkeit zu erlösen, ihn von der Aktualität und den Zumutungen der moralischen, ökologischen, sozialgeschichtlichen Inanspruchnahme zu entlasten. Alte und neue Interessen: „alte" Volks- und Heimatkunde, „neue" Sozialgeschichte benutzen seine Literatur als Quelle; legitimieren anderseits dadurch eine Literatur, die vielleicht bloß „literarisch" nicht so leicht legitimierbar wäre. Als unterstützend für dieses spezielle Ansinnen sehe ich das nationalsozialistische Ansuchen an den Volkskundler Viktor von Geramb, welches Gerhard Schöpfer in derselben Sammelpublikation zur Landesausstellung zitiert. Darin wird um einen Beitrag über Rosegger als politischer Mensch gebeten, „zwecks Korrektur einseitiger nur literarischer Würdigung".[2] Diese Einseitigkeit literarischer, literarhistorischer Würdigung ist wieder zu riskieren bei so viel bemühter sonstiger Legitimierung durch Politik, Kulturpolitik, Sozialgeschichte und Lebenskunde. Keineswegs soll damit irgendeinem Leser das Anrecht bestritten werden, sich aus irgendeinem Motiv mit den Tröstungen der Literatur, speziell der Roseggerschen, versehen zu lassen. Ich versuche nur, diese Verwendbarkeit hier und vorübergehend nicht zum Argument zu machen. Davon abgesehen gründen sich die meisten dieser Verwendungen nicht auf den Text, sondern auf die Person des Autors, oder genauer: auf das vergrößerte, mythisierte Bild seiner in der traditionellen Literaturgeschichte tatsächlich etwas klein gezeichneten Figur. „An dem Schriftsteller mehr Antheil zu nehmen als an seinen Schriften ist eine sentimental-verhätschelnde Manier, die nur dazu dient, verunglückte Halb-Genies mit dem Troste zu erquicken, was sie alles Erstaunliches geleistet hätten, wenn Zeit und Umstände ihnen günstig gewesen wären."[3]

Franz Grillparzer, der selbst in der österreichischen Geistesgeschichte nicht ganz frei von solcher Verhätschelung geblieben ist, legt hier einen rigorosen Maßstab literarhistorischer Methodik an. Unumstritten erkennbare literarische Werte werden vorausgesetzt, den biographischen wie historischen Kommentar läßt der Klassiker nur marginal, zur Exkulpation der Mängel gelten. („Biographische Nachrichten erläutern Manches, vor Allem die Mängel der Schriftsteller; die Welt lebt aber von ihren Vorzügen.")[4] Dieser Maßstab ist nur dann anwendbar, wenn in der Tat von Literatur mit solcher Sicherheit die Rede ist. Ist dies nicht der Fall, so wird die Verhätschelung der Person zur

---

[2] Peter Rosegger. 1843-1918 (Anm.1), Vorwort, S. 10.

[3] Franz Grillparzer: Zur Literaturgeschichte. In: Über Literaturgeschichtsschreibung. Die historisierende Methode des 19. Jahrhunderts in Programm und Kritik. Hrsg. v. Edgar Marsch. Darmstadt 1975, S. 305.

[4] ebenda

Normalität und eine Literaturgeschichtsschreibung, die ihr nicht nachkommt, zum Störenfried. Genau dies scheint ein Problem der Rosegger-Betrachtung zu sein. Zeit und Umstände waren ihm eher günstig, so daß eine Literaturgeschichtsschreibung wenig Anlaß finden könnte, historisch relativierend oder biographisch exkulpierend zu argumentieren. Die Möglichkeit, von „Literatur" und literarischen Werten mit solcher begrifflichen Sicherheit zu reden, ist allerdings abhanden gekommen. Das wiederum ist noch kein Anlaß, eine allgemeine Dämmerung literaturgeschichtlicher Gleichgültigkeit anbrechen zu lassen, in der alle literarischen Kühe grau werden und die Herde unübersehbar. Ich sehe mich freilich außerstande, dieses Problem allgemein und zweifelsfrei zu lösen, finde es allerdings auch nicht gelöst. Es scheint nur von Fall zu Fall lösbar, und ein Indiz dafür ist, daß alle derzeit in der Germanistik gebräuchlichen Literaturgeschichten sich tendenziell in „von Fall zu Fall"- Beurteilungen auflösen, über denen ein weitherziger Konsens von Verfasserkollektivs und wohl auch Benützern schwebt. Zwei Stichproben in neueren Literaturgeschichten zeigen, daß der Fall Rosegger im breiteren Kontext einer Geschichte der deutschen Literatur in der Tat wenig Raum oder Wertschätzung erhält. In beiden Fällen besteht kein Verdacht methodischer Beschränktheit durch „werkimmanente" Interpretation. Die wohl am stärksten konzeptuell einheitliche neuere Literaturgeschichte, die sogenannte „DDR-Literaturgeschichte"[5], widmet Rosegger ungefähr eine Seite, integriert ihn jedoch in die Darstellung der Literatur Ludwig Anzengrubers, dessen Humor „ohne Frage [...] ein wesentlich breiteres Spektrum komisch-kritischer Wertung" besitze.[6]

Das widerspricht, so meine ich, eklatant dem gegenwärtigen Bekanntheitsgrad der beiden Autoren in der Öffentlichkeit. In einer anderen repräsentativen Literaturgeschichte (Herausgeber Viktor Žmegač) kann sich selbst ein Germanist von der Karl-Franzens-Universität nur zu insgesamt etwa 15 Zeilen literarhistorischer Würdigung entschließen.[7] Auch hier sind die Gründe für diese Knappheit nicht klar ersichtlich. Es

---

[5] Geschichte der deutschen Literatur von den Anfängen bis zur Gegenwart. Hrsg. v. Klaus Gysi, Kurt Böttcher u.a. 12 Bde. Berlin 1960-1990.

[6] ebenda, Bd. 8/2, S. 867.

[7] Dietmar Goltschnigg in: Geschichte der deutschen Literatur vom 18. Jahrhundert bis zur Gegenwart. Hrsg. v. Viktor Žmegač. Königstein/Ts. 1979ff., Bd. II/1, S. 73 und S. 407; Norbert Miller und Anton Reininger in: Deutsche Literatur. Eine Sozialgeschichte. Hrsg. v. Horst Albert Glaser. Reinbek b. Hamburg 1980ff., Bd. 7, geben - was Rosegger betrifft - ebenfalls wenig Handhabe für die Einschätzung ihrer methodischen Prämissen.

tut sich also eine Differenz von literaturgeschichtlicher Einschätzung und jenem Schattenriß der öffentlichen Figur auf, die Rosegger in hagiographischer Beleuchtung erzeugt.

Eine Ursache und damit auch das spezifischere Problem einer literaturgeschichtlichen Befassung mag sein, daß die Roseggerschen Texte selbst dazu neigen, von sich abzulenken oder über sich hinauszuweisen, am liebsten wohl auf den Autor selbst, ihren und seinen liebsten Gegenstand. Das unverhohlen Narzißtische an ihnen lädt ein, das Textliche hintan zu lassen und sich der Betrachtung des Autors zu widmen. „Rosegger lesen“ ist in diesem Sinne eine changierende Metonymie, um es etwas gelehrt auszudrücken. Man liest ihn etwa so, wie man im Buch der Natur liest, man betrachtet ihn als Natur-Phänomen.

Schon Zeitgenossen sind diesem Charme des „Peterl“, wie Hermann Bahr den 60jährigen nennt, erlegen, der (nach Bahr) dazu führe, daß man stets den Wunsch habe, diesen offenbar sehr merkwürdigen Mann einmal unter vier Augen zu Hause zu sehen, in der „Lodenjoppe des täglichen Verkehrs“, weil dadurch auch jener irritierende Rest an künstlicher Sprache, Stimmenimitation und Schallverstärkung fortfalle, welche die „Hauskunst“ Roseggers sonst auch kennzeichne.

Es erscheint sinnvoll, die Laufrichtung zu ändern, diesen Habitus zu unterlaufen, ihn nicht für das Pure, echt universal Reelle zu nehmen, sondern als eine Textqualität unter anderen, eine Stimmlage unter mehreren. Freilich eine solche, welche die „Tyrannei der Intimität“ auf den Leser ausübt. Auch dies keine Einmaligkeit, sondern Signum der Epoche, dessen andere Seite als „Verfall des öffentlichen Lebens“ gekennzeichnet wurde. [8]

---

[8] Vgl. Karl Wagner: „Auch gekünstelt“. In: Die Presse, 31.7.1993, Spectrum S. VI; Wagner führt treffend die Verwendung der „vorliterarischen kommunikativen Gesten des Plauderns, der direkten Leseanrede“ usw. als typische Formen an. Das Überschreiten der Begrenzungen des im engeren Sinn Literarischen fördert den Kult der Person, hinter dem das Werk verschwindet, und den „Verfall des öffentlichen Lebens“ durch die „Tyrannei der Intimität“, wie sie Sennett beschreibt. Die Projektion des Wunsches nach Intimität, nach Sicherheit, Ruhigkeit und Dauerhaftigkeit von Beziehungen auf die „öffentliche Persönlichkeit“ ist nach Sennett Ausdruck der Krise des öffentlichen Lebens. „Die ‚öffentliche Persönlichkeit‘ war ein Widerspruch in sich, der letztlich zur Zerstörung der Öffentlichkeit selber geführt hat“, vgl. Richard Sennett: Verfall und Ende des öffentlichen Lebens. Die Tyrannei der Intimität. Frankfurt/M., 2. Aufl. 1983, S. 295;

Hermann Bahr äußert sich in diesem Sinn „intim“ über Rosegger als öffentliche Person: „Dadurch wirkt der Peterl so stark: er fühlt sich sicher und macht uns sicher. Man spürt überall: so wie er die Welt uns zeigt, so braucht er sie, um sich in ihr zu behaupten; darum ist er unwiderleglich und hat immer recht.“ Hermann Bahr: Hauskunst. In: Die neue Rundschau 20 (1909), S. 881; ich verwende diesen Hinweis mit freundlicher Genehmigung von K. Wagner.

Wie man diese Probleme methodisch löst und zugleich viel und ausführlich literaturgeschichtlich zu Rosegger schreibt, hat Karl Wagner in seinem Buch vorgeführt, von dem die folgenden Überlegungen sehr profitieren. Das Dilemma von Literatur oder Geschichte (bzw. Biographie), wie es Roland Barthes 1960 für die Literaturgeschichtsschreibung konstatiert hatte, löst Wagner dadurch, daß er dem ausgelegten Individuellen nicht auf den Leim geht, sich von der Person Rosegger (bei genauester Kenntnis der Quellen) nicht den Blick für die „literarischen Funktionen (Produktion, Kommunikation, Konsumtion)“ verstellen läßt, in denen die Schriftsteller, wie Roland Barthes sagt, als „Ausübende einer institutionellen Tätigkeit betrachtet [werden], die sie als Individuen überschreitet, genauso wie in den sogenannten primitiven Gesellschaften der Zauberer an der magischen Funktion teilhat. Diese durch kein geschriebenes Gesetz festgelegte Funktion kann nur durch die sie ausübenden Individuen hindurch erfaßt werden, und doch ist allein die Funktion Gegenstand der Wissenschaft.“ [9]

3. Wider die Natur - Zurück zur Kunst!

Mit Karl Wagner weiß ich mich einig in einer der lebenskundlich sinnvollen Applikationen Roseggerscher Texte, nämlich in der Beantwortung der Frage: „Därf ich's Dirndl liab'n?“ aus ‚Zither und Hackbrett‘ im positiven Sinne. Selbst die DDR-Literaturgeschichte konnte sich dem Charme dieses Texts nicht entziehen und hat ihn als dekoratives Beispiel in der Abbildung von Roseggers Handschrift - abermals als Signum seiner Person - wiedergegeben. Auch Anzengruber hat dieses Gedicht verwendet, oder vielmehr: variiert („Därf ich's Büaberl lieb'n?“), im ländlichen Schauspiel ‚Der Pfarrer von Kirchfeld‘, wo es zu Beginn des dritten Akts die unter der Textoberfläche brodelnde Zölibatsfrage (Annerl und Pfarrer Hell) poetisch anheizt. [10]

Dieses Gedicht findet sich auch im Roman ‚Heidepeters Gabriel‘ als Selbstzitat Roseggers. Nun freilich inszeniert als Männerchor aus dem Wald zur Untermalung des hochzeitsnächtlichen Akts im Jagdhaus, das der Schwiegervater des Helden von einem „Großen des Landes“ zu diesem Zwecke gepachtet hat.

---

[9] Roland Barthes: Literatur oder Geschichte. In: Literatur oder Geschichte. Frankfurt/M. 1969, S. 22.

[10] Ludwig Anzengrubers sämtliche Werke. Hrsg. v. Rudolf Latzke und Otto Rommel. Kritisch durchgesehene Gesamtausgabe in 15 Bänden. Wien 1922, Bd. 2, S. 62.

> Männerstimmen sangen im Walde ein Lied. Die Worte waren kaum zu verstehen, nur die letzte Strophe kam, wie auf einem eignen Lufthauch herübergeschifft, zum offenen Fenster:
>
> „ - Bin ich voll Verlangen
> Noch zum Herrgott gangen
> Därf ich's Dirndl liab'n?
> - Ei ja freilich, sagt er und hat g'lacht,
> Z'weg dem Büaberl han ich
> 's Dirndl g'macht..."
>
> Die Töne waren verzittert. Über dem finsteren Gestämme lag die Ruhe des Sternenhimmels. Ein Luftzug durch das Fenster blies die Kerze aus.[11]

Der Rest ist Schweigen. Das folgende Kapitel „Wie sie Honigwochen hielten" ist dem Morgen danach, dem Genuß von Natur und Häuslichkeit gewidmet. Die Lizenz zum Lieben, die das Gedicht ohne einen solchen Kontext gehabt haben mag - Gerald Schöpfer hat im Fernsehen triumphierend auf dieses Beispiel moralischer Kühnheit (zu seiner Zeit) hingewiesen -, hat hier ihre Brisanz verloren. Das Gedicht handelt offenbar vom Gegensatz zwischen Trieb-Natur und Gesellschaft, einem naturrechtlichen Problem also; die Liebe wird der Natur zugerechnet und von Gott-Natur sanktioniert. Dieses Natürliche der Liebe (von dem das Gedicht für sich genommen spricht) ist im Romankontext jedoch solid gerahmt durch das positive Recht (Eheschließung, Pachtvertrag) und zugedeckt durch lauter Kunst; Kunst nämlich verstanden als bürgerlich-gründerzeitliches Arrangement zum Zweck der Verdeckung der Lebensvorgänge, um mich etwas undeutlich, aber allgemeiner auszudrücken.

Der Roman ‚Heidepeters Gabriel' eignet sich, so meine ich, in besonderem Maße für eine engere literarhistorische Fallstudie, weil er geradezu einlädt, Momente der Künstlichkeit im Werk Roseggers, der Literarität also, hervorzuheben, anstatt, wie es sonst bei diesem Autor gerne gemacht wird, dieses Literarische hinter dem Lebensnahen, sozialgeschichtlich Bedeutsamen oder persönlich Merkwürdigen der erzählten Inhalte verschwinden zu lassen.

Rosegger selbst stützt eine solche Betrachtung durch sein Vorwort von 1912, das sich gegen den Regreß auf das Persönliche ausdrücklich verwahrt. Ich zitiere diese Verwahrung etwas ausführlicher, weil sie auch sprachlich formal auf dem Kunstanspruch des angekündigten Textes beharrt und in gehobenem, um nicht zu sagen geschraubtem

---

[11] Peter Rosegger: Heidepeters Gabriel. Leipzig 1912, S. 289-290; Seitenangaben künftig nach dem Zitat in Klammer.

Stil, etwa angestellte Vermutungen über die autobiographische Basis des Erzählten entschieden abweist.

> Es ist die Meinung aufgekommen, daß die Erzählung ‚Heidepeters Gabriel' meine eigene Lebensgeschichte wäre. Diese Meinung ist unrichtig. Eine solche Selbstbespiegelung wäre geschmacklos bis zur Unanständigkeit. Die Geschichte ist eine poetische Darstellung des oft Geschehenden, wie einer aus armseligen Niederungen und Widerwärtigkeiten aller Art durch Wille, Mühen, Kämpfe und Glück zur Höhe kommt und ein außerordentliches Ziel erreicht, um dann von einem neidischen Geschick wieder in tiefes Leid gestürzt zu werden.
>
> Daß ich zu dem Bilde Farben von der Palette persönlicher Erfahrungen genommen habe, ist wohl wahr. Das trifft besonders zu bei den Gestalten des Heidepeters, seines Weibes Klara und der jungen Frau Anna. In Gabriel selbst habe ich ja auch persönliche Stimmungen und manches Gleichnis hineingelegt aus meiner Jugend Leid und Glück. Tatsächlich aber ist - und das will gelegentlich dieser Ausgabe gesagt werden - schon der ganzen Charakteranlage nach Heidepeters Gabriel ein anderer als sein Verfasser.
>
> Krieglach 1912.

Gerade weil sonst das Autobiographische als ein Markenzeichen Roseggers gelten kann, erscheint hier die Einschränkung, als wäre es das Indiskrete schlechthin, merkwürdig. Die von Rosegger abgewiesene „Geschmacklosigkeit" kann, so die Vermutung, nicht generell befürchtet werden, sondern eingeschränkt auf das geschmacklich Prekäre, jene zwei Bereiche, die der Diskretion bedürfen, Karriere und Liebes- bzw. Ehegeschichte. Das Mittel, diese Diskretion zu wahren, ist die Kunst. Sie besteht in Reduktionen, Abstraktionen, Überhöhungen - literarischen Taktiken, die auch aus der Programmatik des poetischen Realismus geläufig sind. Was vom Standpunkt einer hypothetisch dahintergestellten Autobiographie als Verlust an Konkretion gesehen werden könnte, verbucht Rosegger als poetischen Gewinn: dadurch werde die Geschichte paradigmatisch und gleichnishaft. Unser „Peterl" (wenn man ihn mit Hermann Bahr einmal so nennen darf) rührt zart in den „Farben von der Palette persönlicher Erfahrungen", um „aus [s]einer Jugend Leid und Glück" ein Bild zu machen.

Karl Wagner hat die verwickelte Entstehungsgeschichte des Romans skizziert. [12] Ich wiederhole sie hier nicht, sondern nehme sie nur als Indiz dafür, mit welcher Beharrlichkeit Rosegger an der Konstruktion dieser Geschichte gearbeitet hat. Gene-

---

[12] Karl Wagner: Der Heimat-Stoff und seine Verwandlungen. Werk und Wirkung Peter Roseggers. In: Peter Rosegger. 1843-1918 (Anm.1) S. 193-212, hier S. 207-208.

tisch und strukturell bemerkenswert ist die Teilung in die zwei Bücher: „Die Einöde" und „Das Daheim", eine eher kontrastiv zu verstehende Anordnung, in der die „Einöde" nicht das „Daheim", das „Daheim" keine Natur, sondern die Künstlichkeit des neogotischen Jagdhauses und der gründerzeitlichen Villa darstellt.

Im ersten Teil des Romans sind jene Momente angelegt, die im Roman ‚Jakob der Letzte' sozialgeschichtlich relevant werden und dort sowohl detaillierter als auch stärker orientiert auf das tragische Ende ausgearbeitet sind. Auch die Raumkonzeption ist ähnlich wie im ‚Jakob', hier mit den ‚Wildschroffen' als locus horribilis für Anarchos und Gotteslästerer („Einschicht-Res"), dort mit dem „Gottesfrieden", dem Ort des Selbstmörders. Das Personal ist aber stärker schematisiert, das soziale Spektrum schmaler. Graf „Frohn", der Jagdherr, der den Bauern mit dem Abstiften droht, mutet eher an wie eine Figur aus Anzengruber (im ‚Pfarrer von Kirchfeld' wirkt der ähnlich nomen-ominöse Graf von Finsterberg). Die Wahrscheinlichkeit der zeitlichen Gliederung leidet ebenfalls durch Reduktionen. Nur scheinbar wird durch die vom Grabstein zitierten Lebensdaten der Mutter Gabriels, Klara Stammer, 1802-1856, der Rahmen fixiert (Roseggers eigene Mutter starb 1872). Die vorherige Raffung der Lebensgeschichte des Gabriel verwischt aber wieder die Spuren: schon als etwa Sechzehnjähriger ergreift er die Initiative für seine Karriere; die bei Rosegger autobiographisch ertragreiche Schneiderlehre entfällt, der Dr. Svoboda der Biographie heißt im Roman in schlichter Übersetzung des slawischen, sprechenden Namens „Professor Frei"; in der Zeit vor dem Tod der Mutter, aber schon als literarische Berühmtheit, ist Gabriel „wieder in die Stadt gegangen, wohin ihn seine geistigen Beziehungen zurückzogen [...] Die Sommertage lockten ihn allemal wieder in die Einöde zurück [...] An einem solchen Sommertage [1856] entschlief seine Mutter" (190-191). Aus den Zeithinweisen könnte man zunächst folgern, daß (in Relation zur Lebensgeschichte Roseggers) der Bildungsgang Gabriels also um etwa ein Jahrzehnt zurückverlegt ist. Es würde aber so ein anderes Datierungsmoment in Zweifel gezogen: nämlich die Geschichte des exilierten Schulmeisters. In Roseggers Leben heißt er bekanntlich Michael Patterer und kommt durch die Konterrevolution 1849 in Schwierigkeiten;[13] im Roman ‚Heidepeters Gabriel' verübt er ein klassisches Delikt der Kulturkampfpolemik (Glockengeläut für einen Selbstmörder), müßte es aber nach romaninterner Rechnung in den frühen Vierzigerjahren verübt haben. Die Revolution von 1848 ist in der Romanchronologie nicht unmittelbar zu fassen, könnte

[13] Sabine Marketz: Biographie Roseggers. In: Peter Rosegger. 1843-1918 (Anm.1), S. 13-35, bes. S. 14: Beleg aus ‚Am Wanderstabe meines Lebens'.

aber repräsentativ in einer Szene komprimiert sein, in der der Aristokrat nur knapp dem Tod durch das Hackebeil entgeht. Substanziell geht es allerdings dabei nicht um revolutionäres Begehren (Grundentlastung o.ä.), sondern um das „alte Recht" der Waldnutzung durch die Bauern. Die auktorial beglaubigte Arroganz des Grafen („sich mitten in das Volk begeben und dessen Brot essen, das ist herren-demokratisches Prinzip", räsoniert bitter der Erzähler, 177) provoziert die Gewalt: „Jetzt ging wieder die Tür auf, und Kopf an Kopf standen vor dem Eingange die Männer der Einöde, mit Stöcken und Knitteln bewaffnet. Sie drangen gegen den Tisch vor. Jäger und Knechte riefen nach den Gewehren, die draußen im Vorhause lehnten. Plötzlich aber drängte sich der Hahnenkamp durch den wüsten Haufen, und mit dem Schrei: ‚Den Schädel spalten, wie einen Holzklotz!' stürzte er mit einer geschwungenen Axt in die Stube und auf den Grafen los. Dieser fiel in seinem Schreck unter den Tisch und das Beil fuhr tief in die Holzwand. In demselben Augenblicke sauste ein gebrochener Stuhlfuß nieder auf des Bauers Haupt - der Hahnenkamp wankte zur Tür und brach zusammen." (178)

Im Romanzusammenhang überwiegen andere Motive als die einer geschichtlichen, zeit- oder sozialgeschichtlichen Akkuratesse. Der Aufrührer wird aus dem Weg geschafft (Rosegger läßt ihn an dem Stuhlbeinschlag sterben), und damit wird dem ruhmvoll heimgekehrten Gabriel die Rückkaufsmöglichkeit für das Heidepeterhaus eröffnet, das eben jener aufrührerische Gewalttäter ersteigert hatte. Alles wird einem guten Ende zugeführt: die verwirrte und verirrte Mutter Gabriels wird wiedergefunden, im folgenden Winter kauft Gabriel (anders als Rosegger selbst) das Elternhaus zurück; im Frühjahr erhalten die Bauern ihre Rechte am Wald wieder, der Schrecken der nahen Gewalt veranlaßt den Grafen zu Reformen: „Unten auf dem Gemeindeanger neben der Kapelle wurde ein Platz ausgemessen für ein neues Schulhaus. Die Gründungsurkunde desselben hatte das Patronat ausgestellt." (188) Gleichzeitig wird das Wirtshaus, Ausgangspunkt von Tratsch und Laster, aus Mangel an Zuspruch aufgelöst. Mit diesen dichterischen (und nicht unbedingt wahrscheinlichen) Maßnahmen kann die Einöde als Idyll restituiert werden; der Dichter „Waldsing" Gabriel nimmt die Oszillation Stadt-Land auf, welche die Voraussetzung seiner Tätigkeit und seiner Sujets ist; der erste Teil der Karriere kann diskret gerundet und geschlossen werden: „Gabriel war wieder in die Stadt gegangen, wohin ihn seine geistigen Beziehungen zurückzogen. In der Stadt aber lebte er seinen Bergwäldern [der finale Dativ ist ein wenig verräterisch, Zweck und Mittel sind vertauscht], die er beschrieb und besang mit ihren Menschen. Er nahm kein Amt, er trieb kein Geschäft, er lebte und dichtete. Er wußte selbst nicht, wie es war, daß er nun so schön und frei dahinleben konnte." (190) Er lebt also gewissermaßen nach biblischem Muster in der Stadt, säte nicht und erntete nicht, wie die Lilien auf dem Felde und die Vögel des Himmels, und doch konnte er das Gut der Eltern zurückkaufen.

Die Diskretion, welche Roseggers Kunst hier walten läßt, ist verräterisch, sie enthüllt mehr, als sie verschleiern will; sie enttarnt sich als Verschleierungstaktik.

4. Et in Arcadia ego, oder: Wie Rosegger den Tod gebildet

Selbst der Tod verliert in dieser Idylle seinen Schrecken, wie das am Beispiel der Mutter angedeutet wird. „An einem solchen Sommertage entschlief seine Mutter.“ (191) Die Verknüpfung mit dem zweiten Teil, „Das Daheim“, erfolgt genau über dieses Gelenk des Tods in der Idylle. Ausgangspunkt der Liebesgeschichte des zweiten Teils ist das Grab der Mutter, das von Anna, einer Verehrerin des „Waldsing“, so der Künstlername Gabriels, aufgesucht und geschmückt wird; Endpunkt ist der Tod dieser Frau (als Gattin des Dichters). Der poetische Aufwand, mit dem der zweite Zyklus von Liebe und Tod gesteigert dargestellt wird, ist ebenso beträchtlich wie bedenklich. Die dingliche Konkretheit, die in Roseggers Darstellung des bäuerlichen Milieus der Handlung Plausibilität verleiht, fehlt hier weitgehend; das Lyrische als Mittel undeutlicher Emphase herrscht vor. Zwar ist auch der erste Teil nicht ganz frei davon, ironisiert aber noch manchmal diese lyrische Attitüde und ihre Kunstsprache. „Wie oft hatte Gabriel sein Schwesterl auf die Stirne geküßt, wie oft hatte er gesagt: ‚Regina, das verzauberte Reh im Märchen kann keine schöneren Augen haben als du, und die feinste Seide ist nicht so zart, wie meiner Schwester Haar‘ – ‚Und kein Mensch tut so närrische Reden, wie mein Bruder Gabriel,‘ unterbrach ihn Regina und versetzte ihm mit zwei Fingern ein Tätschel auf die Wange. – “(70).

Nicht immer kann jedoch die Perspektive des pubertierenden Jungdichters in der zitierten Weise personal abgegrenzt werden, manchmal erscheinen die Natur-Sprüche, die, wie sich verräterischerweise zeigt, was anderes meinen als sie sagen („Därf ich's Diandl liab'n?“), auktorial abgesichert und angebunden an erkennbare literarische Vorbilder:

> Oft, an stillen Sommerabenden, wenn andere Burschen sich zusammengesellten zur Freude und Lust, ging Gabriel hinauf in die Waldungen. - Gabriel, wenn du unverstanden bist, so blättere im Buche der Natur. Alle Wesen sind Buchstaben, von Gott geschrieben, und die ganze Welt ist wie ein großes Lied. Siehe, dort hinter dem Waldhang ist ein dunkler Teich. Da ist kein Leben und Bewegen, er starrt hervor, wie das offene Auge eines Toten. Kann dieses Gewässer ein Spiegel der Welt sein? Eine lustige Fliege hatte im Gesträuche eben Hochzeit; glückselig, berauscht von diesem süßen, lichtvollen Leben, kommt sie dahergetanzt und setzt sich auf die dunkle Fläche des Teiches. Da wird ein Kreis um das Tier, und größer und größer dehnt er sich hin nach allen Seiten bis an das Ufer, und neue folgen ihm, als wollten

> sich hier Welten bilden. Und das ist der neunfache Kranz der Hochzeiterin, und das ist ihr Grab im schwarzen Grunde. Da fängt am Ufer ein Glöcklein zu läuten an, und jedes Kraut im Walde, das ein Blumenglöcklein hat, läutet den Sterbegesang. - Den Sterbegesang hört ein bunter Falter, und er [...] erzählt es der Meise [...] (77) usw. usf. [14]

Die folgende, Adalbert Stifter abgelauschte Passage über groß und klein in der Natur führt endlich zur zentralen Frage: „Da lag er denn auf dem Moose und sah in das Geäste der Bäume hinein oder zu den abendsonnigen Wipfeln auf und fragte sich: Was willst du denn? - Was? - Willst du ein Mägdlein haben? - Hämmern des Herzens war die Antwort.“ (77) Der cantus firmus des Romans, „Därf ich's Dirndl liab'n?“ wird schon hier intoniert, mit naturphilosophischem Tenor; der dunkle Teich kündigt Erfüllung und Tod an: eine starke motivliche Klammer zum zweiten Teil.

Vor den Genuß haben die Götter jedoch die Mühe gesetzt. Als Gabriel um die Hand der Anna anhält, erzielt er ihre Zusage in einer poetischen Szene nach dem Modell „An diesem Abend lasen sie nicht weiter“. („Für heute wurde kein Lied mehr gespielt. Schweigsam verließen sie die Tannengruppe“, 272.) Vom künftigen Schwiegervater auf das Erfordernis bürgerlicher Sicherheit verwiesen, erwirbt Gabriel kurzentschlossen die Qualifikation zum Universitätsprofessor (279-280). Die ebenfalls stark geraffte, am Beispiel des Schwiegervaters märchenhaft ästhetisierte Geschichte von der Entstehung des großbürgerlichen Kapitals sei hier übergangen. Manches legt es nahe, sie als seriöse Kontrafaktur von Johann Nestroys ‚Der böse Geist Lumpazivagabundus‘ zu lesen. [15]

Ich will stattdessen - kritisch gegenüber dem Text, nicht gegenüber Rosegger und der Geschichte seiner beiden Ehen, die genau nach der Vorschrift seiner Vorbemerkung von 1912, nicht in die Betrachtung der ästhetischen Konstruktion einbezogen werden können und sollen - noch einen kurzen Blick auf den Motivzusammenhang von

---

[14] Verwandt im auktorialen Gestus ist folgende im Textzusammenhang völlig unklare Passage, mit der der Erzähler aus der mimetischen Kohärenz heraustritt und reflexiv, hochpoetisch und mythologisch geladen zusammenfaßt:

„In der Einöde.

Das ist die dornengekrönte Geschichte, die ein Mann aufgeschrieben hat in trüben, einsamen Stunden. Die Poesie wendete ihr Antlitz von ihm ab, ließ ihn allein mit der Erde; zerrissen starrte er in den dunkeln Webstuhl, an welchem die Menschen sitzen und so unsinnig weben.“ (153-154).

[15] Das Grundkapital wird im Lotto erworben, die Erträgnisse werden in erster Linie wohltätigen und kulturellen Zwecken gewidmet.

Liebe und Tod gegen Ende des Romans werfen. Ein großer Aufwand an Umschreibung gilt hier der Doppelstrategie in der Darstellung des Sexuellen: es zu zeigen und zugleich zu verstecken und also den Leser auf Suche und spekulative Lektüre zu schicken. Die Technik des „Erratenlassens im Halbverhüllten", wie Ferdinand Kürnberger dies genannt und als typisch für die Literatur dieser Zeit beschrieben hat, wird auch hier angewendet.[16] Das Kreatürliche als pflanzlich-tierische Umgebung verhüllt. Mit einem Bad im Waldsee lotet Rosegger die Darstellungsmöglichkeiten des Erotischen aus: „Diesen See suchte unser junges Paar gern auf, wenn es von seinen Ausflügen an der Hochleut niederstieg. Ein kleiner grüner Rasenplatz am Ufer, ganz mit bemoosten Felsblöcken und blühenden Dornbüschen umfriedet, war ausschließlich Annas Eigentum. Hierher durfte ihr Gabriel nicht folgen, denn hier stieg Anna in die blaue Flut." Dieser schleudert in einem anderen Winkel des Sees „Stück für Stück der Kleider von sich, und als er frei war von all den gewobenen, gewundenen Fäden, die ihn noch mit der Kultur verbunden hatten, sprang er in den Schleier des Wasserfalles hinein [...] war ihm schon verboten, die Einsamkeit des Rosengestades zu verletzen, so tauchte er doch im Wasser plötzlich neben seinem plätschernden Weibchen auf; und Anna saß in der Flut und suchte den Eindringling durch Wellengischten zu verscheuchen. –" (296-297) Der locus amoenus des Eros ist aber - wir wissen es schon dunkel aus dem ersten Teil - zugleich der Platz des Todes. Nach dem zweiten, ähnlich geschilderten Bad im See stirbt Anna an „Herzlähmung". Klassisches Pathos erscheint für diesen Tod angebracht, es ist der sprachliche pompe funèbre gehäufter Genetive, den Rosegger ausbreitet und auf den er eine beinahe elegisch skandierbare Klage folgen läßt: „Des klagenden Jammers voll eilt der alte Mann zurück in das Tal von Karnstein. Stille Rast hält Gabriel, des Heidepeters Sohn, bei seinem Weibe. Des wachsenden Mondes Halbkreis zieht allmählich empor an dem mächtigen Himmelsdom. Leicht kräuseln die Wellen und nimmer faßbar ist dir, o Ärmster am sandigen Ufer, was da geschah..." (342)

Die motivlich-poetische Kohärenz dominiert über Kausalität und Wahrscheinlichkeit, so daß Mythisierungen dieses Todes durch das Landvolk wie Erklärungen der Ärzte gleichermaßen und gleich-gültig neben das Phänomen treffen, das nur als ästhetisches einen Sinn haben kann: „Die Untersuchungen der Ärzte ergaben nichts

---

[16] „Ja, man darf sagen, die bürgerliche Moral oder der moralische Liberalismus ist in der Hauptsache bei Wieland stehen geblieben und kann seiner ganzen Natur nach über ihn auch gar nicht hinaus; vielleicht eher noch praktisch als theoretisch." Ferdinand Kürnberger: Sinnliche Poesie (1872). In: Gesammelte Werke. Hrsg. v. Otto Erich Deutsch. München 1910ff., Bd. II, S. 241.

bestimmtes; aber der Tod muß einen Namen haben, so gut wie das Leben. Das Wort ‚Herzlähmung' schrieben sie in seinen Passierschein." (343)

Schon die Vorahnung des Todes ist künstlich, oder vielmehr: durch Kunst erzeugt, nämlich von Schillers Ballade, durch welche der Held die Wirklichkeit in wesenlosem Scheine zurücklassen kann. „Oft ging er in den Wald hinaus, brütete über den Ring des Polykrates und sah es nicht, wie ihn die lebendige Welt anlachte von allen Seiten." (322)

Ausführlicher wird der Tod Annas antizipativ am Tod der Wildererfrau variiert. Auch hier ist das Ländlich-Alpine klassisch überwölbt: Annas „junges Herzchen [...] [man erwäge die spätere ‚Herzlähmung'] war lustig und froh und jauchzte, als sie in der Abenddämmerung den Fensterschein einer Hütte sah. Eine Hütte auf der stillen Matte; da wollten sie einkehren und das süße reine Glück des Hellenischen Arkadiens in vollen Zügen trinken." (301) Die Umschreibung der erotischen Verheißung ist jedoch doppelbödig wie das antike Arkadien selbst. Et in Arcadia ego hatte in der Antike an die Präsenz des Todes selbst in Arkadien gemahnt (und nicht wie bei Goethe und Schiller den individuellen Glücksanspruch angemeldet).[17] So auch hier: Beim Betreten der Hütte erblickt denn das junge Paar auch als erstes eine aufgebahrte Leiche, jene der Frau des Wilderers, die im Gebirge erfroren war. Die Künstlichkeit dieses Arrangements wird wiederholt und bestätigt durch Architektur und Interieur des vom Romanhelden gebauten Hauses. Es spiegelt mit seinem synkretistischen Historismus die Stilmischung der Erzählung. Eine künstlich hergestellte Natürlichkeit ist Teil der Quellen des Glücks, die symbolisiert im Garten sprudeln, sie erinnert an das absolute Jenseits einer natürlichen Natürlichkeit: „Dort stand auch das Glashaus und der figurenreiche Brunnentempel, in welchem ein dreifacher Quell sprudelte. Der eine Strahl floß aus dem Schlangenrachen des Äskulap, der zweite aus dem Horn der Fortuna, der dritte sprang aus einer bemoosten Felsenspalte, gemahnend an die Ursprünglichkeit und Natürlichkeit, die Labe, die nimmer fehlen darf, wo Gesundheit und Glück den Waller erfreuen." (309) Drinnen im Hause ist unter den Statuen all derer, „die der Poet von heute Ahnen nennen muß, weil er von ihnen stammt und bewußt oder unbewußt auf ihren Pfaden schreitet", auch Adalbert Stifter genannt. Bewußt oder unbewußt schreitet Rosegger auf den Pfaden, die zu

---

[17] Vgl. Veni Vidi Vici. Geflügelte Worte aus dem Griechischen und Lateinischen. Ausgewählt und erläutert v. Klaus Bartels. München 1992, S. 73; Schillers „Resignation" liegt aber ebenso zweifelsfrei zugrunde: „Auch ich war in Arkadien geboren,/Auch mir hat die Natur/ An meiner Wiege Freude zugeschworen;/ Auch ich war in Arkadien geboren,/ Doch Tränen gab der kurze Lenz mir nur."

den Gutshäusern des „Nachsommer", oder besser: von ihnen her, führen. Was dort aristokratische Tradition hat und vom Bildungseleven schrittweise erworben werden muß, damit er es besitze, ist hier - insofern ist Rosegger „realistisch" in bezug auf die Gründerzeit - auf einen Schlag vom Schwiegervater zugekauft. Noch stärker als bei Stifter (wo Bildung mit ihren feststehenden Zielen immerhin in eine Art langwieriger/langweiliger Empirie aufgelöst wird) ist bei Rosegger der Behauptungscharakter der am Schluß angehäuften, angekauften Güter. Der Prozeß der Aquirierung ist, wie in der Gründerzeit kennzeichnend, in rasanter Konjunktur verkürzt, kolonialistisch fremd stehen die Güter und Figuren in den steirischen Wäldern wie einst Iphigenie auf Tauris.

5. Was nun?

„Alle aus dem Abfall der Kultur zurückgeführten Phänomene sind Kitsch zu nennen", sagt Vilèm Flusser, und in diesem Kitsch drücke sich der Unwille aus, „dem jetzt bewußt gewordenen Absurden des Menschseins die Stirn zu bieten, und der Wille, gemütlich zu sterben." [18] Einige Evidenz dafür, daß Rosegger diesen Bereich streift, ist aus der Analyse von ‚Heidepeters Gabriel' zu gewinnen. Die Struktur und das Klassik-Recycling im zweiten Teil dieses Romans rühren insbesondere an dieses Phänomen und provozieren den Vergleich mit Werken aus der literarischen Reihe des Bildungsromans, Gottfried Kellers ‚Grünem Heinrich' etwa, und diesen Vergleich kann der Roman nur schlecht bestehen. Eine Sozialgeschichte der Steiermark kann dieser Provokation ausweichen, eine Literaturgeschichte kann dies nicht. Der literaturgeschichtliche Vergleich kann hier allerdings nicht in extenso durchgeführt werden. Dies würde erfordern, die anderen Beispiele aus dieser Reihe ebenfalls analytisch auszubreiten. Es muß hier durch einen Appell an den literaturgeschichtlichen Konsens - prothetisch gewissermaßen - ersetzt werden. Das bedeutet aber auch, daß der Vergleich, der in diesem Fall wenig schmeichelhaft für Rosegger ausfiele, die Meriten der journalistischen Arbeit, die Vorzüge der kleinen Formen und die von Romanen wie ‚Jakob der Letzte' oder etwa ‚Erdsegen' nicht betrifft. In ihnen werden ähnliche Reduktionen vorgenommen wie hier, jedoch besser durch die Breite des Faktischen, die Plausibilität der dinglichen Wirklichkeit kompensiert. Dadurch erscheinen sie auch weniger als Antworten auf Literatur denn

---

[18] Vilèm Flusser: Gespräch, Gerede, Kitsch. Zum Problem des unvollkommenen Informationskonsums. In: Kitsch. Soziale und politische Aspekte einer Geschmacksfrage. Hrsg. v. Harry Pross. München 1985, S. 57 und 61.

als Antworten auf die Wirklichkeit, definieren das Verhältnis von Literatur und Wirklichkeit neu und geben so der Literatur Schärfe, Pointierung und Frische zurück.

Und eine solche Qualität wäre in der Literaturgeschichte von Fall zu Fall zu würdigen.

Gerald Schöpfer

Peter Rosegger: ein Zeuge der Sozialgeschichte

Unabhängig davon, wie Germanisten den literarischen Stellenwert Peter Roseggers einschätzen, gibt es ein legitimes Interesse der Sozialgeschichte am vielschichtigen Werk dieses Dichters und Journalisten. Seine Lebenszeit (1843-1918) deckt sich weitgehend mit der Regierungszeit von Kaiser Franz Joseph I. (1848-1916) und umfaßt somit die letzte Phase der Habsburger-Monarchie, welche von einer widersprüchlichen sozio-ökonomischen Entwicklung gekennzeichnet war.

In diesem Abschnitt glückte einerseits der ökonomische Aufstieg: Wenn auch ein „take off" im Rostow'schen Sinne nicht gelungen war und sich die Monarchie in ihrer Endphase noch nicht als ein Industriestaat, sondern lediglich als ein „industrialisierter Agrarstaat" präsentierte, war immerhin mit der „Gründerzeit" die ökonomische Basis für die Modernisierung Österreichs gelegt worden. [1] Andererseits kam es, vor allem durch die nationalistischen Zentrifugalkräfte, zum politischen Abstieg und schließlich zum Zerfall der Vielvölker-Monarchie.

Rosegger registrierte sehr sensibel den gesellschaftlichen und ökonomischen Wandel, welcher in seinem Werk einen literarischen Niederschlag fand. Durch seine Romane, aber vor allem durch sein journalistisches Wirken, erweist er sich als ein aussagekräftiger Zeitzeuge für die moderne sozialgeschichtliche Forschung [2], dem die Dynamik der Veränderungen seiner Zeit bewußt war, wenn er beispielsweise festhielt, „daß heute ein einziger Mensch mehr erlebt, als früher Vater, Sohn und Enkel zusammen". [3] Er setzte sich dabei nicht nur mit den globalen gesellschaftlichen Fragen auseinander, sondern versuchte auch, Alltagsgeschichte zu schreiben und das Leben der „kleinen

---

[1] Vgl. dazu Herbert Matis, Österreichs Wirtschaft 1848-1913, Berlin 1972; ferner: David Good, Der wirtschaftliche Aufstieg des Habsburgerreiches 1750-1914, Wien 1986.

[2] Siehe dazu: Gerald Schöpfer, Peter Rosegger: Ein glaubwürdiger Zeuge wirtschafts- und sozialgeschichtlicher Veränderungen? In: Uwe Baur - Gerald Schöpfer - Gerhard Pail (Hg.), „Fremd gemacht?" Der Volksschriftsteller Peter Rosegger, Wien-Köln-Graz 1988, S. 25-42. Ferner: Gerald Schöpfer, Peter Rosegger: Zeitzeuge, Sozialkritiker und „Aktionsjournalist", in: Gerald Schöpfer (Hg.), Peter Rosegger, 1843-1918, Katalog der Steirischen Landesausstellung 1993, Band 1, Graz 1993, S. 243-262.

[3] Peter Rosegger, Der Friede zwischen Kirche und Gesellschaft, in: Heimgarten, 12. Jg., 1888, S. 513. Siehe auch: Peter Rosegger, Was weiß unser Landvolk von den großen Bewegungen der Zeit?, in: Heimgarten, 20. Jg., 1895, S. 29-33.

Leute" aufzuzeichnen. Was er als Literat dokumentierte, entspricht durchaus den Intentionen der modern gewordenen „Geschichte von unten" bzw. der „oral history", deren Methoden allerdings für Roseggers Lebenszeit aus biologischen Gründen nicht mehr greifen können. Sein Werk legt somit ein sozialgeschichtlich relevantes Zeugnis einer versunkenen Welt ab. So beschrieb er viele jener Berufe, die bereits zur Zeit seines Erlebnishorizontes im Aussterben begriffen waren. Seine ‚Handwerker-Geschichten', aber auch seine Beschreibungen der bäuerlichen Welt referieren über sozialgeschichtlich relevante Fakten und Befunde. Mit seinen detaillierten Berichten über Nahrung, Kleidung, Wohnung, Arbeit, Werkzeug, Freizeitvergnügen usw. eröffnen sich Einblicke, die das Interesse des Volkskundlers und des Sozialhistorikers verdienen. An dieser Stelle sei angemerkt, daß diese Facette in Roseggers Werk zwar heute wiederentdeckt wird, doch aufmerksame Beobachter, wie beispielsweise der große steirische Volkskundler Viktor von Geramb [4], haben diese Bedeutung Roseggers bereits zu seinen Lebzeiten gesehen.

Trotz Sympathie für den Bauernstand entzauberte Rosegger vieles, was auf den ersten Blick in sozialromantischer Verklärung sehr anheimelnd aussehen mag. Das Leben in den Rauchstuben wird keineswegs beschönigt, und die Ausbeutung der landwirtschaftlichen Hilfskräfte, die Lebenssituation am Land, bäuerliche Unarten, problematische hygienische Verhältnisse und vieles andere wird von ihm keineswegs unkritisch vermittelt. Man wird oft den Eindruck nicht los, daß er auch sehr bewußt bestrebt war, Dokumentationen für die Nachwelt zu verfassen, welche den unaufhaltsamen gesellschaftlichen Wandel zumindest literarisch festzuhalten versuchen. Anregungen zu dokumentarischer Tätigkeit hatte er schon früh erhalten - so war er schon in der Jugend vom Volksliedersammler Jakob Schmölzer in Kindberg dazu motiviert worden, selten gewordende Volkslieder aufzuzeichnen. [5]

Rosegger war zeitlebens volkskundlich interessiert, und im Bemühen, Aussterbendes literarisch zu sichern, stand er auch mit dem Wiener Germanisten K. J. Schröer [6], den steirischen Landeskundlern und den Vertretern der damals noch jungen

---

[4] Vgl. Viktor Ritter von Geramb, Peter Roseggers Bedeutung für die Volkskunde, Graz 1914, Vierte Flugschrift des Vereines für Heimatschutz in Steiermark.

[5] Peter Rosegger, Wie ich dem Herrn Verwalter ‚was gepfiffen hab', in: Heimgarten, 15. Jg., 1891, S. 908-911.

[6] Der Wiener Germanist Schröer hatte Rosegger dazu angeregt, „über den sprachlichen Verkehr des Menschen mit den Haustieren" zu berichten, in: Heimgarten, 2. Jg., 1878, S. 463-466.

Disziplin der Volkskunde in regem Kontakt. Er interessierte sich genauso für die bäuerliche Wohnkultur, die er sogar in selbst verfertigten Zeichnungen dokumentierte, wie für alpenländische Dialekte, ländlichen Aberglauben, seltsame Grabinschriften und skurrile Gipfelbucheintragungen, aussterbende Worte, usw. So stammte von Rosegger die Anregung, ein Wörterbuch der steirischen Mundarten aufzulegen: „Man muß sammeln und sammeln auf allen Straßen, in allen Tälern und Hütten, man wird Schätze über Schätze finden, aber man wird nie damit fertig werden. Doch wird [...] ein Werk entstehen, an dem die Ethnographen, Philologen und Germanisten ihre Freude haben sollen.“ [7]

Roseggers Schriften sind aber auch ein Spiegelbild der großen historischen Zäsuren seiner Zeit.

Rosegger und die Landwirtschaft

Mit der Revolution von 1848 - Rosegger war damals 5 Jahre alt - kam es zu tiefgreifenden Veränderungen, welche neben dem Beginn der Verfassungskämpfe vor allem die Bauernbefreiung bewirkten. Der Dichter kommentierte die Revolution von 1848 später mit unverhohlener Sympathie als eine „Naturnotwendigkeit“. Als Bauernsohn lobte er den Fortschritt der Grundentlastung und begrüßte „die Aufhebung längst unzeitgemäß, weil unpraktisch gewordener Privilegien“. [8]

Er erkannte aber auch, daß nunmehr die Bauern den Gesetzen der Marktwirtschaft voll ausgeliefert waren. Mit der Verkehrsrevolution, die sich im Mürztal durch den Bau der Südbahn manifestierte, wurden die Transportkosten für Massengüter gesenkt. Dies brachte eine vermehrte Konkurrenz durch ausländische Waren am heimischen Markt. Dazu kam noch die Liberalisierung des Außenhandels; so brachten ab 1851 die Zollöffnung gegenüber den kostengünstiger produzierenden ungarischen Agrariern und schließlich auch das Eindringen überseeischer Produkte eine verschlechterte Position der heimischen Agrarwirtschaft. Davon waren vor allem die unter ungünstigen Bedingungen produzierenden obersteirischen Bergbauern betroffen. Das Konsumzentrum Wien bezog vor 1914 nur rund 20 bis 22 % der Rinderanlieferungen aus dem österreichischen Alpenland, rund die Hälfte des Bedarfs an cisleithanischem Brotgetreide wurde

[7] Peter Rosegger, Steirische Dialekt-Wörter, in: Heimgarten, 4. Jg., 1880, S. 391-393.

[8] Peter Rosegger, Der Friede zwischen Kirche und Gesellschaft, in: Heimgarten, 12. Jg. 1888, S. 514.

durch die ungarischen Produzenten gedeckt. Die Probleme der heimischen Agrarwirtschaft, für die es in der Gegenwart im Lichte der EU-Annäherung eine aktuelle Entsprechung gibt, beschäftigten Rosegger immer wieder. Er skizzierte die problematische Stellung der Bauern und beklagte das Phänomen der Landflucht: „Als in den Fünfziger-Jahren durch die Eröffnung der Bahn durch's Mürztal die Welt aufgetan wurde, als aus gesegneten Gegenden das Korn billiger in's Land kam, wie man es da oben, stets von Mißjahren gefährdet bauen konnte, fanden die höchstliegenden Höfe am Alpel, daß es besser sei, die Felder zu Wiese und Wald anwachsen zu lassen. Man züchtete Vieh, man verwertete den Wald zu Kohlen, Eisenbahnschwellen und Telegraphenstangen, die man in's Mürztal führte. Bargeld kam in's Land; das Bargeld führte in's Wirtshaus, zum Krämer, der allerlei Waren hatte, die man früher gar nicht gekannt, jetzt aber allmählich zum Bedürfnis wurden. Früher hatte der Alpel-Bauer Alles, was er aß und trank, womit er sich bekleidete und sein Haus baute, aus eigenem Grund und Boden zu ziehen gewußt, jetzt kaufte er's um Geld ... Die Lebensweise verteuerte sich, die Steuern wuchsen, man machte, wenn es ging, Schulden auf Rechnung der nächstjährigen Haferernte ... Höchstliegende Gründe und Höfe kamen zuerst d'ran, sie wurden verkauft an Eisengewerke und Großgrundbesitzer [...]"[9]

Im Wettbewerb waren die Großgrundbesitzer in einer weit besseren Position, denn aufgrund ihrer Betriebsgrößen und als Empfänger von Ablösesummen aus der Grundentlastung waren sie leichter imstande, Investitionen und Innovationen zu finanzieren.

Dazu schrieb Rosegger: „Der Großgrundbesitz verlegt sich auf die Viehzucht, führt, wo Arbeitskräfte nötig sind, die Maschine ein, der Mittel- und Kleinbauer wird Knecht, der Knecht Taglöhner, der Taglöhner endlich geht in die Fabrik. Und die Industrie soll herrschen. Mit all dem könnte man einverstanden sein, wenn es sich nicht um die Behaglichkeit, Zufriedenheit und naive frohe Lebensanschauung handelte, Dinge, die mit dem alten Bauerntume zugrunde gehen. Der Luxus des Modernen ersetzt das nie und nimmer. Und durch den Untergang des gegenwärtigen Bauernstandes wird kein anderer Stand gewinnen, aber mancher verlieren!"[10]

Kritischen Beobachtern wird in diesem Zusammenhang eine gewisse Diskrepanz zwischen Reden und Handeln in der Persönlichkeit des Dichters auffallen. Kon-

---

[9] Peter Rosegger, Wie heute Berggemeinden untergehen, in: Heimgarten, 8. Jg., 1883, S. 53-58.

[10] Peter Rosegger in der Rezension des Buches „Die Zukunft der Deutsch-Österreicher", verfaßt von Michael Hainisch, in: Heimgarten, 17. Jg., 1893, S. 314.

sequent ermahnte er die Landbevölkerung, das Leben am Land nicht gegen das städtische Leben einzutauschen. So hieß es programmatisch in seiner Ansprache anläßlich der Eröffnung der Waldschule am Alpl: „Liebe Leute! Strebet nicht hinaus in die Welt. Bleibet daheim in Eurem Waldlande. Hier werdet Ihr nicht reich, aber auch nicht so arm, als Ihr in der Fremde werden könntet, nicht so arm und verlassen, wie mancher geworden, der von dieser Heimat fortgezogen ist.“ [11] Neben Ideen, wie man die bäuerlichen Existenzen - beispielsweise durch Selbstvermarkung [12] - ökonomisch absichern könnte, entwicklte er auch sozialromantische Vorstellungen über die Wiederbesiedelung verlassener Höfe. [13]

Andererseits zählte er selbst zu jenen, welche das Land verließen, um in der Stadt ihr Glück zu suchen. Zwar beklagte er den Zwangsverkauf des elterlichen Hofes als einen Verlust der Heimat, andererseits ergriff er keinerlei Initiativen, den Kluppenegggerhof wieder zu erwerben; immerhin war ja zweitweilig sogar Wenzel Knaur, sein Schwiegervater, Eigentümer dieses Anwesens. Rosegger zog es hingegen vor, sich in Krieglach einen neuen Sommersitz zu errichten.

Roseggers Beschreibungen des Handwerkerlebens

Rosegger war bekanntlich zu schwach, um - wie es für den ältesten Sohn einer Bergbauernfamilie intendiert war - den bäuerlichen Beruf zu ergreifen. Nach dem gescheiterten Versuch, sich gemäß dem elterlichen Wunsch dem Priesterberuf zuzuwenden [14], kam er schließlich zum Schneidermeister Ignaz Orthofer in die Lehre, um das Schneiderhandwerk zu erlernen. [15] Er begleitete dabei den Störschneider auf 67 Höfe der Waldheimat und lernte so nicht nur die Grundregeln des Schneiderhandwerkes, sondern bekam zugleich einen unmittelbaren Einblick in die Schicksale der Einwohner dieser kargen Re-

---

[11] M. H.(= Abkürzung für Hans Malser = Pseudonym von Peter Rosegger), Das Waldschulhaus in Krieglach-Alpel, in: Heimgarten, 27. Jg., 1902, S. 129-136.

[12] Peter Rosegger, Der Bauer sein eigener Kaufmann, in: Heimgarten, 17. Jg., 1893, S. 631.

[13] Peter Rosegger, Ein verzweifelter Vorschlag, in: Heimgarten, 17. Jg., 1893, S. 632.

[14] Siehe dazu Roseggers autobiographische Schilderung „Der Waldbauernbub in der Stadt“, in: Heimgarten, 21. Jg., 1897, S. 303-306.

[15] Peter Rosegger, Handwerker-Geschichten, in: Heimgarten, 3. Jg., 1878, S. 130-141.

gion. Diese Lehrzeit bezeichnete der spätere dreifache Ehrendoktor als die eigentliche „Hochschule seines Lebens". Hier konnte der junge Peter Rosegger jene Erfahrungen gewinnen, welche er in seinen zahlreichen Handwerkergeschichten festhielt.

Rosegger wurde in seiner Handwerkerzeit Zeuge des Wandels innerhalb der gewerblichen Welt. 1860 hatte er mit seiner Ausbildung begonnen - gerade in dieser Zeit kam es durch die neue Gewerbeordnung des Jahres 1859 zur formalen Aufhebung des Zunftwesens in Österreich. Dadurch erhoffte man sich im liberalen Geist eine Lösung jener Sozialprobleme, die mit der Erstarrung des Zunftwesens entstanden waren. Durch die erleichterte Zulassung zum Beruf sollten die bislang „ewigen Gesellen" die Möglichkeit erhalten, sich selbständig zu machen. Die Kehrseite dieser Entwicklung war allerdings eine vermehrte Konkurrenz im Gewerbe, über die Roseggers Meister Orthofer oft wetterte.

Die pessimistischen Prognosen der Sozialkritiker des 19. Jahrhunderts über den Untergang des Kleingewerbes angesichts der Liberalisierung und des industriellen Kapitalismus haben sich keineswegs bewahrheitet. Aber die tiefgreifenden Wandlungen sind unübersehbar: Zwar kam es zum Absterben einzelner Gewerbezweige, zugleich paßten sich viele Handwerke den neuen Gegebenheiten an, und im Kontext des Industrialisierungsprozesses entwickelten sich neue zukunftsweisende Sparten, wie etwa das Reparaturgewerbe.

Im Gewerbe behielten bis zum Untergang der Monarchie die Heimarbeit und die handwerksmäßige Erzeugung ihre dominierende Stellung. Nach der Betriebszählung aus dem Jahre 1902 nahmen die Heimarbeit und die handwerksmäßige Erzeugung innerhalb der Gewerbeproduktion 96,6 % aller Betriebe und 55 % aller Beschäftigten ein. In den sehr unterschiedlich entwickelten Gebieten der Monarchie hatten sich überaus vielfältige Formen des Gewerbes erhalten. Damit bot sich ein buntes und mitunter kontradiktisches Bild der ökonomischen Landschaft. Abseits von den Kernzonen, die vom Industrialisierungsprozeß erfaßt worden waren, konnten sich weiter altartige Gewerbeformen erhalten. In den entlegenen Alpengebieten gab es noch immer die sogenannte „Stör" oder „Ster", bei welcher sich die Handwerker - beispielsweise Schuster, Schneider, Weber usw. - reihum in die bäuerlichen Höfe begaben, um dort mit eigenem Werkzeug die von den Bauern zur Verfügung gestellten Materialien zu verarbeiten. In seinen zahlreichen Handwerkergeschichten hat Rosegger die Arbeitswelt der Störhandwerker bis in das kleinste Detail dokumentiert. Diese meist von Humor getragenen Schilderungen haben einerseits einen hohen Unterhaltungswert, andererseits geben sie einen ausgezeichneten Einblick in den Handwerkeralltag einer längst versunkenen Zeit: Die Arbeitsvorgänge, das Werkzeug, die Beleuchtung, die Nahrung, die sozialen Strukturen innerhalb der handwerklichen Welt, Handwerksbräuche usw. - all dies wird mit Akribie festgehalten. So ist auch die Bedeutung der bäuerlichen Hausfrau, die für das körperliche Wohlbefinden der Wanderhandwerker zuständig ist, von Rosegger gewürdigt worden: „Wer je einmal Schneider war, der weiß was das heißt: Eine Ster ohne Hausfrau. Das ist wie ein Baum ohne Frucht, wie eine Kirche ohne Gott, wie eine Nacht ohne Stern, kurzum - wie ein hungeriger Schneider.“ [16]

Roseggers Kritik am Liberalismus, Industrialismus und Kapitalismus

Die zweite Hälfte des 19. Jahrhunderts stand in Österreich im Zeichen des Wirtschaftsliberalismus und der Gründerzeit.

Bei Rosegger gibt es in der Wertung des Wirtschaftsliberalismus ambivalente, doch überwiegend negative Aussagen: „Der philosophische Liberalismus ist der Inbegriff der Weisheit, der wirtschaftliche macht den Wohlhabenden zum Reichen, den Armen zum Bettler“ [17]; oder: „Der Liberalismus wird in der Hand der Gewissenlosen den Menschen zum Fluche, in der Hand der Rechtschaffenen zum Segen.“ [18] So wandelte sich auch in Roseggers Schriften allmählich das Bild, welches er von Amerika vermittelt. Aus dem Hoffnungsland, welches oft in Roseggers Zeitschrift ‚Heimgarten‘ in leuchtenden Farben geschildert wurde, und das auf Tausende von Auswanderern aus der österreichisch-ungarischen Monarchie eine magische Anziehungskraft ausgeübt hatte, wurde ein von Rosegger sehr kritisch beurteilter Hort des Liberalismus: „[...] in Amerika kümmere sich kein Staat und keine Katz um den einzelnen. Jeder könne zu Grunde gehen wie er wolle, das sei eben die Freiheit.“ [19]

Als ein Symbol für den wirtschaftlichen Aufschwung in Österreich war die 1873 in Wien organisierte Weltausstellung gedacht, an der Rosegger großen Anteil nahm. Die damit verbundenen Hoffnungen, aber auch Spekulationen gingen nicht auf; daran hatte auch das Auftreten einer Cholera-Epidemie schuld, welche den Zustrom ausländi-

---

[16] Peter Rosegger, Der Christian mit der göttlichen Phantasie, Erinnerungen aus der Handwerkerzeit, in: Heimgarten, 7. Jg., 1883, S. 618-623.

[17] Peter Rosegger, Gedanken in schlaflosen Nächten, in: Heimgarten, 18. Jg., 1894, S. 360-363.

[18] Peter Rosegger, Ein Empfangstag im Elysium, in: Heimgarten, 13. Jg., 1889, S. 736-742.

[19] Peter Rosegger, ’s böse Kaderl, in: Heimgarten, 17. Jg., 1893, S. 481-488.

scher Besucher und ausländischen Kapitals fernhielt. Die Ausstellung wurde zu einem Debakel, und das Weltausstellungsjahr brachte Wien am 9. Mai 1873 einen Börsenkrach, der zum Ausgangpunkt einer weltweiten Wirtschaftskrise wurde.

Rosegger kommentierte dieses Ereignis in seinem ‚Heimgarten', das den bislang fast ungebremsten ökonomischen Optimismus in Österreich spürbar abkühlte: „Da kam der große Krach von 1873 und wie ein gewaltiger Wetterschlag hat er die Luft gereinigt. Die Menschen besannen sich wieder und der erkleckliche Aderlaß an der goldenen Ader hat vielen nicht schlecht bekommen." [20]

Für die Spekulanten fand Rosegger harte Worte, aus denen seine Abneigung gegen kapitalistische Attitüden sehr deutlich wird: „Wertpapiere der Geldinstitute sind stets von Übel, entwerten sie sich nicht selbst, so entwerten sie ihren Besitzer. Nichts leistet der allgemeinen Charakterverderbnis größeren Vorschub, als die Anstalten, durch fremde Arbeit reich zu werden [...] Auf der Börse verdient, sagen sie und wollen damit das freche Glücksspiel beschönigen [...]" [21]

Zugleich kritisiert er die zunehmenden Sozialprobleme seiner Zeit: „Wenn die heutige Gesellschaft es noch spät versuchen will, den ungeheuern Abstand zwischen Reich und Arm mit einer Reform der Armenpflege zu begegnen, so muß diese Reform eine radicale sein." [22]

Nach der Weltwirtschaftskrise wurden Bemühungen sichtbar, analog zum Sozialversicherungswerk des deutschen Kanzlers Bismarck, auch in Österreich soziale Absicherungen und Arbeiterschutz einzuführen, um die ärgsten sozialen Mißstände zu mildern. Mit der Aufhebung des Koalitionsverbotes entwickelten sich ökonomische Interessensverbände, und es kam zur Gründung der modernen politischen Parteien. In zahlreichen Artikeln nahm Rosegger dazu Stellung, wobei er sich selbst weitgehend um Äquidistanz zu den verschiedenen politischen Lagern bemühte. In seinem „sozialpolitischen Glaubensbekenntnis" schrieb Rosegger: „Jede der gegenwärtig in unserem Vaterlande wirkenden Parteien hat in meinen Augen eine gute und eine schlechte Seite." [23]

Seine der Politik gewidmeten Zeitungsberichte haben durchaus dokumentarischen Charakter, so ist beispielsweise für die Geschichte der sozialdemokratischen

---

[20] Zwanzig Jahre Heimgarten!, in: Heimgarten, 20. Jg., 1896, S. 881-886.

[21] Peter Rosegger, Fliegende Gedanken, in: Heimgarten, 7. Jg., 1882, S. 123-127.

[22] Peter Rosegger, Der Armen Freud - der Armut Feind, Anregung zu einer neuen Armenpflege, in: Heimgarten, 18. Jg., 1894, S. 445-451.

[23] Heimgarten, 15. Jg., 1891, S. 547-548.

Bewegung die von Rosegger für den ‚Heimgarten' verfaßte Reportage über die erstmals in Graz im Jahre 1890 abgehaltene 1. Mai-Feier von Bedeutsamkeit: „[...] Keine Spur von rohen, ungezügelten Elementen, wohl aber glaubte ich auf manchem bärtigen Arbeitergesichte das Bewußtsein der Würde seines Standes zu lesen [...] Stellenweise sah es wahrlich aus wie bei einem Familienfeste, wie überhaupt im neuen Arbeiterprogramme - ein erfreuliches Zeichen! - die Familie stark betont wird [...] Sie drückten in einer herzenswarmen Ansprache ihre Freude aus, daß wir, ‚ihre Dichter', zu ihnen gekommen seien und wollten uns kaum wieder davon lassen [...] Der Arbeiter strebt - der eine mit größerem, der andere mit geringerem Rechte - eine Verbesserung seiner Lage an, und er strebt sie an auf gesetzlichem Wege. Er wird gewiß etwas erreichen." [24]

Roseggers Berichte wurden seitens der Sozialdemokratie aufmerksam gelesen und mitunter kommentiert: er wurde auch öfters eingeladen, in „Arbeiterkalendern" zu publizieren und vor Arbeiterbildungsvereinen zu lesen. Nicht selten entwickelten sich zwischen ihm und der Sozialdemokratie aber auch heftige Pressegefechte. [25] Wie sehr ihm diese Seite aber durchaus mit Sympathie begegnete, geht daraus hervor, daß man es in der ‚Arbeiterzeitung' sehr bedauerte, als sich die Pläne zerschlugen, den Dichter mit einem politischen Mandat auszustatten. [26]

Rosegger als Verfasser von Sozialreportagen und als ein Vorbote des modernen Aktions- und Sensationsjournalismus

Rosegger verfaßte für den ‚Heimgarten' zahlreiche Sozialreportagen, welche einen hohen Dokumentationswert für die Sozialgeschichte haben. Naturgemäß hatten diese Berichte für die bürgerlichen Leser auch einen gewissen Unterhaltungswert, wenn sie im wohligen Heim über extreme soziale Not lesen konnten. Es mag auch dem Begriff einer

---

[24] Peter Rosegger, Der Weltfeiertag, in: Heimgarten, 14. Jg., 1890, S. 703-708.

[25] Siehe z.B. den Artikel: Peter Rosegger über die Sozialdemokraten, in: Arbeiterzeitung, Nr. 64, Wien, 5.3.1899. Ferner: Rosegger will sich entschuldigen, in: Arbeiterzeitung Nr. 16, Wien, 17.1.1906; oder: Deutsche Arbeiter an Peter Rosegger, in Arbeiterzeitung Nr. 57, Wien, 27.1.1910.

Siehe z.B. den Artikel: Peter Rosegger über die Sozialdemokraten, in: Arbeiterzeitung, Nr .64, Wien, 5.3.1899. Ferner: Rosegger will sich entschuldigen, in: Arbeiterzeitung Nr. 16, Wien, 17.1.1906; oder: Deutsche Arbeiter an Peter Rosegger, in Arbeiterzeitung Nr. 57, Wien, 27.1.1910.

[26] Siehe den Artikel: Der Übergangene, in: Arbeiterzeitung, Nr. 357, Wien, 29.12.1909.

„Binnenexotik“ entsprechen, wenn Rosegger berichtet, daß sich in den entlegenen Wäldern die seltsamsten Menschen finden lassen, welche bereits fast ausgestorbenen Berufen nachgehen, wie etwa die „Ameisler“, „Wurzengraber“, „Branntweiner“ oder „Pechbohrer“. In seinen Sozialreportagen ist echtes soziales Engagement spürbar, und er beschrieb die sozialen und politischen Veränderungen in einer so offenen Art, daß er mehrmals mit der Zensur in Konflikt kam.

So prangerte er beispielsweise den Steuerdruck an, unter dem die Bauern zu leiden hätten, ferner die Härte der im Geist des Neomalthusianismus erlassenen Heiratsverbote für Mittellose. Er sah aber auch deutlich die städtischen Sozialprobleme, und so läßt er beispielsweise einen Fabriksarbeiter in einem Brief an seinen Bruder, welcher am Land verblieben war, die Not des städtischen Proletariates darstellen: „Bei uns daheim, meint man, gibt's auch arme Leute, Bettler, Einleger, Ausnehmer u.s.w.; ich sage Dir, das sind noch wohlgestellte Menschen entgegen den Armen, Hungernden, Siechenden in der Stadt [...] ringsum die reichen Leute, die sich nicht darum kümmern.“ [27]

Neben Darstellungen der Arbeitswelt und dokumentarischen Berichten über die wichtigsten Sozialprobleme dieser Zeit finden sich Reportagen, welche er über seine Besuche im Gefängnis, in der Irrenanstalt und sozialen Institutionen wie Asylen, Wärmestuben, Kinderhorten etc. verfaßte.

Besonders kritisch berichtete Rosegger auch über das Bildungs- und Erziehungswesen seiner Zeit, und in harten Worten karikierte er die mangelnden Bildungschancen der Behinderten. Hier formulierte nicht der liebenswürdige Heimatpoet, sondern ein schonungsloser Sozialkritiker, wenn er beispielsweise schrieb: „Steiermark genoß seit jeher den Ruhm, das Land der Trottel zu sein, wenngleich auf 500 Köpfe und 100 Kröpfe nur ein Kretin kommt [...] Hauptursache aber ist ganz gewiß die oft über alle Beschreibung gewissenlose Vernachlässigung der Pflege und Erziehung der Kinder [....] Halbblöde, unbeholfene Kinder, oder solche, die mit körperlichen Gebrechen behaftet sind, werden schon in ihrer frühen Jugend meist von den Kreisen der Vernünftigen fern gehalten, sich selbst überlassen oder in die Gesellschaft des lieben Viehes gegeben. Was soll aus einem solchen Halbtrottel werden? ein ganzer.“ [28]

Es fällt auf, daß Rosegger nicht nur kommentierte, sondern sich für wichtige Anliegen exponierte, um seine Leserschaft zu Taten zu motivieren oder Initiativen

---

[27] Peter Rosegger, Was ein Fabriksarbeiter an seinen Bruder schreibt, in: Heimgarten, 14. Jg., 1890, S. 766-769.

[28] Peter Rosegger, Eine Anklage in Bezug auf die Kinderpflege der Älpler, in: Heimgarten, 2. Jg., 1878, S. 773-776.

verschiedener Art zu unterstützen. Er kann somit durchaus bereits als ein „Aktionsjournalist" bezeichnet werden. Die meisten diesbezüglichen Artikel stammen von ihm selbst, er stellte aber auch immer wieder den ‚Heimgarten' als Medium für ihm berechtigt erscheinende Anliegen zur Verfügung.

Der Bogen dieser Aktionen ist überaus weit gespannt. Immer wieder startete er Aktionen zur Linderung von Sozialproblemen: Er erließ Spendenaufrufe zugunsten verlassener Kinder, ausgetretener Priester, hilfsbedürftiger Volksschullehrer und deren Witwen und Waisen, und er sammelte Geld für Erholungsaufenthalte für sieche Stadtkinder, Tuberkulosenheime, Asyle, Studentenheime etc. Auch bei außergewöhnlichen Unglücksfällen appellierte er an die Mildtätigkeit seiner Leser, um den Opfern helfen zu können. Beispiele dafür sind seine Aufrufe anläßlich von Lawinenkatastrophen, Erdbeben, Hochwasser- und Brandkatastrophen.

Wir finden aber auch seinen Namen in zahlreichen Vereinen mit sozialen Zielen, die er somit nicht nur publizistisch förderte.

Neben diesen sozialen Zielsetzungen richtete sich sein Aktionsjournalismus auch auf Fragen der Stadtgestaltung (z.B. Bauten am Grazer Schloßberg) oder auf „grüne" Anliegen (Rettung des Maria-Grüner-Waldes). Er widmete sich der Förderung von Nachwuchsdichtern, aber auch dem Andenken verstorbener Dichter und rief mit Erfolg zu Denkmalerrichtungen (z.B. für Hamerling) oder zu Neuauflagen ihrer Werke (z.B. Stelzhamer) auf.

Besonderes Echo rief sein Einsatz für den Bau der evangelischen Kirche in Mürzzuschlag hervor. Dieses Engagement, im damals noch ungewöhnlichen ökumenischen Geist, wurde ihm von klerikaler Seite nicht verziehen. Daran änderte sich nur wenig, als er einige Jahre später für den Wiederaufbau der durch einen Brand zerstörten katholischen Kirche von St. Kathrein am Hauenstein sammelte. Einen besonderen Platz nimmt natürlich sein Engagement für die Errichtung einer Waldschule am Alpl (1901), aber auch seine Spendensammlung zugunsten des Deutschen Schulvereines ein, welche das Deutschtum in den gemischtsprachlichen Grenzregionen stärken sollte. Durch diese Spendenaktion erhielt er allerdings ein ausgeprägt deutschnationales Image, welches seiner internationalen Reputation abträglich war und ihn vermutlich später sogar um den Nobelpreis bringen sollte.

Rosegger war als Aktionsjournalist bereits so effizient, daß er immer wieder von Bittstellern mit verschiedensten Anliegen bedrängt wurde, sodaß er sich hier allmählich Zurückhaltung auferlegen mußte.

In Roseggers Reportagen ist auch jene Seite des modernen Zeitungswesens erkennbar, die man als „Sensationsjournalismus" bezeichnen könnte. Er begab sich immer wieder an den Schauplatz von Katastrophen, um darüber zu berichten. Als Beispiel dafür sei das Erdbeben in Laibach erwähnt, worüber Rosegger seinen Lesern eine überaus dramatische Schilderung bot: „Priester trugen die Hostie umher und erteilten dem Volke Generalabsolution, denn man glaubte, der jüngste Tag sei gekommen [...] Frauen, die nur mit modernster Toilette auf die Gasse zu gehen pflegten, saßen hier in dürftigem Nachtgewande. Männer, die man sonst kaum ohne Frack und Glacehandschuhen zu sehen bekam, liefen barfuß umher. Mancher hatte nichts als eine Bettdecke um den Leib geschlagen. Einen Herrn sah ich in bloßer Gattie und auf dem Kopf einen Zylinder. So viel Trauriges und Drolliges durcheinander!“ [29]

Rosegger wandte auch notfalls - ähnlich wie heutige Reporter - Tricks an, um zu den gewünschten Informationen zu kommen. So handelte er beispielsweise nach dem Tod des Kronprinzen Rudolf. Rosegger fuhr nach Wien, um über die Aufbahrung des Kronprinzen in der Wiener Hofburg berichten zu können. Die Burggendarmen verwehrten aber den Zutritt, denn es waren nur offizielle Besucher zugelassen. Trickreich kaufte er einen Kranz, mietete einen Wagen und gelangte damit ungehindert in die Hofburg. Über das Gesehene schrieb er in der Folge im ‚Heimgarten‘: „Die Stimmung jenes Augenblickes, als ich einging in die herrlichen Hallen, die ein Garten des Todes geworden waren, ist unbeschreiblich. - Ihr kennt ihn, den betäubenden Duft der Blumen und Kränze, den trübroten Schimmer der Kerzen und Ampeln, der am Katafalk gleichsam wie im Vorhofe der Ewigkeit herrscht. Anders ist der Palast und anders ist die Hütte; aber der Sarg hat die gleiche Form für Hoch und Nieder. So gehen die Armen und Glücklosen hin, so gehen die Fürsten hin [...]“ [30]

Eine Fülle zeitgeschichtlicher Berichte und Kommentare finden sich in seiner Artikelserie „Heimgärtners Tagebuch“. Hier besprach er das Zeitgeschehen, schrieb aber auch in enthüllender Weise über private Erlebnisse und trug dabei auch sehr Intimes an die Öffentlichkeit. Er zeichnete für seine Leser den Tod seiner ersten Frau ebenso auf wie das Heranwachsen seiner Kinder oder auch seine eigenen Krankheiten, welche er meist mit großer Genauigkeit schilderte. Besonderen Stellenwert haben in diesem Zusammenhang auch seine von ihm kommentierten Beziehungen zu berühmten Zeitgenossen dieser Epoche. Neben dem bereits publizierten Material gibt es im Rosegger-Nachlaß der Steiermärkischen Landesbibliothek einen sehr umfangreichen Schriftverkehr. Hier gibt es auch für die zukünftige Rosegger-Forschung sicherlich noch manch Interessantes zu finden.

---

[29] Peter Rosegger, Erdbeben von Laibach, in: Heimgarten, 19. Jg., 1895, S. 711-716.

[30] Peter Rosegger, Der Kronprinz, in: Heimgarten, 13. Jg., 1889, S. 467-471.

Rosegger als Spiegelbild neuer gesellschaftlicher Bewegungen

Rosegger hat sich immer wieder, vor allem in der Zeitschrift ‚Heimgarten', mit den neuen Strömungen seiner Zeit auseinandergesetzt. So lag ihm immer wieder die Frage am Herzen, wie die Welt aussieht, welche der Nachwelt übergeben wird. Er kritisierte wiederholt, daß Wirtschaft und Politik bedenkenlos ohne Rücksicht auf die folgenden Generationen agiere: „Ich lasse die Frage stehen, ob wir ein ‚Recht' haben, auf die Zukunft, auf die Geschlechter, die nach uns kommen, Schulden zu machen? [...] Ich beglückwünsche uns, daß wir nicht unsere Nachkommen sind."[31]

Besonders deutlich wurde sein Engagement für die aufkommenden Grünbewegungen. Er nahm im Widerstreit zwischen Ökonomie und Ökologie heftig Partei: „Die Flüsse werden kleiner, die Niederschläge unregelmäßiger, der Tau wird seltener, Quellen versiegen [...] Ursache, wie an so vielem Elende ist auch hier die Industrie. Sie frißt nicht bloß die Bauersleute auf, sondern auch ihre Wälder und säuft ihre Wässer aus. Was sie übrig läßt, das verdirbt sie, sodaß sogar des Wassers urangestammter Bewohner, der Fisch, darin verenden muß. Die Industrie verbraucht Bauholz, Kohlenholz, Papierholz in Unmengen und was unfern der Essen und Schlote an Wald noch stehen bleibt, das verdirbt, erstickt unter Kohlenrauch. Die Industrie, die unsere politischen und sozialen Verhältnisse von Grund aus ändert, wird auch unser grünes Heimatland ändern, wird eine Mondlandschaft aus ihm machen."[32]

Er appellierte auch, den Zusammenhang zwischen Umwelt und menschlicher Existenz zu sehen: „Heute geht es den Bäumen, wie den Menschen: in ihren schönsten Tagen müssen sie auf's Schlachtfeld. Der heutige Wald muß fallen, bevor er reif ist, und das ist ein Mord, den die Menschen begehen - vielleicht an sich selber."[33]

Die Anliegen des Tierschutzes fanden in Rosegger einen warmen Befürworter, er wandte sich vehement gegen extreme Arten des Reitsports[34] und gegen die Jagdlust, die er mit Mordlust gleichsetzte.[35] Roseggers ‚Heimgarten' wandte sich wie-

---

[31] Peter Rosegger, Über Schuldenmacherei, in: Heimgarten, 13. Jg., 1889, S. 370-373.

[32] Peter Rosegger, Wald und Wasser, in: Heimgarten, 30. Jg., 1906, S. 546-548.

[33] Peter Rosegger, Unser nordischer Wald, in: Heimgarten, 1. Jg., 1877, S. 835-841.

[34] Peter Rosegger, Reiter, wo hast du dein Pferd?, in: Heimgarten, 17. Jg., 1892, S. 228.

[35] Vgl.: Postkarten des Heimgarten, in: Heimgarten, 16. Jg., 1892, S. 320. Ferner: Peter Rosegger, Der Flößer-Hans, in: Heimgarten, 2. Jg., 1878, S. 580-589.

derholt gegen alle Formen der Tierquälerei [36], so etwa ganz besonders gegen die Vivisektion [37] und gegen Tierversuche. [38]

So heißt es anklagend im ‚Heimgarten': „Man duldet es, daß in unseren Wäldern Millionen Vögelchen qualvoll in Schlingen verenden, daß Millionen Frösche, denen die Schenkel abgeschnitten worden, lebend weggeworfen werden, daß Millionen Fische mit Legangeln gefangen werden; daß Millionen Schlachttiere lebend gestochen, das heißt ohne vorherige Betäubung getötet werden, was man eher tot martern als schlachten nennen muß, usw." [39]

Er setzte sich für den Vegetarismus [40] ein und meinte in diesem Zusammenhang: „Wenn die ganze Tierschlächterei abkäme, ich würde meinen Braten gern entbehren." [41]

Rosegger setzte sich auch für eine allgemeine Lebensreform und eine gesunde, einfache Lebensweise ein. Er berichtete überaus freundlich über Mäßigkeitsvereine, Abstinenzlerbünde und das Streben nach einem möglichst einfachen Leben. Allerdings war er in diesen Fragen keineswegs ein Fanatiker. So schrieb er grundsätzlich: „Ich glaube [...], daß eine größere Mäßigung und Einfachheit im Essen und Trinken uns vor mancher Tollheit im Leben, unsere Nachkommen vor manchem Elend bewahren würden." [42]

Sein Appell, einfach zu leben, lautete öfters: „Die Dinge besitzen mehr uns, als wir sie besitzen, sie bestimmen unser Leben, beherrschen unser Gemüt, tyrannisieren unsere Neigungen [...] Die Dinge, die wir besitzen, dürfen niemals Selbstzweck sein. Ein geräumiges Zimmer zum Wohnen müßte jedem genug sein. Darin findet alles

---

[36] Wie man Tiere peinigt, in: Heimgarten, 20. Jg., 1896, S. 386-387.

[37] Vgl.: Die Bestie im Menschen, in: Heimgarten, 21. Jg., 1897, S. 378-382; Schlaucherln der Wissenschaft, in: Heimgarten, 27. Jg., 1903, S. 699ff. Weiters: Postkarten des Heimgarten, in: Heimgarten, 20. Jg., 1895, S. 80.

[38] Vgl.: „Wehe dem, der zum Wissen geht durch Schuld!", in: Heimgarten, 10. Jg., 1885, S. 149f. Weiteres vgl. die Rezension der ‚Schriften gegen die wissenschaftlichen Tierversuche', in: Heimgarten, 16. Jg., 1892, S. 478.

[39] Eine Bitte an Menschen, in: Heimgarten, 18. Jg., 1894, S. 307.

[40] Vgl. Postkarten des Heimgarten, in: Heimgarten, 11. Jg., 1887, S. 480.

[41] Wie in Amerika die Fleischhauer arbeiten, in: Heimgarten, 27. Jg., 1903, S. 634.

[42] Peter Rosegger: Die heilige Fastenzeit, in: Heimgarten, 12. Jg., 1888, S. 459-461.

Notwendige Platz, und wenn dieses Notwendige aus gutem Stoff ist und edle Form hat, dann ist nicht bloß für das Nützliche, sondern schon auch für die Schönheit gesorgt.“[43] Allerdings wandte er diese Einstellung keineswegs radikal auf seinen eigenen Lebensstil an.

Ähnlich war seine Beurteilung des Alkohols: Er liebte sein Glas Wein, verurteilte aber den Alkoholismus als ein „deutsches Laster“.[44]

Es gefiel ihm aber offensichtlich, als ein „Apostel des ländlichen, naturgemäßen Lebens“ zu gelten,[45] und er registrierte es mit Genugtuung, daß die von ihm geleitete Zeitschrift auch zu einem Sprachrohr für damals junge und alternative Bewegungen wurde: „Als der Heimgarten anhub, seine bekannten Grundsätze zu predigen, stand er mit denselben ziemlich allein. Seit dieser Zeit ist es anders geworden, die Stimmen nach Einfachheit im Leben, nach Natur und Ländlichkeit mehren sich von Jahr zu Jahr, und die Leute beginnen zu folgen.“[46]

Rosegger stand auch mit Naturschutz- und Heimatschutzbewegungen, mit alpinen Vereinen und zahlreichen Volksbildungsinstitutionen in Kontakt und verbreitete als Publizist deren Anliegen. Er hat auch für den sich entwickelnden steirischen Tourismus viel geleistet. So hat sich der von ihm erfundene Begriff „Waldheimat“ durchgesetzt, und bereits zu Roseggers Lebzeiten schien diese Bezeichnung als offizieller geografischer Begriff auf den Landkarten auf. Er war immer wieder um die Kultur des heimischen Fremdenverkehrs besorgt, und er ergriff in den diesbezüglichen Diskussionen vehement das Wort.

Auch die österreichische Friedensbewegung fand in Peter Rosegger einen vehementen Förderer, so publizierte er im ‚Heimgarten‘ sehr oft Beiträge von Gundaccar und Bertha von Suttner. Mit seinem kritischen Kommentar über die im Jahre 1878 durch Österreich erfolgte militärische Besetzung Bosniens rief er sogar den Unmut der Zensurbehörde hervor und wurde vom Staatsanwalt vorgeladen und verwarnt.[47] Er lobte überschwenglich Bertha von Suttners Werk ‚Die Waffen nieder!‘ und meinte in seiner Re-

---

[43] Peter Rosegger, Unsere sieben Sachen, in: Heimgarten, 26. Jg., 1902, S. 921-926.

[44] Peter Rosegger, Gegen das Trinken, in: Heimgarten, 18. Jg., 1894, S. 674-678. Siehe dazu auch: Peter Rosegger, Den Deutschen ins Stammbuch, aber es wird ihnen nicht gefallen, in: Heimgarten, 21. Jg., 1896, S. 130-134.

[45] Peter Rosegger, Ein Geretteter, in: Heimgarten, 27. Jg., 1903, S. 357-368.

[46] Peter Rosegger in seiner Rezension der Zeitschrift ‚Das Land‘, in: Heimgarten, 17. Jg., 1893, S. 638.

[47] Staatsanwaltliches Protokoll, Privatarchiv Justin, Graz.

zension: „Hier aber hat eine deutsche Frau ein Buch geschrieben, welches *männlicher* und kerniger nicht sein könnte. Es wird von Tausenden brutal angefochten werden, aber von Millionen bejubelt und gesegnet. Freien Weg für dieses Werk durch alle Lande, und es kann eine Mission erfüllen.“ [48] Rosegger hielt auch Vorträge im Dienste der „Friedensfreunde“ und nahm im Auftrag von Zeitungen im Jahre 1892 am Friedenskongreß in Bern teil. [49]

Allerdings sollte Peter Rosegger - angesichts des Attentats von Sarajewo - wie so viele andere prominente Österreicher zunächst zu jenen kriegsbegeisterten Dichtern gehören, welche sich auch in den Dienst der Kriegspropaganda stellten. Mit zunehmender Dauer des Krieges sollte aber seine alte pazifistische Grundeinstellung wieder sichtbar werden.

Rosegger als Zeuge des technischen Wandels

Schon zu seinen Lebzeiten, aber besonders nach seinem Tod wurde Rosegger von den unterschiedlichsten ideologischen Gruppierungen in meist recht eindimensionaler Weise als Zeuge bzw. als Vorkämpfer zitiert. Er wurde als „nationaler Bekenner“ ebenso apostrophiert wie als Dichter, welcher für die Ökumene, gegen jegliche Intoleranz und für Menschenwürde eintritt. So kann es nicht verwundern, daß er neuerdings als „grüner“ Vordenker entdeckt wird.

Letztere Bemühungen übersehen dabei, daß er sich meist sehr differenziert, aber auch nicht selten kontradiktorisch geäußert hat. Als ein Beispiel dafür sei seine Einstellung zu den technischen Errungenschaften seiner Zeit herangezogen, die zeitlebens zwischen Verurteilung und Lob des Fortschritts schwankte. So war er ein glühender Verehrer der neuen Verkehrsmittel, welche die Entfernungen schneller überwanden: „Ich bin ein Freund von raschem Reisen. Wenige Stunden genügen mir an jedem herrlichen Orte, um den schönsten bleibendsten Eindruck aufzunehmen. Die Welt überfliegen! Das mögen sie oberflächlich nennen, ist aber das beste Mittel, um froh zu bleiben.“ [50] Er freute sich über die zunehmende Geschwindigkeit der Autos: „Ich habe über

---

[48] Peter Rosegger, Die Waffen nieder!, in: Heimgarten, 16. Jg., 1891, S. 144-146.

[49] Peter Rosegger, Spaziergänge in der Schweiz, in: Heimgarten, 17. Jg., 1892, S. 114-121.

[50] Peter Rosegger, Ein Schwalbenflug nach dem Markusplatz, in: Heimgarten, 26. Jg., 1902

dieses Vehikel ganz abscheulich geschimpft, und zwar so lange, bis ich in einem fuhr - zehn Meilen in der Stunde! Das ist einmal etwas ganz Neues, was die Menschheit bisher nicht gehabt hat.“ [51]

Er genoß auch seinen Freifahrschein der Südbahngesellschaft: „Seit dem Sommer 1888 besitze ich für alle Strecken Österreich-Ungarns der Südbahn freie Fahrt. Jeder Zug ohne Ausnahme steht mir zu Gebote, und in jedem die Auswahl der Classe. Ich genieße den Vorzug bedingungslos [...] Vier große Völkerschaften durchstreift die Südbahn, und die kleineren sind nicht zu zählen. Und das alles ist mein! Ich bin daheim am Semmering und am Quarnero, am Plattensee, in Ampezzo und in den Alpentälern Andreas Hofers [...] Wenn die alten Dichter auf dem Pegasus geritten sind, und himmelswärts geflogen, wohlan! Ich bleibe auf der lieben Erde, wähle als Reitpferd das Dampfroß und fahre auch nicht schlecht.“ [52]

Er registrierte auch die ersten Flugzeuge und meinte: „Das ist die Reisekutsche des zwanzigsten Jahrhunderts. Armes Automobil - alter Zopf! [...] Ich fliege doch einmal. Und wer fliegen will mit dem Aeroplan, der soll sich sputen, sonst veraltet das Flugzeug. Im einundzwanzigsten Jahrhundert wird man, weil das klappernde Zeug viel zu langsam geht - sich drahtlos telegraphieren. Je mehr sich der Mensch vergeistigt, je leichter wird er, je schneller fliegt er. Ich weiß das schnellste Vehikel. Wenn ich heute auf dem Gedanken nach San Francisco fahre - im Augenblick bin ich dort.“ [53]

Bei der auch immer wieder geäußerten Skepsis über den technischen Fortschritt versagte er ihm nicht seine Anerkennung: „Hat schon jemand der Schönheit der modernen Technik ein Preislied gesungen? Wenn nicht, so ist es höchste Zeit dazu. Nicht etwa der Nützlichkeit, ich sage der Schönheit unserer technischen Erfindungen. Man wird bisher wohl nur vor Erstaunen nicht dazu gekommen sein, die Dinge in ein ästhetisches System zu bringen, obschon wir jeden Tag fühlen, daß das stolze Dahinfurchen eines Riesendampfers, das Vorbeirasen eines Schnellzuges, das energische Dahingleiten eines elektrischen Wagens, das glatte lautlose Fliegen eines Fahrrades, die dämonische Maschine im Gewerk, die den glühenden Eisenklumpen wie Butter schneidet usw., dem Beschauer ein Behagen bereitet, das dem Kunstgenuß ähnlich ist. Die Nerven bekommen Schwung wie Harfensaiten, wir empfinden eine wohltuende Harmonie unseres Wollens mit den Naturkräften und sind obendrein stolz darauf, die ge-

---

[51] Peter Rosegger, Schönheit in der Technik, in: Heimgarten, 33. Jg., 1908, S. 206-211.

[52] Peter Rosegger, Das Dampfroß mein Pegasus, in: Heimgarten, 20. Jg., 1896, S. 448-451.

[53] Peter Rosegger, Heimgärtners Tagebuch, in: Heimgarten, 38. Jg., 1914, S. 225.

heimnisvollen Kräfte in unsere Dienste gespannt zu haben. Ferner ließe sich von der Formschönheit der technischen Werkzeuge und Erzeugnisse sprechen, kurz, Kunst und Ästhetik wird sich mit dem ‚technischen Zeitalter' auf vertraulichen Fuß stellen müssen, anstatt sich von der ‚praktischen Prosa' hochmütig abzuwenden. Die Fabrikschlote, die Schlackenhaufen, die Arbeiterbaracken und derlei Werksprodukte gehören allerdings nicht in die Ästhetik. Aber gibt es nicht in der Natur selbst Häßliches? Hat nicht das Herrlichste, das Feuer, seinen Rauch und seine Asche? - Geradezu wunderbar schön findet es der betagte Mann, im fein eingerichteten Gelaß des Schnellzuges durch das bunte Wandelpanorama der weiten Welt dahinzugleiten, mühelos den hohen Berg hinangetragen zu werden und oben durch das Telephon mit den Lieben in der Ferne persönlich plaudern zu können! Es ist nicht bloß angenehm, durch einen Druck am Knopf die Nacht in Taghelle zu verwandeln, es ist mehr, es ist einfach schön." [54] Aus diesen Zeilen wird deutlich, wie sehr ihn der technische Fortschritt seiner Zeit faszinierte, und daß er keineswegs als ein „grüner" Naturpoet festzumachen ist. Er nahm auch stets die Eröffnung neuer Eisenbahnlinien in der Steiermark zum Anlaß, diese Ereignisse seinen Lesern vorzustellen.

Zusammenfassung

In seinem umfangreichen Gesamtwerk - vor allem aber in seinen journalistischen Arbeiten - erweist sich Peter Rosegger als ein für die Sozialgeschichte bedeutsamer Zeitzeuge. Seine Zeitschrift ‚Heimgarten' ist ein interessanter Spiegel des geistigen Lebens dieser Epoche; so war Peter Rosegger bestrebt, hier auch die wichtigsten Zeitgenossen zu Wort kommen zu lassen. Es findet sich hier, von Anzengruber bis Zola, ein Reigen von prominenten zeitgenössischen Autoren. Die in dieser Zeitschrift behandelten Themen sind ein Abbild der Auseinandersetzungen: wie Kulturkampf, Nationalitätenhader, Pazifismus und Kriegsbegeisterung, usw. Die Geschichte des österreichischen Journalismus wird am engagierten Redakteur des ‚Heimgarten' kaum vorbeigehen können, welcher in seinen Sozialreportagen und seinen oft sehr kritischen Kommentaren interessante Abbilder der sozio-ökonomischen Entwicklung seiner Zeit bot.

Aber nicht nur der Journalist, sondern auch der Dichter Rosegger erweckt sozialgeschichtliches Interesse: Wenngleich er in seinen Romanen in der Skizzierung der Einzelschicksale keineswegs immer bestrebt war, reale Geschehnisse abzubilden,

[54] Peter Rosegger, Am Brenner, 1899, in: Alpensommer, 1928, S. 193ff.

so stimmt hingegen jeweils der soziale Kontext, in welchem sich seine Figuren bewegen. So meinte er in diesem Zusammenhang: „Ich zeichne nicht einzelne Personen, ich zeichne die Gattung. Daß die Menschen der Gegenwart mir den Stoff lieferten, leugne ich nicht.“ [55]

In seinen volkskundlich relevanten Arbeiten, wie das ‚Volksleben in Steiermark‘ oder seinen zahlreichen Handwerkergeschichten bietet Rosegger brauchbare Belege für die Arbeitswelt und die Alltagsgeschichte der ausklingenden Monarchie. Unabhängig von seinen literarischen Qualitäten können uns heute seine Texte einen überaus lebendigen Eindruck einer versunkenen Epoche vermitteln. Dabei kann festgehalten werden, daß er sich durchaus bewußt war, auch als Chronist einer sich im raschen Umschwung befindlichen Welt zu fungieren.

[55] Peter Rosegger, Eine Unterhaltung über die Erzählung: ‚Jakob der Letzte‘, in: Heimgarten, 13. Jg., 1888, S. 216-219.

Werner Hahl

Ritualisierung der sinnlichen Erfahrung. Versuch, Versuchung und Scheitern einer Religionsstiftung in Peter Roseggers ‚Der Gottsucher'

Als der Bergbauernsohn und Handelsschulabsolvent Peter Rosegger mit seiner Gedichtsammlung ‚Zither und Hackbrett' (1870) die Schriftstellerlaufbahn betrat, halfen ihm zwei avancierte Kollegen über die ersten Hürden: der Zeitungsredakteur und Publizist Adalbert Viktor Svoboda und der Dichter Robert Hamerling. Alle drei lebten damals in Graz, bis Svoboda 1882 nach Stuttgart zog. Sie unterhielten einen freundlichen Verkehr, der von den gemeinsamen Schriftstellerinteressen bestimmt wurde. Darüber hinaus verband die drei eine - unterschiedlich ausgeprägte - liberale, zunehmend deutschnationale Gesinnung nebst entsprechenden Vorbehalten gegenüber den verquickten Machtapparaten der Kirche und der Monarchie. Im übrigen waren ihre persönlichen Profile sehr verschieden nach Bildung, Charakter, literarischer Intention, Strategie und Stil. Für Rosegger hatte das kollegiale Verhältnis in den gemeinsamen Grazer Jahren anscheinend einen besonderen Wert: Er war unter den dreien der Autodidakt. Trotz seines Bildungshungers und professionellen Ehrgeizes hatte er es nicht leicht, sich in der Fülle der öffentlich diskutierten Zeit- und Ewigkeitsfragen zurechtzufinden. Da nun Svoboda und Hamerling bei grundsätzlich humaner Einstellung unterschiedlichen Weltanschauungen anhingen und im engeren Kreis als deren Repräsentanten gelten konnten, orientierte sich Rosegger anscheinend gern an ihrer persönlich-selektiven Vermittlung jener Weltanschauungen: Svoboda war für ihn der persönliche Repräsentant des Monismus, Hamerling der poetische Verkünder des Idealismus. Rosegger selbst bekannte sich zu religiös gebundener Toleranz, einer eher dem Reformkonservatismus als dem eigentlichen Liberalismus zuzurechnenden Haltung.

Meine These lautet, daß sich Rosegger mit den beiden befreundeten Vermittlern in diskreter Weise literarisch auseinandersetzte. Der Wert der These für die literaturwissenschaftliche Rosegger-Forschung hängt von dem Nachweis ab, daß die behauptete Auseinandersetzung den poetischen Code Roseggerscher Schriften geprägt hat, derart, daß der Code die intellektuelle Auseinandersetzung trug und sie gleichzeitig in die Literarität des Werks integrierte. Meines Erachtens ist der Roman ‚Der Gottsucher' (zuerst im ‚Heimgarten' 1880) ein Beispiel für den vermuteten Zusammenhang. Ehe ich mich diesem Werk zuwende, charakterisiere ich in Kürze die beiden Grazer Kollegen, sofern sie als unbewußte Anreger des Romans in Frage kommen.

*

Svoboda war von 1862 bis 1882 Redakteur der ,Grazer Tagespost'. Als liberaler Publizist bekämpfte er den politischen Katholizismus, insbesondere die Parteinahme der Kirche für den Obrigkeitsstaat. Als Feuerbachianer und Monist befehdete er die Religion schlechthin, der er vorwarf, daß sie auf allen ihren Stufen, vom Ahnen- und Geisterkult bis zum Theismus, einen „Seelenwahn" hervorbringe, d.h. einen Dualismus der Weltanschauung, wie er sich in den weltweit verbreiteten Antithesen Körper/Seele, Mensch/Gott, Diesseits/Jenseits manifestiere.[1] Der Dualismus der religiösen Weltanschauung sei kulturell schädlich: der Glaube sei der Erzfeind sowohl des Wissens als auch der Sittlichkeit, da der Gläubige um des Unwirklichen willen das Wirkliche, um der Geister und Götter willen den Menschen mißachte und mißhandele. Der Schaden bliebe den Gläubigen, der Gewinn den Priestern, die seit je die Volksverdummung als Geschäft betrieben hätten. - Bei aller Achtung für Svobodas Protest gegen die Demokratie-, Kultur- und Frauenfeindlichkeit der Kirchen im 19. Jahrhundert: Seine Bücher sind Anhäufungen von „Beispielen", die er unkritisch aus der ethnologischen und kulturgeschichtlichen Forschungsliteratur seiner Zeit zusammenstellte. So dienen ihm urtümliche schamanistische Heilmethoden als Beleg für „Priestertrug", und die Funktionen der Priester von Hochkultur-Religionen setzt er „der Sache nach" mit denen der primitiven Magier gleich.[2]

Einzig die Religion der Germanen, meint Svoboda, nahm die monistische Weltanschauung ahnungsvoll vorweg, ehe auch sie von den christlichen Theologen verdorben wurde:[3]

> In den Edda's überrascht der Gedanke, dass die Welt, das Selbstgewordene und Geschaffene, durchaus einc körperliche Grundlage besitze; alles habe sich aus der Materie gestaltet. Von einem geistigen Schöpfer, von der Zweiheit der Seele und des Leibes [...] keine Spur.[4]
> Die Weltanschauung der heidnischen Deutschen war ursprünglich ein poetischer Pantheismus. Dieser entsprang der [...] Annahme, dass die ganze Natur ein lebendiger Quell sei, aus welchem sich das Leben in Pflanzen, Thiere und Menschen

---

[1] Vgl. Adalbert [Viktor] Svoboda: Kritische Geschichte der Ideale. Mit besonderer Berücksichtigung der bildenden Kunst. Bd. 1: Der Seelenwahn. Leipzig 1886.

[2] Ebd., S. 112, 118.

[3] Ebd., S. 511ff.: „Der Seelenglaube der heidnischen Germanen."

[4] Ebd., S. 512.

> gleichmässig ergiesse. Da sich die heidnischen Germanen für wesensverwandt mit Pflanzen und Thieren hielten, so sprachen sie den Ersteren Empfindung, den Letzteren lebhafte Theilnahme für ihre Lebensgenossen, die Menschen, zu. Thieren wurde die Voraussicht persönlicher Schicksale, die Gabe des Weissagens, die Kenntniss menschlicher Sprache zuerkannt. [...][5]

Die gleichen „heidnischen“ Glaubenselemente schreibt Rosegger den Bergbauern im Gottsucher zu. Ihre Toten stehen jährlich am Sonnwendtag leiblich auf. In einer Höhle, die „Raabenkirche“ genannt, sollen die Raben alle neunzig Jahre zusammenkommen, um in menschlicher Sprache Verborgenes zu enthüllen und Gottesdienst zu halten für Menschen, derer niemand gedenkt.[6] Noch ein weiteres Beispiel gleichartiger Ansicht sei genannt: Als ein majestätischer „Waldesdom“ wird im ‚Gottsucher‘ der „Tärnwald“ geschildert, der schließlich abbrennt: Er repräsentiert die heilige, von den Menschen ausgebeutete und geschändete Natur, ist Sinnbild und warnendes Exempel. Die passende Predigt dazu steht bei Svoboda:

> Dieselbe naive Naturanschauung der heidnischen Germanen hat [...] auch in Bäumen Herbergen der seelischen Lebenskraft erblickt und in ihnen Wohnstätten geistiger Wesen, von Elben und Waldgeistern vermuthet. Die Wälder waren wahre Tempel des poetischen Pantheismus der Deutschen in vorchristlicher Zeit. Den meisten Göttern waren Haine und in diesen besondere Bäume heilig [...].
> Da das geheimnissvolle Walten der Natur in einem Walde besonders anmuthend hervortritt, da dasjenige, was man Naturschauer nennt, in einem stillen, sonnendurchleuchteten Walddome besonders kräftig an's Herz greift, so lernt man den poetischen Sinn schätzen, welcher Göttern den Wald als Heimstätte zugewiesen hat. Es sollte gemeiner menschlicher Eigennutz dem Heiligthume des Waldes nicht nahen, - nur in weihevoller Stimmung sollte man bestimmte Waldbezirke betreten, in welchen die Gottheit d.h. die ewige, die ganze Natur erfüllende Lebenskraft fern von gemeinem Lärm wohnte. [...]
> Für die deutsche Poesie der Gegenwart ist der sinnige Pantheismus des Heidenthums, sind die meist lieblichen Personificationen desselben ein wahrhafter Jungbrunnen, aus welchem sie sich Erfrischung und Stärkung holen kann.[7]

---

[5] Ebd., S. 514.

[6] Peter Rosegger: Der Gottsucher. Ein Roman aus dunkler Zeit. 66.-70. Aufl. (= P.R.: Gesammelte Werke. Vom Verfasser neubearbeitete u. neueingeteilte Ausg.) Leipzig 1922, S. 39. - Svoboda erzählt eine Variante dieser Sage: „Seelen von Menschen, nach denen man nicht begehrt und deren Niemand gedenkt, begeben sich nach dem Tode in Körper unbegehrter Thiere; so komme es, dass alte Jungfern in langweilige Kibitze verwandelt würden.“ (Svoboda: Kritische Geschichte der Ideale. Bd. 1, S. 516. - Svoboda berichtet die Sage nach Rochholz: Deutscher Glaube und Brauch im Spiegel der heidnischen Vorzeit)

[7] Svoboda: Kritische Geschichte der Ideale. Bd. 1, S. 514f.

Bei der Verarbeitung des Brandmotivs bezog sich Rosegger anscheinend auf den gleichen Mythos, den Svoboda an einer Stelle mitteilt:

> An dem Tage des Weltbrandes, welcher in der Edda so lebhaft geschildert wird, geht auch der ganze Seelenvorrath bis auf ein Paar zu Grunde, welches für die Aufzucht des neuen Menschengeschlechtes bestimmt ist.[8]

Im ‚Gottsucher' entgeht ein junges Menschenpaar der Brandkatastrophe im „Tärnwald" und dem von einem vermessenen Religionsstifter entfachten Tempelbrand, der fast zu gleicher Zeit die versammelte Gemeinde „richtet".

Dies sind erste Hinweise darauf, daß sich Rosegger mit der monistischen Weltsicht auseinandersetzte. Er griff, wie wir später sehen werden, nicht nur einzelne sagenhafte und poetische Elemente auf; er ging - nach den Möglichkeiten seines ungeschulten Intellekts - prinzipiell auf die von Svoboda behauptete materielle Grundlage alles Geistigen und die Bedeutung der leiblichen Naturerfahrung ein.

Der Monist Svoboda verfaßte in den achtziger Jahren eine populäre Lebens- und Charakterskizze über Rosegger.[9] Kein Wunder, daß er dem kirchenkritischen Roman ‚Der Gottsucher' darin überschwängliches Lob spendet. Svoboda respektiert aber die Haltung Roseggers, der bei aller Kritik an der Kirche die religiöse Grundeinstellung, die er in seiner bäuerlichen Kindheit und Jugend empfangen hatte, nicht in Frage stellt. Über ihre Differenzen berichtet Svoboda:

> Ich sprach mit Rosegger zwei- bis dreimal über die hohe Bedeutung der Naturwissenschaften, welche das Urtheil über Welt und Leben klären, ohne den Schwung des dichterischen Schaffens zu lähmen. Er gab mir im Jahre 1876 zu, daß die Erkenntniß des Naturwirklichen die Wahrheit enthalte, - allein es sei dies eine „häßliche Wahrheit, zu der sich der echte Poet nicht gesellen dürfe". Roseger [!] halte dafür, „daß der Geist der Naturwissenschaften nicht in das Volk dringen solle; er fülle die Welt mit Egoismus aus und lasse keinen Platz für Priester, Dichter, und andere Idealisten. Der Poet aber habe mehr mit dem Priester gemein, als mit dem Materialisten. So lange [!] es ihm gelinge, die schöne Lüge von Menschenglück und Ideal zu singen, nütze er dem Menschen".[10]

---

[8] Ebd., S. 521.

[9] Adalbert V. Svoboda: P. K. Rosegger. Eine Lebens- und Charakterskizze. Breslau [ca. 1885]. (Deutsche Bücherei. H. XLI.)

[10] Ebd., S. 14.

Es war wohl ein Sieg der persönlichen Wertschätzung, auch der Schriftstellerinteressen über die Ideologie, daß die beiden sich nicht zerstritten, denn Priester und Idealisten waren für Svoboda (der in einem Kapitel seiner Kritik der Ideale auch Platon verurteil-te)[11] Schädlinge der Menschheit. Und Schuld am Egoismus gab er nicht, wie Rosegger, den Anhängern des wissenschaftlichen Weltbildes, sondern den Religiösen, die es - in primitiven Kulturen, aber gelegentlich auch unter Christen - versuchten, ihre Leiden und Nöte anderen Menschen anzuhexen.

Einen platonisierenden Idealisten und ästhetischen Priester fand Rosegger in dem anderen Grazer Mentor, Robert Hamerling, der in seinem eigentümlichen Ton der Salbung von sich sagte: „Nur wenigen ist in gleicher Art wie mir der Kult des Schönen, Wahren und Rechten lebenslang ein ernstes, mit der innersten Natur verknüpftes Priestertum gewesen."[12] In der ersten, bildungshungrigen Zeit seines Grazer Literatenlebens lernte Rosegger Hamerlings neues Versepos ‚Der König von Sion' (Hamburg 1869)[13] kennen, das er nach seinen Briefen an den Verfasser sehr schätzte. Das Werk behandelt die Reformation in Münster. Verallgemeinernd kann man sagen, es thematisiere die Auflehnung gegen eine korrumpierte, der Macht- und Genußsucht ihrer Würdenträger verfallene Kirche und den Versuch einer Religionsstiftung im Chaos des Aufruhrs. Bezeichnend für Hamerling, den Kunstpriester, ist die Richtung, die er dem reformatorischen Willen verleiht: Das ursprünglich religiöse Motiv des ersten Anführers weicht bei seinem Nachfolger Jan van Leyden einem ästhetisch-platonischen Konzept, und das Ziel der Reform ist nicht mehr die alte Kirche allein, sondern auch die Bewegung der Täufer, die gespalten ist von einem Dualismus der religiös-asketischen und der sinnlich-begeh-

---

[11] Svoboda: Kritische Geschichte der Ideale. Bd. 1.

[12] Zitiert nach: Cornelia Kritsch, Wolfgang Neuber: Robert Hamerling (1830-1889). [Anläßlich der Ausgabe der Sonderpostmarke mit dem Porträt des Dichters durch die österreichische Post am 11.3. 1980.] - Österreichische Staatsdruckerei L61 04970 f/f., S. 2.

[13] Im folgenden zitiert nach: Robert Hamerling: Der König von Sion. In: Hamerlings sämtliche Werke in sechzehn Bänden. Mit einem Lebensbild und Einleitungen herausgegeben v. Michael Maria Rabenlechner. Leipzig [1911], Bd. 5.

renden Kräfte.[14] Hamerling kritisiert die Spaltung nicht weniger scharf als Svoboda, und er kritisiert ebenso den religiösen Wahn, der sich unter dieser Bedingung entfaltet. Nur ist sein Konzept, das er gegen den Dualismus aufbietet, das platonisch-idealistische, nicht das monistische. Jan van Leyden will den Geist mit den Sinnen versöhnen; das „Ideal", das „Schöne" soll die Menschen von dem Zerstörungswerk der Leidenschaften erlösen. Das Programm scheitert jedoch an der Zügellosigkeit der Menge und am Wahn der religiösen Führer, ohne daß sich eine Alternative zum Kultus des Ideals abzeichnet.

Wenn ich sagte, Hamerlings ‚König von Sion' thematisiere die Auflehnung gegen eine verdorbene, der Macht- und Genußsucht ihrer Würdenträger verfallene Kirche und den Versuch einer Religionsstiftung im Chaos des Aufruhrs, so ist damit annähernd auch der Inhalt von Roseggers ‚Gottsucher' angegeben. Beide Werke handeln in ‚düsterer' bzw. ‚dunkler' Zeit.[15] Der Roman erzählt allerdings nicht von der welthistorischen Reformation, sondern von einem fiktiven Ereignis in einem steirischen Bergdorf des frühen 17. Jahrhunderts. Rosegger kannte, wie gesagt, den ‚König von Sion' gut und schätzte ihn. In Anbetracht der stofflichen Verwandtschaft mit dem ‚Gottsucher' muß man daher annehmen, daß Rosegger den ‚König von Sion' beim Abfassen seines Romans vor Augen hatte. Um so bemerkenswerter ist der konzeptionelle Unterschied, der als eine bewußte und hochsignifikante Abweichung vom gelobten Vorbild zu bewerten ist. Obwohl sich Rosegger gegenüber Svoboda zu der Gemeinschaft der „Dichter, Priester und anderer Idealisten" bekannte, war Hamerlings platonisierender Kult des Schönen offenbar nicht die Optik, die ihm, Rosegger, als „idealistisch" vorschwebte.

Um dies zu belegen, stelle ich zunächst Roseggers Vorgabe, den ‚König von Sion', mit seinem ästhetischen Platonismus vor und gehe genauer auf dessen Welt-Wahrnehmung ein. Der ‚König von Sion' beginnt, wie später ‚Der Gottsucher', in einer Wildnis, einem verrufenen Moor bei Münster.

---

[14] Die Wiedertäufer wollen ein Reich der Eintracht und der Liebe gründen, doch es scheitert nicht nur an dem Pöbel, der sich in Sion einnistet, sondern auch an der wahnwitzigen Naivität der religiösen Führer. Diese geben dem Ansinnen des hab- und genußsüchtigen Pöbels ebenso nach wie dem Interesse der Machtmenschen an Geld- und Bevölkerungszuwachs: Sie geben - natürlich mit ‚guten' religiösen Gründen - dem Verlangen nach Güter- und Weibergemeinschaft sowie nach Aufhebung der Gesetze und Verbrennung der Bibel statt (ebd., S. 69-73, 92), so daß Jan feststellen muß: „Ei, siehe, wie gut bleichwangiger Schwärmer/ Wilde, fanatische Glut und der herzlos rechnende, kalte/ Alltagsmenschenverstand, im Bunde mit lüsterner Frechheit,/ Schon sich befreunden in Sion!" (ebd., S. 199)

[15] Ebd., S. 9; zum Untertitel des ‚Gottsuchers' s. Anm. 6.

> Das ist ein schauriger Ort, wo der Mondnacht dunstiger - Äther
> Schwirrt von der Hölle Gezücht und Teufelsgenossinnen reiten.[16]

Hier begegnet Jan van Leyden, noch ehe er sich zu den Wiedertäufern gesellt, der Zigeunerin Divara. Sie ist ein junges, schwarzbraunes, schlankes Weib, das die erotisierende Eleganz aller schönen, wilden und verrufenen Tiere in sich vereint: der Katze, der Schlange, des Schwans und des Eichhörnchens. Volksglaube und Mythos verbinden diese Tiere mit Sünde, Hexerei, sexueller Begierde oder dem Teufel selbst, worauf ja auch das „Teufelsmoor", der Ort der ersten Begegnung Jans mit Divara, hindeutet. Die hier geschilderte Welt hat mit dem Wahrnehmungsmodell ‚Wirklichkeit' wenig zu tun: Sie ist aus dem Allegorienbaukasten zusammengesetzt. Trotzdem taucht hinter den Versatzstücken ein Stück Wirklichkeit auf: Für Jan ist Divara, ohne daß es ihm oder dem Leser sogleich klar wird, die Königin jener Hölle, die man sexuelle Hörigkeit nennt.[17] Weil sie diese Macht über Jan hat, wird Divara - so will es die fragwürdige Logik des Autors - in all ihrer Schönheit verteufelt. Daß er so die psychologische Erkenntnis sexueller Faszination gründlich verstellt, ist dem Autor offenbar nicht bewußt. Es ist spannend zu beobachten, wie er auf Themen und Einsichten moderner Psychologie zusteuert und sie mit schlafwandlerischer Sicherheit verfehlt. Zum Greifen nah steht er vor der Erkenntnis über die Projektion von Triebbegierden (hier:) des Mannes auf die begehrte Frau und über die damit verbundene Selbstentlastung des Mannes von der ‚Schuld' sexueller Wünsche. Zum Greifen nah ist dem Dichter die Erkenntnis, wie aus ‚schön und schwarzbraun' ein ‚schön, aber schwarzbraun' wird, indem der Mann den innerlichen Widerspruch seiner verleugneten Begierde auf das Wesen der Frau projiziert.

Diesem Entlastungskniff dient der petrarkistisch-neuplatonische Code, der nur das Helle, Lichte und Präziöse als wahrhaft schön anerkennt, während das Schwarzbraune (in der antipetrarkistischen Komplementärtradition wie überhaupt in der christlich-religiösen Allegorik) farballegorisch den Höllenpfuhl bezeichnet. Die Figur der Divara ruft geradezu nach einer „Laura", einer Gegenspielerin mit heller Haut, goldenem Haar, weißem Gewand, reiner Seele und unberührbarem Leib. Tatsächlich tritt eine solche auf. Der Leser wird auch ferner enttäuscht, sollte er erwarten, daß der Autor den petrarkistisch-neuplatonischen Code am Ende doch nur eingeführt habe, um die Pseudoobjektivität dieser antithetisch konstruierten Wahrnehmungs- und Bewertungsschablone zu relativieren; der Gegensatz von hell und dunkel, keusch und lasziv, schön und verführe-

---

[16] Hamerling: Sämtliche Werke. Bd. 5, S. 12.

[17] Ebd., S. 222f. Jan haßt schließlich Divara, kann sie aber nicht missen, ebd., S. 254.

risch bleibt konstitutiv. Das ist gründerzeitliches Neubarock. Hamerling verweigert die psychologische Erkenntnis der Projektion, die er den Leser mit Händen greifen läßt, und befleißigt sich höchstselbst, die Begierden seines Helden auf die ‚Hexe', d.h. auf allgemeine widersacherische Lebensmächte abzuwälzen. Die folgende Szene aus dem nächtlichen Lager der Wiedertäufer in Münster kommt nah an eine burlesk-komische Entlarvung der Entlastungsstrategie des männlichen Helden heran, und doch wird im Ganzen des Epos der allegorische Apparat der teuflischen Versuchungen ernst genommen:

> Und nun erwachte der Jüngling: da fand er am flackernden Feuer
> Divara näher gerückt im Schlaf, und herüber auf seinen
> Mantel gesunken ihr Haupt, das umlockte, von Flammen umstrahlte.
> [...]
> Divara lag tiefatmend in ruhigen Schlummer versunken.
> Über sie neigte sich Jan. Grellrot war der irrende Glutschein,
> Den ins Gesicht ihr gossen die Fackeln; die Lichter, sie spielten
> Schaurig und schreckbar fast, wie ein infernalischer Abglanz.
> Doch was mischte verlockend sich auch in den Schauder, je länger
> über das ruhende Weib sich der Jüngling beugte betrachtend?
> Glüht nachwirkend in ihm noch der Erdbeerschmaus in der Davert?
> Über der Schlummernden Lippe noch wiegt ein Lächeln in wüster
> Grazie sich; dann ist's, als ob im Traume der Busen
> Hoch ihr beginne zu wogen; es öffnen zur Hälfte, wie lechzend,
> Sich ihr die glühenden Lippen, die üppigen, stammelnden Worte
> Ringen sich los aus dem Busen: bedrohlich und sinnebetörend
> Klingen die Worte zugleich, wild-lüstern. Es regt sich ein
> Abscheu
> Tief in des Jünglings Seele, der stolz, das Gemeine verachtend,
> War durchs Leben gegangen. Und dennoch - dennoch bedünkt ihn,
> Als umgürte vor ihm dies Weib mit dämonischen Waffen
> Sich, als fordre zum Kampf sie ihn, und als wäre der Wettkampf
> Mit dem dämonischen Weib fortan ihm die Losung des Lebens;
> Ja, als müsse der Kampf mit ihr fortan auch die Losung
> Werden in Sion - bedrohlicher dünkt ihn schier, was da
> schlummernd
> Lag in Weibesgestalt, für das neue verheißene Sion,
> Als eine Welt in Waffen... [...]
> Aber der Fackeln Geleucht nun schreckt ihn und blendender
> Lichtschein
> Plötzlich empor: um sich her wieder erblickt er die hohen
> Zinnen und Erker, die Giebel am prangenden Markte der fremden
> Stadt, die er heute betrat als Stätte des neuen Geschickes.
> [...]
> Doppelt erwachte der Stolz in der feurigen Seele des Jünglings.
> Und er begriff nicht mehr, was den Sinn ihm erregte so seltsam

Hier vor der Schlummernden eben: er hob wie ein zürnender Held
sich
Hoch vom Boden empor, und die Seele von hohen und reinen
Idealen geschwellt, abschwur er dem Weibe für immer,
Schob es verächtlich von sich mit der Spitze des Fußes ...[18]

Als ein begehrlicher und angstbesessener Voyeur, der sich dabei passiv und unschuldig vorkommt, beugt sich der Mann über die schlafende Frau, die ihn mit unheimlicher erotischer Aktivität zu bedrängen scheint; losreißen kann er sich erst - der Dichter versteht auch etwas von Kompensation - als ihn seine ‚schwellenden Ideale‘ hoch aufrichten.

Das platonische Wahrnehmungsschema kennt zwei Zonen: oben schwebt der Geist und das klare Licht, die Beständigkeit und die Reinheit, während die Begierde und die flackernde Flamme, die Unbeständigkeit und die Gemeinheit die untere Welt bilden. Der dunklen, sinnlichen, streunenden, dem ‚niederen‘ Volk der Fahrenden angehörenden Divara wird deshalb - ich deutete es schon an - eine goldbraune, weiß gewandete, ebenso füllige wie geist- und gemütvolle Nonne namens Hilla entgegengestellt. Hilla ist zwar der heißesten Leidenschaft fähig, die wir in ihrem Fall jedoch als eine Emanation der göttlichen Liebe verstehen sollen. Mit Jan, der als Lurer großes Glück hat, werden wir Zeuge, wie Hilla zum Gekreuzigten betet und wie sie dabei - der Autor schildert es mit einer Deutlichkeit, als wäre er zu rein, um zu begreifen, was er sagt, - die Anzeichen einer kompletten sexuellen Erregungskurve erkennen läßt.[19] Daß diese Leidenschaft nichts geringeres als die in ihren göttlichen Quell zurückgestaute Liebe sei, wird durch Hillas Vorgeschichte nahegelegt: Hilla ist eine Liebende, die von ihrem unwürdigen Geliebten vergewaltigt und seelisch tief verletzt worden ist. Das stürzt sie in ein schmerzliches Dilemma. Ihr Verstand sagt ihr, daß sie den Vergewaltiger haßt. Da sie aber ein ideal empfindendes Weib ist, sind Liebe und Treue bei ihr untrennbar, sie sind heilig und nur einmal zu vergeben: In ihrem Herzen muß sie fortfahren, den zu lieben, den sie innerlich gewählt hatte, ehe er sich als unwürdig erwies. In diesem Dilemma wird sie Nonne und findet in Christus denjenigen, den sie brünstig lieben darf, ohne dem ersten untreu zu werden. Jan ist fasziniert. Er spürt, daß und wie sehr die Nonne Hilla einen Mann beglücken könnte, weil sie die sinnliche Liebe nicht von der

---

[18] Ebd., S. 62f.

[19] Ebd., S. 100f.

geistig-heiligen trennt.[20] Bei Divara dagegen spürt er, daß sie ihn aufregt, ohne zu beglücken (s.o.). Jan verliebt sich in Hilla, weil sie der großen einmaligen Liebe fähig ist - und kann sie aus eben diesem Grund nicht bekommen.

Der Autor Hamerling ist mit der Triebverdrängung, mit ihren Leiden und Genüssen weitestgehend befaßt. Sie beschäftigt ihn offenbar nicht nur im Sinn der vermittelnden Problemdarstellung, sondern unmittelbar. Dies ist wohl die psychologische Basis seines gespenstischen Idealismus: jenes ästhetizistischen Idealismus, von dem man nicht sagen kann, ob er die letzte Bastion gegen den Nihilismus oder schon dessen Vorposten ist. Jan van Leydens Ziel, die prinzipielle und konkrete Versöhnung des vorausgesetzten Dualismus von Geist und Sinnlichkeit, verfliegt im wahrsten Sinn des Wortes. In einer rauschenden Ballnacht mit den Zigeunerinnen der Divara wird ihm vermeintlich klar, daß es statt jener Versöhnung stets nur eine Vermischung der ‚himmlischen' Freude mit dem Schmutz dieser Welt geben kann. Er weiß auch dieser Desillusionierung noch einen Trost abzugewinnen:

> Aber im Schmutze sogar, o Freude, du Tochter des Himmels,
> Trägst du berauschend die Spur noch der hohen und himmlischen
> Züge![21]

Doch in dieses erträgliche Licht hat nur Divaras Zauberlampe die Szene getaucht. Als die Lampe umfällt, verfliegt die letzte „Spur" himmlischer Freude. Die übernächtigte Gesellschaft schaut sich entsetzt in ihre verwelkten Gesichter, erkennt ihre frechen Grimassen, ihr schwammiges Fleisch um dürre Gerippe, den verpuppten Tod.[22] Nicht zufällig stellt sich der labile ästhetizistische Idealismus durch den ‚dualistisch' strukturierten Code eines epigonalen Platonismus dar.

*

Die immanente Konstruktion des ‚Königs von Sion' ist jedoch nicht unser Thema. Hier geht es um die Tatsache, daß jener Code dem Autor des ‚Gottsuchers' als ein wählbares Wahrnehmungsschema vorlag, und um die Frage, wie sich Rosegger zu der Vorgabe

---

[20] Ebd., S. 106.

[21] Ebd., S. 282.

[22] Ebd., S. 283.

verhält. Von dem schwülen Liebesidealismus hält sich Rosegger fern. (Dies gebot ihm schon seine Rolle als Volksschriftsteller.) Die ,dualistische' christlich-platonische Metaphorik hat er nicht ebenso konsequent gemieden, da er noch vielfach von der Tradition der christlichen Allegorie zehrt. Doch, angeregt offenbar durch den Monismus, erprobte er im ,Gottsucher' auch eine andere Art der Wirklichkeitswahrnehmung und -erfahrung, die der dualistischen entgegengesetzt ist. Deutlich wird dies am zentralen Symbolkomplex des Romans, an der Feuer-Licht-Symbolik. Teils bleibt sie von der allegorischen Tradition geprägt, teils wird sie neu auf die Erfahrung gegründet. Wenn Wahnfred, der selbsternannte Religionsstifter und Priester, verkündet, „das Feuer ist der sichtbare Gott"[23], so meint er dies - im Unterschied zum platonischen Ästheten, der das Licht eine Emanation Gottes nennt, - ,monistisch', d.h. mit starkem Bewußtsein auch der technischen und psychologischen Bedeutung des Feuers für die menschliche Kultur. Wahnfred zielt in einer bestimmten Phase seiner Religionsstiftungsversuche darauf ab, den kultischen Wert, also die ,Heiligkeit' des Feuers in der Alltagspraxis zu verankern, derart, daß der bewußte Umgang mit dem ,göttlichen' Element alle Ebenen der Kultur zur Einheit verbindet, von der je besonderen Nutzanwendung des Feuers über den allgemeinen und regelmäßigen Gebrauch und die tradierte Sitte bis hin zum religiösen Feuerkult. Auf eine ,schöne' Vereinigung von geistigen und sinnlichen Qualitäten kommt es ihm nicht an. Es geht ihm um Versittung, nicht um ästhetische Erziehung. Das heißt freilich nicht, daß Rosegger mit Svoboda gegen Hamerling, mit dem Monismus gegen den Idealismus Partei ergreift, denn auch der tendenziell ,monistische' Priester Wahnfred scheitert.

Damit ist ein Spannungsfeld unterschiedlicher Codierungen erkannt, in dem Roseggers ,Gottsucher' Gestalt gewinnt. Es sind dies jedoch keineswegs alle Codierungen, die im ,Gottsucher' eine Rolle spielen. Rosegger bezieht sich selbstverständlich auch auf solche, die er durch seine eigenen Texte vorgegeben hat; ich komme bei Gelegenheit darauf zurück. Hier wende ich mich nun dem Roman ,Der Gottsucher' zu und gebe zunächst einen Überblick über die Handlung und die in ihr entwickelte Problematik.

*

,Der Gottsucher' handelt in der Zeit vor dem Dreißigjährigen Krieg. Konfessionalismus, Feudalismus und Türkenkrieg verhärten die kleinen und größeren Machthaber der ka-

---

23 Rosegger: Der Gottsucher, S. 266.

tholischen Kirche. Der Ort der Handlung ist eine erfundene Bergbauerngemeinde in den steirischen Alpen, Trawies genannt. Obwohl abseits vom Weltgeschehen gelegen, müssen die Trawieser die Tyrannei des verweltlichten Kirchenregiments erleiden: Man schikaniert, provoziert und exkommuniziert sie, nimmt ihnen ‚Gott' oder jedenfalls die Religion. Einer von ihnen, Wahnfred, ein Mann mit priesterlicher Ausstrahlung, ringt um die Gnade Gottes und glaubt sie zu erlangen, wenn er für die Gemeinde eine neue Religion findet.

Anfangs ist die Gemeinde sittlich gesund. Das katholische Trawies pflegt unbekümmert einen Feuer- und Ahnenkult heidnischen Ursprungs, der wohltuend zur Ritualisierung und Versittlichung der Alltagspraxis beiträgt. Der Tempel dieses Kultus ist das Haus, sein Heiligtum ist das Feuer in der zwiefachen Gestalt des gebändigten Herdfeuers und des hoch aufflammenden, aber ebenfalls rituell gebändigten Sonnwendfeuers. Einmal im Jahr ruft man die toten Angehörigen aus den Gräbern, um mit ihnen das Sonnwendfest zu feiern. Daß dieses Fest zum Schluß regelmäßig der Jugend und der Liebe gehört, daß die Ahnen oft vergessen und nicht mehr ins Grab zurückgeleitet werden, ist unproblematisch; denn die Ausschweifungen münden in die Gründung künftiger Familien, das Haus bleibt unangefochten der Mittelpunkt traditionsgeleiteten Lebens. Das Christliche verbindet sich mit dem Heidnischen zu einer biedermeierlich anmutenden Volksreligion.

Das Unglück beginnt mit einem neuen Pfarrer, Pater Franciscus. Mit Gewalt, die er im Namen der Kirche übt, bekämpft er das ‚Heidentum', während er selbst, ein kleiner Statthalter des feudalabsolutistischen Klerus, das Priesteramt durch Arroganz, Willkür und Faulheit entehrt. Er ist eine dämonische Gestalt: Seine Bosheit weckt in den Herzen der Gemeinde nicht nur Widerstand, sondern wiederum Bosheit, die sich im Gewand der Notwehr und gerechten Empörung einschleicht. - Dem Pfarrer gegenüber steht, als Nachfolger germanischer Priester, der „Feuerwart" Gallo Weißbucher; er bewahrt das Herd- oder Ahnfeuer unverlöschlich in einer Glutschale. Als bischöfliche Söldner anrücken, um ihm die Schale zu entreißen und das Feuer zu ersticken, rettet er die Glut mit rascher, doch bedenklicher Tat: Er wirft sie in sein eignes Haus, das in Flammen aufgeht. Bald darauf plant der Pfarrherr eine brutale Strafaktion gegen die Trawieser; man kommt dahinter und beseitigt ihn durch einen Fememord. Daraufhin wird Trawies verwüstet und mit dem Interdikt belegt von einer kirchlichen Obrigkeit, die keiner selbstkritischen Mäßigung fähig ist.

Die Betroffenen reagieren unterschiedlich auf den Bann. Wer die Frömmigkeit des Herzens besitzt, den berührt der Entzug der kirchlichen Gnadenmittel nicht direkt: Er ist sich auch ohne die Kirche der Gnade Gottes gewiß.[24] Die Abergläubischen und Schwachen jedoch sind tief verzweifelt und lassen sich demoralisieren. Darin liegt ein Urteil des Autors über die Grenze kirchlicher Gnadenvermittlung: Wenn der Bann nur die Glaubensschwachen erschüttert, dann ist der wahre Glaube im Umkehrschluß ‚unmittelbar zu Gott'. Die Kirche wäre demnach eigens für die innerlich Schwachen da und hätte deren Glauben zu stärken, statt ihnen die Religion und jeden sittlichen Halt zu nehmen. Die Glaubensschwachen bilden zu Trawies natürlich die große Mehrheit, und so folgt auf Bann und Verwüstung schnell der völlige sittliche Niedergang der Gemeinde.

Der Schreiner Wahnfred war durch das Los bestimmt worden, den Pfarrer zu töten. Er ist ein frommer Mann. Ein Glockentürmchen und Weihwasserbecken zieren sein Haus. Dazu ist er ein religiöser Grübler, der weiß, daß Gott nicht durch das Weihwasser wirkt: „Unser Denken und unser Wollen ist die Kraft, womit Gott Sabaoth die Welt regiert; aber das Auge muß es sehen und das Ohr muß es hören, was das Herz glauben soll."[25] Mit diesem Zugeständnis an die Sinne wird er sich freilich selbst überlisten: Wenn er die Zeichen fragt, was das Herz glauben soll, werden sie ihm das sagen, was sein Herz glauben will.

Zunächst sucht Wahnfred den Priestermord zu vermeiden, den Gegner zu versöhnen. Dessen Bosheit scheint jedoch keine Wahl zu lassen: Sie springt dämonisch auf Wahnfred über. Er überzeugt sich, daß die Bibel die Hinrichtung des schlimmen Priesters fordere und daß natürliche Zeichen sie begünstigen. Indessen ignoriert er die Zweideutigkeit der Schrift und der natürlichen Zeichen! Schrift und Orakel fügen sich seinem Vorurteil.[26]

Wahnfred will keinen gewöhnlichen Mord begehen. Er versteht sich als priesterlicher Richter, der den Pfarrherrn rituell - ohne Haß und zum Heil des Opfers - töten muß. Am Altar, gleich nachdem der ahnungslose Pfarrer die Messe zelebriert und sich von Sünden gereinigt hat, schickt Wahnfred ihn mit einem mächtigen Axthieb ins Jenseits. Indem er das Meßsakrament zu ehren glaubt, schändet er es.

In dem moralischen Niedergang der Gemeinde, der auf den Kirchenbann folgt, erkennt Wahnfred die Schuldhaftigkeit seiner Tat und die Verpflichtung zur Sühne. Er widmet sein Leben daher der Aufgabe, den Trawiesern wieder eine Religion zu

---

[24] Ebd., S. 224, 241, 243.

[25] Ebd., S. 50f.

[26] Ebd., S. 56-58. Wahnfred ignoriert die zufällige Frage seines Kindes nach dem fünften Gebot; schon bei der Entschließlung zum Fememord wollte man nur die günstigen Zeichen der Natur sehen, s. ebd., S. 47-49.

geben, und zwar eine solche Religion, die die Verwilderten zur Neubildung zerstörter Sitten anregt. Restitution der Sitten mittels einer ritualistischen Religion ist das eigentümliche und zentrale Anliegen des selbsternannten Priesters Wahnfred. Ritueller Dienst am „sichtbaren Gott“ ist ihm wichtiger als Gefühl oder Erkenntnis des unsichtbaren Gottes. Halb charismatischer Priester und halb Sozialingenieur, verkündet er nach langem Grübeln den erneuerten Kultus des Feuers. Wegen der praktischen Unentbehrlichkeit, der reinigenden Kraft und elementaren Gefährlichkeit des Feuers erscheint ihm diese Naturkraft geeignet, einen Kult darauf zu gründen, der das tägliche Leben ordnend durchdringt. Er ergrübelt den (tendenziell monistischen) Kultus des Elements merkwürdigerweise in seiner Klause auf dem „Berg des Johannes“, einem locus der Propheten, Idealisten - oder der Verstiegenen. Er wird denn auch der Verwilderung der Trawieser nicht Herr. Da wirft er sich ein zweites Mal zum priesterlichen Richter auf und vernichtet sich mitsamt der Gemeinde in den ‚reinigenden‘ Flammen des neu errichteten Tempels, den er anzündet.

*

Der Roman übt Kritik an der Religion, ohne sie nur von außen zu betrachten oder sie grundsätzlich abzulehnen. Von der Amtskirche entwirft er allerdings ein abstoßendes Bild: Selber von historischen Entartungserscheinungen gezeichnet, stellt sie sich urteilend und verurteilend der Gemeinde gegenüber, reißt eine Kluft auf und ist maßgeblich daran beteiligt, daß eine geordnete und friedliche Kultur sich in eine soziale Barbarei verwandelt. Das aus der Sicht des Romans willkürliche und überhebliche Vorgehen gegen ‚heidnische‘ Bräuche, die längst mit dem kirchlichen Ritus zu eigner Volksreligion verschmolzen waren, erinnert ein wenig an Tendenzen der Kirchenpolitik im ‚Kulturkampf‘ des 19. Jahrhunderts.

In günstigerem Licht erscheint der volksreligiöse Synkretismus der Trawieser. Es fällt auf, daß sie den Glauben an eine Auferstehung der Toten ebenso wie den Kultus des Hauses auf ‚heidnische‘ Traditionen zurückführen, obwohl beides dem christlichen Denken tief vertraut ist. Allerdings fordert die christliche Auferstehungslehre die Überwindung der Natur. Der natürliche und ‚heidnische‘ Ahnenkult der Trawieser scheint dagegen bei geringerer Strenge eine größere sittliche Wirkung zu erzielen. Nichts, was danach kam, konnte ihn ersetzen: weder die Amtskirche mit ihrer Exkommunikations- und Verteufelungszeremonie von archaischer Grausamkeit, noch der quasi-monistische Ritus, den Wahnfred sich ausdachte.

Rosegger ist kein Verfechter ideologischer Konsequenz (was nicht heißt, er gehorche keiner Ideologie): Unberührt von seiner Kritik an der Kirche und seiner Sympathie mit der ‚heidnischen' Natürlichkeit bleibt bei ihm die Geltung des christlichen Menschenbildes. Die zwei Naturen des Christen nebst dem Kampf des neuen geistigen Menschen mit dem alten Adam setzt er offenbar voraus. Sowohl die heilige Schrift als auch die Natur sind dem Christen grundsätzlich zweideutig: Wie er sie versteht, das hängt davon ab, welche seiner beiden Naturen gerade die Oberhand hat. Auch der Priester, jedenfalls der selbsternannte oder der vom Volk verehrte ‚heilige Mann',[27] wird nicht selten vom Eigenwillen des fleischlichen Menschen überwältigt und übt seine Kulthandlungen mehr zur Selbstbestätigung seines Priestertums als zur Stärkung des allgemeinen sittlichen Lebens aus. Dies geschah in der Chronik von Trawies zum ersten Mal, als der Feuerwart die Realität dem Kultus opferte und das Haus zur Rettung der Hausgötter anzündete. Es geschah zum zweiten Mal, als Wahnfred priesterlich zu handeln glaubte, indem er den Priester nach der Messe am Altar erschlug. Der Feuerwart muß später einsehen:

> Die Menschen sind wahnsinnig geworden. Es ist doch wahr, daß eine Bestie in ihnen steckt. Lange halten sie den Schild Gottes hoch und schauen zu ihm empor mit glänzenden Augen und wachsen himmelwärts. Eine heiße Freude kommt in sie über das, wie hoch sie es gebracht. Und eines Tages ist das Anbild hingeschleudert, zerschlagen, zertreten; Stück um Stück werfen sie von sich, schänden den Tempel, stürzen das Gesetz, verbrennen ihr eigenes Wohnhaus [!], reißen sich die Kleider vom Leibe, wühlen mit allen Vieren in der Erde, wüster als Hyänen.[28]

Wenn Rosegger der christlichen Anthropologie darin folgt, daß der Christ eine fleischlich-geistige Zwienatur besitzt, dann kann ein monistischer Kultus, wie ihn Svoboda bei den Germanen entdeckt haben will, für Rosegger keine Lösung der Religionsprobleme bringen. Heidnische Bräuche tragen im ‚Gottsucher' zwar Beachtliches zur Versittlichung und Humanisierung des Alltags bei; allein, die „Bestie" rührt sich auch im heidnischen Ritus, gerade wenn es darum geht, den Ritus gegen Feinde zu verteidigen. Nach Svoboda und Hamerling, die sich in der Diagnose ähneln, scheitert der Idealismus, der Glaube an den autonomen Geist, der Glaube an den jenseitigen Gott an dem Gegensatz

---

[27] Der bösartige Pfarrherr von Trawies scheint bei der Zelebration der Messe verwandelt zu sein, ohne daß dieser Bemerkung ein besonderer Nachdruck verliehen wird. Daß eine innere Wandlung stattgefunden hat, ist nicht sehr wahrscheinlich. Vgl. Rosegger: Der Gottsucher, S. 103.

[28] Ebd., S. 268f.

Geist/Materie, also am Dualismus. Rosegger bestreitet dies nicht, er zeigt aber auch, daß der Monismus an der Ambivalenz der elementaren Kräfte scheitert. Feuer ist wärmende Glut und verheerende Flamme. Der Kultus des Herdfeuers soll die wilde Kraft bändigen. Aber das Element bricht sich Bahn, wenn zur Rettung des Herdfeuers das Haus angezündet oder zur Reinigung der Gemeinde gar die ganze Gemeinde verbrannt wird. Nur ein Nihilist wird die Ambivalenz des Elementaren ignorieren und den Flammentod einer ganzen Gemeinde, wie verroht sie auch sei, für eine Variante religiöser ‚Reinigung' halten.

Heißt dies, daß Rosegger den Nihilismus als eine Konsequenz des Monismus ansieht? Gewiß, aber nicht nur des Monismus! Wenn Priester der Kirche Trawies zum Höllenfeuer verdammen, wenn sie einen symbolischen Flammenring um den Ort legen und mit dem geistigen auch das physische Sterben der Gemeinde einleiten, so beginnen sie das Werk, das der (tendenziell) monistische Priester Wahnfred vollendet, als er die vernichtende Kraft des Feuers unmittelbar anwendet.

Wo steht Rosegger, wenn er die Kirche und das Priestertum mit soviel Mißtrauen betrachtet? Er steht offenbar auf der Seite jenes junges Liebespaares, das dem Inferno der Wald- und Tempelbrände entgeht, so wie in der Edda ein Menschenpaar den Weltbrand übersteht. Die jungen Leute - es ist der Sohn Wahnfreds und die Tochter des Feuerwarts - haben einen innigen, kindlichen Glauben, sie besitzen die Frömmigkeit des Herzens. Im allgemeinen Zusammenbruch tragen sie die Hoffnung auf eine Restitution der zerstörten Ordnung in die Zukunft hinüber. Dadurch wird ihre private Frömmigkeit vor jeder anderen Form ausgezeichnet. Sie ist zwar nur der Keim einer künftigen religiösen Allgemeinkultur, aber - wenn ich Roseggers Einstellung durch ein Bild verdeutlichen darf - der Keim des frommen Herzens bewahrt die dauerhafte Prägung des Christentums besser als der förmliche und oft nur äußerliche Kultus - und viel besser als die kirchlichen oder außerkirchlichen Priester mit ihrem nihilistischen Macht-, Ordnungs- und Reinigungswahn. Hätte Wahnfred die Gebote der Religion im Herzen getragen, wie seine schlichte Frau, er hätte den Mord nicht begehen können. Sie weiß, was er bei seinen Grübeleien über den Sinn der Schrift nicht herausfand: „Was böse ist, das bleibt alle Tage böse, und wenn es der Mensch auch des Guten wegen tut [...]." Freilich irrt sie, wenn sie Wahnfred tröstet: „Der Kirchenbann soll dich nicht irren, nur den Fluch auf deiner Hand mußt du löschen. [...] Du bist gut, mein Wahnfred, du wirst dich wieder erlösen."[29] - Bei aller Kritik an der Kirche: Die Buße und Selbsterlösung

---

[29] Ebd., S. 243.

durch Stiftung eines neuen Kultus wird Wahnfred nicht gelingen. Dazu ist er den Amtspriestern wohl zu ähnlich.

*

Im folgenden soll der Licht-Feuer-Komplex im ‚Gottsucher' näher untersucht werden. Ein verwandtes Hauptmotiv des Romans wird in die Erörterung einbezogen: Natur als ‚Wildnis'. Denn die beiden Motive sind vielfach aufeinander bezogen. Das Feuer hat sowohl die ‚wilden' als auch die lebenspendenden Eigenschaften der Natur, und der Kultus des Feuers soll die wilden zähmen. Aber ‚Wildnis' wird bei Rosegger nicht nur mit den gefährlichen und zerstörerischen Eigenschaften der Natur verbunden, sondern ebenso mit Lebenskraft und ursprünglicher Gesundheit. - An sich ist die Ambivalenz von ‚Wildnis' plausibel und geläufig. Aber wir erwarten, daß die Erfahrung von Ambivalenz begriffen und systematisch eingeordnet wird, und wir sind irritiert, wenn dies nicht geschieht. Für solche Irritation sorgt Rosegger. Einer von mehreren heterogenen Systembezügen für ‚Wildnis' ist bei ihm der religiöse: ‚Wildnis' kann auf den Weltschöpfer oder auf den Widersacher verweisen. Oder sie kann auf die geistig-fleischliche Doppelnatur des Menschen, die sich zunächst als Ambivalenzerfahrung in die Natur hinausprojiziert, zurückverweisen. Schon innerhalb der religiösen Bezüge bricht eine Diskrepanz auf zwischen existenziell erfahrener Ambivalenz und einer gewissen allegorischen Beliebigkeit, die die Natur einmal auf das Paradies, ein andermal auf die Hölle bezieht. - Darüber hinaus hatte Rosegger schon in den ‚Schriften des Waldschulmeisters' ein Konzept von ‚Wildnis' adaptiert, das nicht genuin christlich war: das zivilisationsreformerische Konzept der Robinsonaden.[30] Im ‚Gottsucher' scheint dieses

---

[30] Vgl. Karl Wagner: Die literarische Öffentlichkeit der Provinzliteratur. Der Volksschriftsteller Peter Rosegger. Tübingen 1991, S. 138-173; ders.: Nachwort. In: Peter Rosegger: Lebens-Beschreibung und Die Schriften des Waldschulmeisters. Hg. und mit einem Nachw. von Karl Wagner. Salzburg und Wien 1993. - „Das Vorbild der Robinsonaden, Defoes ‚Robinson Crusoe', konnte sowohl als Bestätigung des zivilisatorischen Prozesses gelesen werden als auch, aufgrund der emphatischen Darstellung der Rückkehr zu den Anfängen der Zivilisation, als dessen Kritik." (Karl Wagner: Nachwort, S. 341.) - Das pädagogische Projekt des Waldschulmeisters setzt bei einem geringen Grad gesellschaftlicher Ausdifferenzierung neu an. Dadurch setzt es die fortgeschrittene Institutionalisierung der Gesellschaft in ihrer negativ bewerteten Komplexität der Kritik aus. Doch der Neuansatz führt nicht zu alternativen Konzepten der Vergesellschaftung, sondern zur Reproduktion vorhandener Institutionen auf einer niedrigen Stufe der Differenzierung (vgl. ebd., S. 349).

Konzept zwar keine Rolle zu spielen; vergleicht man jedoch die beiden Romane miteinander - ich halte mich an die scharfsinnige Lesart, durch die Karl Wagner den ,Waldschulmeister' erschlossen hat, - dann zeigt es sich, daß dem Wahnfred genau das mißrät, was dem Lehrer und dem Pfarrer im ,Waldschulmeister' gelungen ist: der Neuaufbau der Zivilisation in einer sozialen Wildnis, die als Zerfallsprodukt der degenerierten alten Zivilisation übriggeblieben ist; und die Selbsterlösung des Priesters![31] Im Hintergrund des ,Gottsuchers' ist also das Konzept ,Wildnis' der Robinsonaden wirksam. In einer weiteren Untersuchung wäre zu fragen, ob der Autor des ,Gottsuchers' das häretische Prinzip der Selbsterlösung widerruft oder ob er historisierend ein Zeitalter vorführt, das für die ,Kirche des Herzens', wie sie im ,Waldschulmeister' errichtet wird, noch nicht reif war.[32] - Weitere Systeme, auf die sich das Motiv ,Wildnis' im ,Gottsucher' bezieht, sind die materialistischen, monistischen und pantheistischen Varianten des Systems der Natur. Sie stehen zu der erfundenen Geschichte aus dem 17. Jahrhundert in einem anachronistischen Verhältnis und haben teilweise nur den Status von Personalperspektiven: der Materialismus tritt als ein Phänomen massenhafter moralischer Verblendung auf, der Pantheismus als subjektive Stimmung und der Monismus als ahnungsvolles Reformkonzept Wahnfreds. Während der Materialismus klar abgewertet wird, sind Pantheismus und Monismus gleichsam seriöse Anwandlungen des Helden: Ihre relative Berechtigung ergibt sich aus dem unbefriedigenden religiösen Dualismus, der sich in der Grausamkeit, im Nihilismus der vom Heil salbadernden Kirche manifestiert. Allerdings löst sich der Held niemals mit Entschiedenheit von idealistischen und religiösen Vorstellungen, er wird niemals bewußter Monist, und dies nicht nur, weil der Autor einen Anachronismus vermeiden will. Vielmehr verharrt der Autor selbst, genau wie sein Held, im Rahmen eines ,irgendwie' allegorischen Weltbildes - eines christlich-allegorischen, bisweilen eines pantheistisch-allegorischen[33] Weltbildes, - ohne die Auseinandersetzung mit dem Monismus auch nur ansatzweise mit diskursiver Deutlichkeit zu führen.

---

[31] Karl Wagner: Nachwort zu P. Rosegger: Lebens-Beschreibung und Die Schriften des Waldschulmeisters, S. 354f.

[32] Vgl. ebd., S. 356. In Hamerlings Wiedertäufer-Epos wird Luthers Parteinahme gegen die Bauern als eine unbefriedigende, jedoch der historischen Situation angemessene Einstellung gewertet, s. Hamerling: Sämtliche Werke. Bd. 5, S. 261.

[33] An einer Stelle zu Beginn des zweiten Buches ,Die Gottlosen' redet der Erzähler wie ein Gelehrter über das Naturgefühl der „Urgermanen“ und über das des modernen Menschen. Er leitet die pantheistischen Reflexionen des Wahnfred ein und verleiht ihnen den Rang einer Vorahnung moderner Seelengeschichte. Durch die wissende Gebärde des Erzählers wirkt die Stelle hoch autorisiert, ja wie ein wissenschaftlicher Kommentar des Autors selbst.

*

Trawies war seinen Bewohnern tausend Jahre lang Heimat gewesen. Im Verlauf der Geschichte entartet diese Heimat zur sozialen Wildnis. Sie verödet und verwächst schließlich mit der natürlichen Wildnis des nahen Hochgebirges. Für Trawies und Umgebung hatte Rosegger einen wirklichen Ort vor Augen: die Gemeinde Tragöß unter dem Hochschwab in der Steiermark. Dennoch bezeichnen ‚Heimat' und ‚Wildnis' im ‚Gottsucher' keine Realität, auch keine poetische Realität im Sinne des 19. Jahrhunderts. ‚Heimat' und ‚Wildnis' sind vielmehr die Platzhalter eines antithetisch konstruierten Topos oder Gemeinplatzes, der auch mit den Gegensätzen Kultur/Barbarei, Ordnung/Chaos, Welt der Sitten/Welt der Laster sinnvoll gefüllt werden kann. Die Bedeutungstiefe der Topik geht bis ins Christlich-Allegorische: ‚Heimat' und ‚Wildnis' sind letztlich Orte des Heils und des Unheils. Was den Autor veranlaßt, den Universalismus des christlich-allegorischen Weltbildes in einer Zeit des Realismus zu wahren, wird sich in umfassender Weise schwer beantworten lassen. Ein paradoxer Grund scheint dabei eine Rolle zu spielen: weniger eine positive religiöse Überzeugung als vielmehr die reformkonservative Offenheit und Unentschiedenheit Roseggers dürften ihn veranlaßt haben, bei dem vorkritischen Universalismus des allegorischen Weltbildes zu verharren. Es gibt ihm den großen Rahmen, worin die Personen seines Werks, namentlich der Held Wahnfred, eine Differenzierung und Spezialisierung ihrer Weltanschauung wagen können, derart, daß sie sich in manichäischen oder buddhistischen, kirchlichen oder atheistischen, volksreligiösen oder pantheistischen, materialistischen oder monistischen Anschauungen verirren können, ohne verloren zu gehen.

Zuvor sagte ich, die Antithese ‚Heimat' und ‚Wildnis' sei der Platzhalter eines Topos, der auch mit den Gegensatzpaaren Kultur/Barbarei, Ordnung/Chaos, Welt der Sitten/Welt der Laster, Heil/Unheil gefüllt werden könne. Hinzudenken muß man sich die Ambivalenz, die die Wahrnehmung des Christen als eines zwieschlächtigen Wesens kennzeichnet. Der Christ kann Wildnis, wie gesagt, als göttliche Schöpfung wahrnehmen, die die Majestät des Schöpfers spiegelt, oder als verderbte Natur, worin Raub und Mord, Schrecken und Tod regieren. Der soziale Bereich, auch die Heimat, hat nicht minder diese Ambivalenz der Natur; selbst im friedlichen und frommen Menschen lauert die Bestie. Der Feuerwart von Trawies mußte dies einsehen, nachdem er in priesterlicher Absicht sein eigenes Haus verbrannt hatte, um den Kultus des Herdfeuers zu retten (s.o.). Es bezeugt eine konsequente religiöse Skepsis gegen alles Weltliche, wenn auch Haus und Kirche der inneren Verwilderung für fähig gehalten werden. - Andererseits: wo menschliche Gemeinschaft offen zu sozialer Wildnis entartet, fügt der Autor oder die Chronik, woraus er angeblich berichtet, legendenhafte Ausnahmeerscheinungen ein, wie jenen Pestkranken, der sich vor seinem Tod eigenhändig beerdigt, um seine Familie nicht zu gefährden. Einer Fetischisierung der geordneten heimatlichen Lebenswelt ist somit gründlich vorgebeugt; Rosegger ist alles andere als ein ‚Heimatschriftsteller' im Sinn eines Beschwörers der Heilen Welt.

Es stehen also zwei hermeneutische Prinzipien in Rede: die allegorische Wahrnehmung, der es nicht darauf ankommt, was die Natur ist, sondern was sie bedeutet, und die Ambivalenz aller Bedeutung für den Christen. Gemeinsam begründen sie das Labyrinth, in dem Wahnfred irrt. Er sucht Buße für seine Tat, sucht unversehens Gott selber, dessen er sich demnach nicht sicher ist, und ergrübelt schließlich eine Religion. Ich folge ihm streckenweise im Irrgarten seiner Deutungen.

Der gesuchte Mörder Wahnfred flieht zunächst in die winterliche Waldwildnis unter dem Hochgebirge. Er zieht in das verwaiste Blockhaus eines verstorbenen Eremiten ein. Es ist ein typischer Ort, wo sich ihm die typische Aufgabe stellt, durch ein asketisches Leben der Welt zu entsagen, seine Tat zu sühnen und die Nähe Gottes zu suchen. Von originärer Naturwahrnehmung kann in dieser Episode kaum die Rede sein. Wir erfahren z.B., daß die größte der Schutztannen, die die Hütte überragen, als ein riesiges knochenweißes Baumgerippe dasteht: das ist ein Todessymbol, wie es zur Topik der Einsiedelei gehört. Und als sich typischerweise in der Wildnis die Versuchung nähert, nimmt sie keine natürliche, sondern literarische Gestalt an: Wahnfred findet Aufzeichnungen des Einsiedlers, in denen dieser den angeblich weltüberwindenden und gottgefälligen Freitod predigt.[34] Wahnfred ist fasziniert von dem erdichteten dualistischen Mythos, womit der Einsiedler seine Lehre begründet. Demnach ist der Mensch ein Doppelwesen aus Geist und Körper, das auf zwei nährende Quellen angewiesen bleibt: auf das Licht der Sonne Gottes und auf das Höllenfeuer, das die Erde von innen erwärmt und alles natürliche Wachstum hervorbringt. Der Fromme jedoch zieht in die Wildnis, wo er am wenigsten von den Gütern der Welt und mithin von der teuflischen Glut profitiert; dort richtet er sein Auge auf das göttliche Licht der Sonne und schickt sich an zum freiwilligen Sterben.

Der antithetische Bezug dieses Mythos zum Feuerkult der Trawieser ist deutlich: Für sie waren Sonne und Feuer Formen desselben Elements, das Geistsymbol Sonne und das Lebenssymbol Feuer waren Gaben desselben Gottes. Nährende Wärme und reinigende Flamme, geistige Erhellung und Energie des Handelns wurden gleichermaßen aus dem Feuer gewonnen. So sagt der Feuerwart über das heilige Element:

---

[34] Rosegger: Der Gottsucher, S. 202f.

> Bei seinem Scheine hat der Enkel des Großvaters Sagen gelauscht von Odin. Bei seinem Scheine hat der Bräutigam der Braut den Ring vertraut; an seiner Glut ist das Hochzeitsmahl bereitet worden. In seiner Glut haben sie das Schwert geschmiedet gegen den Feind. In seiner Glut ist Gold und Menschenherz geläutert worden. Du liebes, trautes Feuer aus alten Zeiten [...] [35]

Die Stelle zeigt die ‚monistische' Tendenz dieses Trawieser Feuerkultes, insofern die Natur und der praktische Nutzen des Feuers sich mit der rituellen Funktion und der symbolischen Bedeutung bruchlos verbinden. Der von der asketischen Lehre des Einsiedlers faszinierte Wahnfred kehrt später zum Glauben an die Einheit der geschaffenen Natur zurück; seine vorübergehende Faszination für den Dualismus hat vor allem den Sinn, den letzteren um so deutlicher wieder zu verwerfen und auch das manichäische Gedankengut im kirchlichen Glauben anzugreifen. In Bezug auf den Feuerring, den die bischöflichen Söldner zum Zeichen des Kirchenbanns um Trawies gelegt haben, sagt Wahnfred:

> Falsche Propheten wollen den Menschen das Heil entreißen und sagen, das Feuer sei höllisch, sei das Reich des Teufels, sei die Strafe des Bösen. Einen von diesen Propheten hat Trawies getötet, so haben sie uns verdammt, haben uns fesseln wollen mit dem Ring der Hölle, haben nicht geahnt, daß sie mit den Flammen ein Reich Gottes umgrenzen, in dem die Armen und Glücklosen durch das Feuer gereinigt werden sollen.[36]

Doch zunächst: wie löst sich Wahnfred von den Gedanken des toten Einsiedlers? Beim Frühlingssturm verläßt er die Hütte, um in vermeintlicher Erfüllung des asketischen Ideals den Tod unter umstürzenden Bäumen zu suchen. Da bedroht ihn ein Wolf; die nackte Angst belebt Wahnfreds Gedanken, und er erinnert sich seines Großvaters, der den Selbstmord verworfen und in vorbildlicher Duldung seiner schweren Krankheit die Welt erlebend überwunden hatte. Der Wolf springt ihn endlich an, und Wahnfred tötet ihn im Reflex. Die Erfahrung des eigenen Selbsterhaltungstriebs deutet er als Bestätigung, daß er von Gott zum Leben und zur Buße im Leben bestimmt sei.[37] Wie? Leitet Wahnfred seine göttliche Bestimmung daraus ab, daß sein Selbsterhaltungstrieb und Tötungsreflex die Oberhand über seine Buß- und Todesbereitschaft gewannen? Wahnfred verfährt vorkritisch, nach alter allegorischer Methode: Er ignoriert den bezeichneten

---

[35] Ebd., S. 273f.

[36] Ebd., S. 366f.

[37] Ebd., S. 217f.

Widerspruch, daß der Selbstbehauptungsreflex unserer Natur uns die rechte Buße, d.h. die Überwindung unserer Natur lehren soll. Er deutet die Pfählung des Wolfs nicht vom Motiv her, sondern auf den ‚höheren' Zweck hin: als Sinnbild für die Bestimmung des Menschen, zu leben, um das Böse zu bekämpfen. Er setzt die Lehre des im Leiden starken Großvaters mit der Lehre gleich, die er aus seiner wölfischen Tat ziehen zu dürfen glaubt. Für den modernen Leser ist dies irritierend paradox. - Als Wahnfred nach der Tat zum Blockhaus zurückkehrt, findet er es durch die umgestürzte Schutztanne zerschlagen; der Gang, der ihn nach seinem Willen ums Leben bringen sollte, hat ihn gerettet. Auch darin sieht Wahnfred ein Zeichen der Vorsehung - sicherlich im Einklang mit der Konvention: Sein an sündhafte Selbsttötung grenzender Plan fand Gnade als felix culpa. Irritierend ist bei dieser Erzählsequenz nicht nur die Deutung der Wolfsepisode, sondern auch die weitere Aussicht: Der ganze, scheinbar traditions-geheiligte Vorsehungsapparat dient dem Helden ja keineswegs zum Heil, sondern führt ihn letztlich zu einem fanatischen Massenmord.

Bei seiner Rückkehr in die vom Bann getroffene Heimat stößt ihm triebhafter Egoismus überall entgegen, Trawies ist eine soziale Wildnis geworden. Es herrschen religiöse Verzweiflung, allgemeine Demoralisierung, Gesetzlosigkeit, Gewalt und Not. Zerstörungslust richtet sich gegen Religion, Autorität, Eigentum, Arbeitsmoral, Ehe und Familie. Zulaufendes Gesindel aus den umliegenden Wäldern und von auswärts verbündet sich mit den Besitzlosen und den eigentlichen Lumpen des Orts. Es ist der Aufstand der Unterschichten, der dämonisiert und als Herrschaft der Bestie ausgemalt wird.[38] Das Gemälde der Anarchie ähnelt in allen Einzelheiten demjenigen im ‚König von Sion'. Die Zeitfragen des 19. Jahrhunderts spielen, wie bei Hamerling, deutlich in die historische Fiktion hinein. Die Trawieser nennen sich „Bürger" im Sinn des „citoyen", also des allgemeinen, nicht an Eigentum gebundenen Bürgerechts der Französischen Revolution, und wie die Sozialisten schaffen sie das Privateigentum ab! Der anachronistische Zungenschlag läßt erkennen, daß Rosegger hier trotz der historischen Fiktion auf den modernen Materialismus zielt, dem er die Vernichtung prophezeit.[39]

---

[38] Ebd., S. 152, 224-227, 256-258, 276f. u.ö.

[39] Es ist bedenklich, daß hier, wie öfter in der Literatur des 19. Jahrhunderts, ausgerechnet die Besitzlosen den Materialismus und Nihilismus verkörpern müssen. Irritierend ist auch ihre Dämonisierung, die Wahnfred das Recht zu geben scheint, die Verwilderten durchs Feuer zu „reinigen", d.h. lebendig zu verbrennen. Der Autor wollte das Schauergemälde gewiß nicht so aufgefaßt wissen. Die allegorische Sinngebung hat eben die Schwäche, daß sie nicht wissen will, was die Dinge sind, sondern was sie bedeuten. Sie

Als Wahnfred, der Priestermörder und Schänder des Altars, unter dem Gesindel von Trawies erscheint, feiern sie in ihm den charismatischen Führer, denn sie halten ihn für einen Bahnbrecher ihrer Anarchie. Wahnfred läßt sich zum Schein auf die Rolle ein, denn sie könnte ihm eine positive Einflußnahme auf die Gemeinde ermöglichen.[40] (Auch dieses Motiv ist dem ‚König von Sion' entnommen.) Durch immer neue Offenbarungen, die er ergrübelt, versucht er, den Trawiesern eine neue Religion zu geben, eine Religion, die vor allem ihren rohen Egoismus eliminieren soll. In diesem Zusammenhang verkündet er die Verneinung des Willens zu leben, wovon ihn ja die ominöse, reflexartige Tötung des Wolfs, das Spiegelbild wölfischer Triebtat, zunächst abgebracht hatte. Er erfindet die Selbstauflösung ins Nichts durch Verneinung des Lebenswillens, d.h. er erfindet den durch Schopenhauer vermittelten buddhistischen Weg. Die Faszination, die der Schopenhauersche Pessimismus zur Entstehungszeit des ‚Gottsuchers' ausübte, wird textintern durch den alten Feuerwart bezeugt, der ebenfalls - und im Widerspruch mit dem Brauchtum der Sommersonnenwende - den ewigen Tod als Erlösung vom Leben preist;[41] ein textexternes Zeugnis jener Faszination ist ein Artikel Hamerlings zu der wachsenden Akzeptanz der Selbsttötung.[42]

Wahnfred predigt also die Verneinung des Willens zum Leben, doch das Gesindel, das im Zustand der Anarchie zum ersten Mal nach Herzenslust seine Begierden auslebt, lacht über die Empfehlung. - Nun träumt sich Wahnfred in eine andere Version der Selbstauflösung hinein: in die pantheistische Idee der innerweltlichen Trans-

---

befrachtet die Dinge mit einer vorgegebenen Bedeutung, die sie realiter nicht haben. Dennoch ist die allegorische Darstellung des dämonischen Gesindels „richtig", wenn der Leser sie richtig auffaßt. Die Angehörigen der Unterschicht sind nicht Dämonen, die andere, bessere Menschen mit ihrem Kloaken-Materialismus und -Nihilismus infizieren; vielmehr sind sie die Dämonisierten: Durch den raffinierten Materialismus und Nihilismus der Mächtigen enteignet, verwahrlost und frustriert, werden diese Elenden für andere zum schaurigen Gesindel, denn es erinnert diese anderen an verdrängte Mitschuld. In der Tat hat ja die Verelendung der Trawieser Ursachen, die z.T. außerhalb ihrer Verantwortung liegen, wie die Zerstörung der traditionsgeleiteten ‚mittelständischen' Gemeinde durch die Kirche. Auch Heine hat sich nicht gescheut, in dem bekannten Gedicht von den schlesischen Webern zu sagen, sie „fletschen die Zähne". Dieses menschenunwürdige Bild bleibt nicht an den realen Webern hängen, sondern es weckt Angst und Abscheu bei den Schuldigen, dadurch die Schuld entlarvend.

[40] Rosegger: Der Gottsucher, S. 264f.

[41] Ebd., S. 272.

[42] Robert Hamerling: Gedanken über den Selbstmord, in: Heimgarten 2 (1877/78), S. 30-33.

zendenz und Hingabe an den Kosmos. Er schmiedet aphoristische Naturbetrachtungen wie Berthold Auerbach oder wie dessen philosophisches Gänseliesel, das damals vielgelesene Barfüßele (gleichnamige Erzählung 1856), oder wie die büßende Gräfin Irma in ‚Auf der Höhe' (1865). Wahnfred predigt die All-Einheit, in die wir mit dem Tod ohne zu sterben eingehen. Er formuliert die christliche Allegorie des Todes - das Korn muß in die Erde fallen und ersterben, wenn es Frucht tragen will - im Sinn von Auerbachs Weltfrömmigkeit um:

> Draußen im Lande das Kornfeld. Die jungen Ähren heben ihre Häupter, und ihr Pfingstgebet geht nach Sonnenschein. Ihre Sehnsucht ist, zu reifen, aber das Reifen ist ihr Sterben. Das Korn kommt in die Erde. Und im nächsten Jahr, wenn wieder Pfingsten ist, kann das Kornfeld zehnmal größer sein. Das Leben nimmt nicht ab, es nimmt zu.[43]

Namentlich die Bilder des Kreislaufs, worin Stoffliches gereinigt oder aufgelöst und wieder zurückgeführt wird ins Leben, haben es Wahnfred angetan: so der Wachstums- oder der Wasserkreislauf oder die Erfrischung der Atmosphäre im Gewitter. Sterben erscheint in solchen Betrachtungen als eine der aktiven Buße entsprechende Reinigung, die die vermeintlichen Schrecken des Todes in eine angenehme Steigerung der Existenz verwandelt. Die Schuld, die sich damit in einen Gegenstand der Betrachtung verwandelt, wird fast zu einem wohligen Gefühl:

> Der Zweifel hat mich an der Brust, der Kummer mich an den Haaren gepackt; der Haß hat mich durchwühlt, die Liebe mich gefoltert; Unrecht habe ich erfahren. Aber tausend mal mehr als das alles: Unrecht hab' ich getan! Und dennoch, ich ersehne das Schlafen nicht und bedauere des Morgens das Erwachen nicht. Vernichten kann mich nicht der Schmerz, denn er will geheilt sein, nicht die Schuld, denn sie will gesühnt sein - nur die Stumpfheit, denn sie will - nichts.[44]

An erbaulicher Sentimentalität steht Wahnfred dem damals berühmten Auerbach nicht nach. Dem Trawieser Gesindel imponiert die pantheistische Selbsthingabe jedoch so wenig wie die buddhistische. Eine kritische Distanz zum Helden wahrt auch der Erzähler: Er qualifiziert Wahnfreds laientheologische Einfälle als „Stimmungen", die ständig schwanken und wechseln.[45] Auch Wahnfreds Handlungen sind höchst widersprüchlich. So verdammt er als Einsiedler die Familienbindungen und riskiert bald darauf sein Le-

---

[43] Rosegger: Der Gottsucher, S. 296.

[44] Ebd.

[45] Ebd., S. 216f., 279 u.ö.

ben, um seine Familie zu sehen.[46] Er verwirft mit Auerbach die herkömmlichen Religionen zugunsten einer neuen Humanitätsreligion und übernimmt dann doch widerspruchslos die Fackel des Ahnfeuers, die der sterbende Feuerwart ihm überbringen läßt.[47] Das Motiv der unbewußt willkürlichen Zeichendeutung, die Wahnfred zur Tötung des Pfarrers verleitet hatte, erweist sich als der Schlüssel zur Psychologie des Gottsuchers: Wie er bei der traditionalistischen Auslegung der Bibel und der Natur seinen eigenen Vorstellungen gefolgt ist, so bringt er bei der ‚modernen' Verhaltensweise ganzheitlicher Naturbetrachtung seine schwankenden Stimmungen ins Spiel. Die moderne ‚Weltanschauung' ist demnach nicht zuverlässiger oder gewisser als die alte Religion. Dies zeigt sich vollends bei Wahnfreds letztem Experiment der Gottsuche, dem ‚monistischen'.

Da die Trawieser dem Materialismus und Egoismus verfallen sind, ist es Wahnfreds Problem, einen religiösen Kultus zu finden, der die materiellen Bedürfnisse des Menschen nicht ausgrenzt, sondern einbezieht. Des näheren ist ein Kultus nötig, der die grundlegenden Bedürfnisse und Verrichtungen des Alltags ritualisiert und sie so von den zerstörerischen Begierden unterscheidet. Menschliches Handeln könnte nach ritueller Einübung als fortgesetzte Entscheidung für oder wider Gott empfunden werden.

So kommt Wahnfred zurück zum Kultus des für Haus und Arbeit unentbehrlichen Feuers, das zugleich Brauch und Mißbrauch am fühlbarsten unterscheiden lehrt; denn es wirkt entweder nährend und wärmend oder vernichtend. Ich erinnere: Der Trawieser Feuerglaube unterscheidet nicht, wie der religiöse Dualismus, ein himmlisches und ein höllisches Feuer. Er unterscheidet auch nicht, wie der Platonismus, zwischen dem Licht der Vernunft und den Flammen der Leidenschaft als den Symbolen der reinen Idee und der unreinen Erscheinung. Er dreht sich um das wirkliche Feuer, das nährt oder vernichtet, je nach den Menschen, die es warten oder nicht warten. Eine naturkundliche oder gar naturwissenschaftlich-technische Beherrschung der Elemente ist damit aber nicht gefordert. Es geht Wahnfred um die Restauration eines häuslich-sittlichen Kultus, eines Kultus, der den Menschen durch die Pflicht, das Feuer zu überwachen, an den Herd bindet, so daß man sagen kann, der Kultus überwache den Menschen.

Zu diesem Kultus führt Wahnfred die Trawieser zurück, doch während das Ahnfeuer am Anfang der Geschichte einen milden und verchristlichten Charakter zeigt, enthüllt es in einer Zeit sozialer Verwilderung seine extreme Gefährlichkeit. Es ist noch immer ein und dasselbe Element, das die Wirkungen hat, Leben zu spenden, zu reinigen und zu vernichten. Aber Reinigung und Vernichtung rücken in ‚monistischer' Perspek-

---

[46] Ebd., S. 210, 231-233.

[47] Ebd., S. 297, 305.

tive enger zusammen als je. Religiöser Wahn, auch Priesterwahn kann hier unter Umständen besser gedeihen als je.

Die hygienische Bedeutung des Feuers drängt sich den Trawiesern in der Zeit der sozialen Unordnung auf. Die Natur geht mit der Selbstreinigung voran: Ein großer urtümlicher Fichtenwald, in der Nachbarschaft gelegen, stirbt ab und brennt nieder. Einen gotischen Bau und eine dröhnende Orgel nennt der Erzähler den gesunden „Tärn" und bezeichnet ihn damit als Schöpfung, die den Schöpfer preist.[48] Das Verdorren wurde unmittelbar durch Schädlingsbefall verursacht. Die tieferen Ursachen sind, nach den Andeutungen des Erzählers, Wetterschäden, Degeneration und - die Faulheit der Trawieser Waldhüter. Aber wie kann ein Urwald degenerieren? Der Erzähler erklärt, manche Stämme seien an der Fruchtbarkeit des Bodens zugrundegegangen, seien „harzlos, herzlos, kernfaul" geworden. Andere „waren übermütig und standen auf Stelzen, als wollten sie hoch über die Nachbarn hinausblicken in die weite Welt". Es gebe auch viele „Schmarotzer", womit der Erzähler eigentlich Schädlinge meint.[49] Der anthropomorphisierend-moralisierenden Begründung der Degeneration eines Urwaldes kann man schwer folgen. Und wieso hängt ein Urwald von menschlicher Pflege ab? Daß bessere Waldhüter den durch Wind- und Eisbruch verheerten Urwald hätten sanieren können, glaubt der Erzähler selbst nicht; er weiß, daß dazu mehr Helfer nötig gewesen wären, als eine Bergbauerngemeinde sie aufbieten konnte.[50] Die moralisierenden Bemerkungen erklären den Waldbrand also keineswegs. Das geschilderte Inferno des „Tärnwaldes" ist kein aus sich selbst zu verstehendes Naturereignis, sondern ein allegorisches Exemplum, das die Reinigung sittlich verwahrloster Existenz durch Ausrottung androht, - vom Autor aus gesehen sicherlich nicht im Sinn einer zu verhängenden Strafe, sondern eines sich selbst erfüllenden Gesetzes. Erste soziale Konsequenzen zeigen sich in der Weise, daß lichtscheues Gesindel, das bislang den „Tärnwald" bewohnte, raubend und brandschatzend in das schwach gesicherte Trawies einfällt, und daß einzelne Hauseigentümer, die ihren Besitz nicht dem Pack überlassen wollen, ihre Häuser selbst anzünden.

Eine weitere große Erfahrung, die der Wiedereinführung des Feuerkultes vorangeht, ist die Pest. Man brennt die Hütten nieder, in denen Pestopfer gestorben sind. Und wo Menschen zusammenkommen oder Tote auf ihre Beerdigung warten, werden Feuer angezündet, um die Luft zu reinigen. Die Unterhaltung der Pestfeuer stabilisiert die Ordnung in der Gemeinde. Einem elementareren Zweck dienend als die inzwischen

---

[48] Ebd., S. 312.

[49] Ebd., S. 313.

[50] Ebd., S. 317.

verfallenen Herdfeuer, bringen die Pestfeuer Wahnfred auf den Gedanken, daß ein auf die Not der Selbsterhaltung gegründeter Kultus die Religion am tiefsten verankern und ‚versitten' müßte. Er erklärt der Gemeinde die Unterhaltung der Pestfeuer als unbewußte gottesdienstliche Handlung und gewinnt so einen gleichsam materialistischen Ausgangspunkt für die allmähliche Entwicklung und Vertiefung der Religion. Denn das Gesetz der Selbsterhaltung ist jedem eingeboren.

Die Rede, mit der Wahnfred das Feuer als den neuen, „sichtbaren" Gott verkündet,[51] propagiert dann viele bekannte Züge des christlichen Gottes. Der neue Gott ist allmächtig, allwissend und allgegenwärtig, ist der Schöpfer, Erhalter und Zerstörer. Dies alles könnte man zur Not vom Naturgesetz sagen, wenn man es zum Gott erklären wollte. Doch der natürliche Gott macht merkwürdigerweise selig, die an ihn glauben, ja er ist nach Wahnfreds Worten der alte liebende und schreckliche Gott. Liebend und schrecklich ist der alte Gott aber nur, weil der Mensch zwei widerstreitende Naturen in sich hat; d.h. weil die Anthropologie dieses Romans, so wie die ‚alte' christlich-theologische Anthropologie, zwei widerstreitende Naturen im Menschen unterscheidet, deren eine den Zorn Gottes auf sich zieht. In diesem Sinn ermahnt Wahnfred seine Gemeinde, die „Bestie" von sich zu schleudern. Das entspricht dem christlichen Gebot, das ‚Fleisch', den alten Menschen zu überwinden. Wahnfred gründet den Feuerkult zwar, psychologisch berechnend, auf den Selbsterhaltungstrieb, verlangt jedoch in seiner Predigt deutlich die ‚alte' religiöse Selbsthingabe. Mit einem Formgottesdienst um das Feuer sei es nicht getan, die Herzen müßten zu Ehren des Feuers warm werden von Liebe.[52] Am Ende seiner Predigt preist Wahnfred selig die Ergebenen und Begierdelosen; ihnen würden alle Wünsche erfüllt, weil sie Gottes Willen zu dem ihren machten. Das ist schon fast wieder Verneinung des Willens zum Leben, verkündigt im Ton der Bergpredigt. Auf radikale Selbsthingabe kommt Wahnfred in jeder Phase seiner Gottsuche zurück, so auch in der ‚monistischen'. Bemerkenswert ist dabei nicht nur der Widerspruch zum Ansatz seines neuen Ritus beim Motiv der Selbsterhaltung - bemerkenswert ist vor allem die Schwäche seines Konzepts, die Menschen durch Ritualisierung der Lebenspraxis, also ‚monistisch', zu beeinflussen. Wahnfred beginnt zu predigen, zu lehren, worauf es bei dem Feuerkultus letztlich ankomme, nämlich auf Selbstlosigkeit und Liebe. Es gelingt ihm nicht, unmittelbar durch das Kollektiverleben des Rituals eine affektiv begründete Solidarität unter der Gemeinde zu stiften. Und es ist fraglich, ob sich der

---

[51] Ebd., S. 365-370.

[52] Ebd., S. 367.

Autor selbst eine solche konsequente Entfaltung einer ,monistischen' Religion gedacht hat, obwohl er einem solchen Gedanken sehr nahe ist.

Die Absicht des Autors geht vielmehr in die Richtung, daß er die Gefahr des religiösen Wahns und namentlich die des Priesterwahns zeigt, die in allen Lehren und Riten zu lauern scheint: Obwohl Wahnfred den ,monistischen' Feuerkult gleichsam nur ingenieursmäßig einführt, um die Menschen über die Ritualisierung der Alltagspraxis zur Selbstdisziplin und letztlich zur Selbstüberwindung zu führen, verfängt er sich selbst in seiner Religionsstiftung: Sie macht ihn zu einem Besessenen und beraubt ihn der Fähigkeit zur Selbstüberwindung. Gerade in dem Moment, als Wahnfred die Seligpreisung der Ergebenen und Begierdelosen ausspricht, blickt der Wahnsinn aus seinen Augen![53] Die Verkündigung der absolute Hingabe wird ihm zur fixen Idee und zum terroristischen Motiv, je deutlicher sich ihr Scheitern abzeichnet: Die Gläubigen frönen einer lange Zeit unbefriedigten „Religionsleidenschaft" und tragen nun Lichter und glimmende Schwämme bei sich statt Kreuzchen und Amulette. Dabei sündigen sie so unbekümmert wie je, weil sie ja nun wieder „Buße" tun. Es werden sogar Prügeleien mit Feuerbränden ausgetragen. Ein Tempelbau, der die Leute beschäftigen und disziplinieren soll, hilft wenig. Daß Wahnfred seine Gemeinde schließlich durch das heilige Feuer ,reinigt', d.h. tötet, ist nicht nur ein Knall- und Schlußeffekt des Romans. Einerseits gibt es dafür ja Vorbilder im Glauben und in der Praxis der Kirchen, andererseits hatte auch der alte Feuerwart von Trawies, Gallo Weißbucher, Vernichtungs- und Reinigungsphantasien. Als das Herdfeuer seines Hauses einmal auszuschlagen droht, redet er es an:

> Wo hast du denn hingewollt? [...] Willst du einen Kampf mit dem Flammenring anheben? Wohlan, wohlan! [...] erfasse die Wälder, [...] schleudere die Brände auf Trawies. [...] Verschone auch nicht mein Haus, denn wir sind Mörder. Vernichte das Nest des Lasters, erlöse uns von dem Fluch, den sie auf uns geworfen haben. Und wenn das geschehen ist, dann kehre wieder ein in die friedliche Wohnung besserer Menschen und trage den Segen der Alten hinüber in ferne Zeiten![54]

Das Problem des Buches ist offenbar nicht die Religion, der Idealismus, der Monismus oder eine der anderen Weltanschauungen, denen Wahnfred auf seinen Irrwegen anachronistisch begegnet - das Problem hinter den Problemen ist offenbar der Nihilismus, der seit den 1860er Jahren zu den unerwünscht aufdringlichen Erfahrungen der Zeit gehört.

---

[53] Ebd., S. 369.

[54] Ebd., S. 272.

Juliane Vogel

Ahasvers Waldheimat. Unendliche Fahrten bei Robert Hamerling und Peter Rosegger

1. Dichterfreundschaft

Als Robert Hamerling, der gefeierte Dichter des ‚Ahasver in Rom', 1889 starb, nach langer Krankheit und in einer Zeit schwindenden Ruhms, wurde Peter Rosegger zum Sachwalter seines Andenkens. Nach vielen Jahren der Freundschaft und der wechselseitigen Förderung entfaltete der Überlebende eine beträchtliche publizistische Aktivität. In einer Reihe gedenkender Schriften wollte er den Nachruhm dessen sichern, der als sogenannter „Makart-Dichter" eine ganz andere künstlerische Karriere durchlaufen hatte als er selbst. In diesem Bestreben belieferte Rosegger die Öffentlichkeit mit sogenannten „Dokumenten der Freundschaft". Einem Publikum, das Mementi und Weihestunden liebte, übergab er zunächst ein Hamerling-Album, in dem prominente Zeitgenossen das Lob des Toten sangen. [1] In dem 1891 erschienenen Buch ‚Persönliche Erinnerungen an Robert Hamerling' schilderte er vor allem das Grazer Ambiente des Verstorbenen und setzte auch den Beziehungen zwischen Rosegger und Hamerling den gebührenden Denkstein. [2] Der postum im ‚Heimgarten' veröffentlichte Briefwechsel brachte sodann den Dialog der Dichter, um dem Freundschaftsbild eine weitere biographische Facette hinzuzufügen. [3] Bei alledem wurde Rosegger nicht müde, an dem verstorbenen Kollegen jene kanonischen „visibilia et invisibilia" zu rühmen, die die Unsterblichen der Gründerzeit gemeinhin auszeichnen: Eindringlich schildert er den markanten Dichterkopf mit den strengen Zügen, die Entbehrungen des Dichters in einer gleichgültigen Gesellschaft, sein Leid an Leib und Leben, die selbstgewählte Einsamkeit und die kompromißlose Leidenschaft für das Schöne und Ideale. Hart wird dabei

---

[1] Hamerling-Album. Hrsg. und mit einem Vorwort versehen von Peter Rosegger. Graz 1889. Vgl. Karl Wagner: Der Heimatstoff (= Anm. 28), S. 209 ff.

[2] Peter Rosegger: Persönliche Erinnerungen an Robert Hamerling. Wien 1891.

[3] Brief Hamerlings an Rosegger vom 15.8.1885 In: Der Briefwechsel zwischen Robert Hamerling und Peter Rosegger. Heimgarten 26 (1901/1902), S. 789. Zur politisch- publizistischen Frontenbildung vgl. Peter Klimm: Zwischen Epigonentum und Realismus. Studien zum Gesamtwerk Robert Hamerlings. Wien 1974, S. 240ff, und Karl Wagner: Die literarische Öffentlichkeit der Provinzliteratur. Der Volksschriftsteller Peter Rosegger. (Studien und Texte zur Sozialgeschichte der Literatur. Bd. 36). Tübingen 1991, S. 237 ff.

mit einer Zeit gerichtet, der die Ehrfurcht vor dem „strengen Dichteramt" entschwunden sei, die einen Hamerling trotz allen Erfolgs verkannt und einer ignoranten Kritik ausgesetzt habe.

Diese Dokumente geben indessen keinen Hinweis darauf, daß die beiden Dichternamen Hamerling und Rosegger eine prägnante ästhetische Opposition bildeten und repräsentierten. Sie schweigen von der Kluft, die die historistische Dichtung, wie sie Robert Hamerling vertrat, von der Heimatdichtung Roseggers trennte. Die postumen Huldigungen deuten auf eine friedliche Koexistenz des Gegensätzlichen. Kein einziger Hinweis darauf, daß der eine am anderen seine differente oder komplementäre Position bestimmt hätte. Im Vordergrund dieser Gedenkschriften stehen allein die Rituale, die Anekdoten, die lebensweltlichen Umstände einer Freundschaft, die Rosegger immer nur als eine persönliche Konstellation, niemals aber als eine Konstellation relativer ästhetischer Standpunkte interpretierte. In keinem Wettstreit des Metiers prallen die Maximen von Gründerzeit und Heimatkunst, die je von Hamerling und Rosegger vertreten wurden, aufeinander. Vordringlicher scheint, daß beide Autoren, wie es in einem Brief Hamerlings heißt, „in allen ethischen Fragen gleicher Meinung"[4] waren und daß sie auf dem aggressiven Meinungsmarkt, in den Diskussionen um Antisemitismus und Nationalismus mit gegenseitiger Unterstützung rechnen konnten. - Allein das Publikum des 19. Jahrhunderts, das die Fälle kultureller, philosophischer oder künstlerischer Erscheinungen in die Form großer und ewiger Gegensätze goß und das Unübersichtliche in glanzvollen Dichotomien bewältigte, ließ auch diese Freundschaft nicht ungeschoren. Die Beziehungen zwischen Hamerling und Rosegger wurden vor diesem Hintergrund als eine „Synthese des Polaren"[5], als eine Begegnung von „Geist" und „Gemüt", von „Kälte" und „Wärme" aufgefaßt. Auf diese Weise stellte sich in den Augen der Öffentlichkeit der Dichter des „strengen Gedankens" dem Volksfreund und Volksdichter gegenüber. Beide wurden zu Opponenten stilisiert, die in ihrem Gegensatz eine ewig-menschliche, nicht aber eine literarhistorische Krise verkörpern sollten.

In der Folge aber sollen die Biographien ein wenig in den Hintergrund treten. Allmählich ist eine andere, eine problemgeschichtliche Konstellation aufzuzeigen, die Rosegger und Hamerling in ihren Schriften eingehen. Es sind jene Fragen aufzufin-

---

[4] Zit. in: Rosegger, Persönliche Erinnerungen (= Anm. 2), S. 80.

[5] Vgl. Klimm, Epigonentum (= Anm. 3), S. 211. Vgl. vor allem den Brief Hamerlings an Rosegger vom 15.8.1885 (= Anm. 3), in dem diese Tendenz beschrieben wird. Hier kommt Hamerling auf den Gegensatz aus „Marmor" und „Kniepholz" zu sprechen: „Dasz ich ganz Gedanke bin/ Sie lauter Gemüth".

den und zu stellen, die beide bei ganz unterschiedlichen ästhetischen Voraussetzungen beantworten und die die Zeitgenossenschaft von Rosegger und Hamerling auf noch andere Weise unter Beweis stellen.

2. Geschichte versus Schönheit

Zunächst jedoch wird das Werk Robert Hamerlings vor einem anderen Horizont wahrzunehmen sein als das des jüngeren Rosegger. Wie schon angedeutet, erschließen sich seine Schriften vor dem Hintergrund einer Literatur, die sich vornehmlich in verschwenderischen Schilderungen verausgabte und deren dichterische Gelage sich durch Fülle und Kostbarkeit auszeichneten. Zur näheren Bezeichnung ihrer Eigenart wurde der Begriff des Kolorismus geprägt.[6] Als Dokumente der Gründerzeit schöpften sie aus dem expandierenden Imaginarium, das sich eine in jeder Hinsicht aneigungssüchtige Epoche auf Reisen, auf Feldzügen, in Studien erobert hatte. Sie zehrten von einem durchaus imperialistisch zu nennenden kulturellen Reichtum, der die Vergangenheit ebenso in Besitz genommen hatte wie eine südafrikanische Kolonie und über das Nahe und das Ferne ebenso verfügte wie über das Alte und das Neue. Ein in Zeit und Raum unbegrenztes Feld eröffnete sich dem Poeten der Gründerzeit. Versunkene Epochen gaben sich ihm in trügerischer Anschaulichkeit preis. - Am historistischen Gewebe dieses Zeitenteppichs wirkte Robert Hamerling vor allem in seinen Epen mit. Ob er nun intime Details der römischen Kaiserzeit enthüllte wie in seinem Erfolgswerk ‚Ahasver in Rom', ob er sich der turbulenten Epoche der Wiedertäufer annahm, wie im ‚König von Sion', ob er das klassische Altertum kolorierte wie in dem Roman ‚Aspasia', ob er gar seine eigene Zeit in einem monumentalen Schaubild gestaltete wie in dem Epos ‚Homunkulus' - immer bewährte sich seine kosmopolitische und universalhistorische Einbildungskraft und seine Vertrautheit mit allen Epochen. Als versierter Tourist befuhr er die Zeitachse, um an dramatischen Punkten, besonders an Zeiten des Umbruchs innezuhalten und seine poetische Staffelei aufzuschlagen. Nichtsdestoweniger aber strebte Hamerling über das fragwürdige Gepränge der Geschichtsbilder hinaus. Die gewaltige Anstrengung der Rekonstruktion wollte er im Dienste eines Höheren wissen. Stets verwies der Dichter auf ein Reich der Reinheit, der Schönheit und des Gedankens, das sich über dem

---

[6] Vgl. Realismus und Gründerzeit. Manifeste und Dokumente zur deutschen Literatur 1848-1880. Hrsg. v. Max Bucher, Werner Hahl u.a. Bd. 1. Stuttgart 1976, S. 429.

Geschehen wölbe, auf die idealische Überdachung seiner Epochengemälde, durch die alle Stofflichkeit und Faktizität, Höflichkeit und Verderbtheit des Sujets aufgehoben werde. Die detaillierten Grausamkeiten, die weltliche Fülle der geschilderten Historie wurden vor dem Richtstuhl ästhetischer und moralischer Schönheit geprüft: „Zieh' hin ein heiliger Bote/ Und sing in freudigen Tönen/ Vom tagenden Morgenrote/ Vom kommenden Reiche des Schönen." [7] - So lautet das Motto der ‚Venus im Exil', während das Motto des ‚Königs von Sion' für die komplementäre Tugend der Reinheit plädiert: „Gross ist die Zeit und gewaltig; doch wehe,/ wenn unsere Herzen/ Rein nicht sind: wie sollen im riesigen Kampf/ wir bestehen?" [8] Mit solchen und ähnlichen Formeln suchte der „Dichter der Schönheit" [9] eine olympische Position zu behaupten.

3. Heine versus Homer

Als „Dichter der Schönheit" hatte sich Hamerling jedoch vor allem auf dem Gebiet der Form zu legitimieren. Diese nämlich war der eigentliche Probierstein der Epigonen. Die „erlesenen" Formmuster der Literaturgeschichte luden zur Nachahmung ein. Aus der Fülle überlieferter Strophen und Metren wählte Hamerling just jene „ehrwürdigen" Formen, die unter den historischen Dichtarten die höchste Reputation genossen. [10] Vor allem als Verfasser klassischer Epen wollte er dem Schönen dienen und in Jamben und Hexametern einem scheinbar zeitlosen Maß nacheifern. ‚Ahasver', ‚Homunkulus' und vor allem ‚Der König von Sion' bezeugten diesen Willen zu einer durch die Form verbürgten Klassizität. Dennoch aber konnten die ehrgeizigen Kunststücke ihre Zeitgenossenschaft nicht verleugnen. Mochte auch Hamerling den Formgeboten epischen Gesangs Folge leisten und mit formalistischer Pedanterie zum Musterhaften vordringen, mochte er sich eng an die von Hegels ‚Ästhetik' für das Epos gegebenen Richtlinien halten, so mußten seine Imitationen dennoch scheitern. Die geschwätzigen Resultate sahen weder Homers ‚Ilias' noch Klopstocks ‚Messias' ähnlich. Hamerlings Nachah-

---

[7] Motto zu ‚Venus im Exil' und ‚Atlantis'. In: Hamerlings Werke. Volksausgabe in vier Bänden. Ausgewählt und hrsg. v. Michael Maria Rabenlechner. Mit einem Geleitwort v. Peter Rosegger. Bd. 3. Zur Schönheitsideologie Hamerlings vgl. Klimm, Epigonentum (= Anm. 3), S. 118 ff.

[8] Robert Hamerling: Der König von Sion. In: Hamerlings Werke (= Anm. 7), Bd. 1, S. 229.

[10] Vgl. Klimm, Epigonentum (= Anm. 3), S. 132 ff.

mungseifer und sein Wille zur Form wurde nämlich von einem unendlich viel zeitgemäßeren poetischen Diskurs unterlaufen, einem Diskurs, der sich um ehrwürdige Grundmuster nicht scherte und in seiner Dynamik über all die reinlich gezogenen Gattungsgrenzen hinausschoß, die sich eine klassizistische Ästhetik gezogen hatte. Während Hamerling deutschen und griechischen Altertümern hinterherschrieb, verfiel er in jenes poetische Esperanto, in jenes Idiom poetischer Geläufigkeit, das seit Heinrich Heine das Pathos des hohen Stils und seiner Formen bedrohte. Mehr als ein Epigone der deutschen Klassik oder der Antike war er Heine-Epigone, und je mehr er den Großen nacheiferte, desto lauter wurde die ungebetene Gegenstimme. Wo er getreulich imitieren und den strengen Dienst an veralteten Formen üben wollte, schrieb er ein Kapitel von ‚Heine und die Folgen', wobei ihm die ironischen Valeurs des Heineschen Tones durchaus entgingen. Er erlag den Verführungen eines Tonfalles, dessen Intentionen er nicht begriffen hatte.

So fiel der ‚Homunkulus' in den Singsang des ‚Atta Troll', und schon der ‚Ahasver' hatte sich über weite Strecken das Parlando der Heineschen Rede angeeignet und deren vertraulichen Ton angeschlagen. Nichtsdestoweniger aber bewährten sich Heines saloppe Metren bei der Bewältigung des historischen Stoffes, der jeweils episch zu verarbeiten war. Vor allem bei der Verflüssigung des dichten Geschehens leisteten sie bessere Dienste als die klassischen Schemata, die sich an übersichtlicheren Sujets erprobt hatten. Im leiernden Fortgang von Jamben und Trochäen wurde die Historie in jedem Sinn liquidiert. Das Metrum nahm die Last der ungeheuren Geschehnisse, der ungeheuren Stofflasten auf die leichte Schulter, es schliff die Widerstände und bewährte sich in diesem Zusammenhang als ein effizientes Transportmittel. Wissen und Fakten wurden von schnellen Versfüßen davongetragen, die noch die heterogensten Tatbestände, die abenteuerlichsten Abfolgen zu bewältigen wußten. So sehr Hamerling die Kunst der Details und ihrer Epitheta pflegte, so ausdrücklich auch der Totalitätsanspruch der epischen Darstellung war - was sich vor den Augen des atemlosen Lesers entrollte, hatte mit der alten, in sich ruhenden Totalität des klassischen Epos nichts mehr gemeinsam. Als die Stoffmassen in Fluß kamen, als auf engstem Raum eine entfesselte Dinglichkeit triumphierte, bewahrheitete sich Friedrich Nietzsches Diagnose des Historismus: „Alle Grenzpfähle sind umgerissen und alles, was einmal war, stürzt auf den Menschen zu."[11]

---

[11] Friedrich Nietzsche: Vom Nutzen und Nachteil der Historie für das Leben. Unzeitgemäße Betrachtungen 2. Teil. Werke I. Hrsg. v. Karl Schlechta. Frankfurt ^{6}1980, S. 209-287, S. 231.

Denn so sehr auch Hamerling auf die Schönheit und die Würde des Ideals setzte, so wenig konnte er darüber hinwegtäuschen, daß sich in seinen Werken das Wissen und die Formen in ungewisse und unkontrollierte Bewegung gesetzt hatten. Wie alle passionierten Historisten, die über die Vergangenheit zu verfügen meinten, wurde er vielmehr vom Erdrutsch des Vergangenen mitgerissen und durch „alle Jahrhunderte gepeitscht" [12]. So konnte auch der glühende Datenfluß, der alle Werke Hamerlings durchfloß, sowie das mechanische perpetuum mobile des Metrums die allseitige Mobilisierung der Dinge nurmehr zeigen und nicht mehr bändigen. Die klassizistische Fassade erodierte und vermochte die alten epischen Ordnungen nicht mehr aufrechtzuerhalten.

„Solches überschwemmendes, betäubendes und gewaltsames Historisieren" [13] jedoch wurde zumeist mit dem Verlust des festen Standpunktes erkauft. In dem Maß, in dem sich die historischen Informationen vermehrten, relativierte sich die Gegenwart mit ihrem hic et nunc. In seiner Schrift ‚Vom Nutzen und Nachteil der Historie für das Leben' spricht Nietzsche denn von den heimatlosen und ruhelosen Seelen der historistischen Epoche, die sich im Übermaß des Fremden und Vergangenen verlören und auf eine rastlose Zeitenwanderung begäben. [14]

4. Hamerlings Wanderer

Dementsprechend orientierte auch Hamerling seine Dramaturgie der Geschichte. Das Problem historistischer Ortlosigkeit reflektierte sich auch bei ihm und zwar gerade dort, wo er seine opulentesten Tableaux und Ausstellungsräume enthüllte. Inmitten ihrer überquellenden Fülle wird stets ein Motiv der Rastlosigkeit entfaltet, das omnipräsente Leitmotiv der ewigen Wanderschaft, das sich stets in die Darstellung des Gewesenen einschleicht. In allen seinen Historiengemälden stellen sich pünktlich uralte Wanderer ein, die die Begrenzungen der gewählten Epoche, den Radius der geschilderten Ereignisse durchbrechen und dem nächsten Kapitel der Geschichte zusteuern. Ruhelos umrunden sie das Zifferblatt einer gleichgeschalteten Zeit ohne Hoffnung auf ein Ende. Ziellos nehmen sie Epochen- und Raumschwellen, und im steten Fortgang der Wanderschaft gehen sie einem unendlichen und letztlich zirkulären Horizont entgegen.

---

[12] Ebd., S. 255.

[13] Ebd.

[14] Ebd., S. 225ff.

Die erste und prominenteste dieser Hamerlingschen Gestalten ist Ahasver. Mit ihm beauftragte Hamerling jene beliebte Allegorie der Todessehnsucht, der Ruhelosigkeit und der Verdammnis, die im 19. Jahrhundert auf dem Zenit ihres Nachruhms angelangt und just so trivial geworden war, daß sie auch für einen Hamerling in Frage kam. Dieser Ahasver hatte schon immer, seit er durch den Fluch Christi zum ewigen Wandern verdammt worden war und die Wohltat des Todes entbehren mußte, als Gegentypus allen Beharrens und aller Seßhaftigkeit in Zeit und Raum gegolten. Im Laufe des 19. Jahrhunderts jedoch säkularisierte sich die alte christliche Legendengestalt. [15] Unter den Bedingungen der Moderne löste sich Ahasver aus dem religiösen Zusammenhang, um sich unter die vielen Zeitkapitäne einzureihen, die in der zeitgenössischen Literatur das Motiv der „Unendlichen Fahrt" betreuten. Ahasver, der fliegende Holländer, Childe Harold, Sebastian Melmoth etc. - lang ist die Liste der fiktiven Reisenden, die, wie Manfred Frank in einer schönen Studie beschrieb, ihre Fahrt im Niemandsland der Zeit, zwischen Ewigkeit und Endlichkeit begannen und denen das Glück der Ankunft versagt ist. [16] In ihrer Ruhelosigkeit müssen sie als Agenten einer Moderne verstanden werden, die feste Verankerungen in jeder Hinsicht aufgegeben hatten und die die allmähliche Erosion aller traditionellen Ordnungen, aller politischen, religiösen und topographischen Gewißheiten erlebten.

Als auch Robert Hamerling diesen illustren Wanderer in seinen durchlässig gewordenen epischen Kosmos aufnahm, schrieb er ihm vor allem eine geschichtsphilosophische Bedeutung zu. In ‚Ahasver in Rom' zeigt der Titelheld das Ende einer Epoche an. Er macht sich im morbiden Rom der späten Kaiserzeit zu schaffen und bereitet dem todgeweihten Regime Neros ein Ende. Zielstrebig arbeitet er an dessen Untergang und führt mit allerhand schwarzen Künsten die wendende Krise herbei:

> „Und ich, ich bin's, der diese Qual der Menschheit,/ Des unbefriedigt=ruhelosen Daseins/ Begleiten muß durch die Jahrtausende!/ - Zeitalter giebt es, trübe, wo nach neuer Gestalt das Dasein ringt: da steigert sich/ Die ruhe=sehnende Ruhelosigkeit/

---

[15] Vgl. Friedrich Anton Göschl: Das Bild des Juden in der österreichischen Literatur der liberalen Ära. Diss. masch. Salzburg 1985, S.236ff. Göschl vermerkt, daß die Figur des ewigen Juden für das 19. Jahrhundert dahingehend bewertet wird, „daß Ahasver nicht das Judentum repräsentiert, sondern daß er als Symbolgestalt für den auf dem Weg der Säkularisierung und der abendländischen Zivilisation fortgeschrittenen Menschen aufzufassen ist, der ‚entwurzelt' ist und ein Wertzentrum verloren hat, das den Menschen in früheren Zeiten einen sichereren Ort gegeben hat." Vgl. außerdem: Manfred Frank: Die unendliche Fahrt. Ein Motiv und sein Text. Frankfurt 1979, S. 54ff.

[16] Vgl. Frank, Die unendliche Fahrt (= Anm. 15).

> In meiner Brust zur wilden Qual. Ich stürze/ Mich in des Lebens vollste Strömung dann,/ Ich fälle, was da schwankt, ich wecke, sporne/ Ans Rad der Zeit rühr ich mit starker Hand/ Nicht hemmend, nein, beschleunigend.“ [17]

In seinem Gang durch die Geschichte bringt der ewige Jude Hamerlings die Relativität aller historischen Räume zum Ausdruck. Er nimmt die wechselnden Epochen in Augenschein und hastet durch die Suiten des Gewesenen. Ihm ergeht es wie Nietzsches modernem Menschen, „der sich fortwährend das Fest einer Weltausstellung durch seine historischen Künstler bereiten läßt“. [18] So ist er nicht nur die Allegorie anthropologischer Rastlosigkeit und Todesbereitschaft, die Hamerling konzipiert hatte, sondern zuallererst das alter ego des Historisten, der in ahasverischen Forschungen die Epochen durchschreitet. Ahasver ist der prädestinierte Kenner der Geschichte nach Christi Geburt, ein Historiker auf „unendlicher Fahrt“ und gehört auch von dieser Seite her zu den Protagonisten der Gründerzeit.

Ahasver ist aber nur einer unter den Wanderern, die Hamerling in seinem Werk beschäftigte. Alle kurrenten Mythen der Rastlosigkeit waren ihm gleichermaßen geläufig. In seinen Epen tauchten die berühmten Namen der irrenden Helden immer wieder auf. Stärker noch als im ‚Ahasver‘ oder auch im Wanderepos ‚Amor und Psyche‘ sind sie um ‚Homunkulus‘ gegenwärtig. Auch hier gehört bereits der Titelheld der Gilde der ewig Reisenden an. Als Retortenmensch mit künstlicher Herkunft ist ihm das Prinzip Heimat schon aus biochemischen Gründen verschlossen. Er kennt nur Progressions- und keine Regressionsbedürfnisse. Wie schon im ‚Ahasver‘ wird auch in diesem letzten Epos das Motiv der Rastlosigkeit als ein jüdisches ausgegeben und mit antisemitischen Ressentiments aufgeladen. Der unstete Börsenmensch Homunkulus fühlt sich denn zu den Juden wahlverwandtschaftlich hingezogen, so wie auch diese den Bruder im Geiste erkennen. Nachdem er das jüdische Volk nach Palästina zurückgeführt hat - wiederum in einer Wanderung -, läßt er sich schließlich zu seinem König wählen. [19] Das aber ist nur eine Episode im hektischen Parcours des Epos. Nach einem enzyklopädischen Durchgang durch die Problemzonen der Gegenwart hebelt sich der rasende Homunkulus aus dem irdischen Gefüge. In einem selbstgebauten Raumschiff unternimmt er die „unendliche Fahrt“ durch den Weltraum als ein Ahasver der Moderne:

---

[17] Robert Hamerling: Ahasver in Rom. In: Hamerlings Werke (= Anm. 7), Bd. 1, S. 202.

[18] Nietzsche, Vom Nutzen und Nachteil der Historie (= Anm. 11), S. 238.

[19] Vgl. dazu Karlheinz Rossbacher: Literatur und Liberalismus. Zur Kultur der Ringstraßenzeit in Wien. Wien 1992, S. 418 ff.

> Wer vermag zu sagen, wo/ Und wie lang' mit dem Homunkel/ Und der Nixe, die gesellt ihm,/ Das verkohlte Riesenluftschiff/ In der ehernen Gesetze/ In des Stoffs, der Kräfte Wirbel/ Auf den schrankenlosen Bahnen/ Jagt das waltende Verhängnis?/ Sonntagskinder noch erblicken/ Manchesmal in Sternennächten/ Jenes Wrack als dunklen Irrstern/ Hoch in unermess'ner Ferne/ Und das Schicksal ahnen schaudernd/ Sie des ewig Ruhelosen. [20]

Unübertroffen jedoch ist jene Szene des Epos, in der drei mythologische Zeitenkreuzer aufeinandertreffen. Typisch für die Epigonendichtung, die gerne spektakuläre Zusammenführungen veranstaltete und die Begegnung verwandter Monumentalgeister erdichtete, spannt Hamerling die prominenten Heroen der Rastlosigkeit in einem gigantischen Szenario zusammen. Diesem ist eine gewisse cineastische Eindringlichkeit tatsächlich nicht abzusprechen: Homunkulus wird aus Rache über den unbefriedigenden Exodus von den Juden ans Kreuz geschlagen. Da er nicht zu Tode kommt, dämmert ihm auf, daß auch ihm, dem künstlichen Menschen, kein Tod, sondern die ewige Wanderschaft beschert ist. Folgerichtig findet sich am Fuße Golgathas das Opfer desselben Schicksals, Ahasver, ein. „Will der Tod auch Dich vergessen?" fragt dieser den Gekreuzigten und erkennt in ihm den Bruder. Beide verbringen die Nacht in unruhigen Träumen von Erlösung und Verdammnis, bis am Strand eines imaginären Meeres das Schiff des ‚Fliegenden Holländers' sichtbar wird, dem bekanntlich ebenfalls der Tod versagt ist:

> Ha, was ist das?/ Fern im Meer dort/ Auftaucht ein gespenstig Fahrzeug,/Öde, schaurig, todeseinsam/.../Eines einz'gen Manns Gestalt lehnt/ An dem schwarzen Mast wie einer/ Der an einen Pfahl gebunden/.../ Und im starren, düstern Blicke/ Des gespenst'gen Seglers spiegeln,/ Wie im Blick des Manns am Kreuze/ Alle Schauer sich des Lebens. [21]

Diese Mythencollage beruht auf der Vervielfältigung desselben mythologischen Motivs der verdammten Rastlosigkeit. Aus der Häufung des Gleichartigen schlägt Hamerling szenisches Kapital. Wiederholung bzw. Multiplikation, typischer Stilzug epigonalen Dichtens, [22] wird in die pathetische Form der Begegnung gebracht.

---

[20] Robert Hamerling: Homunkulus. Modernes Epos in Fünf Gesängen. In: Hamerlings Werke (= Anm. 7), Bd. 2, S. 264 ff.

[21] Ebd., S. 200.

[22] Vgl. Heinrich Henel: Epigonenlyrik von Rückert und Platen. Euphorion 55 (1961), S. 274.

5. Gegenprogramm: Germanische Völkerwanderung

Andererseits aber hält Hamerling die strapazierte Mythologie des „überallhin und Nirgendsdaheim“ nicht durch. Wie schon Richard Wagner dem ‚Fliegenden Holländer‘ eine wie immer imaginäre Erlösung bereitet und die ewige Schiffsreise durch den Opfertod einer liebenden Frau beendet, so propagiert auch der Autor des ‚Ahasver‘ ein Ziel. Schon am Ende dieses Epos, das ein ständiges Weiterwandern, die Fortdauer des ahasverischen Desillusionsprozesses in Aussicht stellt, wird andererseits eine neue und positive Bewegung, ein Erfüllungsprozeß, ein relatives geschichtliches Telos prophezeit. In naher Zukunft erwartet Ahasver ein Ereignis, das dem Endlos-Motiv der Wanderschaft eine alternative und zielgebundene Bedeutung unterlegen wird. In einer Vision zeigt sich ihm die germanische Völkerwanderung, die als ein frischer Quell das verderbte Rom überschwemmen und das schlechte Alte durch „kräftiges Germanenblut“ verjüngen wird. Die ruhelose Bewegung Ahasvers wird dadurch hygienisch gewendet und der Fluch gemildert:

> In deine Wälder wandr' ich, o Germane/ Und wecke die Barbarenfürsten auf,/ Daß brausend sie mit ihrem Völkerzug/ Wie Geier sich aufs Aas des Weltreichs stürzen./ Wenn sie die Lüfte so gereinigt, .../ Wird wieder eine Zeit, wo sich das Herz / Der Menschheit hebt zu neuer Lebensfrische. [23]

Ein anderer Text Hamerlings zeigt an, daß dieser Schluß des ‚Ahasver‘ einer allgemeinen Werktendenz entspricht. Die Kanzonendichtung ‚Germanenzug‘ imaginiert ebenfalls den Beginn der Völkerwanderung in deutschen Wäldern. Ungestört durch ahasverische Gegenbilder sollte auch diese Wanderung eine nationale Sendung erfüllen und ein rassepolitisches Ziel verfolgen. Der Lust am teleologischen Prozeß wird diesmal voll Genüge getan: „So wallt sie heran, die frische Völkerwelle!/ Ein Heldenstamm sucht kämpfend neue Laren.“ [24]

Mit solchen Prospekten jedoch stand Hamerling durchaus nicht allein. Gleichzeitig mit dem ‚Ahasver‘ erschien 1866 ein anderes Epos, Hermann v. Linggs ‚Die Völkerwanderung‘, ein umfangreiches Werk, das in weiten Teilen als Pendant des Hamerlingschen Epos gelesen werden sollte. Es nahm sich desselben Erneuerungsgedankens an und bedichtete die westwärts strebenden Germanenscharen, die auf den Trümmern

---

[23] Hamerling, Ahasver (= Anm. 17), S. 203.

[24] Ders.: Germanenzug. Kanzone. In: Hamerlings Werke (= Anm. 7), Bd. 2, S. 366-395, S. 369.

des Römischen Reiches eine neue Kultur zu gründen und „einer neuen Ära Segen“ zu bringen hatten. Alle diese Texte prophezeiten eine auf dem Prinzip der stärkeren Rasse beruhende geschichtliche Erneuerungsbewegung im Bild einer zielgerichteten Wanderung.

Nicht von ungefähr tauchte aber auch hier, inmitten der teutonischen Revue, Ahasver auf: Der Fluch, „Nicht ruhen sollst du, sollst nicht sterben können“, steht auch hier dem Zukunftsfrohsinn der Germanen gegenüber.[25] Mit ähnlichen Worten wie Hamerling setzt Lingg der zielgerichteten Völkerwanderung ein, wenn auch kleines, ahasverisches Regulativ entgegen.

So steht auch von dieser Seite her die, wie Georg Lukács sagte, komplizierte Ökonomie der Heimkehr bzw. der Ankunft zur Debatte.[26] Wie schlecht diese Texte auch immer sein mögen, sie müssen doch als Seismographen einer Mobilisierung und eines Aufbruchs gelesen werden, der alle Heimat und Seßhaftigkeit aus der lebensweltlichen Erfahrung in eine glanzvolle Irrealität abdrängte. Das wird am Schluß des ‚Homunkulus‘ in aller Deutlichkeit gesagt. Denn dem driftenden Raumfahrer erscheint der Ort der Herkunft, die Erde, als ein versäumter und verklärter Stern:

> Einst auf seinem Weltenfluge/ spähte der Homunkel sinnend/ Aus der Sternwelt in die Tiefe,/ Nach der Heimat, draus er stammte,/ Nach der einst vertrauten Erde./ Sie erschien - o Wunder! - leuchtend/ Als ein schöner, heller Stern ihm/ Als ein Stern voll wundersamen Glanzes, und sein Zauberfernrohr/.../ Brachte selbst das Allerfernste,/ Ließ in seiner vollen Reinheit,/ ließ in seiner lautern Schönheit/ Ihn das Erdenthal betrachten...[27]

Und dieses aus der Ferne erblickte Gestirn erweckt in ihm das unbekannte Gefühl des Heimwehs.

6. Ahasver unter den Älplern

Hier ist wohl der Zeitpunkt gekommen, wo Rosegger und Hamerling über die biographischen Berührungen hinaus in Konstellation treten. In nahezu allen seinen Schriften

---

[25] Hermann v. Lingg: Die Völkerwanderung. Stuttgart 1866, S. 11.

[26] Vgl. Georg Lukács: Die Theorie des Romans. Ein geschichtsphilosophischer Versuch über die Formen der großen Epik. Berlin 1963, S. 35. Vgl. ebenfalls: Frank, Die unendliche Fahrt (= Anm. 15), S. 163.

[27] Hamerling, Homunkulus (= Anm. 20), S. 259.

nämlich reagierte Rosegger auf eben dasselbe Problem zeitgenössischer Entwurzelung. Zwar nahm er nicht die luxuriöse Ausbeute der Geschichtsforschung zum Ausgangspunkt, um die Dynamik sozialen Strukturwandels zu zeigen. Anders als Hamerling verlegte er sich nicht auf die Flächendiagnose kränkelnder Epochen, um die Katastrophe der Ortlosigkeit zu schildern. Stattdessen verfolgte er die entgegengesetzte Strategie. In seinen Schriften entwarf er steirische Gegenbilder, die das Verlorene in sentimentalischer Geste vergegenwärtigen sollten. Wie Karl Wagner mehrfach und eindringlich zeigte, nahm „die Herkunftswelt Roseggers die Züge einer positiv erfahrbaren Gegenwelt an. Heimat ist nicht mehr der Ort, dem man glücklich entronnen ist, sondern der Sehnsuchtsstoff der Regression.“ [28] So blickte auch der Dichter der „Waldheimat“ durch Homunkulus' Zauberfernrohr, das die entschwindende Heimat ins Gesichtsfeld eines ahasverisch Irrenden rückte.

Dennoch aber kann die moderne Pathologie der Ruhelosigkeit aus der ertrotzten Idylle nicht gänzlich ausgeschlossen werden. Immer wieder und aufs Bedrohlichste wird die Ruhe der „Waldheimat“ von den Aufbrechenden, den Aus- und Abwanderern, bzw. den Streunern gestört. In Roseggers Roman ‚Jakob der Letzte‘ kann ihre Zerstörung nicht mehr aufgehalten werden. In diesem Zusammenhang konkretisiert sich das Motiv der Wanderschaft mit einer diagnostischen Präzision, die man bei Hamerling umsonst suchen wird. ‚Jakob der Letzte‘ trägt, wie immer schematisch, einem traumatischen Aspekt zeitgenössischer Mobilisierung Rechnung und zeigt den ungleichen Kampf zwischen Kapital und bäuerlichem Grundbesitz. Wiederum Karl Wagner hat gezeigt, wie sich unter dem Druck der Agrarfrage, dem Zwangsverkauf der Liegenschaften, durch die Verwilderung des Ackerlandes die auf der Seßhaftigkeit begründeten Lebensformen der Bauern auflösen und sich letztlich die traditionellen Immobilien in Mobilien verwandeln. In den Transaktionen der Kapitalisten und Großgrundbesitzer, hier des Kampelherren verflüssigt sich die „Waldheimat“ zu Geld und zieht nun die ahasverischen Bahnen des zirkulierenden Kapitals. [29] Damit sind die Grundforderungen des letzten Jakobs ein für allemal in den Wind geschlagen, mag er die Sache der Seßhaften auch noch so vehement mit folgenden Worten verfechten:

---

[28] Karl Wagner: Der Heimat-Stoff und seine Verwandlungen. Werk und Wirkung Peter Roseggers. In: Peter Rosegger 1843-1918. Hrsg. v. Gerald Schöpfer. Graz 1993, S. 193-212, S. 207.

[29] Ebd., S. 260ff.

> Und den Bauern wollte ich Sonntag für Sonntag zurufen: Du sollst deines Vaters Boden ehren und nicht verlassen. Die Heimständigkeit, die Seßhaftigkeit, wenn diese Heften auslassen, dann geht alles aus Rand und Band, ich sage es euch. [30]

Vor diesem Hintergrund griff auch Rosegger auf jene Figur zurück, die ihm in den Epen seines Freundes Hamerling eindrücklich vorgeführt worden war. Auch er ließ Ahasver wieder und wieder auftreten, so daß er nun auch in den Wäldern und nicht nur auf den Schauplätzen der Geschichte Unruhe brachte. Karl Wagner wie auch Kernmayers, Spörks und Höflers Studie ‚Rosegger und die Judenfrage' beschreiben die Streuung dieses Motivs. [31] Dabei zeigt sich jedoch, daß dem Roseggerschen Ahasver jene modernen Dimensionen fehlen, mit denen er bei Hamerling zumindest notdürftig ausgestattet war. Die geschichtsphilosophische Bedeutung seiner Gestalt dringt in die zeitlose Welt der Steiermark nicht durch. In der „Waldheimat" tritt er nicht als Krisensymptom der Moderne oder als dämonischer Zeitbeschleuniger auf, sondern als alpine Verkörperung der alten christlichen Legende. Sogar im Zeitroman ‚Jakob der Letzte' fällt der Name Ahasver im Zusammenhang mit anthropologischer Verdammnis, die heilsgeschichtlich, und nicht sozialgeschichtlich begriffen ist. Ohne Rücksicht auf die industriellen und merkantilistischen Dimensionen allseitigen Aufbruchs wird das Verschwinden des ältesten Sohnes vom heimatlichen Hof mit folgenden Worten kommentiert:

> Der Bauer zu Altenmoos konnte freilich keine Vorstellung davon haben, daß auch das Geschlecht der Steinreuter seinen Antheil hat an dem Geschicke des ewigen Juden, daß auch dieses Geschlecht seinen friedlosen Weltpilger gebären muß, und daß solcher Sprößling um so ungeberdiger seine weiten Wege suchen muß, je enger sich der Kreis dieser Familie gehalten hatte. [32]

Eher wird hier der romantische Horizont einer Taugenichtsgeschichte aufgespannt als das moderne Drama der Abwanderung gestaltet.

Andererseits wird der ewige Jude unter die geschichtslosen Bewohner der Natur gereiht, unter die Älpler, Waldgänger und Sonderlinge, denen Rosegger ansonsten seine ethnologischen Heimatstudien widmet. In dem frühen Band ‚Tannenharz und

---

[30] Peter Rosegger: Jakob der Letzte. Eine Waldbauerngeschichte aus unseren Tagen. Leipzig[30] 1916. 1. Serie, S. 258.

[31] Hildegard Kernmayer, Ingrid Spörk, Günther A. Höfler: „daß auch der Jude sozusagen ein Mensch sein kann." Peter Rosegger und die sogenannte Judenfrage. In: Peter Rosegger 1843-1918 (= Anm. 28), S. 333- 345.

[32] Rosegger, Jakob der Letzte (= Anm. 30), S. 117.

Fichtennadeln‘ findet sich ein in Mundart abgefaßter Monolog mit dem Titel ‚Vagabunden- Ferl oda der Erst und da Letzt‘. [33] Der Name des Titelhelden ist bald entschlüsselt. Er erweist sich als die gekürzte und verkleinerte Form des Namens Ahasver. In dieser ländlichen Verminderung zeigt sich, wie der Fluch der Zeitenwanderschaft domestiziert und entschärft wird. Roseggers Ahasver ist ein gemütvoller Seßhafter, der immer wieder am selben Ort in der Steiermark geboren wird, für den auch das Liebesverbot nicht gilt, das die rastlosen Ahasvers ansonsten zur Einsamkeit verdammt. [34] Ferl, der das Idiom der Waldheimat spricht und die eigene Geschichte auf „stoansteirisch" erzählt, ist den Leiden der „transcendentalen Obdachlosigkeit" nicht sosehr ausgeliefert wie Hamerlings Protagonist. Immerhin aber nimmt er aus gemütlicher Alterswarte zur Kenntnis, daß der Grazer Dichter aus seiner Lebensgeschichte berichtete: „D Römastodt hät ih ah onzundn! und so her nochanonda. (I wet, da Ferl spielt do auf mein liabn Freund und Guathäter Robert Hamerling sein ‚Ahasver in Rom‘ an.)" [35] Endgültig aber wird die notorische Unruhe des Verdammten dadurch beschwichtigt, daß er nunmehr die Erlösung erwartet und ein zwar überlanges, aber nicht sehr leidvolles Leben mit einem ordentlichen Tod beschließen wird. Das „schuldhaft-häretische Moment" ist von ihm genommen, und der erlöste Ahasver reiht sich unter die heimatlichen Figuren ein, die zwar Wanderer, aber keine Verdammten sind. (Andererseits ist aber auch auf jene autobiographischen Tendenzen hinzuweisen, mit denen sich Rosegger selbst als Ahasver deutete. Indem er die bäuerliche Waldheimat verließ und das biblische Gebot der Seßhaftigkeit verletzte, überschritt er den Lebenskreis der Älpler, um ebenfalls ein Leben in Unruhe zu führen. [36]

So wird in den Werken sowohl Hamerlings als auch Roseggers die traumatische Dialektik von Wanderschaft und Erlösungssehnsucht zwar sichtbar, aber nicht ausgetragen. Die heimatlichen, heilsgeschichtlichen oder nationalistischen Gegenentwürfe hintertreiben die Diagnose, die dem Epochenphänomen der Mobilisierungen gerecht würde. Die Erfahrung der Erosion wird ideologisch konvertiert. Dem Ortsverlust werden Bilder der Heimat entgegengehalten, der ruhelosen Bewegung ein nationalistischer Auftrag. Ankunft oder Heimkehr gewähren scheinbare Tröstung. Anders als der

---

[33] Ders.: Da Vagabundn-Ferl oda da Erst und da Letzt. In: Tannenharz und Fichtennadeln. Ein Geschichtenbuch in steirischer Mundart. Graz 1895, S.138-146.

[34] Vgl. dazu Frank, Die unendliche Fahrt (= Anm. 15), S. 72 ff.

[35] Rosegger, Vagabundn-Ferl (= Anm. 33), S. 140.

[36] Vgl. Wagner, Der Heimatstoff (= Anm. 28), S. 209 ff.

„unendliche Text“, der nach Manfred Frank allein die „unendliche Fahrt“ zur Anschauung bringen könnte, bleiben die Texte Roseggers und Hamerlings in den engen ideologischen Begrenzungen. Die Forderungen moderner Ästhetik, daß nämlich dieser Aufbruch, jene epideixis der Unendlichkeit, ohne Tröstung sichtbar werden müsse, werden zurückgeschlagen.

Gisela Steinlechner

Blick zurück - Flucht nach vorn. Inszenierung von Autorschaft bei Peter Rosegger und Leopold von Sacher-Masoch

Gesucht: naturbelassene Dichter

Leopold von Sacher-Masoch war schon über 10 Jahre tot, als Rosegger einen 30 Jahre alten Brief desselben hervorholte, um ihn im Jahrgang 1906 des ‚Heimgarten' abzudrukken. [1] Den aktuellen Anlaß für diese späte Geste verschweigt Rosegger nicht: es war die Lektüre der ‚Lebensbeichte' der vormaligen Ehefrau des Dichters, Wanda von Sacher-Masoch, [2] die ihn eingestandenermaßen „verblüfft", ja, „entsetzt" habe, ragt doch darin der Schriftsteller „wie eine ungeheure Mißgeburt" aus einer „Mustersammlung" von verrückten und perversen Figuren auf. Da er den Mann selbst gekannt und von ihm als literarischer Anfänger neben boshafter Kritik auch „manches gute Wort gesagt" bekommen habe, sieht sich Rosegger - Wanda zum Trotz - bemüßigt, „auch was Gutes von ihm darzutun". Das Gute, das nun folgt, ist der Brief Sacher-Masochs an Rosegger vom 1. Jänner 1875. Darin wird dem jungen Natur-Talent eine große Zukunft als epochemachender Schriftsteller in Aussicht gestellt, vorausgesetzt, daß dieser fortan nicht mehr aus fremden Büchern schöpfe (gemeint ist insbesondere Stifter), sondern ausschließlich „aus der Natur, aus dem Leben, aus Ihrem eigenen Herzen heraus".

Damit gab Sacher-Masoch seinerseits eine - wenn auch mit schmeichelhaften Prognosen garnierte - Schelte an den jüngeren Schriftstellerkollegen weiter, die er selbst Jahre zuvor von dem in Graz weilenden Schriftsteller und Literaturkritiker Ferdinand Kürnberger einstecken hatte müssen:

---

[1] Vgl. Heimgarten 30 (1906), S. 707-710.

[2] Wanda von Sacher-Masoch: Meine Lebensbeichte. Memoiren. Berlin u. Leipzig 1906. Detail am Rande: selbige *Wanda,* mit bürgerlichem Mädchennamen Aurora Rümelin, hatte Anfang der 70er Jahre versucht, mit Peter Rosegger einen Briefverkehr aufzunehmen, während ihre Freundin Emilie Frischauer sich an einen anderen Star der Grazer Literaturszene wandte - an Sacher-Masoch. Die Korrespondenz zwischen der anonym bleibenden Aurora und Rosegger wollte indes nicht so recht anlaufen, weshalb sich die Briefschreiberin zunehmend in diejenige ihrer Freundin einmischte und schließlich deren Stelle einnahm. Aus Aurora wurde Wanda (der gestrengen ‚Venus im Pelz' nachempfunden) und 1873 verehelichte Frau von Sacher-Masoch.

> Alles, was Sie da geschrieben haben [...], ist nichts werth, weil es gemacht ist, wie fast unsere gesammte Literatur seit Goethe. Wenn sie nicht das zu sein vermögen, was Schopenhauer vom echten Dichter verlangt: wahr wie das Leben selbst, wenn Sie nur Bücher schreiben können, wie unsere deutschen Goldschnittpoeten der Gegenwart, dann lassen Sie es lieber ganz bleiben.[3]

Sichtlich mit Genuß erinnert sich Sacher-Masoch in einer autobiographischen Skizze der rüden Worte, die der Literatur-Papst Kürnberger damals über ihn ausgeschüttet hatte, wirkten sie doch auf den jungen Schreiber wie heilsame Medizin. Und folglich kann der grantige Kürnberger auch gleich als der eigentliche Entdecker des Sacher-Masochschen Erzähltalents in Erscheinung treten, auf dessen Anregung hin dieser seinen ersten literarischen Erfolg, die Novelle ‚Don Juan von Kolomea' niederschreibt. Die Anweisung hierzu war denkbar einfach gewesen: „Wenn Sie das auch schreiben könnten, was Sie so eigenthümlich sinnig zu erzählen wissen, dann würde ich sagen, daß Sie ein Dichter, ein echter Dichter sind."[4]

In seiner 1870 erschienenen „Vorrede"[5] zu ebendieser Novelle hat Kürnberger dann auch ausgebreitet, was die echte von der gemachten Literatur unterscheidet - nämlich das Blut und die Wurzeln (um es auf einen kräftigen Nenner zu bringen). In pathetischen Tönen preist der Kritiker die vitale Kraft, die aus „der großen uralten Lebenspforte des Ostens" kommt und an der Sacher-Masoch als Slawe quasi per Geburt partizipiert. Ihm wird die Rolle eines frischblütigen, „ungeholzschnittet[en]" Erneuerers der ausgetrockneten deutschen Literatur zugespielt, eines Wegbereiters in der „Dürre", bis jener „Messias" kommt, „der größer als Schiller und Goethe" ist. „Ich will nicht sagen", schreibt Kürnberger dann (sich deutscher Größe besinnend), „daß dieser Messias irgendwo anders als zwischen dem Rhein und der Oder geboren werden könnte. [...] Seine Wiege, scheint's, müßte Deutschlands Altboden sein. Aber bis dahin?" - Ja, bis dahin möge unverbrauchtes slawisches Blut seine befruchtende Wirkung tun. Die kulturimperialistischen Zügel für die wilden Naturtalente liegen schon bereit. Und der ansonsten wenig geschätzte kulturelle Mischmasch, aus dem auch ein Sacher-Masoch ent-

---

[3] Leopold von Sacher-Masoch: Eine Autobiographie. In: Deutsche Monatsblätter (Juni 1897); wieder abgedruckt in: Leopold von Sacher-Masoch: Souvenirs. Autobiographische Prosa. Aus dem Französischen von Susanne Farin. München 1985, S. 66f.

[4] Ebd., S. 67.

[5] Als Anhang abgedruckt in: Leopold von Sacher-Masoch: Don Juan von Kolomea. Galizische Geschichten. Hrsg. und mit einem Nachwort versehen von Michael Farin. Bonn 1985, S. 188-194. Folgende Zitate vgl. ebd.

stammt, erweist sich in diesem Fall als segensreiche Fügung, die die Vereinnahmung östlichen „Natursinnes“ und „Menschensinnes“ merklich erleichtert:

> Wie wäre es also, wenn wir statt des Großrussen Turgènjew einen Kleinrussen, einen Ostgalizier, das heißt einen Oesterreicher, d.h. einen Deutschen hätten?, [sinniert Kürnberger,] „die Thatsache könnte bedeuten, daß die deutsche Literatur ganz neue östliche Längengrade sich erobert, daß sie ganz neue frische Naturvölker sich annektirt hätte [...].
>
> Wir sähen von den Prairien der Weichsel und von den Waldgebirgen des Dnjester deutsche Dichter auferstehen, neue erdgeborne Menschen, welche nicht Bücher aus Büchern machen, sondern Bücher aus der Natur.

„Bücher aus der Natur“ - dies ist die Quintessenz eines auf das Echte und Ursprüngliche rekurrierenden und spekulierenden Literaturbegriffs, dessen sich auch Sacher-Masoch in seinen wenig diffizilen poetologischen Äußerungen gerne bediente, wenn auch unter Verzicht auf alle deutschtümelnden Heilsvisionen. Appliziert auf den exotischen Hintergrund seiner slawischen Herkunft erwies sich das zeitlebens gepflegte und anekdotisch aufgepolsterte Selbstbild vom Naturdichter als ein unverzichtbares Markenzeichen, das selbst noch in schlechten Schriftstellerzeiten bei Lesern und Kritikern eine günstige oder zumindest beschwichtigende Wirkung ausübte.

„[...] ich kann nicht anders“, schreibt Sacher-Masoch im Vorspann zur ‚Geschiedenen Frau‘, „ich kann nicht klügeln, nicht berechnen, ein Kunstwerk mit Maß und Richtscheit hervorbringen, ich schaffe, wie ich muß, wie die Natur schafft.“[6] Der 1870 erschienene Roman verfolgt die Schwingungen einer alptraumhaften Beziehungsschaukel in einem erzählerischen Marathonlauf, an dessen Ende eine - sichtlich auf den Verfasser zugeschnittene - Zukunftsprognose steht. Ausgesprochen wird diese von der geschiedenen Frau Anna von Kossow, nachdem sie den jungen Dichter Julian Romaschkan kraft ihres zweischneidigen Wesens beinahe in den Wahnsinn getrieben hat. Von letzterer Leidenschafts-Probe handelt der ganze Roman, der freilich wie zum Hohn arrangiert ist als ein biedermeierlicher Erzählabend in der Steppe: Am Kamin sitzend breitet Anna vor dem Ich-Erzähler Sacher-Masoch ihre bewegte Lebensgeschichte aus, was diesen im übrigen davon abhalten soll, (wie sein Doppelgänger Julian Romaschkan) ihrem

---

[6] Als Anhang in: Leopold von Sacher-Masoch: Die geschiedene Frau. Passionsgeschichte eines Idealisten. Mit einem Essay von Alexander Sacher-Masoch und einem Dossier hrsg. von Michael Farin. Nördlingen 1989, S. 214f.

gefährlichen Zauber zu verfallen.[7] Doch wie es sich am Schluß für Anna darstellt, ist der arg gebeutelte Julian ohnehin mehr als heil davongekommen:

Er läßt sich seinen Idealismus, seine Liebe zu der Natur und den Menschen durch nichts rauben, keine Erfahrung, keine Enttäuschung gewinnt solche Macht über ihn. Er bleibt immer reich in dieser inneren Kraft, diesem heiligen Feuer, diesem ewigen Lichte, das aus ihm heraus die Welt erhellt. Er arbeitet, er schafft, er ist nützlich. *Sein Leben wird kein verlorenes sein.*[8]

Zuletzt war alles nur Prüfung durch die selbst noch in ihrer Gemeinheit unergründliche Frau. Zu seiner wahren Natur und Idealität hat der Dichter gefunden, indem er sich an den Widrigkeiten und emotionalen Zacken einer wesensgemäß zum Scheitern verurteilten Paarbeziehung abgearbeitet hat - sich so gesund- und emporschreibend in die abgeklärte Einsicht des Asketen, in dessen Innerstem die Natur selbst ihr ewiges Feuer angezündet hat. In gezielt pervertierter Form bringt Sacher-Masoch hier noch einmal das Modell der hohen Minne zur Anwendung, seine „frouwe" ist so leidenschaftlich wie grausam, sie ist treulos, boshaft, ohne Halt und dennoch eine Liebende. Ihr Los ist es, dem androiden Wunschbild des sie begehrenden Mannes niemals gerecht werden zu können, was sie zu immer neuen, immer exaltierteren Inszenierungen treibt. Julian gibt der Angebeteten seine Novelle ‚Wanda' zu lesen, worin er sein amazonisches Frauenideal porträtiert hat (mit der unausgesprochenen Aufforderung zur Anverwandlung desselben) - Anna darauf hellsichtig: „Ich war nicht fähig, Wanda zu sein, aber er hatte mir durch seine Novelle verrathen, was ich thun mußte, um Wanda zu scheinen."[9]

---

[7] „Meine Geschichte soll den Zauber brechen, den ich - bei Gott - gegen meinen Willen auf Sie ausübe." (ebd. S. 61) - solch literarisches Remedium gegen fatale Leidenschaften verheißt im Roman die Heldin Anna dem gefährdeten Ich-Erzähler Sacher-Masoch. Dieser lehnt sich also bequem zurück und läßt sich die Passionsgeschichte des Dichters Julian erzählen (worin unschwer lebensgeschichtliche Bezüge zu Sacher-Masochs Verhältnis mit Frau Anna von Kottowitz erkennbar sind). Der Autor verstand sich ausgezeichnet auf solche narzistisch gespiegelten Erzählarrangements, in denen die dargestellten Leidenschaften und Enttäuschungen immer über mehrere Erzählerinstanzen gebrochen, zugleich vervielfältigt werden. (vgl. dazu auch die ‚Venus im Pelz').

[8] Die geschiedene Frau (= Anm. 6), S. 181f.

[9] Ebd., S. 71.

Wanda zu scheinen

Letzteres genügt, um die Läuterung des leidenschaftlich entbrannten Mannes zum wahrhaften Dichter voranzutreiben. Anna agitiert in dem „Passionsgeschichte eines Idealisten“ untertitelten Roman als Muse und Geißel zugleich, sie stellt die Amazone dar, während ihre Freundin Katinka, „eine junge, emanzipirte Wittwe“, sich wie eine weitere Bachofen-Protagonistin gebärdet, indem sie frisch von der Leber weg von ihrer wahren Bestimmung als Frau schwärmt: *Hetäre bin ich und bleibe ich.* [10]

Frauen, holde wie grausame, als Stifterinnen dichterischer Identität - diese Hebammen-Konstruktion hat Sacher-Masoch in seinem literarischen Werk zigfach durchgespielt und mittels zahlreicher Anekdoten auch in seiner Autobiographie verankert. Aus den ‚Souvenirs‘ [11], die der Autor Ende der 80er Jahre für französische Zeitschriften verfaßte, erfahren wir, daß es die stolze ruthenische Amme Handscha war, die dem schwächlichen Kind vornehmer Abkunft zugleich mit der lebensrettenden Milch auch die Nährlösung der ursprünglichen Volkspoesie Kleinrußlands einflößte. Ihr hat er die Liebe zu ebendiesem Volk zu verdanken, sie stellte die Nabelschnurverbindung zur denkbar weit entfernten bäuerlichen Welt her. Still-Anekdoten eines Knaben aus besserem Hause (sie fehlen fast in keiner von Sacher-Masochs autobiographischen Schriften). Später kommt noch eine hübsche französische Bonne hinzu, um die sprachliche und kulturelle Bildung des Knaben ins Feinere abzurunden. Er liest den ‚Don Quichote‘, ‚Gullivers Reisen‘, den ‚Telemach‘ und vieles andere auf Französisch und lernt durch „Mademoiselle Martinet“ Märchen wie den ‚Gestiefelten Kater‘ oder ‚Barbe-bleu‘ kennen, welche die Geschwister nachspielen. Als Zehnjähriger beginnt er mit ersten dichterischen Versuchen:

---

[10] Höchst aufschlußreich zu diesem Thema ist Gilles Deleuzes Studie: Sacher Masoch und der Masochismus, worin ein Strukturvergleich zwischen Sacher-Masochs Frauenbild und Johann Jakob Bachofens mythologischer Typologie im ‚Mutterrecht‘ (1861) hergestellt wird. Bachofen unterschied drei Stadien bzw. Typen: die Hetäre, die Amazone und die Frau im Patriarchat, welche Deleuze wiederum in Entsprechung bringt zu den Freudschen Unterscheidungen der uterinen, der oralen und der ödipalen Mutter. Die Studie von Deleuze ist nachzulesen im Anhang von: Leopold von Sacher-Masoch: Venus im Pelz. Frankfurt/M. 1980, S. 163-281.

[11] Souvenirs (= Anm. 3).

> Ich verfertigte Stücke, welche ich auf einem kleinen Puppentheater aufführte und schrieb eine Geschichte, welche ich von einem alten Bauern gehört hatte, nieder, um sie meinen kleineren Schwestern besser mittheilen zu können. [12]

Wider die Wildbachverbauung

Der Typus des Naturdichters zeichnet sich nach konventioneller Übereinkunft u.a. dadurch aus, daß sein poetisches Talent - meist in Gestalt sprudelnder Phantasie - schon in der frühen Kindheit kurios hervordrängt. „Ich kann nicht anders" - das könnte auch als Motto über jenen Partien der Dichter-Legenden stehen, die dem (vor)pubertären literarischen Schaffen gewidmet sind. Als Inspiratoren und Stoffzuträger werden hier auffällig oft einfache Leute aus dem Volk genannt (der alte Bauer u.ä.), welche garantiert an keiner literarischen Verbildung kranken (Virusgefahr!).

Hierher gehört zweifellos auch Rosegger, den der welterfahrenere Kollege Sacher-Masoch einst beschwor: „lassen Sie sich ja nicht verleiten, den Boden Ihrer Heimat, den Kreis dessen, was Sie gesehen haben, zu verlassen." [13] Seine ‚Waldheimat'-Geschichten variieren in immer neuen Genrebildchen den unverwüstlichen genetischen Code eines erzählerischen Naturtalents. Obwohl aus einem denkbar unterschiedlichen sozialen Kontext stammend, fühlte sich der privilegierte Sohn eines angesehenen galizischen Polizeirates dem erdgebornen Bergbauernbuben zweifellos verwandt. Was dem Bildungsbürger Sacher-Masoch von Geburt versagt blieb - die wesenhafte Verwurzelung im Volk -, lieferte die Amme in vorbildlicher Weise nach:

> Die Märchen, die mir meine Amme erzählte, die Volkslieder, die sie mir vorsang, haben meine Art zu denken, mein Gefühlsleben und meinen Charakter tiefer beeinflußt als alle späteren Studien. [14]

Es ist gut möglich, daß Sacher-Masoch den „aus Wäldern und Bergen" [15] hereintretenden Kollegen um dessen unverfälschte Herkunft beneidet hat, jedenfalls ließe sich der

---

[12] Ebd., S. 63.

[13] Vgl. den oben erwähnten Brief Sacher-Masochs an Rosegger (= Anm. 1), S. 710.

[14] Souvenirs (= Anm. 3), S. 43.

[15] Im Brief Sacher-Masochs an Rosegger wird letzterer als ein Talent begrüßt, „das nicht aus der Bücherstube, sondern aus Wäldern und Bergen hereintritt" (= Anm. 1), S. 709.

eingangs erwähnte Brief an Rosegger auch in diese Richtung interpretieren: Sacher-Masoch spielt darin den Kritiker à la Kürnberger (den älteren Bruder) und weist dem Jüngeren seinen eigenen früheren Part als ein ins Gebet genommener, noch grüner Naturdichter zu. Man könnte in solchem Rollentausch darüberhinaus ein (unbewußt) in Szene gesetztes Identifikationsangebot sehen: Sieh her kleiner Bruder, auch ich bin/war im Grunde meines Herzens ein Waldbauernbub.

Und Familienähnlichkeiten gibt es tatsächlich genug. Beide Autoren berufen sich - was ihre ersten Quellen betrifft - auf ein im Volk gewachsenes mündliches Erzählpotential, beide setzen auf einen Literaturbegriff, der das Moment des Gemachten, wie generell den Faktor der Intertextualität so weit als möglich auszublenden sucht. Alle Romane Sacher-Masochs wachsen, so die wenig originelle Formulierung, aus seinem Leben heraus, sind „mit meinem Herzblut getränkt“.[16] Die Favorisierung eines vitalen, ohne alle künstlichen Vorrichtungen und Reflexionen auskommenden Erzählflusses - sozusagen eines narrativen Wildbachs ohne Verbauungen - findet nicht zufällig im Vorfeld und Umfeld der ästhetischen Moderne statt. In Zeiten der (sich ankündigenden) Krisen, Umbrüche und Experimente rinnen die Bächlein häufig wieder bergwärts - der Quelle zu, was wiederum den Umkehrschluß nahelegt, daß diese behauptete Form eines natürlichen Erzählens mit beträchtlichen Anstrengungen und einigem Verfahrensaufwand (oder auch Tricks) verbunden sein muß.

Ein Sänger blutiger Knie

Es empfiehlt sich, in diesem Zusammenhang einen genaueren Blick auf eine von Roseggers ‚Waldheimat‘-Geschichten zu werfen, ich meine ‚Dreihundertvierundsechzig und eine Nacht‘[17] - zu lesen auch als die poetologische Genesis eines natürlichen Erzählers aus der Not. Die Not erwächst in dieser Geschichte zunächst aus sehr greifbaren Umständen: es ist die krasse, wenn auch bukolisch ausgestaltete Armut der Familie, die den Peterl zu einem märchenhaften Erzählpakt treibt. Die vier Geschwister schlafen (vermutlich mangels anderer Betten) in den Futterkrippen ihrer Ziegen, jedes bei dem ihm zugeteilten „Gespons“, und vor dem Einschlafen erzählt der Waldbauernbub den anderen manchmal „wundersame Geschichten und Märchen“, die er von der alten „Ahne“ gehört hat. Die vier Ziegen thronen als weise Hüterinnen über solchen Erzählabenden

---

[16] Vgl. Souvenirs (= Anm. 3), S. 74.

[17] In: AS 9, S. 107-113.

und betätigen sich darüberhinaus als (literarisch gewiß nicht verbildete) Jurorinnen: wenn ihnen etwas „gar zu unglaublich vorkam“, beginnen sie vor sich hin zu meckern oder mit den Hörnern an den Barren zu puffen. Der Gelegenheitserzähler verkauft seine Gabe schließlich für einen Eierkuchen, seine Lieblingsspeise, die nur einmal im Jahr - am Sonnwendtag - auf den Tisch kommt. Er verspricht den Geschwistern, das folgende Jahr lang jede Nacht eine Geschichte zu erzählen, wofür ihm diese ihren Teil der seltenen Kostbarkeit abtreten. (365 Geschichten für ein erbärmliches Stück Kuchen - diese geradezu absurd anmutende Aufwand-Nutzen-Rechnung offenbart den chronischen Zustand des Mangels weit drastischer, als jede naturalistische Schilderung der Verhältnisse dies vermöchte.)

Der Pakt bereitet dem Erzähler alsbald einige Sorgen, da ihm die Stoffe auszugehen drohen. Doch als echtes Naturkind weiß er sich die richtigen Helfer „im Wald und auf der Heide“ zu finden (1. Schritt): „Ich ging auf meinen Hirtenzügen jeden Pecher, Kohlenbrenner, Halter und jedes wohlerfahrne Weiblein [...] um eine Geschichte an.“ (109) Als das Erbe der mündlichen Tradierer aufgebraucht ist, plündert der mehr schlecht als recht des Lesens Mächtige die „Geschichtenbücher[n], wie sie in den Waldhütten nutzlos auf den rußigen Wandstellen herumlagen.“ (2. Schritt: die Einverleibung der schriftlich niedergelegten Volksliteratur.) 3. Schritt: es kommt schließlich - kurz vor Ablauf der Jahresfrist - die eigentliche Probe für den Märchenhelden, nachdem sämtliche Quellen erschöpft, „Alles ausgepumpt - Alles hoffnungslose Dürre“ ist.(110) Man erinnere sich an Kürnbergers Prophetien: Dies ist genau die Situation, die geeignet ist, neue, „ungeholzschnittete“ Erzähltalente aus der Wiege des Volkes hervortreten zu lassen, welche die Feder ergreifen, „um sie mit frischerem Jugendsinn über jungfräuliche Fluren der Phantasie zu führen“. [18] Was tut also der Waldbauernbub?

> Da kam mir plötzlich der Gedanke: Betrüge sie! dichte was zusammen! Aber allsogleich schrie das Gewissen drein: Was du erzählst, das muß wahrhaftig sein! du hast den Kuchen wahrhaftig bekommen! (110f.)

Auf den wesensgemäßen Unterschied zwischen Betrügen (Zusammendichten) und wahrhaftigem Erzählen läuft hier alles hinaus. Der derart in Bedrängnis geratene Held behilft sich schließlich mit einem Trick: aus seiner (Gewissens-)Not heraus formiert sich - als wahrhaftiges (genuines) Talent - der Fürwitz eines Münchhausen (noch ein Nothelfer). Der Witz jenes „Lügenbarons“ setzte bekanntlich meist dann an, wenn er buchstäblich „all sein Blei verschossen hatte“, wenn ihm - wie dem Peterl der Erzählstoff - die Munition

---

[18] Vgl. Kürnbergers Vorrede zu: Don Juan von Kolomea (=Anm. 5), S. 193.

ausgegangen ist. Kommt in so einem Moment gerade „der stattlichste Hirsch von der Welt" vorbei, so lädt Münchhausen flugs eine Handvoll Kirschsteine in seine Flinte und verpaßt sie dem Tier „mitten auf seine Stirn zwischen das Geweihe". Zwar entkommt der Hirsch, doch ein oder zwei Jahre später, was begegnet da dem Baron in demselben Wald? - „Zum Vorschein kam ein stattlicher Hirsch mit einem voll ausgewachsenen Kirschbaume, mehr denn zehn Fuß hoch, zwischen seinem Geweihe." Diesmal wird er wirklich erlegt und als Belohnung erhält der gewiefte Jäger „Braten und Kirschtunke zugleich". [19]

Dem Peterl winkt in der 365. Nacht ein Eierkuchen als Belohnung, diesmal jedoch dafür, daß er mit seiner Geschichte aufhören möge. Er hat sich nämlich aus den Versatzstücken eines wirklichen Ereignisses (sein Bruder Jakoberle hatte tags zuvor lange seine verlorene Ziege „Zeitzerl" im Wald gesucht) eine unheimliche Geschichte zusammengedichtet: darin schweben „zwei blutige Knie" in finsterer Nacht über eine Heide und begegnen vier anderen blutigen Knien - und alle zusammen gehen dann aus dem Wald heraus nach Hause und in den Stall. Als die Geschwister schon kreischen und wimmern vor Angst, fügt der Erzähler noch lakonisch hinzu: „Jetzt - na, jetzt hab ich zum Anfang zu sagen vergessen, daß die zwei ersten blutigen Knie unserem Jakoberle und die vier letzteren seinem Zeitzerl gehört haben - wie sie heut' im Wald herumgegangen sind." (112) Große Erleichterung. Doch der Ruf des „Geschichtenmannes" ist dahin:

> Ich hatte meine Rolle ausgespielt. Dreihundertvierundsechzig Nächte lang hatte ich geglänzt als weiser, wahrhaftiger Geschichtenmann; die dreihundertfünfund-sechzigste hatte mich entlarvt als argen Schwätzer. [...] Und die Gläubigkeit meines Publikums hatte ich mir verdorben ganz und gar, und wenn es in Zukunft an irgendeinem Erzählten seinen Zweifel ausdrücken wollte, so rief es einstimmig: „Aha, das ist wieder ein blutiges Knie!" (112f.)

Man darf vom später berühmt gewordenen „Geschichtenmann" Rosegger getrost behaupten, daß er gelernt hat, seine Münchhausen-Tiraden so geschickt anzulegen, daß ihm das Publikum gläubig oder doch zumindest bereitwillig seine ‚Waldbauernbuben'-Abenteuer als wahres Stück Autobiographie abnahm. Das Wahrhaftige dieser Schelmenstücke ist in jenem erzählerischen Fürwitz zu suchen, der die Bedrängnisse, Versagungen und Wunschträume einer gewiß nicht allzu idyllisch verlaufenen Kindheit in einem

[19] Vgl.Gottfried August Bürger: Wunderbare Reisen zu Wasser und zu Lande, Feldzüge und lustige Abenteuer des Freiherrn von Münchhausen.(1786/1788). Wiederaufgelegt als: Münchhausen erzählt. Leipzig 1990, S. 19f.

erzählerischen Pakt wieder und wieder aufzurollen und zu bannen versteht. So harmlos wie ihr Ruf ist der Ton in den ‚Waldheimat'-Geschichten auch gar nicht - oft genug kreisen diese um (verbotene) Wünsche und drohende Strafen, berichten von naiv oder boshaft begangenen Übertretungen, von Verstrickungen in Schuld und Angst und immer wieder von wunderbaren Reisen des Helden, die ihn vorübergehend aus dem Autoritätsbereich der Eltern hinausführen - und sei es nur über den nächsten Berg, wo eine neue Erfahrung, eine zu bestehende Probe, ein Abenteuer und immer wieder Helfer in der Not auf ihn warten.

Solche Ausflüge in die Fremde bilden zusammen mit der Summe der meist als läßlich getarnten Abweichungen von der herrschenden Ordnung jenes Besondere, jenen erzählerisch in Trab gehaltenen Ausnahmezustand, in dem das Ich als fremd gemachte Figur vor dem heimatlichen Hintergrund sich abhebt. Ungefähr so wie zwei blutige Knie über der Heide schweben, wo in Wirklichkeit ein Mensch geht. Die eigene Biographie im Verfahren der „365. Nacht" zu erzählen - das ist Roseggers Schreibstrategie der ‚Waldheimat'-Geschichten, der Nothelfer-Pakt mit der Phantasie, der ihm den Blick zurück gestattet als ein Zusammendichten einer möglichen Identität.

Inseln gegen den Strom

Bei Sacher-Masoch scheint der Blick zurück in die vielbeschworene galizische Heimat mit weniger inszenatorischem und identifikatorischem Aufwand verbunden. Erzählerisch verhält sich der erklärte Weltbürger dem Kindheitsland gegenüber meist als passionierter Beobachter und Schilderer, der - gleichsam an den Born der Narration zurückkehrend - nur ins Volle hineinzugreifen braucht. Die fortschrittlich gesinnte zeitgenössische Rezeption schätzte die im jüdischen, bäuerlichen und landadeligen Milieu angesiedelten Geschichten wegen ihres sozialkritischen und aufklärerischen Impetus, ebenso gerühmt wurde die malerische Detailtreue, mit der Sacher-Masoch kulturelle, idiomatische, religiöse, ethnische und insbesondere landschaftliche Facetten dieses exotischsten Hinterlandes der Habsburgermonarchie wiedergab. Hierauf gründete sein schnell wachsender Ruf als begnadeter Natur- und Menschenschilderer; einen „galizischen Jean Paul" nannte ihn Rudolf von Gottschall 1878, andere sehen in ihm den „ersten Vorläufer" und „Vater des jetzigen Realismus in Deutschland".[20]

[20] Vgl. dazu das Kapitel zur zeitgenössischen Rezeption Sacher-Masochs in Gertrude Kainz' Diplomarbeit: Leopold von Sacher-Masoch. Galizische Judengeschichten. Wien 1990, S. 19 u.a.

Vom deutschnationalen Gesinnungsstandpunkt aus war Sacher-Masochs erzählerische Involvierung mit dem Judentum und dem (klein-)russischen Kulturkreis natürlich mehr als obsolet, solche groben Verfehlungen gegen den deutschen Geist erzeugten im Verein mit der (voll Abscheu) konstatierten sexuellen Abartigkeit des Autors jenes explosive Gemisch, das Sacher-Masochs Werk wie Person als echte Gefahr für die Kultur und Seele des Volkes erscheinen ließ: „Er ist nicht nur krank, sondern auch gefährlich", warnt Karl von Thaler 1870 in der ‚Neuen Freien Presse' - „Die Französische Frivolität bedroht das Gemüth, die russische vernichtet die Kultur."[21]

In gewisser Hinsicht sind Sacher-Masochs literarische Rückgriffe auf die weit abgelegene galizische Kindheits-Heimat (den allergrößten Teil seines Lebens hat er außerhalb dieser verbracht) der Roseggerschen Waldheimat-Fixierung vergleichbar. Beide Örtlichkeiten präsentieren die Idee einer in sich geschlossenen natürlichen Landschaft mit ebensolchen Menschen, worin das seltene Edelweiß der Authentizität noch erblüht. Als mehr oder weniger exotisch kolorierte inselhafte Zonen stehen sie quer zur kulturellen und politischen Entwicklung der großen Welt, woraus sich eine Palette von prototypischen Themen ableitet, die sich bei Sacher-Masoch wie später bei Rosegger finden. Etwa das Weggehen in die Welt hinaus (Lehrjahre) und das Zurückkehren (als Geläuterter, Reumütiger, Berühmter, als Anderer), oder das Eindringen von Weltanschauungen, Moden, von kulturellen und wirtschaftlichen Neuerungen von draußen sowie allfällige Konflikte mit der Horizontverschiebung, der Idee des Fortschritts, der Aufklärung etc.

Karneval mit Juden

Hinzu tritt in manchen von Sacher-Masochs Geschichten und Romanen ein karnevalistisches Ferment (um mit Bachtin zu sprechen), das in die realistisch angelegten Erzählszenarios groteske, die Wahrscheinlichkeit arg strapazierende Schlaglöcher reißt. Was aus diesen entweicht bzw. durch sie in den Text einströmen mag, soll hier anhand der 1881 erschienenen Erzählung ‚Der Judenraphael'[22] untersucht werden.

---

[21] Karl von Thaler: Nihilismus in Deutschland. In: Neue Freie Presse. Wien, 28.6.1870, S. 1-2.

[22] Hier zitiert nach: Leopold von Sacher-Masoch: Der Judenraphael. Geschichten aus Galizien. Hrsg. von Adolf Opel. Wien, Köln, Graz 1989.

Diese präsentiert sich als eine aufklärerisch angelegte interkonfessionelle Liebesgeschichte zwischen dem griechisch-katholischen Pfarrerssohn Plutin (der zum Leidwesen seiner Eltern Künstler wird) und Hadaßka, der behüteten Tochter eines streng orthodoxen jüdischen Händlers. Wie nicht anders zu erwarten, scheitert die Liebe der beiden am unbedingten Gesetz der Sippenhaftung, einem aus Patriarchat, Religion und Ethnie gebildeten Machtkonglomerat, das man mit Bachtin treffend als eine Form der unmenschlichen Notwendigkeit bezeichnen könnte.[23] Der inhaltliche Vollzug dieses Motivs bewegt sich ganz im traditionellen Romeo und Julia-Fahrwasser: die beiden Protagonisten sterben an der Unmöglichkeit ihrer Liebe, indem sie sich gleichsam von innen heraus entleiben. Hadaßka gleitet am Tag der ihr aufgezwungenen Hochzeit mit einem anderen in der tanzenden Umarmung mit ihrem Geliebten in den Tod hinüber, Plutin stirbt ihr in den Armen der Mutter Natur hinterher, nachdem er sich als Einsiedler in die Steppe zurückgezogen hat. In sanften Kurven weichen so die Leiber der Kinder dem starren Gesetz der väterlichen Ordnung - dieser zum Trotz und zur Beschämung wird die Vereinigung im überkonfessionellen Jenseits anvisiert.

Soweit das konventionelle Schema. In dessen erbauliche Struktur dringen, wie schon erwähnt, Abordnungen einer exaltierten und grotesken Welt ein. Als deren Ausgangspunkt und Modell fungiert der Karneval, die kurze Zeit der Entfesselung all dessen, was an die Ordren der Macht, der Sippe, der Tradition und der Religion gebunden ist - das in der Literatur gerne (zur Belehrung) vorgezeigte Toleranzpatent einer umgestülpten Welt. Plutin und Hadaßka begegnen und verlieben sich anläßlich des Purim-Festes, des jüdischen Karnevals, an welchem der Errettung des jüdischen Volkes aus großer Gefahr gedacht wird. (Haman, der Günstling des Perserkönigs Ahasveros, wollte die Juden ausrotten, was durch Esther, die Gattin des Königs, verhindert wurde.) In karikierten Masken und Kostümen werden Szenen aus dem Buch Esther nachgestellt, insbesondere die Hochzeit Ahasveros mit Esther, zu der sie als Morgengabe den Kopf des hingerichteten Haman erhält. Plutin und seine Kumpanen (alle Nicht-Juden) nehmen ebenfalls in Verkleidungen am Purim-Fest teil, was insofern einer „karnevalisti-

---

[23] Vgl. hierzu: Michail M. Bachtin: Literatur und Karneval. Zur Romantheorie und Lachkultur. Aus dem Russischen übersetzt und mit einem Nachwort versehen von Alexander Kaempfe. Frankfurt/M. 1990, S. 28: „In Wirklichkeit befreit das Groteske von allen jenen Formen der unmenschlichen Notwendigkeit, die die herrschenden Vorstellungen von der Welt durchdringen. Die Groteske dekouvriert diese Notwendigkeit als eine relative und beschränkte."

sche[n] Mesalliance“[24] gleichkommt, als Plutin als boshafter Juden-Karikaturist von diesen wie die Pest gemieden und gefürchtet wird.

Am Nebenstrang der hier ihren Ausgang nehmenden Liebeshandlung führt die Erzählung jedoch noch eine andere Spielart des ausgelassenen Treibens vor: den Karneval auf Kosten der Sündenböcke. Plutin und seine fünf Freunde führen im Verlauf der Erzählung eine Reihe von bösen Scherzen mit Juden auf, wobei sie sich zur privaten Belustigung eben jener karnevalistischen Verfahren bedienen, die anläßlich des Purim-Festes ausführlichst dargestellt wurden. Als Soldatenausheber verkleidet rufen sie alle jungen Männer des jüdischen Kollektivs auf dem Hauptplatz der Stadt zusammen, um sie - wegen eines angeblich ausgebrochenen Krieges mit den Türken - zu rekrutieren (Kriegsdienstverweigerern wird ohne Umschweife mit dem Erschießen gedroht). Die derart zum Narren gehaltenen Juden werden bei dieser Gelegenheit als kriecherische und feige Kerle gezeichnet, die sich beim Aufruf durch offensichtlich untaugliche Juden (Verkrüppelte und Alte) vertreten lassen. Mit diesem vor Angst schlotternden erbärmlichen Haufen marschieren die fünf „Soldatenausheber“ dann aus der Stadt hinaus, wo sich die Rekrutierten einer nach dem anderen heimlich davonstehlen. Der ganze „Schabernack“ (73) erfährt noch eine Fortsetzung und Steigerung, als die fünf ein zweites Mal in der Stadt auftauchen, diesmal als kaiserliche Hofkommission verkleidet und eine selbstgebastelte Kanone mit sich führend. Sie verkünden, daß auf kaiserlichen Befehl jeder einzelne Jude mittels der Kanone ins Gelobte Land hinübergefeuert werden solle, womit der huldvolle Herrscher den sehnlichsten Wünschen seiner geliebten jüdischen Untertanen entgegenkomme. Die Kanone wird geladen und ein durch Los ermittelter entsetzter Kanditat ins Rohr gestopft.

> Da hörte man Lebele Hirsch wie durch ein großes Sprachrohr rufen: „Ich will nicht, ich will nicht, ich will nicht!“ [...]
> „Warum haben Sie das nicht früher gesagt?“ sprach Plutin streng.
> „Habe ich denn gesagt, daß ich will geladen werden in eine Kanone? Bin ich ein Vogel, daß ich fliegen kann über das Meer?“
> Er kroch aus dem Rohr heraus, verneigte sich höflich und suchte dann das Weite. (81)

---

[24] Als ein Merkmal des karnevalistischen Weltempfindens bzw. der Karnevalisierung der Literatur hat Bachtin die „Familiarisierung“ genannt: „Die freie familiäre Beziehung ergreift alles: alle Werte, Gedanken, Phänomene und Dinge. Alles, was durch hierarchische Weltanschauungen außerhalb des Karnevals verschlossen, getrennt, voneinander entfernt war, geht karnevalistische Kontakte und Kombinationen ein.“ Vgl. ebd., S. 49.

So geht das weiter, mit einem nach dem anderen - die Szene endet bedrohlich:

> „Hundeblut!“ schrie Plutin. „Hättet Ihr das nicht früher sagen können? Jetzt ist die Kanone einmal geladen. Setzen Sie mir also eine Kartätsche drauf, Kanonier, und feuern Sie mir in das Gesindel hinein!“
> Ein Schrei des Entsetzens, und in einem Augenblick war der Ringplatz leer, aber dafür mit Zobelmützen, Hüten und Pantoffeln bedeckt, welche die Fliehenden zurückgelassen hatten.(82)

Denkt man an die Berge von Schuhen, Kleidern, Brillen und Habseligkeiten, welche in den Konzentrationslagern von getöteten Juden „zurückgelassen“ wurden, so wird einem die Lektüre solcher Münchhausen-Späße unerträglich. Wer hier das Lachen hat, grinst - ob selbst ohnmächtig oder nicht - mit der grausamen Fratze der Macht. Was im anarchischen Karnevals-Modell Bachtins kaum aufscheint, ist die Tatsache, daß das Auslachen des Bedrohlichen oft genug das Bedrohte trifft - in der Sündenbock-Gestalt des als fremd und anders Emfpundenen. „Auch der Judenwitz ist eine Lachgattung, - und er kommt sogar aus den Massen. Nicht nur die Unterdrückten lachen - auch die Unterdrücker. Außerdem lacht jene Schicht, die beides zugleich ist. Und die lacht lieber den Schwächeren als den Stärkeren aus.“[25]

In bezug auf den Autor Sacher-Masoch, der sich selbst als ein Freund und intimer Kenner des Judentums verstand und auch vorwiegend als ein solcher rezipiert wurde, stellt sich hier eine dringliche Frage. Welche Funktion haben solche erzählerischen Ausritte ins Unwahrscheinliche und Groteske, auf deren irrwitziger Bahn antisemitische Gesinnungen gedeihen oder doch zumindest als tendenziöse Lesarten möglich werden? In der Logik der Erzählhandlung lassen sich die groben Scherze mit Juden als Racheakte an einem System interpretieren, das durch seine rigiden Bestimmungen zwei wahrhaft und unschuldig Liebende in den Tod treibt - als grimmige Machtspiele eines vor dem Glaubens- und Sippengesetz Ohnmächtigen. Wahllos ausgesuchte Mitglieder des jüdischen Kollektivs müssen stellvertretend dafür büßen, daß dem Einzelnen die individuelle Glückserfüllung versagt bleibt. Und dafür sind sie - die Sündenböcke - noch selbst schuld, da sie sich der unmenschlichen Gesetze ihrer traditionellen Lebensordnung nicht entledigen und dadurch das Menschenrecht der freien Liebeswahl unterdrücken, was wiederum indirekt den Tod der Liebenden herbeiführt.

Zu Opfern prädestiniert sind die Juden somit durch ihre Geburt, die sie zu Unterdrückten der eigenen konfessionellen und ethnischen Ordnung macht, schuldig

---

[25] Vgl. ebd., S. 49.

werden sie, indem sie sich nicht von diesem Erbe befreien. Die antisemitische Gesinnung, von der sich Sacher-Masoch denkbar weit entfernt wußte, baut sich zu einem wesentlichen Teil über solche im Kreis laufende Ambivalenz-Konstruktionen auf, in deren unausgesprochenen Zwischenräumen dann die jeweils ideologisch opportunen Rollen- und Schuldzuweisungen erfolgen.

Welche Funktion die auch in anderen Erzählungen eingebauten karnevalistischen Elemente im jeweiligen Textgefüge haben, kann nur von Fall zu Fall diskutiert werden. Jedenfalls sind nicht immer Juden die Gefoppten. Es kann auch eine „interessante Frau“ sein, der von einem abgewiesenen Verehrer aus Rache ein falscher „Prinz aus dem Morgenlande“ aufgetischt wird, samt Gefolgsleuten und einem aus einer Menagerie entlehnten Elefanten und Dromedar. Der Witz an der Sache ist u.a. der, daß die als Judenhasserin charakterisierte Dame sich nun ausgerechnet von einem Juden betören läßt, der sich für die Rolle des Prinzen hat engagieren lassen. [26] Eine andere Episode in ‚Hasara Raba‘ handelt von einem Nasentausch zwischen dem attraktiven Habenichts Baruch (dem späteren Prinzen-Darsteller) und dem reichen Gutsherrn Kalinoski mit häßlicher Nase. Dieser erwirbt sich per Kaufvertrag die Rechte auf die edle griechische Nase des Juden, was zu allerhand grotesken Verwicklungen führt (der neue Besitzer will „seine“ Nase durch ein Futteral geschützt wissen, wodurch diese einen Ausschlag bekommt und mit einem Stapel Federbetten zugedeckt zu Bett gebracht werden muß.) [27] Man kann hier Gogol gleichsam riechen, deutlich ausgespielt wird auch die althergebrachte Gleichsetzung von Nase und Phallus - nach Bachtin ein typisches Moment der grotesken Leiblichkeit -, die all das favorisiert und hyperbolisiert, „was aus dem Körper herausragt oder herausstrebt, was die Grenzen des Leibes überschreiten will“. [28]

Herzblut-Übertragungen

Herausragend ist auch die Bedeutung einer anderen Nase in dem schon erwähnten Roman ‚Die geschiedene Frau‘. Die sich immer drastischer aufschaukelnde Haß-Liebes-Beziehung zwischen Julian und Anna kommt zuletzt dadurch zum Stillstand, daß Anna ein Verhältnis mit einem häßlichen und betrügerischen Polen eingeht, der eine eitrige,

---

[26] Vgl. Hasara Raba, in: Der Judenraphael (= Anm. 22), S. 221ff.

[27] Vgl. ebd., S. 213ff.

[28] Vgl. Bachtin (= Anm. 23), S. 15ff.

zerfressene Nase im Gesicht trägt. Auf diese physiologische Krönung der Gemeinheit wird im Text mehrfach hingewiesen, und auch die Kritiker des Romans hoben regelmäßig diese Schand-Nase als ein besonders anstößiges Moment hervor. Hier seien die Grenzen des ästhetisch Vertretbaren überschritten - einer angefaulten Nase (sprich: Phallus) kann doch keine Frau den Vorzug geben. So spricht etwa Karl von Thaler:

> Frau Anna von Kossow läuft durch verschiedene Abenteuer [...] und betrügt zuletzt den Geliebten wegen eines ekelhaften Vagabunden mit zerfressener Nase! Es ist keine Entschuldigung, wenn sich der Verfasser darauf beruft: Diese Frau lebt, sie hat so und nicht anders gehandelt. Darauf erwidern wir: Diese Frau ist eben krank - und wir vermeiden aus Anstandsrücksichten, ihre Krankheit näher zu bezeichnen. [29]

Auch andere Kritiker verwehren sich empört dagegen, daß solche „Mischlingscreaturen" wie Frau von Kossow zu Heldinnen von Romanen gemacht werden, was „gegen die Regeln der wahren Kunst" verstößt: „Man schämt sich auf der Gasse einem Weibe zu begegnen, denkt man, daß Sacher-Masoch seinen Roman einen Spiegel der Zeit nennt." [30]

Werden hier noch die literarischen Figuren als krank und somit unpoetisch diagnostiziert, so sollte dieses Verdikt bald auch auf ihren Verfasser ausgedehnt werden. Sacher-Masochs Beteuerung, seine Werke seien mit echtem „Herzblut" geschrieben, erweist sich hier als ein zweischneidiges Schwert, das, indem es zum Echtheits-Beweis ansetzt, für viele Leser zugleich den Krankheitsbeweis führt. Das Modell der Herzblut-Übertragung funktioniert: 1890 wird der Psychiater Richard von Krafft-Ebing erstmals den Begriff des Masochismus für eine Gattung sexueller Perversionen gebrauchen, welche er sowohl im literarischen Werk als auch in der Person des Dichters Sacher-Masoch anschaulich verkörpert sah. Dessen Name (genauer gesagt der mütterliche Erbteil seines Namens) stand somit noch zu Lebzeiten des Trägers Pate für eine bald in den allgemeinen Wort- und Bildungsschatz übergehende Perversion. Für Sacher-Masochs Ruf als Schriftsteller war der beispiellose Vorgang solcher wissenschaftlicher Stigmatisierung zweifellos verheerend. Wobei seine Rolle als Namensgeber im Lauf der Zeit zunehmend verschwommener wahrgenommen wurde und bei deutlich schwindender Leserschaft die möglichen Zuweisungen sich zu vervielfältigen scheinen: War Sacher-Masoch der literarische Erfinder des Masochismus (vielleicht gar des Sado-Masochismus), oder

---

[29] Thaler (= Anm. 21).

[30] A.v.Schweiger: Literarische Streifzüge. Sacher-Masoch.(1870). Abgedruckt in: Leopold von Sacher-Masoch: Materialien zu Leben und Werk. Hrsg. von Michael Farin. Bonn 1987, S. 40-43.

dessen erster Theoretiker, oder handelt es sich um eine fiktive Figur in einem obszönen Roman oder um den Helden einer psychiatrischen Fallgeschichte?

Der Name Krafft-Ebings, des gewiß in lauterer wissenschaftlicher Absicht handelnden Rufschädigers, erweckt heute seinerseits merkwürdige, ja unsaubere Konnotationen, was u.a. bedingt ist durch die in den letzten Jahrzehnten erfolgte Auf- und Umwertung der Perversionen im Zuge einer kritischen Abrechnung mit der Moral und Psychiatrie des 19. Jahrhunderts. Je obsoleter das ehrgeizige Projekt einer lückenlosen wissenschaftlichen Erfassung menschlicher Abartigkeiten heute erscheint, desto leuchtender rückt auch Sacher-Masoch wieder ins Blickfeld: als ein Märtyrer eben jenes normativen und repressiven Wissenschaftsgeistes.

Wobei ihm das Märtyrerprädikat nicht immer ohne Vorbehalt verliehen wird; Albrecht Koschorke läßt im Einleitungsteil seiner (im übrigen ausgezeichneten) monographischen Studie zu Sacher-Masoch[31] durchblicken, daß diesem als Mensch (s)eine „respektvolle“ Aufmerksamkeit nicht zustehe (14), da Sacher-Masochs literarische wie biographische Inszenierungen auf Betrug, auf künstlichen Arrangements aufbauten. Er habe letztendlich „Sensationen ohne die Gefahr seelischer Berührung“ produziert, „nichts als einen verbalen Schrecken“ auf Papier (14) - ein Vergehen, vor dem schon Kürnberger eindringlich zu warnen wußte (wie auch Sacher-Masoch selbst). „Wahr wie das Leben selbst“ muß Literatur sein und ohne Netz fabriziert - wird der Authentizitätsnachweis nicht erbracht, fällt auch der Perverse durch. Seine moralische Ehrenrettung erfolgt dann nachträglich auf dem Feld der Subversion, welche Wirkung seinen künstlichen Inszenierungen immerhin zugestanden wird.

Daß die masochistische Perversion auch in der gelebten Form (also nicht nur in der Dichtung) eine eminent literarische Dimension besitzt, daß sie an die Funktionen und Konditionen des Spiels, der Ritualisierung, der Bedeutungsübertragung etc. gebunden ist, hat Koschorke in seinem Buch ausführlich dargestellt. „Ausgangspunkt und Nährboden des Masochismus ist die Phantasie. Er ist seinem Wesen nach ein semantischer Akt, ein Akt der Deutung, keine Tat.“ (110) „Und niemand hat deutlicher als Sacher-Masoch zu verstehen gegeben, daß die masochistische Phantasie ein illusionistisches Spiel ist, eine Bildtechnik, deren Initiative nicht in den Händen der scheinbaren Unterdrückerin, sondern des Masochisten liegt.“ (80)

---

[31] Albrecht Koschorke: Leopold von Sacher-Masoch. Die Inszenierung einer Perversion. München 1988.

Als die in dieser Hinsicht wohl produktivste Definition kann Theodor Reiks Ausdruck von der „Flucht nach vorne“ [32] betrachtet werden. Reiks psychoanalytisches Masochismus-Modell sieht (in grober Vereinfachung) so aus: Ein ursprünglich auf die Mutter gerichtetes Triebziel wird durch die phantasierte Vorwegnahme der Strafe gehemmt. Dabei gehen Lust und Angst vor der Strafe langsam ineinander über, laufen schließlich parallel. Der Trieb wird gegen die eigene Person gewendet (sekundäre Triebbildung), wobei aber am ursprünglichen Triebobjekt in der unbewußten Phantasie festgehalten wird. Je drängender nun die Lust nach Befriedigung verlangt, desto größer wird die Angst vor Bestrafung, was als Ausweg in einen (vorweggenommenen) inszenierten Akt der Bestrafung führt, der im masochistischen Ritual die Angst bindet und die Lust freigibt. [33]

Anknüpfend an das karnevalistische Ferment in Sacher-Masochs galizischen Geschichten, erscheint mir an den literarischen Inszenierungen des masochistischen Themas vor allem eines interessant: die Funktionen der Maskerade, der rituellen Aufführungen, der Spiegelungen und Verdoppelungen, der Farce und der Parodie. Wenn ein wesentlicher Faktor des lustvoll ausgespielten Herrin-Sklave-Arrangements die „Sexualisierung der Herrschaft“ [34] ist, so ist ein anderer die Karnevalisierung der Sexualität. In diesem Sinne wäre der literarische Prototyp der ‚Venus im Pelz‘ [35] auch zu lesen als phantastisch kostümierte Ehe-Groteske, als Mutter-Kind-Groteske (die totale Abhängigkeit von der Frau als die Kondition jedes Säuglings), als ein in den Schwank abgebogenes und damit entschärftes Psychodrama. Schon in der ‚Geschiedenen Frau‘, wo Lust und Angst noch nicht im Ritual synchronisiert sind, hat sich der Dichter Julian als ein

[32] Vgl. Theodor Reik: Aus Leiden Freuden. Masochismus und Gesellschaft. Hamburg 1977.

[33] Vgl. dazu die Ausführungen von Koschorke (=Anm.31), S. 102ff.

[34] Koschorke (= Anm. 31), S. 38.

[35] Erschienen 1869 als Teil des geplanten Novellenzyklus ‚Das Vermächtnis Kains‘, worin „das ganze Menschendasein“ ins sechs Abteilungen (jede bestehend aus einem Sechser-Pack Novellen) dargestellt werden sollte. Die Überschriften zu diesem Fallgeschichten-Großprojekt, das der Krafft-Ebingschen Intention einer unvoreingenommenen und lückenlosen Erfassung der Nachtseite menschlichen Lebens nicht so unähnlich ist, lauteten: Die Liebe der Geschlechter - Das Eigentum - Der Staat - Der Krieg - Die Arbeit - Der Tod. Im ‚Vermächtnis Kains‘ ist die Idee der „Psychopathologia sexualis“ gleichsam geschwisterlich angelegt, beide, der Sexualpathologe wie der Novellist, verstanden sich als furcht- und vorurteilslose Darsteller menschlicher Natur und der ihr inhärenten Schlechtigkeit, der eine gewappnet mit unbeirrbarer wissenschaftlicher Ratio, der andere mit Schopenhauerschem Nihilismus. Und beide zog es zur Groteske.

Don Quichote der Liebe eingeführt und sich damit als unverbesserlicher Idealist den Konditionen und Aufführungen einer „Scheinwelt" verschrieben.[36]

Blick zurück - Flucht nach vorn

Auch Naturdichtern wird Autorschaft nicht in die Wiege gelegt oder mit der Mutter(ersatz)-Milch eingeflößt. Für Sacher-Masoch wie Rosegger gilt, daß ihre Identitätsstiftung als Schreibende zu einem nicht unmaßgeblichen Teil über die Verfahren der Ritualisierung und der Wiederholung funktioniert. Was wieder und wieder (durchaus auch im Sinne einer „moralischen Übung"[37]) aufgeführt wird, ist bei Sacher-Masoch das, was nicht passieren darf: das Trauma des Betrogen- und Verlassenwerdens, der totalen Ausgeliefertheit an die Frau wird als groteskes Maskenspiel mit Peitsche und Pelz vorweggenommen. Die bedrohliche Realität kann nicht stattfinden, wo schon eine perfekt durchgestaltete Inszenierung den ganzen Vorstellungs-Raum eingenommen hat. Flucht nach vorn.

Der andere blickt wie gebannt zurück in die Vergangenheit: Kindheit wird für Rosegger zum Paradigma einer den natürlichen Verhältnissen abgetrotzten Schreib-Identität, die über die Figur des Schelms, des Märchenhelden sich herstellt - durch das listenreiche oder einfach glückliche Bestehen von immer neuen Proben, Gefahren, Streichen und Abenteuern. Roseggers Thema in den Waldheimat-Geschichten ist nicht das, was passiert ist, was war, sondern wie es gewesen wäre, um glücklich erzählt werden zu können. Das auch bei ihm so oft aufgeführte Modell von Übertretung und (drohender) Strafe findet sich so anekdotisch besänftigt in einer literarischen Redefigur: „Ein andermal drohte die birkene Liesl wieder", heißt es am Anfang der Erzählung ‚Wie das Zicklein starb' (S. 98-106), und dasselbe könnte auch über einer ganzen Reihe von weiteren Geschichten stehen. Als unverzichtbares Erzählrequisit gehört die „birkene Liesl" in den Geschichtenhaushalt Roseggers wie die pelzerne Liesl in den der erotischen Novellen Sacher-Masochs.

[36] Vgl. Die geschiedene Frau (= Anm. 6), S. 55ff.

[37] Vgl. Koschorke (= Anm. 31), S. 108.

Karlheinz Rossbacher

„Ich erzähle Träume und sage die Wahrheit.“
Peter Roseggers ‚Waldheimat‘-Geschichte ‚Fremd gemacht!‘

Peter Roseggers Bekanntheitsgrad lag in einer vor längerer Zeit durchgeführten empirischen Erhebung über ‚Lesen auf dem Lande‘ (im Bundesland Salzburg) mit dem des Lokalfavoriten, des auch im übrigen Österreich vielgelesenen Karl Heinrich Waggerl, mit Abstand an der Spitze. Bei der Frage „Haben Sie den Autor auch gelesen?“ (zum Unterschied von „Kennen Sie ihn?“) rangiert Rosegger sogar knapp vor Waggerl.[1] Rosegger ist also nicht nur in Jubiläumsjahren populär. Den Ursachen dafür nachzugehen wäre ein anderes Thema. Deshalb möchte ich begründen, warum ich mich auf eine ‚Waldheimat‘-Geschichte, noch dazu eine kurze, beschränken möchte:

Als mich Lebensläufe von Heimat- und Provinzkunstautoren interessierten, bin ich an die Erzählung ‚Fremd gemacht!‘ angestreift.[2] Sie ist mir aber nicht nur deshalb in Erinnerung geblieben, sondern weil sie sich von anderen, auch den bekanntesten ‚Waldheimat‘-Geschichten, abzuheben scheint. Ihr liegt eine gewisse analytische Qualität zugrunde, die man sonst nur bei der Erzählung ‚Ums Vaterwort‘ antrifft, die schon Gottfried Keller besonders gefiel und die auch unlängst, zusammen mit ‚Fremd gemacht!‘, hervorgehoben worden ist.[3] ‚Fremd gemacht!‘ scheint also wert, genauer gelesen zu werden, nicht nur, aber doch auch deshalb, weil Sigmund Freud diese Erzählung in seiner ‚Traumdeutung‘ behandelt hat.

Zum andern: Der verdienstvolle, von Uwe Baur, Gerald Schöpfer und Gerhard Pail 1988 herausgegebene Forschungsband ‚„Fremd gemacht“?‘ trägt zwar den Titel dieser Geschichte (mit Fragezeichen), aber nur der posthum aufgenommene Aufsatz von Hellmuth Himmel behandelt sie kursorisch.[4] Obwohl der Bandtitel durchaus

---

[1] Vgl. Hömberg, W. und Verf.: Lesen auf dem Lande. Literarische Mediennutzung im ländlichen Siedlungsgebiet Salzburgs. Salzburg 1977, 41 ff.

[2] Verf.: Heimatkunstbewegung und Heimatroman. Zu einer Literatursoziologie der Jahrhundertwende. Stuttgart: Klett 1975, 154-156 (= Literaturwissenschaft - Gesellschaftswissenschaft 13).

[3] Wagner, Karl: Die literarische Öffentlichkeit der Provinzliteratur. Der Volksschriftsteller Peter Rosegger. Tübingen: Niemeyer 1991, 229 f.

[4] Himmel, Hellmuth: Rosegger - ein „Naturdichter“? Vortrag anläßlich seines 60. Todestages 1978. In: Baur, Uwe, Gerald Schöpfer und Gerhard Pail (Hg.): „Fremd gemacht“? Wien, Köln, Graz: Böhlau 1988, 207-215; 210 ff, 15 Zeilen.

einleuchtend ist, ist man doch etwas überrascht, daß die Geschichte selbst fast keinen Raum erhält.

Die Entstehungszeit von ,Fremd gemacht!' ist, wie die der anderen ,Waldheimat'-Geschichten auch, schwer festzulegen;[5] Textstellen weisen darauf hin, daß sie nach dem Hausbau in Krieglach (1878) und der zweiten Eheschließung (1879) entstanden ist. In dem 1880 erschienenen Band ,Aus meinem Handwerkerleben', wo die Geschichte zum ersten Mal erschien, trägt sie den Titel ,Nachbild', ein Titel, der, wie sich hier ergeben sollte, eigentlich auch ganz gut paßt.[6] Die Ausdrücke „fremd gemacht" für „entlassen" bzw. „sich fremd machen" für „selber kündigen" waren zeitüblich; Rosegger verwendet sie auch in anderen Geschichten.

Das Kernstück der Erzählung[7] ist ein Traum, den Rosegger, wie er sagt, seit vielen Jahren gar manche Nacht träume bzw. geträumt habe (er spielt ein wenig mit den Tempora). In diesem Wiederholungstraum sitze er, der in Graz lebende Schriftsteller und Journalist, neben seinem ehemaligen Lehrmeister auf der Schneiderbank, in irgendeinem Bauernhause bei der sogenannten Ster-Arbeit, krümme seinen Rücken und nähe. Im Traum denke er sich, daß er nicht mehr dorthin gehöre, er sei ja eigentlich auf Sommerfrische; statt dessen arbeite er, noch dazu als unbezahlter Geselle. Einmal habe er sich fremd machen wollen, aber der Meister habe seine Kündigung einfach nicht zur Kenntnis genommen. So sei das über Jahre hin gegangen. - In der Folge erzählt Rosegger eine entscheidende Erweiterung dieses Traums: Eines Nachts sei der Ort jener Bauernhof gewesen, wo er seinerzeit in die Lehre getreten sei; der Meister habe sich besonders unzufrieden mit der Leistung des Gesellen Peter gezeigt; er habe einen Lehrling eingestellt, und, am selben Tage, auch noch einen Gesellen. Habe der Geselle Peter schon

---

[5] Wagner, Literarische Öffentlichkeit, 211 ff.

[6] ,Fremd gemacht!' enthält gegenüber ,Nachbild' geringfügige Änderungen, geringfügiger als in so manchen anderen Geschichten, die Rosegger aus diesem Einzelband in spätere Ausgaben von ,Waldheimat' II übernommen hat.

[7] Rosegger, Peter: Fremd gemacht! In: P.R.: Waldheimat. Erinnerungen aus der Jugendzeit. 1. Teil: Kindesjahre, 2. Teil: Lehrjahre. Dies ist der 1. Band von: P. K. Roseggers Ausgewählte Werke. Mit 600 (in der Folge sind es 900) Illustrationen von A. Greil und A. Schmidhammer. 6 Bände. Wien, Pest, Leipzig: Hartleben 1888-1891). Der Band enthält außerdem noch ,Meine Lebensbeschreibung' (1885) und ,Heidepeters Gabriel'. Es ist dies eine der von Wagner, Literarische Öffentlichkeit, 194ff. beschriebenen Ausgaben. Sie wird benützt, weil die 40bändige Ausgabe des Staackmann-Verlags 1913-1916 nur lückenhaft und unter erschwerten Umständen zugänglich war. ,Fremd gemacht!' nimmt nur vier der hochformatigen Spalten auf den Seiten 347 und 348 ein, weshalb bei Zitaten auf Seitenangaben verzichtet wird.

dem Lehrling durch Beiseiterücken auf der Bank Platz machen müssen, sei mit der Aufnahme des neuen Gesellen die Situation kritisch geworden. Darauf habe der Meister ihn, den Gesellen Peter, mit den Worten entlassen: „Du hast ja doch keinen Schick zur Schneiderei, Du kannst gehen, Du bist fremd gemacht." Während er früher so oft den Traum des Sitzens und Nähens geträumt habe und am Morgen „beglückt" darüber gewesen sei, daß der Traum ausgestanden sei, sei er diesmal in übermächtigem Schrecken sofort erwacht. Da habe er seine wohlbestückten Bibliotheksregale erblickt und von nebenan die Kinder mit der Mutter schäkern gehört. Zwar habe es ihn „gewurmt", daß nicht er sich fremd gemacht habe, sondern fremd gemacht worden sei, aber seit jener Nacht sei der Traum nicht wiedergekommen.

Die Wiedergabe des Kernstücks der Erzählung, gleichsam ihrer „Gräte", war notwendig, um auf einige lebensgeschichtliche Daten und Aussagen Roseggers zu kommen, die als gesichert gelten und für die Traumgeschichte als wichtig, zum Teil als impliziter Rahmen für ihre Einbettung betrachtet werden können.

Rosegger ist mit siebzehn Jahren ins Handwerk gegangen und hat es mit einundzwanzigeinhalb verlassen. Er hat seine Freisprechung, den Übergang vom Lehrlings- in den Gesellenstand, in einem Gedicht und zwei farbigen Bildern festgehalten; das eine Bild stellt, wie wir von Rudolf Latzke erfahren, eine Allegorie der Sklaverei, das andere eine Allegorie der Freiheit dar;[8] letztere trägt genregemäß Flügel, also Symbole von Entgrenzung. Rosegger hat sich jedoch nicht sofort entgrenzt, sondern ist auch als Geselle noch eine Zeitlang bei Meister Orthofer geblieben. In seiner Lebensbeschreibung von 1885[9] hat er mit guten Worten der Mühe Orthofers gedacht, aus ihm einen „tüchtigen Schneidermeister" zu machen, wenn auch nicht mit dem gewünschten Ergebnis. „Trotzdem hat er mit herzlicher Neigung zu mir gehalten, bis ich ihm davonging."[10] An einem Februartag des Jahres 1865 absolviert Rosegger seinen letzten Arbeitstag, zehn Tage später geht er nach Graz. In der Vorrede zur ‚Waldheimat' spricht er davon, „weltdurstig" gewesen zu sein[11] (was an den Welthunger von Wilhelm Raabes Hungerpastor erinnert), doch war es ein durchaus ambivalenter Abschied.[12] Von diesem

---

[8] Latzke, Rudolf: Der junge Rosegger. Weimar: Böhlau 1943, 36.

[9] Rosegger, Peter: Meine Lebensbeschreibung, 370.

[10] Ebda.

[11] Rosegger, Waldheimat, 4.

[12] Latzke, Der junge Rosegger, 46.

Abschied legt die Traumgeschichte ein Bewußtseinssediment offen, das etwas komplexer ist, als aus einer ersten Lektüre hervorgehen mag.

Karl Wagner hat Roseggers Hineinwachsen in eine Schriftkultur unter ungünstigen Bedingungen beschrieben, [13] hat aus dem Nachlaß Roseggers Eigenaussagen zu seiner „Lesewuth" dokumentiert, von der er sich nicht heilen lassen wolle, [14] ebenso die affektive Benennung von Büchern, besonders eigenen, als „Freunde" und „Lieblinge", desgleichen Roseggers Lektürebilanzen von 1858 an. [15] Das erinnert an andere Schriftsteller des 19. Jahrhunderts, z.B. an Franz Michael Felder in Vorarlberg. Aber die früh erfahrene und auch früh niedergeschriebene „Stigmatisierung als Kopfarbeiter", wie sie aus dem Nachlaß vermittelt worden ist, [16] darf wahrscheinlich Originalität beanspruchen: Der erst Fünfzehnjährige notiert sich in hinreißender Orthographie das Gerede der Leute über den jungen Leser und Schreiber. Daß manche Krieglacher, die von seinem bevorstehenden Weggang erfahren hatten, ihn plötzlich mit Herr und in der Sie-Form anredeten, hat er in der Geschichte ‚Als ich davonging' besonders vermerkt und auch, daß erst nach Jahren das „Du" wiedergekommen sei. [17] Von einer keineswegs selbstverständlichen Aufnahme seiner Person als Schriftsteller zeugt noch ein späterer Bericht über eine Lesung vor Bauern der Krieglacher Gegend. [18] Fällt so nicht im nachhinein ein gewisses Zwielicht auf seine briefliche Beteuerung an den Verleger Gustav Heckenast, er bleibe den Menschen dieser Gegend „verfallen"? [19]

Der Niederschrift der Traumgeschichte geht Roseggers Etablierung in Graz voraus, und noch bevor er in den Jahren 1870 bis 1876 sich einen Namen als Literat macht und einen Abschnitt einleitet, den Latzke „Das neue Leben" benannt hat, [20] schreibt er an seine ersehnte Geliebte Maria Haselgraber über das Leben unter gebildeten Menschen: „Welch unendlicher Unterschied! Das erfahre ich erst immer nach den Ferien

---

[13] Wagner, Literarische Öffentlichkeit, 7 ff.

[14] Ebda, 11.

[15] Ebda, 12 und 14.

[16] Ebda, 7.

[17] Rosegger, Waldheimat, 343.

[18] Rosegger, Peter: Mein Weltleben. München: Staackmann 1977. Kap. „Lesereisen", 184 ff.

[19] Brief vom April 1876, zit. bei Latzke, Der junge Rosegger, 271.

[20] Latzke, Der junge Rosegger, 67 ff.

wieder, wie ich vom Lande in meine liebe freundliche Stadt zurückkehre.“ [21] Zwar hat er später Ehrgeiz und Eitelkeit als Feinde innerer Harmonie bezeichnet, gleichzeitig aber zu erkennen gegeben, daß sein Bildungsaufstieg nur um diesen Preis zu haben war. [22]

Roseggers formative Jahre in Graz ab 1865 waren nicht nur eine „Sattelzeit“ des wirtschaftlichen Wandels, [23] sondern auch Jahre neuer Schübe in der sozialen Mobilität. Sie vergrößerte sich z.B. auch durch die Modernisierung des Literaturbetriebs, [24] lief aber nicht ohne jenes „spartanische[s] Gesetz, welches der Kampf ums Dasein aufgebracht hat“, ab, wie Rosegger im naturwissenschaftlichen Diskurs der Zeit, in einem anderen Zusammenhang und auf sein Los als weichender Sohn anspielend, es genannt hat. [25] Der Weg über die normalen Bildungsstufen war dem Spätstarter verwehrt, der Autodidakt hatte zu erkämpfen, was anderen früher und leichter zufiel. Rosegger war allerdings keine Ausnahme. Die Gründerzeit bzw. die liberale Ära ermöglichte, wenn auch nicht als Regel, ungewöhnliche Wege von unten nach oben. Erwartungsgemäß fielen sie, was den Bereich der Kultur betrifft, in den Schaukünsten Theater und Malerei spektakulärer aus als in der Literatur. Die Burgschauspieler Charlotte Wolter und Adolf Sonnenthal zum Beispiel kamen von unten, gefeierte Maler wie Hans Makart und Franz Lenbach ebenfalls. Aber es gab Aufsteigervorbilder auch in der Literatur, Paul Heyse etwa. Ludwig Anzengruber, der noch nicht ahnen konnte, daß seine Erfolge der frühen siebziger Jahre nicht anhalten würden, verwendete 1871 in einem Brief an Rosegger die Formulierung „[...] wir, die wir uns emporgerungen aus eigener Kraft“, und wiederholte diese Worte in einem Brief bald darauf. [26]

Roseggers Lebensgang verläuft übrigens nicht konform mit jenen der sogenannten Heimatkunstautoren, die ihn um die Jahrhundertwende gerne als nahen Verwandten im Geiste sahen und mit denen er einige literarische Merkmale gemeinsam hat. [27] Bei jenen Autoren führte der Gang vom Bauern zum Schriftsteller über eine Gene-

---

[21] Zit. bei Wagner, Literarische Öffentlichkeit, 38, Brief vom 11.10.1868.

[22] Rosegger, Mein Weltleben, 230.

[23] Schöpfer, Gerald: Peter Rosegger: Ein glaubwürdiger Zeuge wirtschafts- und sozialgeschichtlicher Veränderungen. In: Baur, Schöpfer, Pail (Hg.), 27.

[24] Wagner, Literarische Öffentlichkeit, 3.

[25] Rosegger, Waldheimat, „Am ersten Tage“, 188.

[26] Anzengruber, Ludwig: Briefe. Mit neuen Beiträgen zu seiner Biographie, hg. von Anton Bettelheim. 2 Bde, Stuttgart, Berlin 1902. Bd 1, 119 und 122, 11.2. und 1.3.1871.

[27] Vgl. dazu Pail, Gerhard: Peter Rosegger - Ein trivialer Ideologe? In: Baur, Schöpfer, Pail (Hg.), 61-87.

ration, die entweder einen Gewerbs- oder einen einfachen Angestelltenberuf dazwischenschaltet. [28] Nur ca. 4% von ihnen rekrutierten sich direkt aus dem Bauernstand. [29] Rosegger übersprang somit eine Generation und war sich dessen wohl bewußt: Er habe, schreibt er in ‚Mein Weltleben', „drei, wenn nicht gar vier verschiedene Gesellschaftsschichten durchlebt, durcharbeitet und durchlitten". [30]

Rosegger, der ab 1878 zum gesuchten Vorleser wurde, zählt in seiner Lebensbeschreibung von 1885 und in seinem Rückblickbuch ‚Gute Kameraden' [31] nicht ohne Stolz zeitgenössisch bedeutsame Namen als Beiträger zu seiner Zeitschrift ‚Heimgarten' (1876 ff) und eben als gute Kameraden auf: Robert Hamerling, Ludwig Anzengruber, Eduard von Bauernfeld, Alfred Meißner, Friedrich Schlögl, Ferdinand Kürnberger u.a. Auch fehlt in der genannten Lebensbeschreibung nicht die Aufzählung von 84 Orten und Städten, wo er Lesungen abgehalten hat, zum Teil mehrmals, dazu die Tatsache, daß er eine Einladung nach Amerika ausgeschlagen hat. [32] Trotz alledem muß ihm noch in den 70er Jahren die Angst des Aufsteigers vor dem Rückfall nicht fremd gewesen sein, eine Angst, die in unseren Tagen zum Beispiel Gernot Wolfgruber, auch ein literarischer Aufsteiger, wenn auch aus der Fabrik, formuliert hat. [33] Über jene Jahre ist gesagt worden, Rosegger habe eine Welt poetisiert, deren realem Elend er nicht wieder anheimfallen wollte, und diese Drohung habe Rosegger von Buch zu Buch gehetzt. [34] So gesehen kurbelt die Traumgeschichte einen sozialen Aufstieg auf quälende Weise zurück.

Zum Zeitpunkt, als Rosegger ‚Fremd gemacht!' veröffentlichte, war die Krise Mitte der 70er Jahre - Tod seiner ersten Frau, Sorgepflicht für zwei kleine Kinder - überwunden, die Zeitschrift ‚Heimgarten' angelaufen, ein literarisches Lebensziel war formuliert. Auch hatte er, spätestens mit dem 1877 erschienenen ersten Band der ‚Wald-

---

[28] Verf., Heimatkunstbewegung, 86.

[29] Ebda, 70.

[30] Rosegger, Mein Weltleben, 217.

[31] Rosegger, Peter: Gute Kameraden. Persönliche Erinnerungen an berühmte und eigenartige Zeitgenossen. Leipzig: Staackmann 1916, Inhaltsverzeichnis.

[32] Rosegger, Meine Lebensbeschreibung, 377.

[33] Wolfgruber, Gernot: Wie es anfing. In: G.W.: Der Jagdgast. Salzburg: Residenz 1978, 14-19.

[34] Wagner, Literarische Öffentlichkeit, 44.

heimat', begonnen, das Dilemma zwischen Fortschrittseuphorie und Skepsis [35] für sich zu lösen: Der die Möglichkeiten der Eisenbahn und des Telegrafen durchaus Nutzende wendet sich schriftstellerisch zurück - in Kindheit und Jugend, in eine andere Welt als jene moderne, die ihm seine Herkunftsregion sozial und ökonomisch zu verwandeln begonnen hatte. Das „Gleiten zwischen nicht-identifikatorischer und identifikatorischer Darstellung seiner Herkunftswelt" [36] ging zu Ende. Anders als Ludwig Anzengruber, der eine Poesie der Dissonanz [37] über die Welt, wie sie nun einmal sei, als Mittel der Volksaufklärung über die Erfolgsjahre hinaus und noch im Roman ‚Der Sternsteinhof' für angebracht hielt, erzählt Rosegger z.B. in der ‚Waldheimat'-Geschichte ‚Das Mahl' zwar von einer Wochenarbeitszeit von 90 Stunden für einen Schneidergesellen, verschweigt also Arbeitshärte nicht, überblendet sie jedoch mit dem Glanz der Erinnerung. [38]

Roseggers literarisches Werk zeigt einen ausgeprägten autobiographischen Schreibimpuls. Er hat davon gesprochen, daß ein Dichter, der an anderen Menschen teilnimmt, „auch sein ureigenes Seelenleben mit allen teilen" möchte. [39] So unbedeutend sei keines Menschen Leben, meint er, „daß es - ins rechte Licht gestellt - nicht für die übrigen von Interesse sein könnte". [40] Was aber ist dieses rechte Licht? Folgt es nicht einer Lichtregie? Und besonders in der „autobiographischen" Waldheimat? Ausführlicher als manche ihrer Vorgänger [41] haben neuere Vertreter der Rosegger-Forschung auf den hohen Grad an Stilisierung der Kindheit hingewiesen. [42] Jürgen Lehmann hat Roseg-

---

[35] Schöpfer, Peter Rosegger, 28.

[36] Wagner, Literarische Öffentlichkeit, 97 f.

[37] Verf.: Ludwig Anzengruber: Die Märchen des Steinklopferhanns (1875/79). Poesie der Dissonanz als Weg zur Volksaufklärung. In: Horst Denkler (Hg.): Romane und Erzählungen des Bürgerlichen Realismus. Neue Interpretationen. Stuttgart: Reclam 1980, 231-245.

[38] Rosegger, Waldheimat, 237; vgl. dazu Lehmann, Jürgen: „Weltleben" und „Waldheimat". Zur Technik autobiographischen Schreibens bei Peter Rosegger. In: Baur, Schöpfer, Pail (Hg.), 137; Wagner, Literarische Öffentlichkeit, 228; schon Latzke, Der junge Rosegger, 279.

[39] Rosegger, Mein Weltleben, 103.

[40] Ebda., 238.

[41] Z.B. Latzke, Der junge Rosegger, 34; Pock, Friedrich: Rosegger. Ein Lebensbild. Leipzig: Staackmann 1943, 147; Himmel, Rosegger, 213.

[42] Vor allem Lehmann, Weltleben und Waldheimat, 135 f; Wagner, Literarische Öffentlichkeit, 221.

gers autobiographische Schreibweise mit Blick auf andere Autobiographik des 19. Jahrhunderts untersucht und auf gattungsimmanente Regularitäten aufmerksam gemacht, die die Geschichten als „konstruiert, gedichtet“ ausweisen.[43] Einerseits zeigen sie Verfahren dichterischer Erzählprosa wie „Selektion, Vorausdeutung, Kontrastierung, Dialogisierung, Perspektivierung“, andrerseits stehen eindeutige Entsprechungen zu Roseggers persönlicher Geschichte einer Zuweisung zur Fiktion entgegen.[44] Diese Doppelung hat zwar die breite Leserschaft nicht davon abgehalten, „das Erzählte und das Erlebte gleichzusetzen“,[45] doch für uns heute ist Roseggers ‚Waldheimat‘ mit Warntafeln umstellt. Das gilt nicht nur für ‚Als ich den Kaiser Josef suchte‘, eine Geschichte, in der die Vermengung von Dichtung und biographisch nachweisbarem Substrat eklatant ist.

In der Traumgeschichte ‚Fremd gemacht!‘ schreibt Rosegger: „Ich erzähle Träume und sage die Wahrheit“, und er beteuert kurz darauf: „Mir ist es in der Sache überaus ernst.“ Obwohl in der Einleitung zum Traum selbst ein eindeutiges Stück Fiktion enthalten ist, über das noch zu sprechen sein wird, gibt es keine Möglichkeit, Rosegger den Traum nicht zu glauben; er könnte ihn jedoch genauso zur Gänze erfunden haben. Vielleicht ist das aber gar nicht die entscheidende Frage, denn Rosegger könnte sehr wohl auch in einem erfundenen Traum eine für ihn wichtige „Wahrheit“ erzählt haben. Da aber kein Gegenlesen einer lebensgeschichtlichen Quelle eine Überprüfung ermöglicht, gehe ich davon aus, daß Rosegger tatsächlich der Träumer dieses wiederholten und dann des abschließenden Traumes war.

Es liegt nun nicht in meiner Absicht und auch nicht in meiner Kompetenz, Rosegger mit Sigmund Freuds Hilfe auf die Couch zu legen. Psychologische Ferndiagnosen qua Literatur haben bekanntlich etwas ziemlich Fragwürdiges an sich. Auch war Rosegger mit Freud nicht in Kontakt - das hätten die Spezialisten längst herausgefunden. Vielleicht gewinnt aber die von Rosegger gemeinte Wahrheit mit Hilfe von Freuds Traumtheorie einige Konturen, die die Geschichte, wie wir sie vor uns haben, so nicht hergibt. Freud hat seine Traumtheorie bekanntlich in seinem Werk ‚Die Traumdeutung‘ mit Jahreszahl 1900 veröffentlicht, jedoch, was bedeutsam ist, unter anderem durch die Behandlung von Roseggers Geschichte in späteren Auflagen erweitert; heute wird die

---

[43] Lehmann, Weltleben und Waldheimat, 140.

[44] Ebda., 136.

[45] Wagner, Literarische Öffentlichkeit, 222 f.

achte Auflage von 1929 benützt.[46] Kurz nach der Erstveröffentlichung entstand im November 1899 die knappere und leichter lesbare Darstellung ‚Über den Traum‘;[47] beide werden in der Folge herangezogen.

Den Protokollen der Wiener Psychoanalytischen Vereinigung[48] ist zu entnehmen, daß die Geschichte ‚Fremd gemacht!‘ im Dezember 1910 besprochen wurde. Die Teilnehmer an dieser Diskussion versuchten verschiedene Deutungen: Prüfungstraum, Mutmachertraum, Berufsarbeit-als-Koitus-Traum, Entkleidungstraum, Traum über den Platzmangel im Elternhaus, Geburtstraum (mit der Schneiderwerkstatt als Genitale der Mutter.) Am Ende der heute zum Teil reduktionistisch anmutenden Deutungen ergriff Sigmund Freud das Wort und rückte den Traum, mit nicht näher protokolliertem Rekurs auf einen eigenen, in die Nähe eines Prüfungstraums, in dem ein Mann, der schon berühmt sei, sich bei Tage schäme, sich seinen ehrgeizigen Phantasien hinzugeben; in der Nacht jedoch verstecke der Traum diese Phantasien hinter solchen Erinnerungen. Wie noch zu zeigen sein wird, hat Freud seine endgültige Deutung erst in einer dieser Diskussion folgenden Auflage der ‚Traumdeutung‘ ausgearbeitet.

Der Traum, so wie man sich an ihn erinnert, ist der sogenannte „manifeste Trauminhalt“.[49] Er ist das Ergebnis der „Traumarbeit“[50], in der durch Verdichtung und Verschiebung der sogenannte „latente Trauminhalt“, den Freud auch die „Traumgedanken“ nennt, anschaulich gemacht wird.[51] Die Richtung, in der die Traumarbeit die Traumgedanken in den manifesten Trauminhalt verwandelt, hat Freud in die bekannte Formel gebracht, daß Träume „verhüllte Erfüllungen von verdrängten Wünschen“ seien.[52] Damit das geschehen kann, ist eine Senkung, wenn auch niemals Tilgung, der „endopsychischen Zensur“ nötig.[53] Der Begriff der Zensur deutet auf die Bedeutsamkeit, die ein

---

[46] Freud, Sigmund: Die Traumdeutung (1900). Frankfurt/M. 1961 (= Fischer TB 6344). Nach der 8. Aufl. von 1929.

[47] Freud, Sigmund: Über den Traum. In: S.F.: Über Träume und Traumdeutungen. Frankfurt/M. 1971, 11-52 (= Fischer TB 6073).

[48] Nunberg, Herman und Ernst Federn (Hg.): Protokolle der Wiener Psychoanalytischen Vereinigung. 3. Band. Frankfurt/M. 1977. Umfaßt 1910-1911. Vortragsabend 14.12. 1910 = S. 89 ff.

[49] Freud, Über den Traum, 17.

[50] Ebda., 18.

[51] Ebda., 17, 40; Freud, Traumdeutung, 234.

[52] Freud, Über den Traum, 43.

[53] Freud, Traumdeutung, 429.

Inhalt für den Schläfer haben muß. Freud: „Der Traum beschäftigt sich niemals mit Dingen, die uns nicht auch bei Tag zu beschäftigen würdig sind, und Kleinigkeiten, die uns bei Tag nicht anfechten, vermögen es auch nicht, uns in den Schlaf zu verfolgen.“ [54] Nimmt man noch hinzu, was Freud über die durch Traumanalyse rekonstruierten Traumgedanken sagt, daß nämlich in ihnen regelmäßig „die intensivsten Seelenregungen nach Geltung ringen, zumeist im Kampfe mit anderen, die ihnen scharf zuwiderlaufen“, [55] so wird die zuvor zitierte Aussage besonders bedeutsam. Dem läuft nicht zuwider, daß in Roseggers Traumerzählung kein sogenannter Tagesrest erwähnt wird, also kein „Eindruck [...] des letzten Tages vor dem Traum“, an den nach Freud alle Träume, „ohne mögliche Ausnahmen“, anknüpfen. [56] Schließlich ist noch zu erwähnen, daß Freud den Traum als den „Hüter des Schlafes“ bezeichnet, [57] weil er „eine Art von psychischer Erledigung für den unterdrückten oder mit Hilfe des Verdrängten geformten Wunsch“ schafft, „indem er ihn als erfüllt hinstellt“. [58] Allerdings gebe es da den Grenzfall des Angsttraums, wo der Traum dieser Aufgabe nicht mehr nachkommen kann und den Schlaf rechtzeitig unterbricht. [59]

Mit aller Vorsicht darf man von diesen so knapp wie möglich wiedergegebenen Aspekten der Traumtheorie erste Verbindungen zu Roseggers Traum ziehen: Rosegger gibt in der Hauptsache manifesten Trauminhalt wieder; Traumarbeit wird aber doch darin sichtbar, daß er den Gesellen, dem er im Traum von der Bank weichen muß und dem er eine eigene Geschichte gewidmet hat (‚Vom Gesellen Wenzelaus‘, schon 1878 im ‚Heimgarten‘ erschienen), hier hereinverschoben hat. Der latente Trauminhalt wiederum wird im lebensgeschichtlichen Umfeld zu suchen sein. Ferner deutet die Tatsache, daß ein Traum sich nie mit Kleinigkeiten beschäftigt, vielmehr in ihm „die intensivsten Seelenregungen nach Geltung ringen“, auf einen tiefsitzenden Konflikt. Die Zensur bei Tage scheint gut gearbeitet zu haben, denn Rosegger beteuert, daß er als ein „der Haut eines Handwerkers entsprungener Welt- und Himmelsstürmer Anderes zu thun“ hatte, als sich mit seiner Vergangenheit zu beschäftigen. (In ‚Aus meinem Handwerkerleben‘ steht hier statt Handwerker „Philister“). Allerdings deutet „entsprungen“

---

[54] Freud, Über den Traum, 29.

[55] Freud, Traumdeutung, 381.

[56] Freud, Über den Traum, 28.

[57] Ebda., 45.

[58] Ebda., 47.

[59] Ebda.

in dieser abwehrenden Beteuerung doch wieder auf die Quelle des Konflikts - darüber noch später. Auch daß kein „Tagesrest" erwähnt wird, weist auf einen verdrängten und doch ständig präsenten Konflikt hin, der sozusagen permanent in Lauerstellung steht, um als Traumauslöser zu fungieren.

In der Traumgeschichte findet sich ein Satz des reflektierenden Erzähler-Ichs, der den Eindruck erweckt, als habe Rosegger den Traum ausdrücklich für Freud niedergeschrieben (was historisch natürlich nicht stimmen kann): „[...] Leuten, die auf Träume was halten, und Leuten, die sich etwa gar mit dem Studium des Traumes abgeben, um in demselben die Wahrheit und das Gesetz zu finden, mag meine Mitteilung willkommen sein." Akkurat dies ist, wie schon erwähnt, ca. drei Jahrzehnte später geschehen, durch die Diskussion in der Wiener Psychoanalytischen Vereinigung.

Freud hat in den danach folgenden Auflagen seiner ‚Traumdeutung' Teile der Traumerzählung abgedruckt, kommentiert und kategorisiert.[60] Wie kam er mit Roseggers Traum zurecht, im Hinblick auf die Grundthese, jeder Traum sei eine Wunscherfüllung? Schon im Kap. IV der ‚Traumdeutung' („Die Traumentstellung") spricht er davon, daß es „reichlich genug" Träume gebe, „welche den peinlichsten Inhalt erkennen lassen, aber keine Spur irgendeiner Wunscherfüllung".[61] Er kommt sodann im VI. Kapitel auf eine Kategorie von Träumen zu sprechen, „die auf die Bezeichnung ‚heuchlerische' einen besonderen Anspruch haben und die Theorie der Wunscherfüllung auf eine harte Probe stellen".[62] Gleich darauf erwähnt er Roseggers Traum und sagt, es falle ihm schwer, darin „das Walten der Wunscherfüllung zu erkennen". Er kommentiert: „Alles Erfreuliche liegt im Tagesleben, während der Traum den gespenstigen Schatten einer endlich überwundenen unerfreulichen Existenz fortzuschleppen scheint."[63] Wo soll da, fragt man, die Wunscherfüllung liegen? Freud nähert sich dem Phänomen, indem er Roseggers Traum mit einem eigenen, ähnlichen, ebenfalls in Wiederholung auftretenden Traum vergleicht. Er habe als junger Doktor lange Zeit an chemischen Analysen gearbeitet, sei damit nicht weit gekommen und denke auch im Wachzustand ungern „an diese unfruchtbare und eigentlich beschämende Episode" seines Lernens. Wenn er nun seinen wiederkehrenden Traum träume und im Labor Analysen mache, so seien es unbehagliche „Prüfungsträume". Bei der Deutung eines dieser Träume sei er am Wort

---

[60] Freud, Traumdeutung, Kap. VI: Die Traumarbeit, 386-389.

[61] Ebda., 120.

[62] Ebda., 386.

[63] Ebda., 388, auch die folgenden Zitate.

„Analyse" hängengeblieben; er mache jetzt ja auch Analysen, allerdings Psychoanalysen, die sehr gelobt werden, auf die er stolz sein könne etc. Daher Freuds Deutung des latenten Trauminhalts: „Wenn ich auf diese Art von Analysen im Tagesleben stolz geworden bin, mich vor mir selbst rühmen möchte, wie weit ich es gebracht habe, hält mir nächtlicherweise der Traum jene anderen mißglückten Analysen vor, auf die stolz zu sein ich keinen Grund hatte; es sind Strafträume des Emporkömmlings, wie die des Schneidergesellen, der ein gefeierter Dichter geworden war." Freud meint, man könne erschließen, daß zunächst „eine übermütige Ehrgeizphantasie die Grundlage des Traumes bildete". Tatsächlich erwähnt ja Rosegger, daß er „Hunderte und Hunderte von Büchern lese und selbst welche schreibe". An die Stelle einer Ehrgeizphantasie, fährt Freud in bezug auf seinen Traum fort, sei aber „ihre Dämpfung und Beschämung in den Trauminhalt gelangt". Woher kommen nach Freud Dämpfung und Beschämung? Er erinnert daran, daß es „masochistische Tendenzen im Seelenleben gibt, denen man eine solche Umkehrung zuschreiben darf". Im Gefolge solcher Begründung kommt Freud zur Kategorie der „Strafträume", die man von den Wunscherfüllungsträumen abtrennen könne, ohne daß die Grundthese seiner Traumtheorie eingeschränkt werden müsse, denn, so rekapitulieren wir im Sinne Freuds, auch masochistische Wünsche sind Wünsche. Als Traumquelle bei Rosegger hat also Freud, wie bei seinem eigenen Traum, „den Konflikt zwischen Parvenüstolz und Selbstkritik" angesetzt, und seine Deutung läuft letztlich darauf hinaus, daß in Roseggers Traum die Selbstkritik, geführt von einem masochistischen Impuls, dem Parvenüstolz eins aufs Haupt klopft.

Es spricht einiges für diese Deutung, aber anderes erscheint durch die beiden Pole „Eitelkeit" und „Selbstkritik" doch recht verengt. Was dafür spricht, wird deutlich, wenn man Roseggers Schilderung seines schreckhaften Erwachens und seine Beruhigung betrachtet und mit späteren autobiographischen Aussagen über seine Klassiker-Lektüre vergleicht: So heißt es in der Geschichte: „Das Morgengrauen schimmerte zu den klaren Fenstern herein in mein trautes Heim. Gegenstände der Kunst umgaben mich; im stilvollen Bücherschranke harrte meiner der ewige Homer, der gigantische Dante, der unvergleichliche Shakespeare, der glorreiche Goethe - die Herrlichen, die Unsterblichen alle." Liest man Roseggers ‚Meine Lebensbeschreibung' von 1885 und ‚Mein Weltleben', so haben diese Dichter tatsächlich mehr seiner geharrt, als daß er sie wirklich gelesen hätte. Einerseits hat er sich zwar in der frühen Grazer Zeit vom zeitgenössischen Klassikerkult fasziniert gezeigt, besonders von Schiller[64] - der allerdings in der Aufzählung der „Herrlichen" wiederum nicht aufscheint -, andrerseits erwähnt er

---

[64] Wagner, Literarische Öffentlichkeit, 26.

später, daß er „eine Art von Mißtrauen gegen die so laut gepriesene Bildung und Hochkultur“ entwickelt habe.[65] Einerseits wissen wir über empfangene Lektüreempfehlungen, den Bücherbestand und die Anstrengungen, die Lektüre der Klassiker nachzuholen, Bescheid,[66] andrerseits gesteht er in ‚Mein Weltleben‘, jene „Herrlichen“, die ihm doch vom Bücherregal herunter die Traumschrecken beruhigen halfen, kaum gekannt zu haben: „Große Klassiker [...] haben mich nie gefördert“; er habe von der ‚Ilias‘ (des „ewigen Homer“ in der Traumgeschichte) nicht eine Zeile, von der ‚Odyssee‘ „nur Bruchstücke“ gelesen; die ‚Göttliche Komödie‘ (des „gigantischen Dante“) sei ihm „gänzlich unbekannt“, im ‚Wilhelm Meister‘ (des „glorreichen Goethe“) sei er „schmächlich stekkengeblieben“.[67] Der ansonsten viellesende Rosegger blickt nach dem Erwachen in gewissem Sinne tatsächlich auf die „Herrlichen“ und „Unsterblichen“ wie ein Parvenü, der sich die Symbolnamen für Hochkultur ins Regal stellt. So weit könnte man also mit Freuds Deutung mitgehen.

Andrerseits läßt sich nachweisen, daß Freud durch die Analogisierung mit seinem eigenen Traum Roseggers Erzählung verkürzt interpretiert, ja sogar wichtige Hinweise auf die Verarbeitung des latenten Trauminhalts in den manifesten ignoriert hat. Rosegger hat nämlich der eigentlichen Traumerzählung einen kurzen Abschnitt über einen Grenzfrevler, einen Grenzsteinsünder, vorangestellt. Dem Großvater seines Vaters habe ein Nachbar „einige Klafter Wiesengrund“ abgezwackt, indem er den Grenzstein versetzt habe. „Der Nachbar starb, ohne sein Unrecht gut gemacht zu haben, und was geschah? Jede und jede Nacht mußte er aus seinem Grabe steigen und den Grenzstein auf seinen ursprünglichen Platz zurücktragen.“ Nun vermischt sich das Sagenhafte mit dem Familiengeschichtlichen noch mehr, d.h. Rosegger gibt als tatsächlich geschehen aus, was doch nur Fiktion sein kann: Der betroffene Urgroßvater - Rosegger bleibt bei der Bezeichnung „Großvater“, weil er seinen Vater als Überlieferer und in gewissem Sinne als Beglaubiger dieser Familiengeschichte kennzeichnen möchte - „hatte den Geist des Nachbars mehrmals gesehen, wie dieser an der Grenzscheide hin und her ging, bis der Großvater die Sache untersuchen ließ, den versetzten Grenzstein richtig stellte und zum Zeichen seiner Verzeihung für den Nachbar eine Messe opferte. Von dieser Zeit an war der Geist nicht mehr zu sehen, er war erlöst, er konnte ruhen.“

---

[65] Rosegger, Meine Lebensbeschreibung, 374.

[66] Latzke, Der junge Rosegger, 53, 38 f.; Wagner, Literarische Öffentlichkeit, 23.

[67] Rosegger, Mein Weltleben, 138 und 220 f.

Der Grenzfrevler ist eine in der bäuerlichen Sagenwelt sehr verbreitete Gestalt. [68] Der Begriff „Grenze“ ist ja wesentlich an den des Eigentums an Boden geknüpft; [69] eine Grenze, wie sie einmal besteht, ist für unverrückbar erklärt, ihre Versetzung zieht Strafe nach sich, [70] die der Grenzfrevler als Wiedergänger abbüßen muß und doch nicht kann. Seine Erlösung bedarf der Hilfe Lebender, die ihm entweder sagen, wohin er den Stein setzen soll oder es selbst tun. [71]

Bei Rosegger ist das alles da, und wenn er sich ausdrücklich mit jenem grenzfrevelnden Nachbarn vergleicht, so verlangt dieser Vergleich besondere Aufmerksamkeit: Er schreibt, er habe in seinen hartnäckigen Träumen „den Schatten meines Schneiderlebens durch die langen Jahre geschleppt, wie ein Gespenst, ohne seiner los werden zu können.“ Die Bezeichnungen „Gespenst“ und „Schatten“ unterstreichen den Vergleich mit dem Grenzstein-Wiedergänger als Geist. Wenn also das Wesen der Grenzfrevler-Sage aus Unrecht, Qual des Missetäters, Beseitigung des Unrechts und Erlösung besteht und Rosegger sich ausdrücklich mit jenem Grenzsteinsünder vergleicht, so werden für uns a) eine interessante literarische Verfahrensweise und b) ein wichtiger psychologischer Faktor klar: Literarisch arbeitet Rosegger mit den Mitteln von Redundanz und Innovation. Um etwas sehr Persönliches, eine kaum glaubliche Traumserie, glaubhaft zu machen, schickt er etwas sehr Bekanntes voraus und analogisiert es. Die volkslegendäre Vertrautheitsvorgabe ist ein Mittel, das z.B. Roseggers Freund Ludwig Anzengruber in seinen ‚Märchen des Steinklopferhanns‘ (1875/79) ebenfalls benützt hat. So spielt etwa ein Erzählteil in „Die G’schicht von der Maschin’“ in der Walpurgisnacht, die einer Dampfmaschine die Gabe verleiht, zu einem Menschen zu sprechen (um ihn von einem Maschinensturm abzubringen). [72] Solche Einbettung eines besonderen Geschehens in einen volkslegendären Zusammenhang ist auch in der Traumgeschichte nicht einmalig, gehört doch „die Integration von Märchen und Sagen in seine Prosa-

---

[68] Für Hinweise zu diesem Aspekt danke ich Dr. Gertraud Liesenfeld vom Institut für Volkskunde der Universität Wien.

[69] Brednich, Rolf Wilhelm (Hg.): Enzyklopädie des Märchens. Handwörterbuch zur historischen und vergleichenden Erzählforschung. Berlin, New York: de Gruyter 1990, Bd. 6, Sp. 134-142: „Grenze“.

[70] Oswald, Erich und Richard Beitl: Wörterbuch der deutschen Volkskunde. 3. Aufl. Stuttgart: Kröner 1974, 304: „Grenze“.

[71] Brednich, Enzyklopädie, 136 f.

[72] Vgl. dazu Verf.: Literatur und Liberalismus. Zur Kultur der Ringstraßenzeit in Wien. Wien: Jugend und Volk, Dachs 1992, 219-225.

schriften zu Roseggers erfolgreichen Schreibverfahren". [73] Damit liegt auch hier einerseits ein Beispiel dafür vor, wie bei Rosegger „retrospektive Kopfarbeit" am Werk ist. [74] Andrerseits hat solche retrospektive Kopfarbeit nicht verhindert, daß ein latenter Trauminhalt eingeflossen ist, der Freuds Interpretation, mit den zwei Polen Eitelkeit/Parvenüstolz und Selbstkritik, übersteigt: Ein tiefsitzender Restkonflikt, an Schwere einer Grenzsteinversetzung gleichgestellt, bei Tag von erfolgreichen Tätigkeiten und vielerlei Verpflichtungen überdeckt, hat sich offenbar bei Nacht, wenn die Kontrollen abschlaffen, Traum-Raum verschafft. Eine von Roseggers Ambivalenzen, der Zwist zwischen Weltdurst und Bindung an das frühere Leben, war zu jenem Zeitpunkt äußerlich schon entschieden: Rosegger träumt seine Wiedergängerträume in Graz, in zweiter Ehe, es sind Erfolgssymbole da, Kinder und eine heimelige Wohnung. Aber das „Davongehen" und das „Entspringen" deuten sogar noch im Kontext der bewußten Reflexion des Ich-Erzählers auf den latenten Trauminhalt. Was Rosegger lange Zeit vergeblich im Traum zu verarbeiten versucht hat, war das Gefühl, seinem Herkunftsbereich, auch seinem Meister, entlaufen zu sein. [75]

Dem Grenzfrevler der Sage mußte von außen geholfen werden. Wer oder was aber hat Rosegger geholfen, die nächtliche Erniedrigung auf der Schneiderbank zu einem Ende zu bringen? Es fällt auf, daß Sigmund Freud den Krisen- und Abschlußtraum nicht kommentiert hat. Wohl aber hat er eingeräumt, daß man bei der Beurteilung von Träumen, die ein Dichter mitteilt, annehmen darf, daß er Lücken offengelassen hat, daß ein Dichter „für unwesentlich erachtete Einzelheiten des Trauminhalts von der Mitteilung ausgeschlossen hat. Seine Träume geben uns dann Rätsel auf, die bei exakter Wiedergabe des Trauminhalts bald zu lösen wären". [76]

Rosegger hat jedoch Freud diesen Gefallen der Lückenlosigkeit nicht getan; Literatur wird nicht einer psychologischen Theorie zuliebe geschrieben. Und so steht für uns vor dem letzten, erlösenden Traum ein Irgendwie. Irgendwie mußte es einmal ein Ende haben mit der tiefsitzenden Ambivalenz zwischen Entsprungen-Sein und Schuld-Verspüren, zwischen täglicher Teilnahme am literarischen Leben und nächtlicher Buße auf der Schneiderbank. Irgendwie hat der Konflikt im Verdrängungsbereich des Träu-

---

[73] Wagner, Literarische Öffentlichkeit, 93.

[74] Ein Ausdruck aus einer Besprechung der Wiener Abendpost, 28.1.1878, zit. ebda., 225.

[75] Deshalb ist auch eine Deutung, die auf das Verstoßenwerden, auf das eine Interpretation abgehoben hat, kaum stimmig; vgl. Himmel, Rosegger, 209.

[76] Freud, Traumdeutung, 389.

menden sich auf eine Krisis hingetrieben. Es scheint, als habe Rosegger, nach einer Art traumpsychologischer Verelendungstheorie, eine Aufgipfelung des zumutbaren Belastenden herbeigeführt und überschritten, um sich, so oder so, aus dem Herkunftsbereich zu entlassen. Roseggers Traum-Ich hat, wenn das Bild gestattet ist, den letzten Faden zu seinem alten Schneiderleben durchschnitten. Sofort müssen wir hinzufügen, daß das deshalb geschehen sein mag, um von der Position dessen, der der Literatur ein ganz anderes Leben verdankt, sich der Schilderung seines früheren Lebens umso entschiedener widmen zu können. Erst so, von einer im lebensgeschichtlichen Sinne störungsfrei gemachten Basis aus, scheinen „Rückkehrwünsche zu einer Jugend, der man entkommen ist", [77] reif für Literatur geworden zu sein.

Als Rosegger sich seiner Bedeutung als Schriftsteller längst sicher war, hat er im Abschnitt „Mein Heim" des Bandes ‚Mein Weltleben' seinen Schreibtisch gelassen und befriedigt so beschrieben: „Der mir werteste Gegenstand auf diesem Arbeitstische ist eine alte, rostbraune Schere, mit welcher ich einst das Lodentuch geschnitten und den Faden abgezwickt habe. Gleich daneben liegt eine goldene Feder als Andenken an ein großes Schriftstellerfest in Wien." [78]

[77] Wagner, Literarische Öffentlichkeit, 226.

[78] Rosegger, Mein Weltleben, 146.

Jürgen Lehmann

„Der Waldbauernbub und der Graf"
Vergleichende Betrachtungen zu Peter Rosegger und Lev Nikolaevic Tolstoj

> Jedermann erleichtert sich durch Vergleichung das Urteil, aber man erschwert sich's auch: denn wenn ein Gleichnis, zu weit geführt, hinkt, so wird ein vergleichendes Urteil immer unpassender, je genauer man es betrachtet [1].

Goethes sogenannte Warnung vor dem Vergleichen in den Noten und Abhandlungen zum Westöstlichen Divan - die ihn selbst übrigens nicht vom Vergleichen abgehalten hat - soll hier am Anfang meiner Ausführungen stehen, um wenigstens ansatzweise auf die Probleme und Schwierigkeiten zu verweisen, die mit Vergleichungen generell und mit einem Vergleich zwischen Rosegger und Tolstoj im besonderen verbunden sind. Vergleichungen, obwohl von Literaten und ihren Kritikern immer mit Fleiß betrieben, sind zu Recht auch immer wieder hinsichtlich Methode und Erkenntniswert angezweifelt worden: Die Vergleichung vernachlässige leicht das Besondere zugunsten des Allgemeinen, sie ignoriere das Individuelle des zu Vergleichenden, sie suggeriere vorschnell die Gleichwertigkeit des Verschiedenen und anderes mehr.

Diese und andere Vorbehalte, wie sie ja z.B. auch Thomas Mann gegenüber den „wilden, willkürlichen und ungebührlichen Kopulationen" im Kapitel Rangfragen seines Essays „Goethe und Tolstoj" formuliert hat [2], sind gerade bei diesem Thema ernst zu nehmen. Schließlich scheinen doch Rosegger und Tolstoj durch eine tiefe Kluft voneinander getrennt zu sein, eine Kluft, die den lebensweltlichen Bereich ebenso betrifft wie den literarischen: hier der aus ärmlichsten Verhältnissen stammende Bauernsohn Peter Rosegger, dort der aus angesehenem, altem Adel stammende Lev Tolstoj, hier der bereits zu Lebzeiten weltweit anerkannte Künstler und Kulturkritiker, dort der immer einer bestimmten Region verhaftete, bisweilen triviale Volksschriftsteller Peter Rosegger. Zudem gibt es wenig direkte Beziehungen zwischen beiden Autoren, man findet kaum spezifische Begründungszusammenhänge, die mit Begriffen wie Einfluß, Wirkung oder Rezeption beschreibbar wären und einen Vergleich zwingend erfordern würden. Tolstoj hat Rosegger offenkundig überhaupt nicht wahrgenommen, in der 90bändigen histo-

---

[1] Johann Wolfgang Goethe, Werke (Hamburger Ausgabe). München [11]1978, Bd. 2, S.182.

[2] Thomas Mann, Gesammelte Werke in dreizehn Bänden. Frankfurt a.M. [2]1974, Bd. IX, S.60.

risch-kritischen Ausgabe wird der Name Rosegger nur einmal erwähnt [3]. Auch Roseggers Äußerungen über Tolstoj zeugen nicht gerade von einer tiefen und umfassenden Kenntnis des „großen Russen", wie es in den relativ wenigen Bemerkungen über Tolstoj heißt. Die literaturkritischen Anmerkungen im ‚Heimgarten', insbesondere die zur Kreutzersonate, sind geprägt durch Topoi und Argumentationschemata der deutschen Tolstoj-Kritik um die Jahrhundertwende (Tolstoj als der große Einsame, als der Egoist, als der Fanatiker, als Gewissen der Menschheit etc.), [4] insbesondere eine zu erwartende Auseinandersetzung mit dem Bauern-, dem Landlebendichter Tolstoj findet nicht statt.

Gleichwohl gibt es eine Reihe von biographischen und literarischen Übereinstimmungen, die die hier angestrebten vergleichenden Betrachtungen ermöglichen: So sind beide von Jugend an aufgrund geistiger Begabungen und literarischer Interessen innerhalb ihrer unmittelbaren gesellschaftlichen Umgebung isoliert und suchen dies durch bestimmte Formen von Schriftlichkeit wie Tagebuch, Autobiographie, Brief u.a. zu kompensieren. Beider literarisches Werk ist folglich von Anfang an in hohem Maße autobiographisch geprägt, beide verwenden häufig die genannten Gattungen Tagebuch, Brief und Autobiographie als literarische Muster. Dabei - und vor allem dies ist der Grund für meine Betrachtungen zu beiden Autoren - spielen bestimmte Formen und Funktionen von Landlebenliteratur eine wichtige Rolle, Landlebenliteratur hier verstanden als Darstellung naturnaher Lebensbereiche, dörflicher Sozialstrukturen und bäuerlicher Tätigkeiten. Sowohl Tolstoj als auch Rosegger instrumentalisieren diese Literatur in hohem Maße für eine restaurative Kultur- und Zivilisationkritik, eine Kritik, die sich bisweilen sogar gegen das Medium richtet, durch das sie artikuliert wird, nämlich die Kunst und die Literatur. Für beide ist eine nicht zufällig an Rousseau erinnernde Verbindung von literarischem Selbstbekenntnis, aufklärerisch geprägter Pädagogik und Zivilisationskritik charakteristisch, eine Verbindung, die ihr Selbstverständnis als „Volksschriftsteller" ebenso prägt wie die mit dieser Rolle verbundene Behandlung und Problematisierung der Beziehung zwischen Schriftsteller und Volk, was auch unter letzterem immer verstanden werden mag. Ausgehend von Äußerungen Roseggers will ich im folgenden auf einen Aspekt dieser Thematik, nämlich den des Verhältnisses von Nähe und Distanz, aufmerksam machen, wobei wegen der notwendigen zeitlichen Beschränkung Tolstoj im Vordergrund meiner Betrachtungen stehen soll.

---

[3] Lev N. Tolstoj, Über Literatur und Kunst. Leipzig 1980, S. 294.

[4] Peter Rosegger, AlH, Bd. 33, S. 317ff.

Die erwähnte, als Ausgangspunkt meiner Betrachtungen dienende Äußerung Roseggers findet sich in ‚Heimgärtners Tagebuch' von 1910. In einem kurz vor Tolstojs Tod geschriebenen Artikel heißt es:

> Mich hat man gelegentlich den deutschen Tolstoj genannt. Beileibe nicht in der erzählenden Kunst, die kann ich nicht und ist mir gleichgültig, als vielmehr in der Sehnsucht nach sittlicher Vollkommenheit an mir und den Mitmenschen. Hierin mag ich wohl so ein kleines Tolstojserl sein. Allerdings ein recht zahmes und bequemes, mit dem großen verglichen. Aber selbst dieser bequeme, scheint es, wäre noch zu spießig. Mich deucht, die Lebensvorschläge, die i c h mache, müßten die allermeisten Leute an sich durchführen können. Und wie oft ertappe ich mich dabei, daß ich sie selber nicht zu halten vermag. Na, wenigstens strengt man sich an, Erreichbares zu erreichen, während man sich vor dem Unerreichbaren keine Mühe mehr gibt.
>
> Wer die Menge aufwärts bringen will, der muß breitere Straßen wählen, die in sachten Schlangenwindungen vielleicht auf den Rigi führen können, nie aber auf das Matterhorn. Man muß es zu Beginn der Wanderung ja nicht gleich sagen, wie hoch man hinauf will. - Persönliche Neigungen hätte auch ich (wie Tolstoj) für das Matterhorn. Aber was macht man allein dort oben? [5]

Was an der Äußerung zunächst auffällt, ist die ausdifferenzierte Gestik der Bescheidenheit: Dem expliziten Verzicht auf Ebenbürtigkeit und Vergleichbarkeit im ästhetischen und literarischen Bereich folgt in bezug auf eine mögliche Vergleichung hinsichtlich anderer Aspekte eine durch Adjektive und Diminutiv doppelt akzentuierte Herabstufung zum „kleinen Tolstojserl". Zudem wird der ganze Vergleich mit Tolstoj als Zitat, also als Bestandteil fremder Rede gekennzeichnet, Ausdruck einer Distanzierung, die den gesamten Essay zu Tolstoj bestimmt. Diese Verbindung von Bescheidenheitsgestik und Distanzierung ist kalkuliert, ist Bestandteil einer dem vergleichenden Hinweis auf Tolstoj folgenden bekenntnishaften Selbststilisierung als Volksschriftsteller. Es ist eine Selbststilisierung, die im weiteren Verlauf der Argumentation sehr geschickt mit diesem Vergleich arbeitet, dessen Gegenstand dann allerdings nicht der Künstler, sondern die Rolle des Künstlers in der Gesellschaft ist. Der Verzicht auf literarische Qualität erscheint dabei fast als Voraussetzung für die Übernahme dieser Rolle. In seiner deutlich mit Kontrasten arbeitenden Argumentation erscheint Rosegger selbst - im Gegensatz zum einsamen, strengen und egoistischen Tolstoj - als ein dem Mittelmaß und dem Mittelweg verpflichteter und so dem einfachen Mann nahestehender, seine Schwächen verstehender, eigene Fehler nicht verbergender Literat a u s dem Volk. Der vorwegge-

---

[5] Ebd., S. 318.

nommene Nachruf auf Tolstoj wird zum Dokument einer Art Alleinvertretungsanspruch als Volksschriftsteller.

Roseggers Darstellung, so marginal sie in bezug auf wichtige Aspekte von Werk und Wirkung Tolstojs zunächst auch erscheinen mag, ist hier in zweifacher Weise von Interesse: Sie berührt - wie noch zu zeigen sein wird - einen höchst problematischen Charakterzug des Volksschriftstellers Tolstoj, und sie ermöglicht aufgrund ihrer Argumentationsweise einen auf diese Problematik bezogenen Vergleich beider Autoren. Rosegger arbeitet nämlich wie so oft in seinen Schriften mit den Kategorien Nähe und Vertrautheit, hier erweitert durch die Kontrastierung von Nähe und Distanz, Rigi versus Matterhorn. Nähe und Vertrautheit bestimmen - wie jeder Rosegger-Leser weiß - nicht nur die ethnographisch orientierten Beschreibungen der Steiermark oder des dörflichen Alltags (z.B. ‚Volksleben in Steiermark') oder die publizistischen Stellungnahmen zu Agrar- und anderen gesellschaftspolitisch relevanten Problemen. Vielmehr prägen diese Kategorien auch die literarischen Verfahren, mit denen ländliche Natur und bäuerliche Lebenswelt sprachlich-literarisch gestaltet werden sollen wie z.B. in den Waldheimatgeschichten. Zu nennen sind hier vor allem die Gestalt des unterhaltenden und mit seinem Gegenstand und seinem Publikum besonders vertrauten Erzählers sowie die damit verbundenen Techniken autobiographischen Schreibens. Diese Erzählerfigur - häufig ein Ich-Erzähler - besitzt eine besondere, durch Wiedererkennen und Erinnerung gekennzeichnete Wahrnehmung des dargestellten ländlichen Raumes. Diese wird häufig der seiner Bewohner, also Bauern, Waldarbeiter etc. angenähert, was durch die Berücksichtigung der Kategorie Einfachheit als Stilprinzip akzentuiert wird.[6] Nähe, Vertrautheit und Einfachheit sind zudem Bestandteil von Roseggers Strategien, sein Erzählen durch Herkunft zu legitimieren und das Verhältnis von Autor und Erzählgegenstand als eines der frag- und problemlosen Identität zu demonstrieren sowie zu beglaubigen.

Ganz anders gestaltet Tolstoj dieses Verhältnis. Nähe, Annäherung, Einfachheit bestimmen auch seine literarischen Bemühungen um ländliche Natur, dörfliche Sozialstrukturen und bäuerlichen Alltag, doch geschieht das von Beginn an reflektierend, problematisierend. Diese Problematisierung betrifft die Möglichkeiten der Annäherung des Gutsbesitzers und Autors Tolstoj an das Volk bzw. die bäuerliche Bevölkerung ebenso wie die im 19. Jahrhundert bei ihrer Beschreibung dominierenden literarischen Verfahren. Relevant für einen großen Teil seiner Landlebenliteratur ist also nicht

---

[6] Vgl. Vf., ‚Weltleben' und ‚Waldheimat'. Anmerkungen zur Technik autobiographischen Schreibens bei Peter Rosegger. In: „Fremd gemacht"? Der Volksschriftsteller Peter Rosegger. Hrsg. von Uwe Baur, Gerald Schöpfer und Gerhard Pail. Wien/Köln/Graz 1988, S. 137ff.

eine literarisch akzentuierte Nähe, sondern der Aspekt der versuchten und zugleich immer wieder scheiternden Annäherung. Nicht Standortgewißheit, sondern Standortsuche bestimmen die literarische Gestaltung dieses Gegenstandsbereichs. Ich will das im folgenden an einigen Texten Tolstojs zeigen. Mit Rücksicht auf Roseggers zitierte Ausführungen zu Rigi und Matterhorn werde ich dabei nicht die großen Romane Tolstojs, z.B. ‚Anna Karenina', berücksichtigen, sondern kleinere und auch weniger gelungene; anfangen will ich mit einem Zitat:

> Liebe Tante!
> Ich habe einen Entschluß gefaßt, von dem meine ganze Zukunft abhängt. Ich verlasse die Universität, um mich ganz dem Landleben zu widmen, denn ich fühle, daß ich dafür geboren bin. Um Gottes Willen, lachen Sie mich nicht aus, liebes Tantchen. Sie werden sagen, ich sei noch sehr jung; vielleicht bin ich wirklich noch ein Kind, doch das hindert mich nicht, meine Berufung zu fühlen, das Gute zu wollen und zu lieben.
> Wie ich Ihnen schon schrieb, fand ich die Angelegenheiten hier in unbeschreiblicher Unordnung vor. In dem Wunsch, sie wieder zu ordnen und tiefer in sie einzudringen, entdeckte ich, daß das Hauptübel in der kläglichen, armseligen Lage der Bauern selbst besteht, und daß man dieses Übel nur mit Arbeit und Geduld heilen kann. ... Ist es nicht meine direkte heilige Pflicht, für das Glück dieser 700 Menschen zu sorgen, für die ich vor Gott verantwortlich bin? Wäre es nicht Sünde, sie der Willkür der groben Dorfältesten und Verwalter zu überlassen, nur um den eigenen Wünschen des Genusses und Ehrgeizes nachzugehen? Und warum soll ich anderswo suchen, nützlich zu sein und Gutes zu tun, wenn sich mir eine so naheliegende, ehrenvolle und leuchtende Pflicht auftut? ... Liebes Tantchen, machen Sie keine ehrgeizigen Pläne für mich, gewöhnen Sie sich an den Gedanken, daß ich einen ganz besonderen Weg gehe, doch einen guten, der, ich fühle es, mich zu meinem Glück führen wird.[7]

Mit diesen Äußerungen beginnt einer der frühesten literarischen Versuche Tolstojs, der Kurzroman ‚Utro pomescika' (‚Der Morgen eines Gutsbesitzers'). Sie sind Bestandteil eines Briefes, den der Held der Erzählung, soweit man überhaupt von Held und Handlung reden kann, der junge Adlige Nechljudov (dessen Name übrigens von Tolstoj bis zum letzten Roman ‚Auferstehung' immer wieder zur Bezeichnung einer ihm besonders nahestehenden literarischen Gestalt verwendet wird) an seine ihm wichtige Tante gerichtet hat. Wie die zitierten Zeilen verdeutlichen, gedenkt dieser Nechljudov sich aufs Land zurückzuziehen, um die Lage seiner Bauern zu verbessern, und von dieser Absicht kann ihn dann auch die abratende Stellungnahme der Tante nicht abbringen. Der Held bleibt auf dem Lande, bemüht sich ein Jahr lang, das dörfliche Leben und die

---

[7] Lev N. Tolstoj, Gesamtausgabe des dichterischen Werks in Einzelausgaben. Berlin 1928, Bd. X, S. 129f.

Probleme der Bauern kennenzulernen und deren Lage zu verbessern. Die mit dem zweiten der zwanzig Kapitel einsetzende Handlung ist zeitlich auf einen Junimorgen ca. ein Jahr nach der Ankunft des Helden auf dem Lande beschränkt. Nechljudov inspiziert sein Dorf, besucht drei arme und einen reichen Bauern und muß dabei erkennen, daß all sein philanthropisches Denken und Handeln letztlich nutzlos waren. Besonders deutlich und zugleich literarisch innovativ wird dies im 18. Kapitel herausgearbeitet, wo der junge Reformer in innerem Monolog und Ansätzen von erlebter Rede das Nichterreichte mit den zu Beginn des Landaufenthalts gehegten Plänen vergleicht. Ihm wird bewußt, daß ihn eine tiefe Kluft von diesem dörflichen Lebensbereich trennt, dem er doch gleichzeitig anzugehören bestrebt ist. Mit der Darstellung eines Traumes von einem solchen Leben im Einklang mit einer natürlichen Lebenswelt und einer bäuerlichen Sozialordnung bricht der Roman ab.

‚Utro pomescika', geschrieben im Jahre 1852, ist ein für den frühen Tolstoj höchst aufschlußreiches Fragment. Es ist Bestandteil eines großen, in den späten 40er und 50er Jahren entworfenen, aber nie vollendeten Romanprojekts mit dem Titel ‚Roman eines russischen Gutsbesitzers'. Das Fragment verarbeitet erste Erfahrungen des jungen Tolstoj mit seinen Bauern, dokumentiert seine gescheiterten Bemühungen, zu Beginn der 50er Jahre, also ein Jahrzehnt vor der Aufhebung der Leibeigenschaft in Rußland, mit der Aufhebung der Leibeigenschaft, Verbesserung der Arbeits- und Abgabebedingungen das Verhältnis Gutsherr/Bauer auf eine neue, mehr partnerschaftliche Grundlage zu stellen. Diese gutgemeinten, aber mangels Erfahrung nicht durchzuführenden Pläne scheiterten am Mißtrauen der Bauern, die ein solches menschenfreundliches Verhalten eines russischen Adligen für ein raffiniertes und deshalb besonders gemeines Betrugsmanöver hielten.

Literarisch ist dieser Kurzroman durch zwei in der russischen Literatur des späten 18. und frühen 19. Jahrhunderts häufig verwendeten Gestalttypen geprägt: Zum einen ist es die von der Moralphilosophie des 18. Jahrhunderts geprägte Gestalt des sogenannten reuigen Adligen[8], zum anderen der Typus des sogenannten „überflüssigen Menschen" (nenuznyj celovek), des ohne sozialen Halt, ohne gesellschaftliche Aufgabe, ohne konkrete geistige Orientierung dahinlebenden adligen Intellektuellen, der in der russischen Literatur des 19. Jahrhunderts von Puskins ‚Evgenij Onegin', über Lermontovs ‚Pecorin', Turgenevs ‚Rudin' bis zu Goncarovs ‚Oblomov' eine zentrale Rolle spielt. Beide Typen verschmilzt Tolstoj in der Figur des Nechljudov. Dadurch ergibt sich eine

---

[8] Vgl. dazu: Wilhelm Lettenbauer, Tolstoj. Eine Einführung. München und Zürich 1984, S. 36.

gegenseitige Relativierung und Infragestellung der von diesen Typen geprägten Handlungsschemata, die insbesondere das Scheitern des Helden motiviert. Bereits die zitierte Briefpassage läßt erkennen, daß Nechljudovs Handeln sowohl von sozialen als auch von sehr persönlichen Intentionen und Interessen geleitet ist. Es geht ihm um das Glück der Bauern ebenso wie um das durch sein soziales Handeln erreichbare persönliche Glück. Der Wunsch nach Pflichterfüllung, sozialer Arbeit, Übernahme von Verantwortung erweist sich als Bestandteil eines Strebens nach Selbstvervollkommnung und damit verbunden als Bestandteil eines sehr individuellen Suchens nach dem Sinn des Lebens in einer von der Zivilisation noch nicht deformierten Lebenswelt. Die für Tolstoj typische, bis zur Unbarmherzigkeit präzise psychologische Analyse des Helden läßt dabei das subjektivistische Moment besonders hervortreten, z.B. das Bemühen Nechljudovs, der Fremdheit und Widerwärtigkeit dieser bäuerlichen Wirklichkeit mit Hilfe der Einbildungskraft zu entkommen. Es ist bezeichnend für Tolstoj, daß er diesen Subjektivismus zivilisationskritisch erklärt. Es sind nämlich auch eine falsche Bildung und eine unnatürliche Sozialisation, die für eine verfälschte Wahrnehmung des Helden verantwortlich sind. Aufgrund dieser falschen Erziehung kann Nechljudeov die Bauern und ihre Lebenswelt nur als Gegenstände seines ganz persönlichen Interesses und seiner ganz persönlichen Selbstvervollkommnung ansehen und muß deshalb notwendig scheitern.

Das Problem des aufgrund falscher Erziehung verstellten Zugangs zur Natur und zur ländlichen Lebenswelt wird Tolstoj im Verlauf seiner literarischen Tätigkeit immer wieder beschäftigen. Es ist eines der Ergebnisse seiner intensiven Rousseau-Studien, insbesondere der Auseinandersetzung mit den Romanen ‚Émile' und ‚Nouvelle Héloïse', deren Nachwirkungen auch in einem zweiten, fast gleichzeitig entstandenen Kurzroman ‚Kazaki' (‚Die Kosaken') unübersehbar sind, den ich hier aus Zeitgründen nicht näher vorstellen kann.

Bezieht man die skizzierte frühe Prosa Tolstojs auf die zu Beginn angesprochene Frage nach dem Selbstverständnis beider Autoren als Volksschriftsteller, dann zeigt sich bereits hier eine Problematisierung des Verhältnisses von Nähe bzw. Distanz zum Volk, die bei Rosegger so nicht zu finden ist. Das betrifft erstens die Textgestaltung, zweitens die literaturgeschichtlichen und drittens die autobiographischen Kontexte. Was den Aspekt der Textgestaltung angeht, so dominiert die zunächst sentimentalische Beziehung des Helden zum Landleben, die wie in ‚Utro pomescika' mit sozialkritischen Aspekten gleichsam angereichert wird. Diese Beziehung und die mit ihr verbundenen Formen der Annäherung werden im Verlauf der Romanhandlung mit Hilfe einer zivilisationskritischen Argumentation als illusionistisch, ja unehrlich und egoistisch entlarvt. Das Scheitern der Helden gründet u.a. in einer durch Kultur und Zivilisation deformierten Wahrnehmung, die einen problemlosen Zugang zur naturnahen Lebenswelt der Bauern und - wie im anderen Kurzroman ‚Kazaki' - der Kosaken unmöglich macht. Akzentuiert wird die letztlich unüberwindbare Distanz zwischen Held und ländlichem Lebensraum erzähltechnisch durch das Fehlen eines persönlichen Erzählers Roseggerscher Provenienz. Der dargestellte geographische und soziale Raum wird distanziert, aber nicht individualisierend vorgestellt, er ist weder Herkunftsraum der Helden noch eines Erzählers, der sein Erzählen durch Herkunft und - damit verbunden - durch eine persönliche, eine emotionale Beziehung zum Erzählten subjektiv beglaubigt. Eine Individualisierung des Raumes im Sinne einer deutlich akzentuierten Regionalisierung fehlt weitgehend.

Das Erzählen verlagert sich von den darzustellenden ländlichen Räumen auf die darzustellenden Helden, auf deren Sozialisationsprobleme, auf die damit verbundenen Probleme bei der Wahrnehmung anderer Lebensbereiche, auf die ebenfalls damit verbundenen Zivilisationsängste und die daraus resultierende Suche nach alternativen Lebensformen. Am Beispiel dieser Helden markieren die vorgestellten Texte folglich gesellschaftliche Defizite und subjektbezogene Deformationen, befriedigenden Antworten auf die ausgeworfenen Fragen geben sie nicht. Darauf haben schon so verschiedene Tolstoj-Bewunderer wie Anton Čechov oder Georg Lukács zu Recht verwiesen[9]. Es ist bezeichnend für Tolstojs literarische Ehrlichkeit und Eigenständigkeit, daß er solche Antworten nicht mit Hilfe etablierter Verfahren wie z.B. der in Verbindung mit dem Schema Wunschbild Land - Schreckbild Stadt beliebten Krankheits- und Gesundungsmetaphorik erzwungen hat, die von Rosegger ja noch in Romanen wie ‚Erdsegen' in Anspruch genommen wird. Topoi solcher Art werden wie z.B. in den ‚Kazaki' bestenfalls aufgerufen, um ihre Automatisiertheit zu demonstrieren. Hingegen akzentuiert Tolstoj eher noch die eigene Hilflosigkeit, das Problem der Annäherung eines adligen Intellektuellen an das Volk literarisch überzeugend zu gestalten: Das erfolglose Suchen seiner Protagonisten Nechljudov und Olenin, dem Helden des erwähnten Romans ‚Kazaki' (‚Die Kosaken'), nach einer neuen Existenz belegt dies ebenso wie die fragmentarische Struktur, der offene Schluß beider Texte.

Damit sind wir bei dem zweiten hier genannten Aspekt, dem gattungs- und literaturgeschichtlichen. Die erwähnte fragmentarische Struktur beider Romane sowie das Aufgeben der sie einschließenden größeren Romanprojekte sind sowohl eine Demonstration des literarischen Scheiterns als auch ein Beleg für Tolstojs sich früh zeigen-

---

[9] Z.B. in: Georg Lukács, Tolstoi und die Probleme des Realismus. In: G.L., Probleme des Realismus II. Der russische Realismus in der Weltliteratur. Neuwied und Berlin 1964, S. 199.

de literarische Eigenständigkeit. Tolstoj, so ist gezeigt worden, benutzt bei der Gestaltung seiner Helden durchaus bestimmte in der russischen Literatur des frühen 19. Jahrhunderts entwickelte Typen, aber er klinkt sich im Gegensatz zu Rosegger bereits in seinen Frühschriften aus dieser gattungs- und literaturgeschichtlichen Tradition sehr schnell aus. Zugleich löst er sich mit der Akzentuierung der erwähnten Distanz zwischen Erzähler und erzählter Lebenswelt von einer romantisierenden Tradition von Landlebenliteratur in Rußland, die durch eine naive, unreflektierte Verbindung mit dem Volk als dem „Organismus im Raum" ausgezeichnet sein sollte, eine Konzeption, die unter der Bezeichnung „narodnost" (Volkhaftigkeit, Volksverbundenheit) in der russischen Literatur und Literaturkritik bis hin zum Sozialistischen Realismus herumgeistern wird. Tolstoj rückt ab von einer in hohem Maße sentimentalen Landlebenliteratur, wie sie im Rußland der 30er und 40er Jahre des 19. Jahrhunderts insbesondere im Rahmen der sogenannten „naturalnaja skola" (natürliche Schule) gepflegt wurde.

Die hier skizzierte frühe Prosa ist also bereits in hohem Maße experimentelle Literatur, mit ihr bereitet sich Tolstoj auf die große Romanform vor; Beleg für diese innovativen literarischen Tendenzen ist die eigenständige Umgestaltung der genannten Gestalttypen ebenso wie die Verwendung von erlebter Rede und innerem Monolog. Ein weiterer Beleg für Tolstojs frühe literarische Eigenständigkeit besteht übrigens auch darin, daß er Ansätze zu einer Dorfgeschichte, wie sie sich in der russischen Literatur bei Gogol und vor allem bei Turgenev in den ‚Aufzeichnungen eines Jägers' finden, kaum beachtet. Gleiches gilt übrigens auch für die Auseinandersetzung mit Berthold Auerbach und Wilhelm Heinrich Riehl.

Fragt man nach der Funktion dieser frühen Literatur, so dominiert offenkundig der selbstbezogene, der autobiographische Aspekt. Beide Texte sind, korrespondierend zu Tagebucheintragungen, sprachliche Objektivierung der eigenen sittlich-moralischen Standortbestimmungen und zugleich eben auch Medium der hier bereits früh erkennbaren Suche nach dem Sinn des Lebens. Eine deutliche Orientierung an Erwartungen des Publikums, wie sie ja z.B. in Roseggers frühen Schriften durchaus erkennbar ist, fehlt hier vor allem aufgrund der genannten literarischen Innovationen fast ebenso wie der später deutlich erkennbare Wille, mit Landlebenliteratur massiv in die politische, religiöse und gesellschaftskritische Diskussion einzugreifen. Diese frühen Texte sind eher - orientiert am bewunderten Rousseau - eine Mischung aus Selbstbekenntnis und Landlebenliteratur.

Wir sind damit bei dem dritten der erwähnten Aspekte des Verhältnisses von Autor und Volk, nämlich dem biographischen, angelangt. Ausgehend von dem soeben zur Funktion dieser Texte Gesagten ist hier von besonderer Bedeutung, daß das Autobiographische an ‚Utro pomescika' und auch an ‚Kazaki' nicht nur in der Darstellung von Erfahrungen Tolstojs mit dem Landleben besteht, sondern zugleich eine Form der Annäherung an diesen Lebensbereich über die Literatur darstellt. Weit weniger als bei Rosegger sind diese Texte Ausdruck der Selbstpräsentation und Selbstdeutung einer bestimmten sozialen Schicht, also der Bauern, durch einen ihrer Angehörigen; vielmehr sind sie dominant Selbstdarstellung einer dieser Welt letztlich fremd bleibenden Person, die sich ihr gleichwohl immer wieder aufgrund individueller Probleme anzunähern sucht. Gestalten wie Nechljudov, Olenin oder der zu seinen Bauern aufs Land gehende Gutsbesitzer Nikolai Levin in ‚Anna Karenina' erweisen sich in ihrer selbstquälerischen, genauen, unbarmherzigen Selbstanalyse, in ihrem Suchen nach einer alternativen Lebensform und dem damit verbundenen Hinausgehen aufs Land als mehr oder weniger unverkennbare Selbstporträts Tolstojs. Das belegen die diese Texte begleitenden Tagebuchnotizen, Briefe und andere autobiographische Zeugnisse. Sie demonstrieren, und das scheint mir ein ganz zentraler Unterschied zu Rosegger zu sein, daß die gesuchte Nähe zum Landleben und damit auch zur Landlebenliteratur, die Tolstoj ja sein ganzes Leben lang prägen wird, auf ganz individuelle, existenzielle Probleme zurückzuführen ist. Es ist die am eigenen Leibe immer wieder und sehr früh erfahrene Diskrepanz zwischen natürlichem und sittlichem Leben, zwischen rational-moralisierender Selbstanalyse und Selbstbestimmung auf der einen und deren ständige Subversion durch naturhafte Sinnlichkeit, Triebhaftigkeit in Gestalt von Sexualität, Alkohol, Spiel etc. auf der anderen Seite. Ausgehend von diesen persönlichen Erfahrungen und zunächst nicht so sehr von den Beobachtungen ökonomischer und gesellschaftlicher Schwellensituationen in Form von Industrialisierung, Aufhebung der Leibeigenschaft etc. und damit verbundener gesellschaftlicher Defizite kommt es sehr früh bei Tolstoj zu einer skeptischen Einschätzung von Bildung, Kultur und Zivilisation als Mittel zur Überwindung naturhafter Triebregungen. Diese Skepsis wiederum - und das ist einer der Grundwidersprüche in Tolstojs Leben und Werk - ist eine der Ursachen für die Hinwendung zur Natur, zum ländlich-bäuerlichen Lebensbereich als Ort einer Harmonisierung von Intellekt und Natur. Die Natur ist also hier in sehr unterschiedlicher Weise präsent: Einerseits wird sie bekämpft, andererseits wird sie gesucht. Die Hinwendung zum Landleben entspringt damit primär nicht sozialen, sondern individuell-moralischen Intentionen, der fortwährenden Frage nach dem richtigen Leben, nach dem Sinn des eigenen Lebens; es ist eine zutiefst subjektivistische Tendenz, die Tolstoj zur Propagierung einer alternativen, naturverbundenen Lebensform bringt. Diese Suche wird immer Annäherung bleiben, sowohl in den direkten Versuchen, bäuerlich tätig zu sein, als auch in den Bemühungen, diese Problematik literarisch zu gestalten. Tolstoj wird diesen Weg zum ländlichen, naturverbundenen Lebensbereich immer wieder neu beschreiten, doch erreichen wird er ihn aufgrund seiner inneren Widersprüchlichkeit und Gebrochenheit nie. Er wird auch im Bauernkittel und mit der Sense in der Hand der russische Baron bleiben, der kritisch der Frage nach dem Eigentum an Land, Tier und Mensch nachgeht und zugleich 6000 Hektar Land kauft und zutiefst an diesem Widerspruch leidet.

Diese grundsätzliche Kluft zwischen Tolstoj und der bäuerlich-ländlichen Lebenswelt, die Tolstoj Zeit seines Lebens sowohl in praktischem als auch literarischem Handeln immer wieder zu überwinden suchte, prägt auch diejenigen Bereiche von Landlebenliteratur, die in viel stärkerem Maße in ökonomische und gesellschaftliche Kontexte eingebunden sind und seinen Ruf als „Volksschriftsteller" begründet haben. Tolstoj hat in der mittleren und der späten Phase seiner literarischen Tätigkeit seine literarische Beschäftigung mit dem Landleben in hohem Maße zu instrumentalisieren versucht. Viele dieser Texte sind unübersehbar Reaktion auf den Zerfall der bäuerlichen Lebenswelt insbesondere nach Aufhebung der Leibeigenschaft 1861. Die Lage der Bauern hatte sich nach dieser sogenannten Reform eher verschlechtert als verbessert: Die nun freien Bauern sollten ihr Land von ihren ehemaligen Herrn käuflich erwerben, konnten dies aber in vielen Fällen aus Geldmangel nicht tun. Diejenigen, die den Versuch wagten, verschuldeten sich häufig bis zum Ruin. Das Ergebnis war eine umfassende Landflucht, die zur Verödung ganzer Landstriche führte und auch viele Gutsbesitzer zwang, ihre Güter aufzugeben. Wir haben es also spätestens seit Mitte der 60er Jahre mit einer tiefgreifenden gesellschaftlichen Umwandlung in Rußland zu tun, die eben auch mit einer sehr deutlichen Agrarkrise verbunden ist, auf die Tolstoj mit vielen seiner Schriften zu antworten suchte. Entschieden deutlicher als in den zu Beginn vorgestellten Kurzromanen werden hier die aufklärerische, pädagogische und gesellschaftskritische Funktion zum literarischen Konstruktionsfaktor. Die Kontextbezogenheit dieser Landlebenliteratur, ihre Zweckbestimmtheit im Rahmen universale Geltung beanspruchender ideologischer Wertordnungen wird häufig explizit ausformuliert. Bei genauerer Betrachtung zeigt sich jedoch, daß auch diese spätere Landlebenliteratur in hohem Maße existenziellen Ängsten und entsprechenden Selbstreflexionen und Selbstbeobachtungen entspringt. Ich will dies abschließend am Beispiel von Texten demonstrieren, die zunächst in sehr deutlicher Weise auf die genannten gesellschaftlichen Defizite und Deformationen antworten und doch zugleich Ausdruck dieser existenziellen Probleme sind, nämlich anhand der sogenannten ‚Volkserzählungen' aus der Mitte der 80er Jahre.

Diese 22 Volkserzählungen sind zu großen Teilen Bearbeitungen früherer Entwürfe. Tolstoj setzt hier, literaturpragmatisch gesehen, sein mit der Bauernfibel, der Zeitschrift ‚Jasnaja poljana' u.a. bereits in den 60er Jahren begonnenes pädagogisches Programm mit Hilfe der Literatur fort. Die ‚Volkserzählungen' sind Erzählprosa aus dem Volk für das Volk. Tolstoj bearbeitet Legenden, Erzählungen, Märchen, nur wenige Texte stammen ausschließlich von ihm (z.B. ‚Das Korn, das so groß war wie ein Hühnerei'). Gegenstand der Darstellung sind Gegebenheiten des bäuerlichen Alltags (z.B. in ‚Die Beeren', ‚Von kleinen Mädchen, die klüger sind als die Alten', ‚Wieviel Erde brauch der Mensch?'). Darüber hinaus artikulieren diese Texte in Form von Märchen und Legenden vor allem mündlich tradierte, kollektive Erfahrungsmuster und Denkweisen des russischen Bauern, seine Art, die Welt wahrzunehmen, sie religiös zu deuten etc. Diese Gegenstände und Vorlagen werden in z.T. glänzender Stilisierung zu einer neuen literarischen Folklore gestaltet. Die Texte sind bewußt einfach strukturiert, verwenden bisweilen die Perspektive bäuerlicher Handlungsträger (‚Die Kerze') und orientieren sich sprachlich-stilistisch z.T. am Idiom der Bauern.

Doch der Gestus nachgeahmter Naivität und Einfachheit stößt dort an seine Grenzen, wo das ordnende Bewußtsein eines bestimmten, häufig auktorialen Erzählers die Oberhand gewinnt. Die ‚Volkserzählungen' verbleiben nur selten beim Genre des reinen ‚Sittenbildes', bei der einfachen Beschreibung; vielmehr sind sie oft mit einem bestimmten ideologischen Rahmen versehen, z.B. mit religiös-moralistischen Grundgedanken, die, häufig der Bibel entnommen, den Erzählungen als Motto oder Resümee beigegeben werden [10]. Die ‚Volkserzählungen' werden so zu einer Art narrativer Theologie, die jeweils bestimmte religiös geprägte Lehrsätze konkretisiert: Reichtum verführt zur Sünde; wer mehr Korn erntet, als er selbst verbraucht, verfällt dem Teufel und dem Alkohol; Böses soll nicht mit Bösem vergolten werden; Mitleid und Hilfsbereitschaft sind Grundlagen des wahren Lebens und anderes mehr. Bei dieser Modellierung der bäuerlichen Lebenswelt hat die fast gleichzeitig stattfindende Beschäftigung Tolstojs mit der Bibel natürlich eine wichtige Rolle gespielt; insbesondere ist hier sein Bemühen um eine sprachliche Vereinfachung des Evangeliums zu nennen, dessen Reduktion auf das reine Wort unter Ausschluß aller bisherigen theologisch-hermeneutischen und textkritischen Bemühungen.

Mit den ‚Volkserzählungen' hat Tolstoj - und das soll wenigstens hier als e i n wichtiger Kontext angemerkt werden - auf die Schriften und die Tätigkeit der sogenannten Narodniki, der Volkstümler, reagieren wollen, die nach dem Fehlschlag des sogenannten ‚Ins-Volk-gehens' zwecks revolutionärer Aufklärung und Bildung der Bauern mehr und mehr in die terroristische Szene abgeglitten waren (Zemlja i Volja). Insbesondere wollte er den revolutionär-anarchistischen Gesellschaftmodellen Bakunins, Lavrovs und anderer ein christlich geprägtes Gesellschaftsmodell gegenüberstellen, das die sozialen, patriarchalischen Gegebenheiten des Landlebens und der Landgemeinde (mir) besonders berücksichtigt. Zugleich wollte Tolstoj mit dieser Art Literatur einmal

---

[10] Maximilian Braun, L. Tolstoj. Eine literarische Biographie. Göttingen 1978, S. 316.

mehr darauf verweisen, daß die Erneuerung der Gesellschaft nicht - wie der genannte Lavrov und andere Theoretiker der Narodniki meinten - durch eine geistige Elite, sondern durch das Volk selbst in Gestalt der Bauern zu erfolgen habe. Tolstoj präsentiert sich hier vor allem in der Rolle des Volkserziehers, der dieses Volk mit den ‚Volkserzählungen' nicht nur von der Lektüre von Trivialliteratur abhalten, sondern es damit auf seine Rolle als Erneuerer der Gesellschaft vorbereiten will. Die narrative Theologie dieser Volkserzählungen verbindet sich also mit der Rekonstruktion überkommener dörflicher Sozialordnungen (mir) zu einem neuen Gesellschaftsmodell, dessen ideologische Grundlage eine deutlich rückwärtsgewandte Utopie ist: Lebensgrundlage eines jeden Menschen und einer jeden sozialen Gruppierung ist das mit den eigenen Händen erarbeitete Gut, jeder Mehrwert ist moralisch verwerflich und religiös sündhaft. Bei Beachtung dieser Grundregel soll es möglich sein, weitgehend auf gesellschaftliche Organisationformen und Instanzen in Gestalt von Armee, Verwaltung, Jurisdiktion etc. zu verzichten.

Tolstojs Problem - und hier trifft er sich durchaus mit Rosegger und anderen Agrarideologen des späten 19. Jahrhunderts [11] - besteht darin, daß er den Bauern, das Dorf, das Land gerade in dem Augenblick zum Träger einer neuen bzw. erneuerten Gesellschaftsordnung machen will, in dem diese dörflichen, patriarchalisch geprägten Sozialstrukturen auch in Rußland endgültig zusammenbrechen. Es spricht einmal mehr für die Gebrochenheit und innere Widersprüchlichkeit dieses so ungewöhnlichen Literaten, daß Tolstoj Anzeichen des Zusammenbruchs durchaus gesehen hat - davon zeugen Tagebucheintragungen und andere Notizen -, daß er aber zugleich intensiv an dieser Annäherung an den ländlich-bäuerlichen Bereich festgehalten hat. Diese Diskrepanz zwischen Wahrnehmung und Verdrängung ist beileibe nicht Ergebnis von Ignoranz oder Naivität; vielmehr hat sie die oben erwähnten autobiographisch-existenziellen Ursachen, was eine eindeutige Einschätzung und Einordnung von Tolstojs Landlebenliteratur generell außerordentlich erschwert. Betrachtet man die hier kurz vorgestellten ‚Volkserzählungen' in Verbindung mit weiterer Dorfliteratur und Dorfgeschichten vor und nach 1880, so wird nämlich deutlich, daß für die Entstehung und Gestaltung dieser Landlebenliteratur ein weiteres existenzielles Motiv eine große Rolle spielt, nämlich der Tod. Ging es in den zu Beginn vorgestellten Texten um die immer wieder bedrängende Frage nach dem richtigen Leben, so geht es nun vermehrt um die Frage nach der richtigen und d.h. für Tolstoj nach der natürlichen Einstellung zum Tod. Diese Problematik hatte Tolstoj

---

[11] Vgl. dazu vor allem: Karl Wagner, Die literarische Öffentlichkeit der Provinzliteratur. Der Volksschriftsteller Peter Rosegger. Tübingen 1991, S. 260ff.

schon immer beschäftigt, sie hat aber nach der geistig-religiösen Krise und Wende um 1879/80 eine verstärkte Bedeutung erhalten. Bei den Versuchen ihrer Bewältigung spielt nun wiederum die Annäherung an die bäuerliche Lebenswelt eine wichtige Rolle. Den dafür relevanten Argumentationszusammenhang kann ich hier leider nur skizzieren. Die Frage nach dem Tod ist Bestandteil der Frage nach dem natürlichen Leben. Für einen der Natur eng verbundenen Menschen ist nach Ansicht Tolstojs beides nicht zu trennen, Tod und Leben gehören zusammen, und so wie das Leben hingenommen wird, müßte eigentlich auch der Tod als selbstverständlich hingenommen werden. Inkarnation einer solchen, den Tod als etwas Natürliches betrachtenden, ihn nicht fürchtenden Haltung ist für Tolstoj der Bauer, dessen naturhaftes und deshalb würdiges Sterben er mehrfach in seinen Erzählungen gestaltet hat. Der bekannteste Text ist sicher die Erzählung ‚Drei Tode', wo in kontrastierender Weise das würdelose Sterben einer Adligen dem würdigen Tod eines Bauern und eines Baumes gegenübergestellt wird. Verbunden ist das auch hier mit deutlich zivilisationskritischen Tendenzen: Ebenso wie die Zivilisation und die durch sie bewirkte falsche Erziehung die echte Wahrnehmung des Lebens verderben, verstellen sie den Zugang zum als natürlich empfundenen und deshalb würdigen Tod.

Inwieweit ein solches Verständnis der bäuerlichen Lebenswelt nur noch eine Projektion ist, kann hier nicht erörtert werden. Eindeutig ist der im Vergleich mit Rosegger weitaus höhere Grad an Ideologisierung dieser Lebensform, ihre Belastung mit gesellschaftspolitischen Entwürfen u n d mit sehr persönlichen Problemen, die aus dem ständigen Befragen und Infragestellen der eigenen Existenz erwachsen. Diese Belastung und die mit ihr verbundene literarische Verkomplizierung der ‚Volkserzählungen' ist ein Indiz dafür, daß Tolstoj in der Spätphase seines literarischen Schaffens nicht einmal mehr die Annäherung an das Volk mit solcherart Volkserzählungen gelingt. Wer Landlebenliteratur derart extrem mit religiösen, gesellschaftspolitischen und existenziellen Fragestellungen verbindet, entfernt sich eher von der durch sie dargestellten Lebensform, als daß er sich ihr annähert. Das Ergebnis einer solchen Instrumentalisierung - und da hat Rosegger mit seinen zu Beginn zitierten Äußerungen zu Rigi und Matterhorn recht - ist also gerade nicht Nähe zum Landleben und Vertrautheit mit dem Volk, sondern Isolation und Einsamkeit. Ein Volksschriftsteller im Sinne Roseggers, der - vorbereitet durch breite und vertraute literarische Wege - eine umfassende und unproblematische Akzeptanz durch seine Zeitgenossen erfährt, ist Tolstoj nicht geworden. Inwieweit jedoch der von ihm eingeschlagene problematischere, gefährlichere, aber auch weitere Perspektiven eröffnende Weg zum Matterhorn letztlich nicht doch der erfolgreichere war, ist eine andere Frage.

Jürgen Hein

Rosegger und das Volksstück

Der Volksschauspieler Alexander Girardi schrieb zu Peter Roseggers 50. Geburtstag: „Mei liaber Landsmann, / Bleib was Du bist: / Ein idealer / Naturalist!“ [1] Diesen ästhetischen Widerspruch, der zum Teil auch die Diskussion um die Gattungsintention des Volksstücks prägt, gilt es auch zu erhellen, wenn Roseggers dramatische Versuche im Kontext des Volksstücks nach 1850 betrachtet werden sollen. Dabei ist zunächst ein Blick auf Definition und Geschichte dieser dramatischen Gattung zu werfen.

1. Bausteine einer Volksstück-Definition [2]

Der Kritiker Alfred Kerr meinte, im Volksstück liege „Beschönigendes, Trostvolles, Einrenkendes, Begütigendes, Schwindelhaftes“; es könne ein „Stück mit Leuten aus dem Volk“ oder ein „Stück für Leute aus dem Volk“, manchmal auch beides sein. [3] Peter Rosegger hat auf die Frage, was ein Volksstück sei, eine eigene Antwort zu finden gesucht, doch dazu später. [4] Es hat sich als sinnvoll erwiesen, „Volksstück“ als einen Begriff der Aufführungsgeschichte mit poetologischen, theatralischen und gesellschaftsethischen Implikationen zu fassen. Sein Inhalt ergibt sich aus der Intention der Stückeschreiber, der Erwartung des Publikums, der öffentlichen Reflexion über die Gattung, der Angst vor „gefährlicher Absinkung“, der Abwehrhaltung gegenüber „fremder Unterhaltung“ und aus der Tradition verschiedener Werkreihen. Es gibt Verknüpfungen mit dem „Volksschauspiel“ und sowohl Abgrenzungen als auch Übergänge zum „Volksdrama“; bemerkenswert ist die Begriffserläuterung der Poetik von Heinze und Goette aus der Zeit Roseggers:

---

[1] Rosegger-Gedenkschrift 1894, S. 55. Für die vollständigen bibliographischen Angaben s. die Literaturangaben im Anhang.

[2] Die folgenden Abschnitte basieren auf Hein 1989 und 1993.

[3] Kerr, zit. bei Hein 1989, S. 29.

[4] Vgl. Anhang; der Text aus dem ‚Heimgarten‘ XXIV, 1900, S. 713 ist bis auf wenige Auslassungen mit dem Antwortbrief an den Duisburger Theaterdirektor Heinrich Gottinger vom 9. April 1900 identisch, zit. bei Hein 1989, S. 28.

> Das Volksstück ist eine Bühnendichtung, die ihren Gegenstand in ungezwungenerem Zuschnitt verarbeitet. Der Stoff kann mitten aus dem Volksleben herausgegriffen sein, und das Stück wird dann eine sittliche Wahrheit in gemeinfaßlicher Form veranschaulichen; hier ist ‚Mein Leopold' von L'Arronge zu nennen. Der Dichter kann aber auch einen über dem Alltäglichen stehenden Gegenstand ergreifen, doch es wird dann vorausgesetzt, daß dieser allgemein vertraut ist; so wurden die Gestalten der Evangelien durch die Oberammergauer auf die Bühne gebracht. [...] Anstelle der kunstmäßigen Zuspitzung tritt vielfach eine lose Aneinanderreihung von Bildern, die auf die mittelalterliche Volksbühne zurückweist.[5]

Die Theaterlexika des 19. Jahrhunderts beschreiben das Volksstück allgemein als eine Gattung von Stücken, „die nicht allein das Volk angezogen, sondern auch erhoben und veredelt hat". Die Poetik des Volksstücks zeigt - wie schon früher die Dorfgeschichte - eine charakteristische Affinität zu Positionen der realistischen Literaturprogrammatik (z.B. ‚Verklärungspoetik'), wie sie auch in Roseggers Definitionsversuch zur Sprache kommt.

2. Signaturen des Volksstücks von etwa 1850 bis zur Jahrhundertwende

Das ‚Lebens-, Charakter- oder Genrebild' um 1850 wollte in einer Mischung von Ernst und Komik ein getreues Abbild wirklichen Lebens geben. Die Ausformung jenes Volksstück-Typs beginnt, der als Synthese von Posse und Rührstück eine ästhetische Aufwertung erfährt, z.T. aber in sentimentaler und tendenziöser Selbstdarstellung des Kleinbürgertums erstarrt. Auf ihn reagiert später kritisch das ‚neue' Volksstück des 20. Jahrhunderts. Die von der Posse ausgehende kritisch-satirische Variante konnte sich aufgrund verschiedener Faktoren (u.a. Reaktion auf 1848, Realismus-Auffassung, Wandel in der Publikumsstruktur und der Unterhaltungsbedürfnisse) nicht mehr halten.

Bereits Ferdinand Raimunds Tod (1836) wurde als Zeichen des endgültigen Niedergangs des Volkstheaters gesehen. Seitdem begleitet die These vom Niedergang die Geschichte des Volksstücks im 19. Jahrhundert. Tatsächlich aber beginnt eine neue Bestimmung des Volkstheaters mit einer reichen und wichtigen Volksstück-Produktion. Raimunds märchenhafte Welt-Anschauungs-Spiele mit einer Versöhnung durch Besserung und Resozialisierung aufgrund individueller Anstrengung galten den Zeitgenossen als Ausprägungen des 'echten' Volksstücks. Die Volkstheater-Programmatik zum Ende

[5] Heinze/Goette 1891, S. 351, zit. nach Hein 1989, S. 27.

des 19. Jahrhunderts (Deutsches Volkstheater 1889, Raimund-Theater 1893, Kaiser-Jubiläums-Theater 1898) berief sich auf ihn.

Johann Nestroy, der kein einziges seiner über 80 Stücke ‚Volksstück' nannte, hielt am Possen-Modell fest, näherte sich in einigen Stücken dem immer wieder von ihm geforderten ‚didaktischen' Volksstück (z.B. in: ‚Der Unbedeutende', 1846). Er erkannte die Grenzen der von Raimund ausgeprägten Stilmischung und der ernsthaft-volkstümlichen Darstellung im Volksstück, die schnell in sentimentale Klischees absinken konnte, und schlug eine Richtung ein, die stilgeschichtlich eher eine Rückkehr zum niederen, ‚gemeinen' Stil des Volkstheaters ist.

Nach 1860 knüpft man an die Vorbilder Raimund und Nestroy an, übernimmt dramaturgische Muster in ‚Zeitbilder' und ‚Tendenzstücke' und versucht eine Annäherung von Volksstück und Operette. Das umfangreiche Werk Friedrich Kaisers stellt in der Entwicklung von der Vormärz-Posse über das ‚Lebens- und Charakterbild' zum ernsten Volksstück eine wichtige Station dar.[6] Mit Kaiser, der den Akzent auf eine durch ‚kollektives Mitleid' sentimental gefärbte Gesellschaftskritik legt, greift die Rührung stärker auf das Volksstück über. Insgesamt ist in den Stücken nach 1850 aufgrund einer schärferen Zensur der Rückgang sozialkritischer Motive erkennbar. Ludwig Anzengruber berief sich zunächst ebenso auf Kaiser wie auf die dramatische Potenz der Dorfgeschichte.[7] Er sah sich im Einverständnis mit der Kritik als ‚Reformator' der Volksbühne, war zugleich aber ‚Volksdramatiker ohne Volk' und glaubte um 1880 nicht mehr an die Zukunft des Volksstücks.[8] Bei ihm gerät der Versuch einer ernsthaften, positiven Schilderung und Aktivierung bürgerlichen Selbstbewußseins in Widerspruch zu den erstarrten Wirkungsmitteln. Seine Reform des Volksstücks greift auf aufklärerische Theater-Modelle zurück und umfaßt die Spanne zwischen dem Drama mit gutem Ausgang und dem bürgerlichen Trauerspiel. Seine Stücke markieren einen wichtigen Punkt in der Volksstück-Geschichte, doch löst sich bei ihm zugleich das Volksstück endgültig von der Institution Volkstheater und beginnt ein Eigenleben als literarische Gattung zu führen. Mit Anzengruber, der mit der Integration verschiedener Elemente und Funktionen

---

[6] Vgl. Schmidt-Dengler 1979, Hein 1989, S. 182-188.

[7] Anzengruber: „Nur von einem einzigen Volksschriftsteller kannte ich einiges und schätzte es des echt dramatischen Lebens wegen, das in seinen Stücken zu Hause ist, dieser Dichter war der nunmehr verstorbene Friedrich Kaiser"; - „Die aufklärerische Tendenz der von mir hochgehaltenen Auerbachschen Dorfgeschichten führte mich zuerst in Versuchung, derlei Konflikte und Charakter auch auf der Bühne zu verwerten."; zit. nach Castle I. S. 194 und 196.

[8] Vgl. Anzengruber, SW XV, 3, S. 331 und 370f.

eine Schlüsselstellung in der Entwicklung einnimmt, ist „der Übergang des volkstümlichen Theaters von der spielerisch-kommunikativen zur illusionistischen, wirklichkeitsabbildenden Grundkonzeption im Wesentlichen abgeschlossen“. [9]

Carl Morres vielgespieltes Volksstück ,'s Nullerl‘ (UA 1883) stellt soziales Elend dar, um Rührung zu erzeugen. Die Thematik sozialer Unterdrückung und Ausbeutung sucht parallel zum Naturalismus nach einer adäquaten Dramaturgie des ernsten Schauspiels. [10] In dieser Tradition steht Roseggers ,Am Tage des Gerichts‘, das nach der Grazer Uraufführung vom Deutschen Volkstheater Wien (in der zweiten Spielzeit nach seiner Gründung 1889, am 20. Dezember 1890) gespielt wurde.

Die im letzten Drittel des 19. Jahrhunderts neu gegründeten Volkstheater und Teile der Volksbühnenbewegung arbeiteten mehr auf ein bürgerliches Bildungstheater hin, z.T. mit einseitiger Programmatik und Ideologie.[11] Später übernahmen Film und Fernsehen Aufgaben der Institution Volkstheater und adaptierten beliebte Volksstück-Sujets. Den Zusammenhang von Gattungs- und Mediengeschichte erhellt auch die Tatsache, daß das Fernsehen an der Entstehung des ,neuen‘ Volksstücks ebenso mitbeteiligt ist wie an der Fortsetzung der vermeintlich volkstümlichen Bauerntheater-Klischees in der Fernsehunterhaltung (jüngst sogar in Konkurrenz mehrerer Sender zur gleichen Sendezeit).

Ein Ausblick zeigt, daß die Fortsetzung der u.a. von Anzengruber eingeleiteten Richtung unter dem Einfluß des Naturalismus, der ,Heimatkunst‘-Bewegung und völkischer Tendenzen zu jenen Formen führt, gegen die sich das Volksstück der zwanziger Jahre wendet. Allerdings ist die Vorgeschichte des ,neuen‘ oder ,erneuerten‘ Volksstücks von Anzengruber bis zu Horvaths ,dekonstruierender Erneuerung‘ noch unzureichend aufgearbeitet. Darin wäre die Kontinuität einer spezifisch österreichischen Volksstück-Entwicklung zu überprüfen und zu fragen, ob das ,Wiener Stück‘ in diesen Kontext gehört, weiter wären Linien des bäuerlichen Volksstücks zu verfolgen und die Bodenständigkeits- wie die Internationalitäts-These der Volkstheater-Unterhaltung kritisch zu befragen. [12]

---

[9] Pauli, S. 130f.; vgl. Rommel in: Anzengruber, SW XV, 2, S. 587.

[10] Zur Armuts- und Ausgestoßenen-Dramatik vgl. Hein 1989, S. 199ff., zu den ,bedeutend‘ werdenden ,Unbedeutenden‘ Schmidt-Dengler 1979.

[11] Zur Diskussion der ,Niedergang‘-These und zur Programmatik nationalen volkstümlichen Theaters vgl. Flüggen, Bettelheim, Cramer, Bacher; zur Rolle Müller-Guttenbrunns vgl. Geehr.

[12] Vgl. Hinweise und weiterführende Literatur in Hein 1989.

3. Rosegger und das Volksdrama

Rosegger im Kontext des Volksstücks zwischen 1870 und 1900: Wie läßt er sich einordnen? Handelt es sich um einen ‚Seitensprung' des ‚geborenen Erzählers' (Anderle), ist er Dramatiker „halb wider willen" (‚Dramatische Versuche', 112), der nach Anzengrubers Tod an dessen Stelle zu treten hoffte? [13] Ein Blick auf die ‚Unbedeutenden' im Volksstück nach Nestroy zeigt u.a. das Hervortreten der ernsten sozialen Thematik, ferner ungelöste Formprobleme, andere Ansprüche des Publikums und die ‚Stücke-Not' der Theater. [14] Vielschichtige Beziehungen Roseggers zum Vorbild Anzengruber, Einflüsse, Parallelen zu anderen (Mosenthal, Morre, Saar, Voß) wären zu untersuchen. Auch Roseggers Einstellung zum Theater als ‚Abendschule', Lehr- und Erbauungsort und/oder Vergnügungsort sowie zum Publikum als ‚einfaches Volk' oder „reichgewordener Pöbel" (Friedrich Schlögl), ebenso Unterschiede zwischen dem Theater in Wien und in der Provinz wären genauer zu betrachten.

Karl Wagner hat den Unterschied zwischen Anzengruber und Rosegger hervorgehoben; während Anzengruber 1886 keine Ursache mehr habe, das „Ländliche [...] zu kultivieren - es erwachen in jenen Kreisen politische, eigentlich mehr soziale Fragen, und die Posse hat an deren Lösung keinen - Anteile" rette Rosegger es unter dem Gesichtspunkt des Tragischen, freilich um den Preis, daß Perspektiven auf die Lösung politisch-sozialer Fragen ausblieben. [15] Parallel ist die abnehmende ästhetische Wertschätzung der Dorfgeschichte zu konstatieren. Bezeichnend ist Roseggers Stellungnahme zur Kritik an ‚Die Steinklopfer' von Ferdinand von Saar, in der er sich gegen die Behauptung verwahrt, „daß Armuth, Entbehrung und das Tagesmühen gewöhnlicher Men-

---

[13] Vgl. Latzke I, S. 71, 74ff. - Es handelt sich um Gelegenheitsarbeiten, auf die Anzengrubers Bemerkung „dramatische Dingelchen" paßt (Briefe von Ludwig Anzengruber. Mit neuen Beiträgen zu seiner Biographie, hg. von Anton Bettelheim, Stuttgart und Berlin 1902, Bd. 1, S. 170). - Vgl. drei Texte in Bd. 9 der Gesammelten Werke: ‚Das Mirakelkreuz' (nach der Erzählung ‚Maria unter der Linde'), ‚Dämon Weib', ‚Die Heimfahrt'.
Zur Selbsteinschätzung Roseggers vgl. ‚Dramatische Versuche', in: Mein Weltleben, Bd. 2, S. 101-115. Zur Entstehung von ‚Am Tage des Gerichts' vgl. ebd., ferner das Vorwort und Pock.

[14] Vgl. Hinweise in Hein 1989, ^{2}1991 und Anm. 11.

[15] Vgl. Wagner in Baur, S. 91.

schen im Reiche der Poesie nicht das Bürgerrecht besäßen". [16] Hier deutet sich schon die Diskrepanz zwischen ethischem Wollen und poetischer Realisation an.

Rosegger wagte sich aus verschiedenen Antrieben ins dramatische Fach: gewohnheitsmäßiger Theaterbesuch, Anzengruber-Einfluß, Anregung durch bedeutende Bühnenkünstler wie Mitterwurzer, Martinelli, Tyrolt, Lewinsky, eigene Vortragstätigkeit, eigene szenische und dialogreiche Erzählungen. An Rudolf Tyrolt schreibt er am 2. November 1870, er möchte „auch einmal einen Versuch mit einem Volksstück machen. Vielleicht mißlänge es nicht gänzlich"; am 18. November meint er, er werde es schreiben, es werde miserabel sein, er werde es verbrennen. [17] Andererseits hält man ihn für den Verfasser des zunächst unter einem Pseudonym uraufgeführten Anzengruberschen Volksstücks ‚Der Pfarrer von Kirchfeld', für das er eine ‚Einlage' für Marie Geistinger (‚Derf ich 's Dirndl lieben' aus ‚Zither und Hackbrett') beisteuert. [18] Rosegger arbeitete im Herbst 1870 in der Tat an einem Volksdrama, dessen Held, ein Pfarrer war (‚Der Dorfkaplan', ein ‚Volksstück mit Gesang in 5 Aufzügen', nach der Erzählung ‚Alpenglühen'), man riet ihm aber von der Veröffentlichung ab. Nach eigener Aussage litt er unter ‚dramatischer Talentlosigkeit'. Anzengruber spornte jedoch seine Schaffenslust an. Richard Voß ermunterte ihn zur Dramatisierung der Erzählung ‚Da Gaugl-Blos' in der hochdeutschen Fassung schon mit dem Titel ‚Am Tage des Gerichts', nach Rudolf Latzke eine Wildschützengeschichte „alten Formats", aber mit neuem Roseggerschen Gehalt. [20] Die Uraufführung des angeblich in wenigen Tagen geschriebenen Stückes fand am 8. November 1890 in Graz statt. Die Heldin des Stückes trägt den Namen seiner am 23. August 1890 geborenen Tochter Martha.

Im Vorwort, das z.T. mit dem späteren Aufsatz ‚Dramatische Versuche' identisch ist, betont Rosegger, das Drama sei „kein Stück nach dem ästhetischen Leisten"; er sei dem „Lorbeer des Dramatikers" ausgewichen, der „allzuschwer und - allzuleicht zu haben" sei:

> Anzengruber starb in Armuth, Offenbach ward Millionär. Mich verlangte es nicht nach dem ersten und nicht nach dem anderen. Ich entdeckte in mir weder dramatischen Beruf noch Lust, mein ruhiges Leben mit den Aufregungen der Theaterwelt zu vertauschen. (102f.)

---

[16] Ebd., S. 92.

[17] Latzke I, S. 71.

[18] Rosegger 6. März 1871 an Anzengruber, zit. nach Castle II, S. 18f.; vgl. Anm. 13.

[20] Latzke I, S. 72, II, S. 353f. und Rosegers eigene Hinweise, vgl. Anm. 13.

Der Erfolg des Schauspiels, „geschöpft aus tiefstem Ernste des Lebens“, konnte ihm aber kein „intimeres Verhältniß“ zur Bühne vermitteln. Er hält den Theaterstückschreiber für einen „Knecht der Menge“, der dichten müsse, wie die Leute wollen, das heißt, immer nur des äußeren Erfolges wegen. Ihm widerstrebe das. Sein Stück, ursprünglich für Leser geschrieben, habe einen Inhalt, welcher der Volksbühne würdig sei, es zähle allein der Gehalt; er habe es daher in der „ursprünglichen Form“ belassen und nicht „bühnengerecht“ gemacht. Die „sogenannten Kunstregeln“ habe er auch als Erzähler nicht „beobachtet“, seine Gestalten nicht aus Marmor, sondern aus „heimischem Lehm“ (113) geformt. Programmatisch und in Form einer Selbstverteidigung heißt es am Ende von ‚Dramatische Versuche‘:

> Der dramatische Dichter schreibe nicht für Parkett und Logen, sondern für ein ‚höherstehendes Publikum‘. Er soll wissen, daß die Herrschaften in den Samtfauteuils sich viel langweilen und gähnend den Schluß des Stückes erwarten, während das Publikum der Galerie [...] lachend oder schluchzend nur das eine fürchten: das letzte Fallen des Vorhanges. Die da oben sind nicht ins Theater gekommen, um Jagd zu machen nach den Fehlern des Stückes, sondern um willig und dankbar dem Dichter zu folgen. Die da oben in den Galerien verlangen, daß das Stück einen Leib und eine Seele habe, nämlich daß es realistisch und idealistisch zugleich sei. (113f.)

In diesem Sinne soll ‚Am Tage des Gerichts‘ seinen Weg machen, „zu Fuße und an einem Stocke“ (114). Im Prolog ‚Der Dichter an das Publicum‘ betont der Autor, er wolle „als Mensch nur zu Euch Menschen sprechen“, intendiere kein „kunstvoll Drama“, sondern „ein schlichtes Bild“ aus „ernstem Leben, ein Menschenschicksal“ aus „uns’rem Volke“; er beschreibt den Weg der Schuld als Weg der Gnaden mit dem höheren Ziel: „Die heilige Lieb’, sie soll die Heldin sein“ (14). In der Transzendierung ins Zeitlos-Ewig-Menschliche zeigt sich der Unterschied zum ‚aktuellen‘ Sozialbezug des Volksstücks am deutlichsten. Aufschlußreich in diesem Zusammenhang ist auch Roseggers Vorrede zu Morres ‚’s Nullerl‘, in der er „die Wahrheit und Wirkung“ der Gestalten und ihre „ungesuchte Tendenz“ als so sehr hervortretend empfindet:

> [...] daß mir die Fabel des Stückes und das übrige Theatralische daran stark zurücksteht, so prächtig, ergreifend oder humorvoll sich Manches auch geben mag. Nicht vergessen möchte ich die eingelegten Lieder im Volkston, die, an und für sich schön, im Stück eine ganz eigenartige Stimmung erzielen und somit eines der vielen trefflichen Mittel zum Zwecke sind [...] Ein Etwas, als wär es der Geist Ferdinand Raimunds, weht durch das Stück. [...] Ästhetisch können wir uns an der Wahrheit dieses Stückes freuen, ethisch aber müssen Volk und Gesetzgeber trachten, daß es bald unwahr werde. (6)

Roseggers eigene Volksstück-Poetik ‚paßt' auf ‚Am Tage des Gerichts'; ferner ist auf seine Bemühungen um das Volksschauspiel und andere programmatische Schriften zu verweisen: ‚Kunst und Volk', ‚Kunst und Provinz', ‚Das Recht der Dorfgeschichte' (hier nennt er das Volksstück in einem Atemzug mit der Dorfgeschichte).[22]

Wichtig ist in diesem Zusammenhang auch Roseggers Stellung zum Theater (als Bildungserlebnis, ‚moralische Anstalt', aber auch Unterhaltungsort). In der frühen Grazer Zeit lernte er durch viele Theaterbesuche neben den Klassikern Stücke von Raimund, Holtei, Nestroy, Berg, Bittner, Langer kennen, auch Operetten von Suppé und Offenbach; zu den Volksstücken lautet sein Urteil:

> [...] Weis der Himmel, daß mir die feschen Volksstücke unseres lieben deutschen Reiches (!) alleweil besser gefallen, als die französischen Lustspiele, welche samt ihren Witzen langweilig bleiben. ‚Na, über an echten Weanawitz steht halt nigs auf.'[...][23]

Nachhaltiger Einfluß ist später durch Anzengruber und Morre erkennbar. Roseggers ‚Ein Wort über den Pfarrer von Kirchfeld' formuliert die Übereinstimmung:

> Das Stück ist sehr edel. Es sieht aus wie ein Sensationsstück, wie ein Tendenzstück, wie ein Parteistück. Und so ist es auch. Die Partei dieses Dramas ist die Menschheit und die Menschlichkeit, kämpfend gegen die Unmenschlichkeit.[24]

Er sah die 38. Aufführung in Graz am 1. März 1875 und kritisierte Lewinskys Darstellung des Wurzelsepp („keine Wahrheit und Gestalt").[25] Der Wurzelsepp ist die „Leidensgestalt aus dem Volke", die als wahrhaft originelle Schöpfung empfunden wurde: Latzke weist auf Nähe zu Roseggers Straßl-Toni hin.[26] In ‚Jakob der Letzte' weist die Wirkungsintention ‚moralische Identifikation und Mitleid' auf Parallelen zum Volksstück, hinzukommt dic ‚Doppelverwertung' der Wildschützen-Thematik und der ‚Notwehr'-Szene. Rosegger wendet sich gegen eine Dramatisierung dieses Romans:[27]

---

[22] Volksreden, S. 162.

[23] Haslinger, S. 55; vgl. S. 52-56, 182f., 199.

[24] Castle II, S. 20 (‚Tagespost' vom 25. Januar 1871).

[25] Ebd., S. 23

[26] Rommel in: Anzengruber SW XV, 3. S. 349: Latzke II, S. 354.

[27] Karl Wagner machte mich auf spätere Dramatisierungen aufmerksam.

> Ein Bühnenheld muß handeln; mein armer ‚Jakob‘ handelt zwar auch, aber nur indem er sich wohl- und wehgemuth verteidigt, seine kümmerliche Existenz fristet Tag für Tag, mit blutender Seele hofft und duldet; sein Handeln ist Leiden. Ein leidender Held kann im Leben eine tragische Gestalt sein, auf der Bühne ist er eine traurige. [28]

Als Bauer von der traurigen Gestalt würde Jakob das Leiden an der Gesellschaft nicht repräsentieren, weil „große, allmähliche Umwälzungen“ auf der Bühne „nicht zur Geltung kommen können“. [29] Erst das moderne Volksstück der zwanziger (Fleißer, Horváth) und der siebziger und achtziger Jahre (z.B. Kroetz, Sperr, Mitterer, Specht) hat die Dramaturgie des Leidens in Szene gesetzt.

Rosegger standen weder theoretisch noch theaterpraktisch die Mittel einer ‚epischen Dramaturgie‘ zur Verfügung, wie sie später expressionistische Dramatik, Zeitstück und Film realisierten. Er war übrigens gegen das Kino, das er freilich für entwicklungsfähig hielt (hier trifft er sich mit Vorstellungen vom Kino als Volkstheater der ‚Zukunft‘), und vor allem - wohl aus Kulturchauvinismus - gegen die Operette, die er früher gerne besuchte. [30] Der ‚Volksschriftsteller‘ Rosegger zielte eher auf das Volk der Leser.

Der Dramatiker Rosegger versucht einen Mittelweg zwischen Kaiser, Anzengruber und Morre (Sentimentalität und Appell an das Gemeingefühl statt Gesellschaftskritik, ernste Gestaltung tabuisierter Themen, ostentative Parteinahme für die Außenseiter); die Parallelen zum pädagogischen und sozialpolitischen Engagement seiner Schriften sind offenkundig, z.B. die Parteinahme für die Armen. [31] Der Vorwurf der bedenklichen Nähe zur Sentimentalität trifft aber wohl nicht nur Morre, sondern auch ihn. [32] Diese sei nach Wendelin Schmidt-Dengler aber nicht den Autoren (und ihrem Ethos) anzulasten, sondern der Grundstimmung eines Publikums, das sich gern in gefühlvoller Klage vereinigt sah. [33]

---

[28] Heimgarten 13, 1889, S. 217; zit. Wagner in Baur, S. 93.

[29] Ebd., S. 219.

[30] Vgl. Latzke II, S. 329.

[31] z.B. ‚Der Armen Freund der Armut Feind‘, ‚Nur ein kleines Stüberl‘, Vorrede zu Morres , ‚’s Nullerl‘; vgl. Latzke II, S. 175ff., 330ff. und grundlegend Wagner 1991.

[32] Schmidt-Dengler 1979, S. 141.

[33] Ebd.: vgl. Morres Rat in der Rosegger-Gedenkschrift 1894, S. 76: „[...] Laß Dich nie vom Teufel reiten, / Nie zur Politik verleiten. / Poesie sei Deine Zier, / Sonst ergeht es Dir, wie mir.“

4. Am Tage des Gerichts

Im Österreichischen Volksbüchereikatalog (1924) findet man unter der Rubrik „Recht und Gesellschaft in Roman, Erzählung und Drama" folgende Inhaltsangabe:

> Ein Volksschauspiel in vier Akten. Wildschützendrama: der Förster wird im Walde von einem Raubschützen erschossen; der Verdächtigte, ein vom Unglück Verfolgter, am Leben irregewordener Mann, leugnet die Schuld, bricht aber, da die Frau des Ermordeten Mitleid mit ihm und seiner Familie hat, in seinem Wilderstande [!] zusammen. Stark sozialer Einschlag; wirkungsvolle Szenen. [34]

Im Brief an Ertl vom 6. Mai 1892 dankt Rosegger für die Kritik „über mein Volksstück" und schreibt:

> Anders werden kann ich ja nicht u. je mehr jene Ideale, die auch die meinen geworden sind, mit Füßen getreten werden, desto kampflustiger für sie fühle ich mich. Würde ich ruhigbleiben können u. die Welt, die man doch nicht ändert, gehen lassen wie sie geht, es könnte für mich ein recht behagliches Leben sein. [35]

In diesem Kontext ist Roseggers Vorwort zum ‚Volksschauspiel' ‚Am Tage des Gerichts' zu sehen: Handelt es sich um einen programmatischen Gattungsbegriff, nennt er das Drama bewußt nicht ‚Volksstück'? In Briefen dagegen spricht er von ‚seinem Volksstück'; noch 1915 heißt es „diese[s] alte Volksstück". [36] Warum hat er es nicht als ‚Volksdrama' bezeichnet? Vermutlich ging es Rosegger um eine bewußte Abgrenzung gegenüber dem ‚Theater für die Massen', der bloßen Unterhaltung und der ‚Theaterware'. ‚Volksschauspiel' weckt andere Erwartungen: Zeitlos-Ahistorisches, Gemeinschaft und Gemeinschaftsgefühl, Bindung an eine Region, Funktion des Gemeinschaftserlebnisses, Anknüpfen an ‚ursprüngliche' Überlieferung. [37]

Auch seine Abwehr der Operette macht die Aversion gegen das bloß unterhaltende Theater deutlich. Tatsächlich aber standen Volksstück und Operette gerade nicht in Opposition; das Volksstück kann somit auch nicht als ‚Korrektiv' einer ‚dekadenten

---

[34] Maximilian Mayer, Österreichischer Volksbüchereikatalog (1924), zit. nach Vodosek in: Baur, S. 192.

[35] Janda, S. 195.

[36] Vgl. Anderle, S. 228.

[37] Vgl. Hein 1989, S. 41f.: vgl. auch Latzke, Rosegger als Literat, S. 23-26.

Operettenkultur' begriffen werden, die eine andere Form volkstümlichen Theaters darstellt.

Eine Interpretation soll zeigen, ob ‚Am Tage des Gerichts' ein Schauspiel vom Leid und den Leiden des Volkes ist.

Alternierend werden in den vier Akten Außen- und Innenräume vorgeführt. Der I. Akt spielt im Wald, scheinbarer Naturraum, in Wahrheit kein Freiraum mehr, sondern je nachdem Kulturraum, genutzter, gehegter oder kontrollierter Raum. Er ist weder Raum für sich selbst, für die Natur oder Kreatur, noch für die oder alle Menschen, sondern Herrschaftsbereich für den Adel und seine Beamten: hier vor allem für den Förster, der aber nicht blindes, sondern kompetentes Vollzugsorgan zum Nutzen und zur Besitzvermehrung des ‚gnädigen Herrn' ist. Die niedere soziale Klasse, Wildschütz, Holzarbeiter, Pecher, Wurzelgraber, Ameisensammler, sie sind nur unmündige Befehlsempfänger, vom Nutznießen mehr oder weniger ausgeschlossen, wenn nicht sogar durch Strafandrohung gänzlich von jeder Teilhabe entblößt.

Der Wald wird theatralisch effektvoll in Szene gesetzt, dabei ambivalent: eine schöne Morgenstimmung und ein wild und quer hereinhängender Baum (‚Verhängnis'): ein dramatisches und auch ein romantisches Waldbühnenbild, das den ästhetisch gebildeten wie den einfachen Zuschauer assoziativ ansprechen kann, ein Caspar-David-Friedrich-Wald, auch ein Hänsel-und-Gretel-Wald. Der Wald als Rahmen für Naturbelassenheit, für von Menschen unverursachtes Aufgehen und Vergehen (Sonne - entwurzelter Baum) wird Schauplatz für Auftritt und Begegnung bis zur Massenansammlung von Menschen. Aber er bleibt bis zum Aktende (symbolisch und real) asozialer Raum. Der Wald wird sozusagen als natürlicher Platz der Einsamkeit, d.h. der Menschenleere, also der Sozialferne, nacheinander von Figuren aufgesucht, die sich hier der sozialen Kontrolle entziehen wollen, der Gemeinschaftsverpflichtung, die auch an der Gesellschaft und ihren Sanktionen, Gesetzen und Vorschriften Kritik durch Wort und Tat üben.

Der Wildschütz, als Heimatloser, und abgestuft die drei Vertreter der besitzlosen Klasse bis zum Holzarbeiter, der entfremdete Arbeit tut, opponieren gegen die Maßnahmen des Försters, eines ‚anderen Geßler', als des Vertreters der besitzenden Klasse, die die Rechte und Vorrechte zu ihrem eigenen Vorteil macht und den anderen kein Recht, nur ‚Gnade' gewährt (‚gnädiger Herr'). Machtlos ducken sie sich vor der Gewalt, heimlich verschaffen sie sich ihr ‚gutes' Recht, ihr Naturrecht auf ‚verbotene', d.h. von der Obrigkeit verbotene Weise. Die Entrechteten oder noch gar nicht zu ihrem Recht des Mitbesitzes Gekommenen sind sich aber untereinander nicht einig, sie helfen sich nicht gegenseitig, sie bespitzeln und befeinden sich.

Rosegger zeigt in den Selbstaussagen der Figuren die existentielle Not, die sie zu den sogenannten „Waldfreveln" treibt, er zeigt auch ihre mehr oder minder große Einsicht in die Ungerechtigkeit der sozialen Ordnung. Aber er zeigt das einfache, weil einfach gehaltene Volk nicht einig in seinem Willen und Machtstreben gegen den Förster, der Recht und Ordnung ohne Rücksicht durchsetzt. Wenn der Förster den Macht- und Rechtswillen so verinnerlicht hat, daß er zum Pedanten geworden ist, daß er seine Naturschutzpflicht ohne Rücksicht auf die Menschen übertreibt, das Lebensrecht des Waldes grotesk über das Überlebensrecht der Menschen stellt, so daß er den Wald, die Sache, zum Selbstzweck erhebt und damit auch ihm nicht mehr gerecht wird („du siehst vor lauter Bäumen nicht einmal mehr den Wald", wirft Martha ihm richtig und zu Recht vor), so macht er sich vor der Masse des von ihm gegängelten und ausgebeuteten Volkes zum Menschenfeind, wenn nicht gar zum ‚Klassenfeind'. Seltsamerweise oder auch nicht hat das Volk seine Maßnahmen, die an die eines Tyrannen denken lassen (Kontrollieren, überscharfe Strafen, Befehlsgewalt), die es doch haßt und für sich eigentlich abgeschafft haben möchte, auf unterer Ebene komplementär übernommen. Es arbeitet seinem Unterdrücker in die Hände, wenn es belauert und verrät, wenn es über Sanktionen Schadenfreude zeigt, wenn es Futterneid statt Mitleid zuläßt. Rosegger zeigt das Volk heimlich böse und grausam gegen seinen Aufpasser, den Förster, aber auch vorteilssüchtig und egoistisch gegeneinander, eine im doppelten Sinne asoziale Gesellschaft. Er stellt eine beiderseitig und untereinander lieblose Zweiklassengesellschaft vor, der der Sinn und Wille zur Gemeinschaft fehlt, wobei die untere Klasse die obere in ihren Fehlern nolens volens imitiert.

Stamhardt (sprechender Name) und Straßl-Toni (ebenso sprechender Name) entsprechen einander im Härtegrad: Was der eine an Rigidität der Prinzipien und Rigorosität aufweist, setzt der andere an Verhärtung durch Mißhandlung und Trotz nach übergroßer Demütigung dagegen. Sie sind keine Kontrastfiguren im Sinne einer Schwarz-Weiß-Zeichnung, ihr Konflikt, der im Mord auf offener Bühne kulminiert, beruht weniger auf der Unterschiedlichkeit ihrer sozialen Herkunft, als auf der Ebenbürtigkeit des unbeugsamen Gerechtigkeitsfanatismus, der weder Nachgiebigkeit noch Verzeihen kennt, sondern nur Rache und Vergeltung. Mordwille und -tat folgen als Konsequenz dieser Haltung bei beiden Kontrahenten. So handelt es sich gerade nicht um gerechtfertigten und befreienden Tyrannenmord nach dem Vorbild Wilhelm Tells, vom Volk bejubelt und unterstützt. Voreilige und übereifrige Amtsanmaßung provoziert mit fast komischer Zwangsläufigkeit einen Tod in Ausübung der Dienstpflicht. Die wankelmütige Menge, die das Aktende bevölkert, sucht mit schlecht verhohlener Schadenfreude den Töter nicht als Helden, sondern als Sündenbock.

Mit dem Mord am Förster ist das Volk durch mehr oder weniger heimliche Übereinkunft einverstanden, mit dem Mörder aus seinen eigenen Reihen ist es nicht einmal heimlich solidarisch, sondern versucht dessen Mißkredit zu seinem kleinlichen Vorteil bei den Oberen auszunutzen. Straßl-Toni, so gleichermaßen von oben und von unten in die Enge getrieben, bleibt nur die gewagte Flucht nach vorn. Bei der Polizei will er die, die ihn - wie angeblich auch immer - verleumden und als ihresgleichen verleugnen, selber in Mißgunst bringen und verklagen, ehe sie ihm zuvorkommen können.

Der I. Akt bietet eine Exposition, die schon den äußeren dramatischen Höhepunkt bringt, die beide gegnerischen Parteien in ihrem gegenläufigen und doch wieder parallel gerichteten Streben zeigt und dazu die rechtlich-politischen und sozioökonomischen Konditionen kritisch anmerkt. Er bringt in seinem Aufbau vom monologischen Anfang bei Vorführung des ‚Helden' über die stationenartige Begegnung mit seinen Standesgenossen, über die ‚verdeckte' Konfrontation mit seinem Gegenspieler, über die scheinbar idyllische Szene, in der er seine Mannes- und Staatsbürgertugend vorstellt, bis zum Mord selbst eine ständige dramatische Steigerung, danach einen dramatisch ausgeweiteten, gleichsam chorischen Kommentar in der Massenszene, der der Held mit einem Verzweiflungsentschluß antwortet. Diese Exposition könnte ebensogut als ein Einakter mit offenem Schluß gelten. Denn was folgt, ist eigentlich nur die weitere Entfaltung schon angesprochener sozialer Bedingtheit des Einzelnen, ein Kernthema auch des Naturalismus der Zeit, in der das Roseggersche Drama entstand. Ist der I. Akt, für sich allein gesehen, ein kleines Drama in nuce, so bildet er, aufs Ganze betrachtet, die dramatische Vorgeschichte mit der Straftat, die den Gerichtstag als notwendiges Nachspiel zur Folge hat.

Über drei Akte erstreckt sich die gespielte Zeit dieses Tages, aufgeteilt auf den per se ‚geschlossenen' Raum des Gefängnisses (II. Akt), den wieder scheinbaren Freiraum des Dorfrandes (III. Akt), wo der Weg zum Gericht vorbeiführt, und den Innenraum des Gerichtssaales (IV. Akt); geurteilt und zu Gericht gesessen wird in allen drei Akten. Die dramatis personae werden vorgeführt oder führen sich selber und ihren Lebenswandel vor und erklären und rechtfertigen ihr soziales, ihr bürgerlich eingebundenes, einwandfreies bzw. mißfälliges Handeln aus den gesetzlichen Rahmenbedingungen, die das von den Besitzenden erlassene Recht - für die Besitzlosen freilich Unrecht - aufstellt. Komisch sitzen die kleinen Gauner, philosophisch der Revolutionär, sarkastisch der Wildschütz über das staatliche Rechtssystem und die herrschende Moral zu Gericht. Aspekte des Strafrechts, des Strafvollzugs, des Heimat- und Arbeitsrechts, der Möglichkeit der Rehabilitation, bzw. Resozialisation werden witzig, satirisch, z.T. mit nestroyanisch anmutendem rhetorischem Aufwand, komisch-treffenden Bildungszitaten, pervertierten Syllogismen in ihrer Absurdität beleuchtet.[38] Der II. Akt zeigt ko-

---

[38] Vgl. die Kritik von Curt Grottwitz, in: Das Magazin für Litteratur 60 (1891), S. 510-512, hier S. 511.

misch abgetönte Volkstypen und Kontrastfiguren zu Straßl, die mit Mutterwitz und Bauernschläue die Gesetzeshürden unterlaufen und sich sogar in ihrem (auch symbolischen) dunklen, menschenunwürdigen Gefangenendasein vital gegen den Ungeist ihrer Unterdrücker behaupten, während Blümlein Straßls andere, vielleicht zukunftsweisende Variante darstellt, dessen Mordlust nicht mehr privat, sondern politisch ein Zeichen der Weltverbesserung setzen will, freilich auch ironisiert.

Der III. Akt zeigt die in angeblichem Pflichteifer eigennützigen und doch ihrer eigenen Sache schadenden drei ‚Waldnutzer' des I. Aktes auf ihrem Weg, falsches Zeugnis zu geben. In Gemeindevorstand, Bauer, Hausbesitzer und Armenvater Schorscher tritt ein pharisäerhafter Prototyp der kapitalistisch orientierten Gründerzeit auf die Bühne, der in scheinheiliger Botmäßigkeit nur ausführt, was zum Besten des Ganzen ist, und sich gleichzeitig die kleinen Kavaliersdelikte (Wilddieberei) des Reichen erlaubt, der sich von Sanktionen freikaufen oder bestechen kann. Durch Jessel und ihre Kinder in ihrer demütigen Hilflosigkeit und dem aussichtslosen Willen zum tugendhaften Überleben erhält die szenische Darbietung rührende Effekte. Der circulus vitiosus des ‚Elends' im wörtlichen Sinne von Heimatlosigkeit, Arbeitslosigkeit, Kinderreichtum, Zahlungsunfähigkeit und also Sträflichkeit vor der bürgerlichen Zahlungsmoral wird in Bildern mitleidheischender und zugleich ‚schöner' Armut vorgeführt, denn das naturalistische Motiv der krassen Notsituation wird durch dekorative Reminiszenzen an biedermeierlich-bescheidenes Hüttenglück (Raimund) gedämpft. [39]

Hauptsächlich ist es aber Marthas Akt. Die junge Frau, nun allzufrühe Witwe, mit dem assoziativ biblischen Namen, erscheint im I. Akt als schüchterne, naive, als die ‚klassische' Ehefrau eines viel vernünftigeren Gatten. Mit Gretchenfrisur, ein Volkslied singend, ehemalige Gänsehirtin, verleiht ihr Rosegger typische volksstückhafte und dorfgeschichtliche Weiblichkeit, gepaart mit Märchenanklängen (Auerbachs ‚Barfüßele', Salome Pockerl in Nestroys ‚Der Talisman'). Sie ist die wahre ‚vox populi', ihre Meinungsänderungen sind die einzigen ohne Ironie oder Sarkasmus, ohne Bosheit oder Spott. Zwar kindlich bewundernd in ihren Mann verliebt, teilt sie dennoch nicht seine Ansichten, noch schweigt sie dazu, sondern äußert ihre eigene Meinung, die in ihrer unprätentiösen Schlichtheit seinen hochfahrenden Übereifer relativiert, selbst wenn sie ihn nicht erreicht, weil er sie wie eine unmündige Inkompetente beschwichtigt und auf ihren fraulichen, eben untergeordneten Bereich zurückweist: „Geh an dein Gras". Dennoch fällt das Licht der Lächerlichkeit auf ihn, den besserwissenden Ehemann mit der qualifizierteren Ausbildung, nicht auf die schwärmerische, ein wenig sentimentale kleine Frau,

---

[39] Vgl. Moritz Necker, Rosegger als Dramatiker (= Anm. 38), S. 90-96, hier S. 95f.

die so unpassend den Wald in seiner Schönheit genießt und zärtlich den Hochzeitstag erinnert.

Auch im III. Akt beginnt Martha mit einem traurigen Volkslied als nicht unmittelbarer Gefühlsaussprache, wie man es von einer solchen Volksfigur erwartet. Dann auf ihrem Wege zum Gericht, wo sie als Anklägerin auftreten und dem Mörder den Prozeß machen soll, macht die trauernde Witwe, gewaltsam ihres Glücks und Lebensinhalts beraubt (vidua = die Leere), selber einen Prozeß durch zur selbstbewußten und überraschend tatkräftig in die fixierten (Besitz-)Verhältnisse eingreifenden Frau.

Wie Rosegger in der Mordszene die beiden Rächer einander nur verdeckt, höchstens ahnungsweise gegenüberstellt, so kommt es bei den beiden Frauen, die er, mit einer an antike oder biblische Urbegegegnungen erinnernden Brunnenszene beginnend (die Wohlhabende bittet bei der Bedürftigen um Wasser), als Gegenspielerinnen spannungsvoll zusammenführt, nicht zu einem offen gezeigten, gegenseitigen Erkennen. Jede macht diese schreckens- und leidvolle Entdeckung und die bestürzende Erkenntnis, daß ein Vorurteil vor der Realität zunichte wird, verdeckt für sich, fast grillparzerisch vom Autor nur in Gebärde oder sparsamem Beiseitesprechen angedeutet.

Die Konsequenzen, die sie aus ihrer inneren Erfahrung des Elends zieht, als deren Verursacher sie Schorscher in seiner ‚legitimen' Härte erlebt, lassen sie nicht in Erkenntnis und Mitleid stumm verharren, sondern zu Wort und Tat schreiten. Die Frau, die bei ihrem Mann kein Gehör für eine Änderung der Gesetzes- und Lebensumstände fand, hat als Witwe des Försters jetzt ganz andere Mittel, ihre Meinung durchzusetzen. Sie tritt gleichsam aus dem Schatten des Försters und, als ob sie von seiner Unerbittlichkeit gelernt hätte, wendet sie seine Härtemethode an, aber nicht um wie er das Recht des Stärkeren, sondern das des Schwächeren durchzusetzen. Sie benutzt, da Appell an Menschlichkeit und Güte nichts helfen, das Droh- und Machtmittel des Bestechungsbriefes, um den Schorscher zum Verzicht auf sein staatlich konzediertes Recht auf völlige Ausbeutung zu bringen. Stattdessen äußert sie ein soziales Reformprogramm, das den Armen eine soziale Aufstiegschance bietet, ohne als christliches oder barmherziges Almosen zu gelten und den ohnedies schon Wohlhabenden ihren Besitz zu schmälern, beiden Gewinnzuwachs garantiert. Wenn sie vor dem Kruzifix kniet und betet, so hat sie ihre eigene Entscheidung schon getroffen, unbeeinflußt von christlichen Glaubensrücksichten, allein aus ihrer unmittelbaren Erfahrung erwachsen, daß eigenes und fremdes Leid nicht mit Aktionen ‚von oben', sei es mit göttlicher Gnade, sei es mit christlich motivierter Caritas/Mildtätigkeit zu lindern sind, sondern eher mit Erlösung der Menschen aus Abhängigkeit, Unmündigkeit und Ungleichheit der Rechte.

Die christliche Religion, deren Glaubenssymbol, nämlich ein Folterinstrument, so hoch aufgerichtet die Bühne beherrscht, ist bei Rosegger zur zynischen Ausrede, sogar der ärmsten, geworden - „so helf dir Gott", heißt es im I. Akt zu Straßl-Toni. Im IV. Akt wird im Angesicht des Kreuzes Recht oder dem Recht Hohn gesprochen, bezeichnenderweise werden die Kerzen am Kreuz nach der Zeugenvernehmung ausgelöscht. Martha wird noch in der traditionell frommen Pose der Frau aus dem Volke gezeigt, aber sie will keine göttliche Erleuchtung und keine Rache nach der Maßgabe der Herrschenden, auch ihres Mannes. Daß sie sich entschließt, nicht nach vorgeschriebenem Glauben, sondern nach eigener Erfahrung und Erkenntnis zu handeln, läßt der Dramatiker hinter der obsoleten Gebärde scheinbarer weiblicher Hinnahme als retardierendes Spannungsmoment abermals verdeckt.

Der IV. Akt bringt den Abspann des Dramas, ein satirisch dargestelltes Tribunal: Richter, Staatsanwalt, Verteidiger und Zeugen, alle sind mit schwachen Beweisen und Argumenten gegen oder für den Angeklagten, noch nicht Überführten, ausgestattet.

Marthas, als der erwarteten Anklägerin und Rächerin, Auftritt bringt die Peripetie. Ihr Verzeihen, stumm, ohne persuasive Rhetorik, rein pantomimisch ausgedrückt, bringt die äußere und innere Wende des Prozesses. Der Angeklagte gesteht die bisher geleugnete Tat. Das Motiv der Verzeihung ist hier kein großmütiges über die Schuld Hinwegsehen oder Schuld und Strafe Erlassen, kein Gnadenakt, sondern ein Verständnis, jenseits der äußeren Rechtsfindung und Verbrechensahndung, daß die Schuld nicht dem freien und bösen Willen des Täters anzulasten ist, eine Anerkennung der Person des Straßl-Toni in ihrer ganzen menschlichen Herabwürdigung und zugleich die Freisetzung seiner Würde.

Eine Frau, die frei von Vorurteilen, Standesschranken und persönlichen Vorteilen denken und sich äußern kann, und der Ausgestoßene, in die Enge Getriebene, von allem sozialen und moralischen Streben Abgeschnittene treffen in dieser Szene aufeinander. Seine Verstocktheit und Starre, die nur das Vexierbild des bornierten Gesellschaftssystems sind, auf ihrer alleruntersten, von ihr selbst verachteten Sozialebene, können sich lösen. Er gesteht die Wahrheit, die keiner außer ihm (und dem Förster) kennen kann. Der vermeintliche Mord - als Absicht eigentlich dem Förster zuzusprechen - erweist sich als Notwehr. Notwehr als wirklicher und symbolischer oder psychologischer Akt ist das Resultat des Gerichtstages. Der Schluß, wer als Verursacher dieser Notwehr zur Rechenschaft zu ziehen ist, bleibt offen, und ob es einmal keiner Notwehr mehr bedarf, bleibt die Frage.

5. Die Kritik

Nach der Grazer Uraufführung wurde das Stück 1890 bereits im Deutschen Volkstheater Wien gespielt, dann auch auf norddeutschen Bühnen über 200mal. [40] Rudolf Latzke hat die wichtigsten Punkte (Ethos, Realismus, humoristische Episoden, Vergleich mit Anzengruber, dramentechnische Schwächen) der mehr dem Autor als dem Stück geltenden Zustimmung zusammengefaßt. [41] Er merkt an, Rosegger nutze nicht die analytische Technik, da es nicht um die Aufdeckung einer dunklen Tat gehe, sondern „um das Hinüberführen eines Verbrechens aus der Sphäre des Historischen oder formalen Rechtes in die des Vernunftrechtes, um das Begreifen eines Tuns aus seinen Voraussetzungen". Freilich rechtfertige „das Ethos allein noch nicht die Dramatisierung einer gewiß dramatische Impulse enthaltenden Erzählung" und „das Abweichen von der Naturwahrheit als Wirkungsbedingung des Dramas". Es sei kein Drama im des noch um 1890 geltenden Sinne des Wortes; Rosegger habe das selbst empfunden, indem er „sein Nichtkönnen zum Nichtwollen umbog". [42] Unbewußt habe er ein Hauptgesetz klassischer Dramenkonzeption befolgt, daß sich alles einem dramatischen Endzweck unterordne. Vor der Folie der lieblosen Mitmenschen sei der Straßl-Toni „kein Bösewicht, kein Schwerverbrecher, nur ein vom Schicksal in die Schuld gehetzter Teufel"; die Entwicklung wäre dramatisch, „wenn sie ganz folgerichtig durchgeführt wäre". [43] Latzke erwähnt hier die Kritiken von Hans Sittenberger und Adam Müller-Guttenbrunn, die insbesondere die mangelnde Exposition, die im II. Akt kaum vorrückende Handlung, die fehlende Vorbereitung der Begegnung der beiden Frauen, die Unwahrscheinlichkeit der Gerichtsszene und den unbefriedigenden Schluß betonen; Müller-Guttenbrunn hält den Schluß freilich für ein dichterisches Meisterstück und gibt der Hoffnung Ausdruck, daß Rosegger der deutschen Volksbühne noch manches Stück schenken werde. [44]

---

[40] Vgl. Sittenberger, S. 391 und Rosegger, ‚Dramatische Versuche'.

[41] Latzke II, S. 355-358; - Roseggers Reaktion auf die Kritiken, die Verteidigung seiner Konzeption, kein Kriminalstück, auch kein Tendenzstück „auf herrschende gesellschaftliche Zustände" geschrieben zu haben, findet sich in: ‚Dramatische Versuche', S. 103f. und 106-114. - Herrn Kollegen Karl Wagner schulde ich Dank für Anregungen zu Material zu den Kritiken.

[42] Latzke II, S. 355.

[43] Ebd., S. 356f.

[44] Ebd., S. 357f.; Müller-Guttenbrunn, S. 67-73; vgl. Rosegger, ‚Dramatische Versuche', S. 114.

Max Martersteig meint, verwandte Themata (Justizirrtum, ‚Zuchthausstücke‘) hätten sogar Rosegger auf die Bretter gelockt; Robert F. Arnold spricht im Kapitel über den „Verfall“ des Volksstücks und die Auswirkung Anzengrubers vom Entstehen einer Schule oder Tradition, die neben C. Karlweis, Carl Morre u.a. auch den großen Namen Roseggers aufweise und mit Rudolf Hawel erst in unsern Tagen endige.[45] Nach Möbius ‚packe‘ das Stück die Hörer, auch ohne daß es den Gesetzen vom Aufbau eines Dramas voll entspreche. Daß dem Dichter auch ein wirksames Drama gelingen würde, müßte jedem Kenner seiner Werke klar sein angesichts der dort massenhaft zu findenden dramatischen Momente.[46] Friedrich Pock hebt den harten Kampf des Straßl-Toni mit sich selber und mit der Welt hervor; die Menschen hätten ihn mit ihrem Mißtrauen immer tiefer in die Verzweiflung gedrängt. Technische Mängel des Stücks seien leicht nachzuweisen. Der Höhepunkt der äußeren Handlung sei vor Ende des ersten Aufzugs erreicht, was folge, sei nur mehr Andeutung dessen, was geschehen ist, weil es unter den nun schrittweise aufgedeckten Voraussetzungen geschehen mußte. Aber gerade diese fortschreitende innere Begründung des äußeren Vorganges steigere die Teilnahme des Hörers bis zu dem packenden Schluß, der im äußeren Zusammenbruch zur inneren Erhebung und Läuterung führe.[47]

Hausegger findet das Stück trotz der einfachen Handlung fesselnd durch das Mitleben und Mitleiden. Im letzten Akt stelle sich die äußere Justiz dem inneren Gericht in drastisch anschaulicher Weise gegenüber; die innere Nichtigkeit der Gerichtskomödie hebe sich wie ein karikiertes Schattenbild von den Seelenvorgängen ab. Auch tadelt er nicht, daß das Stück mit einer Frage schließt, doch fehle den Worten des Verteidigers der Nachdruck. Rosegger habe das Leben in allen seinen Einzelheiten an der Quelle studiert. Die Vieraktigkeit ohne „Gipfelpunkt an der richtigen Stelle“ und die mangelnde Verbindung des II. mit dem III. Akt wird als Kritikpunkt genannt, ebenso die fehlende Darstellung der Entwicklung der Helden und damit „das Miterleben aller inneren Erlebnisse und Kämpfe, welche ihre Entschlüsse und Handlungen bestimmen“. Es macht auf ihn einen „mächtigen Eindruck“, daß es „im Grunde gut wollende Menschen“ sind, die das Schlechte tun müssen.[48]

---

[45] Martersteig, S. 657; Arnold, S. 647.

[46] Möbius, S. 137.

[47] Pock, S. 199-201.

[48] Hauseggers Brief an Rosegger vom 8. November 1890 zit. nach Pock, S. 201-204; vgl. Latzke II, S. 79.

Sittenberger hält das Vorwort für interessanter als das Stück selbst und setzt sich mit Roseggers Selbstinterpretation auseinander, die er fast Wort für Wort widerlegt und dem Autor Ungereimtheiten und ‚Fehler' in der Stoff- und Ideenbehandlung nachweist (allgemeine Andeutungen in der Exposition; Episodenhaftigkeit; Unwahrscheinlichkeit und fehlende Realitätsnähe der Gerichtsszene; mangelnde Motivation des Verhaltens Marthas; unbegründetes, überraschendes Geständnis; anklagende Sprache des Toni als ‚Kind der Straße'): „Wir müßten den Umschwung in Tonis Seele in allen seinen Phasen miterleben, Schritt für Schritt müßten wir es sehen, wie aus dem hartnäckigen Leugner ein reuiger Bekenner wird." [49] Zusammenfassend urteilt er, das Stück habe wenig „inneren" Gehalt und sei äußerlich mißraten, was Rosegger mit seiner Schutzbehauptung vom „ästhetischen Leisten" selber eingestehe. Es bestehe nur aus dem I. und IV. Akt, der II. sei überflüssig, was im III. geschehe, lasse sich auf eine knappe Szene zusammendrängen, der IV. Akt sei „gründlich verzeichnet, durchaus linkisch und unwahr", so bleibe neben ein „paar hübsche[n] Genreszenen" nur der I. Akt, der sich auch nicht „durch besondere Reife des Könnens" auszeichne. Das Schauspiel sei also nicht zu gut, sondern zu schlecht für die Bühne, und der Autor hätte besser daran getan, „sein eigenes Können mit geziemender Bescheidenheit zu bezweifeln". [50]

Curt Grottwitz entdeckt „modernsten Realismus", der die „Schäden des sozialen Lebens in drastisch-naturalistischen Bildern" zeige; Rosegger sei aber kein Naturalist, er lehne sich an veraltete Schablonen an, sein Stück zeige aber dennoch Frische und Lebendigkeit angesichts der „Kränklichkeit und Blasirtheit" der Zeit. [51] Moritz Necker hebt trotz der Schwächen die große sittliche Idee, das z.T. an Raimund erinnernde Stück über das lokale Interesse hinaus; angesichts des Spiels würden die technischen Mängel vergessen. [52] Erwin Bauer, eine Parallele zu Ibsen ziehend, tadelt den unbefriedigenden Schluß, [53] der übrigens in der hochdeutschen Fassung der Erzählung zu einem ‚Happy end' wird.

Zu Beginn der Spielzeit 1891/92 fand Roseggers Drama im Berliner Lessing-Theater eine beachtete Aufnahme. Heinrich Mann besuchte die Aufführung, „wo der neue Rosegger geboren wurde"; seine Kritik findet das Bemühen „anheimelnd mo-

---

[49] Sittenberger, S. 399.

[50] Ebd., S. 402.

[51] Grottwitz, vgl. Anm. 38.

[52] Necker, vgl. Anm. 39.

[53] Erwin Bauer, Am Tage des Gerichts, in: Das zwanzigste Jahrhundert II, S. 77-82.

dern", „alles Interesse auf die seelische Entwickelung des Helden zu vereinigen", die Sentimentalität verstärke den Eindruck des Konventionellen, aber in der Behandlung des Helden zeige sich „der große Epiker auf der Höhe moderner dramatischer Gestaltung". [54] Otto Brahm zieht Parallelen zwischen Anzengruber und Rosegger, läßt ihn wegen starker Sentimentalität und Tendenz als dessen ‚Nachfolger' nicht gelten. Rosegger stelle keine Gestalten, sondern personifizierte Empfindungen dar; gleichwohl stehe ein Dichter, kein „Macher" da. [55]

Wie recht auch im Einzelnen die Kritiken haben mögen, sie alle legen ‚klassische' Gattungsgrenzen eng aus, betrachten das Stück kaum auf der Folie der gängigen Volksstück-Praxis, von der problematischen ‚Theorie' einmal abgesehen. Holzschnittartige Fügung, Episodentechnik, Darstellung von Situationen statt Entwicklungen, Tendenz und Typisierung gehören zu den erprobten Bausteinen, die bei ‚richtiger' Darstellung ihre Wirkung auf ein entsprechend disponiertes Publikum nicht verfehlen. Die ‚innere' Struktur, der Leidensprozeß, der Appell zur ‚imitatio' erinnern an die Dramaturgie des ‚Volksschauspiels'. In einer historischen Reihe von Volksstücken kann ‚Am Tage des Gerichts' durchaus einenPlatz erhalten. Rosegger selbst meinte 1915:

> In Rußland war mein Stück ‚Am Tage des Gerichts' verboten worden. Dann wurde es freigegeben mit Ausnahme des 2. Aktes, von dem die Rezensenten ja immer behauptet hatten, daß er überflüssig sei. [...] - Es gehört zu den Vorzügen dieses alten Volksstückes, daß man jeden der vier Akte beliebig weglassen kann, ohne daß das Ganze leidet. Am schönsten, mutmaßt ein Kritiker, dürfte es wohl sein, wenn man alle vier auf einmal wegläßt. [56]

Wahrscheinlich hat Rosegger, wenn nicht auf dem Hintergrund heutiger Stücke vom sozialen Leid eine - vielleicht filmische - Wiederentdeckung sinnvoll und möglich ist, mit diesen launigen Worten das Urteil der Nachwelt vorweggenommen, woran auch die Aufführung zu seinem 100. Geburtstag im Juli 1943 in Graz, im Jubiläumsjahr 1993 sowie Darstellungen von Laiengruppen wenig geändert haben dürften.

---

[54] Heinrich Mann, Briefe an Ludwig Ewers 1889-1913, Berlin und Weimar 1980, S. 238; die Kritik in: Die Gesellschaft 7 (1891), S. 1413f.

[55] Die Kritik von Otto Brahm in: Freie Bühne für modernes Leben 2 (1891), S. 776f.

[56] Zit. nach Anderle, S. 228.

Literatur:

Peter Rosegger:

Da Gaugl-Blos. A Gschicht in da steirischn Gmoansproch, in: Heimgarten, XIV. Jg., 9. Heft, Juni 1890, S. 641-647

Am Tage des Gerichtes, Eine Geschichte aus Steiermark, in: ‚Über Land und Meer'. Deutsche Illustrirte Zeitung, 1891, Nr.1-4, S.10f., 34f., 58f., 78f.

Am Tage des Gerichts. Volksschauspiel in vier Aufzügen. Wien, Pest, Leipzig 1892

Am Tage des Gerichts, Volksschauspiel in vier Aufzügen nebst Kleinen dramatischen Szenen und Mein Lied. Leipzig 1923 (Gesammelte Werke Bd. 9)

Vorrede zu Carl Morre, ,'s Nullerl'. Graz 1885, S. 3-6

Volksreden über Fragen und Klagen, Zagen und Wagen der Zeit. Berlin 1908

Mein Weltleben, Erinnerungen eines Siebzigjährigen. 2 Bde. Leipzig 1916 (Gesammelte Werke Bd. 39/40)

Das Leben in seinen Briefen, hg. und mit lebensgeschichtlichenVerbindungen versehen von Otto Janda. Graz 1943

Dichter-Briefe. Der Briefwechsel zwischen Peter Rosegger und August Silberstein, hg. von Oskar Katann. Wien, Leipzig 1929

Anderle, Charlotte: Der andere Rosegger. Polemik, Zeitkritik und Vision im Spiegel des ‚Heimgarten' 1876-1918. Wien 1983

Anzengrubers Werke. Gesamtausgabe nach den Handschriften. 20 Tle. Hg. von Eduard Castle, Tl I u. II. Leipzig [1921] (= Castle I/II)

Anzengruber, Ludwig: Sämtliche Werke. Hg. von Rudolf Latzke und Otto Rommel, 15 Bde. Wien 1929-22 (= SW)

Arnold, Robert F. (Hg.): Das Deutsche Drama. München 1925

Bacher, Eduard: Glossen über den Verfall „der Wiener Theater". Leipzig 1908

Bärnthaler, Monika: Der gegenwärtige Forschungsstand zum österreichischen Volksstück seit Anzengruber. Diss. masch. Graz 1976

Baur, Uwe et al. (Hg.): „Fremd gemacht?" Der Volksschriftsteller Peter Rosegger. Wien, Köln, Graz 1988

Bettelheim, Anton: Die Zukunft unseres Volkstheaters. Zehn Aufsätze aus den Jahren 1882-1892. Berlin 1892

Cramer, Franz Josef: Das antisemitische Theater. Leipzig 1900

Flüggen, O.C.: Das Moderne Volkstheater dessen Leitung, Repertoir und die Presse. Mit besonderer Berücksichtigung des Volkstheaters am Gärtnerplatz zu München. München 1879

Geehr, Richard S.: Adam Müller-Guttenbrunn and the Aryan Theater of Vienna: 1898-1903. The Aproach of Cultural Fascism. Göppingen 1973

Haslinger, Franz: Peter Rosegger als Jünger Merkur und Apolls (1865-1869). Graz 1964

Hein, Jürgen: Das Wiener Volkstheater. Raimund und Nestroy. Darmstadt ²1991

Hein, Jürgen (Hg.): Volksstück. Vom Hanswurstspiel zum sozialen Drama der Gegenwart. München 1989

Hein, Jürgen: Volksstück. In: Walther Killy (Hg.): Literaturlexikon. Bd. 14. München 1993, S. 465-471

Latzke, Rudolf: Peter Rosegger. Sein Leben und sein Schaffen. Bd. 1: Der junge Rosegger, Weimar 1945; Bd. 2: Der ältere und der alte Rosegger. Graz, Köln 1953 (= Latzke I/II)

Latzke, Rudolf: Peter Rosegger als Literat. Graz 1972

Lengauer, Hubert: Läuterung der Besitzlosen. Zur Theorie und Geschichte des österreichischen Volksstücks in der zweiten Hälfte des 19. Jahrhunderts. In: Valentin, Jean-Marie (Hg.): Volk - Volksstück - Volkstheater im deutschen Sprachraum des 18.-20. Jahrhunderts. Akten des Kolloquiums Nancy, 12.-13. November 1982. Bern, Frankfurt a.M., New York 1986, S. 150-172

Martersteig, Max: Das deutsche Theater im neunzehnten Jahrhundert. Leipzig ²1924

Mertz, Peter: Wo die Väter herrschten. Volkstheater - nicht nur in Tirol. Wien, Köln, Graz 1985

Möbius, Hermine u. Hugo: Peter Rosegger. Ein Beitrag zur Kenntnis seines Lebens und Schaffens. Leipzig 1904

Müller-Guttenbrunn, Adam: Dramaturgische Gänge. Dresden, Leipzig 1892

Pauli, Manfred: Stücke über und für das Volk. Zum Volksstück in der Dramen- und Theatergeschichte des deutschen Sprachraums. Von den realen Wirkungsmöglichkeiten volkstümlicher Dramatik. Diss. masch. Leipzig 1986

Pock, Friedrich: Rosegger. Ein Lebensbild. Leipzig 1943

Rommel, Otto: Ludwig Anzengruber als Dramatiker. In: SW II, S. 333-607

Rommel, Otto: Ludwig Anzengrubers Leben und Werke. In: SW XV/3, S. 273-467

Rosegger-Gedenkschrift. Graz 1894

Schmidt-Dengler, Wendelin: Die Unbedeutenden werden bedeutend. Anmerkungen zum Volksstück nach Nestroys Tod: Kaiser, Anzengruber, Morre. In: Die Andere Welt. Aspekte der österreichischen Literatur des 19. und 20. Jahrhunderts. Festschrift für Hellmuth Himmel. Bern, München 1979, S. 133-146

Schmidt-Dengler, Wendelin: Rustikalität. Zur Funktion des ländlichen Lebensraumes bei Carl Morre und [Karl] Schönherr. In: Valentin, Jean-Marie (Hg.): Volk - Volksstück - Volkstheater [s.o.], 1986, S.173-185

Sittenberger, Hans: Das dramatische Schaffen in Österreich. München 1898
Wagner, Karl: Die literarische Öffentlichkeit der Provinzliteratur. Der Volksschriftsteller Peter Rosegger. Tübingen 1991 (Studien und Texte zur Sozialgeschichte der Literatur 36)

Hans-Anton Ederer

War Peter Rosegger ein religiöser Schriftsteller? Oder: Literarische Wertminderung durch religiöse Sentimentalität

Theologische Randbemerkungen zum literaturwissenschaftlichen Symposion über Peter Rosegger

Der Grazer Kirchengeschichtler Max Liebmann behauptet in seinem Beitrag im Peter-Rosegger-Ausstellungskatalog: „Der berühmte steirische Dichter Peter Rosegger war kein Theologe und schon gar kein Dogmatiker, er war auch kein Systematiker, speziell in religiös-kirchlichen Angelegenheiten war er vielmehr Gelegenheitsschriftsteller." Und er fährt fort: „Rosegger hatte keine theologische Bildung, sein Glaube war der Glaube seiner Kindheit und Jugendzeit. Theologische Lehren zu reflektieren war nicht seine Art, er behandelte die Religion, die religiösen Bräuche, das Kirchengeschehen kritisch deskriptiv." [1] Trotzdem stellt Liebmann gleichzeitig fest: „Rosegger war ein Schriftsteller des Volksglaubens und der Volksreligiosität." [2]

Angesichts der deskriptiven Form der Dokumente des Zweiten Vatikanischen Konzils und dessen Verlautbarungen über die Kirche als Volk Gottes sind die Äußerungen des Grazer Kirchengeschichtlers Liebmann über Peter Rosegger nur sehr schwer nachvollziehbar. Schließlich kommt ein Schriftsteller, der den religiösen Volksglauben schildert, ohne ein gewisses theologisches Wissen nicht aus. Und es befremdet, wenn zur Lösung dieser Widersprüchlichkeit der steirische Dichter gleich in zweifacher Weise abgewertet wird; nämlich als Gelegenheitsschriftsteller und als naiver Mensch, der von der theologischen Wissenschaft keine Ahnung hatte. Professor Max Liebmann scheint dabei selbst theologischem Schmalspurdenken zum Opfer zu fallen, indem er theologisches Denken auf die rationalistische definitorische Neoscholastik einschränkt und die gesamte neuere Theologie, inklusive des Zweiten Vatikanums mit seiner beschreibenden Art des Theologisierens, unter die Gelegenheitsschriftstellerei einordnet. Der Grazer Kirchenhistoriker argumentiert offensichtlich wie ein antimodernistischer

---

[1] Maximilian Liebmann, Religion, Glaube, Kirchen. „Kirche ist mir Nebensache, das Christentum Hauptsache", in: Peter Rosegger 1843-1918, hg. v. Gerald Schöpfer, Graz: Steiermärkische Landesregierung 1993, S. 213.

[2] Ebd., S. 218; Liebmann formuliert mit diesen Satz einen eigenartigen Gegensatz zwischen Volksreligiösität und kirchlicher Dogmatik und bestätigt die leidvolle Erfahrung vieler Gläubiger: die bestehende Kluft zwischen Kirchenlehre und Volksglauben.

Zeitgenosse Peter Roseggers oder wie ein heutiger Fundamentalist und läßt dabei leider die historisch-kritische Distanz vermissen.

Sicher ist Peter Rosegger kein Vertreter kirchenamtlicher Schultheologie, wohl aber ein hervorragender Vertreter der narrativen Theologie des Liberal- und Reformkatholizismus um die Jahrhundertwende. Ihre hervorragendsten Vertreter wurden von Papst Pius X. als Modernisten verurteilt. [3] Ihre Schriften kamen auf den Index verbotener Bücher. [4] Peter Rosegger hat ihren Denkbemühungen sein dichterisches Wort geliehen. Prompt wurden auch seine religösen Schriften zensuriert und seine Zeitschrift ‚Heimgarten' in Graz des öfteren beschlagnahmt. In der Zeitschrift des deutschen Liberalkatholizismus ‚Das Neue Jahrhundert' dagegen wurden seine Werke besprochen und intensiv beworben. [5] Indem Max Liebmann diese religiös geprägten geistesgeschichtli-

---

[3] Neben dem Lexikon für Theologie und Kirche (LThK² Bd.7, S. 514f.) gibt die Tübinger theologische Dissertationsschrift von Thomas Michael Loome, Liberal-catholicism, Reform-catholicism, Modernism. A Contribution to a New Orientation for Modernist Research. Mainz: Matthias Grünewald 1979 den besten Überblick über die katholische Modernismuskrise. Auf Peter Roseggers Anteil am Modernismusstreit haben in jüngster Zeit hingewiesen: Peter Hofrichter, Modernismus in Österreich, Böhmen und Mähren. In: Der Modernismus, Beiträge zu seiner Erforschung, hg. von Erika Weinzierl, Graz: Styria 1980 und Charlotte Anderle, Der andere Peter Rosegger. Polemik, Zeitkritik und Vision des ‚Heimgarten' 1876-1918, Wien: Österreichischer Agrarverlag 1983.

[4] Der Index verbotener Bücher sollte das gläubige Volk vor gefährlichem Schrifttum und Irrlehren schützen, diente aber meist zur Disziplinierung von unliebsamen Wissenschaftlern, Literaten und Theologen. Besonders Pius IX. (1846-78) und Pius X. (1903-14) setzten ihn zur Bekämpfung des kirchenkritischen Liberalismus und moderner Zeitirrtümer ein. Das letzte Gesamtverzeichnis verbotener Bücher des Vatikans stammt aus dem Jahre 1948. Die Päpste Leo XIII. (1878-1903) und Benedikt XV. (1914-22) haben bereits die gesamte klassische Literatur faktisch freigegeben. Vgl. Stichwort Index, LThK Bd.5, S. 644ff. Seit dem Zweiten Vatikanischen Konzil, das den Dialog der Kirche mit der Welt propagierte, versucht die Kirche den verschiedenen Zeitirrtümern lediglich die positive traditionelle Glaubenslehre gegenüberzustellen. Systematische Lehrzuchtverfahren und Disziplinierungen gibt es nur im Bereich der eindeutig theologischen Literatur, wie die Fälle Boff, Drewermann, Holl, Küng. etc. verdeutlichen. Gegenüber Film, Kunst und Literatur wird man nur tätig, wenn man das ‚gesunde' religiöse Volksempfinden beleidigt oder die offizielle Kirchenlehre gefährdet sieht, wie beispielsweise beim Achternbusch-Film ‚Das Gespenst' oder bei der Tabori-Inszenierung in der Salzburger Kollegienkirche im Rahmen der Festspiele.

[5] Die Landesausstellung in St. Kathrein am Hauenstein 1993 wußte zwar zu berichten, daß Roseggers Bücher ‚I.N.R.I.', ‚Mein Himmelreich' und ‚Der Gottsucher' kurzfristig indiziert wurden. Peter Rosegger berichtet in ‚Mein Weltleben', VA, S. 123-132 aber nur von Zensurplagen und Beschlagnahmungen seiner Zeitschrift ‚Heimgarten', die zu diesen Büchern führten. Im Grazer Diözesanarchiv findet sich auch kein entsprechender

chen und kirchenpolitischen, teilweise kulturkämpferischen Auseinandersetzungen um den Reform- und Liberalkatholizismus sowie den Modernismusstreit nicht ausreichend berücksichtigt, kann er sagen, Peter Rosegger sei nur ein Schriftsteller des Volksglaubens und kein Theologe. Eine Aussage, die die gleiche Bedeutung hat wie der Satz: Camus und Sartre sind keine Existenzphilosophen. Peter Rosegger hat mit ‚I.N.R.I.' ein Jesusbuch, mit ‚Mein Himmelreich' ein Glaubensbuch und mit ‚Das ewige Licht' einen Priesterroman verfaßt. Im ‚Gottsucher' beschäftigt er sich systematisch mit Nietzsches Christentumskritik. In ‚Heidepeters Gabriel' liegt wahrscheinlich der Versuch einer volksnahen naturalistischen Heiligenlegende vor.

Kurz und gut, der Milieukatholizismus spiegelt sich in all seinen Werken. Roseggers zahlreiche unterhaltsame Kurzgeschichten haben sogar, wie Schmidt-Dengler treffend bemerkt, den Charakter belehrender Beichtgeschichten [6] eines guten Beichvaters. Rosegger unterstützte die zeitgenössischen religiösen Reformbestrebungen, wie die biblische, die liturgische und die ökumenische Bewegung. Wie ein guter Pfarrer sammelte er für den Bau der evangelischen Heilandskirche in Mürzzuschlag Geld und steuerte auch zur Wiedererrichtung der durch Brand zerstörten heimatlichen Pfarrkirche in St. Kathrein am Hauenstein sein Scherflein bei. Das von ihm gewünschte Bild der hl. Familie in der evangelischen Kirche zu Mürzzuschlag wird meist auch verkürzt nur als Marienbild zitiert, um seine Anhänglichkeit an katholische Traditionen und die ökumenische Gesinnung darzustellen. Der hl. Josef wird dabei immer geflissentlich unterschlagen. An den kulturkämpferischen Auseinandersetzungen zwischen Liberalismus und Katholizismus nahm Peter Rosegger wißbegierig rezeptiv und schriftstellerisch produktiv regen Anteil.

Seine liberalkatholische Weltanschauung reifte in dieser Auseinandersetzung und blieb im wesentlichen intakt. Daß er in kirchlich-klerikalen Kreisen trotzdem wenig Anerkennung fand, befremdete ihn. Und so schreibt er in ‚Mein Weltleben':

Indexhinweis. Und das Vatikanarchiv zum Modernismusstreit ist geschlossen. Sicher war Roseggers ‚Heimgarten' ein Forum für Reformkatholiken und Modernisten, deren Werke von der päpstlichen Glaubensbehörde indiziert wurden. Vgl. Peter Hofrichter a.a.O. S. 178f. und Das XX. Jahrhundert 1902. Im Unterschied zum Roman ‚Il Santo' (1906) des italienischen Dichters Antonio Fogazarro (1842-1917), der die Gedankenwelt der führenden Modernisten Alfred Loisy (Frankreich), Baron von Hügel und George Tyrrell (England) verarbeitet (Vgl.: dtv Kindlers Literatur Lexikon Bd. 17, S. 7509), schöpft Peter Rosegger für sein Jesusbuch (1905) eher aus der eigenen Bibellektüre und der deutschsprachigen reformkatholischen Sekundärliteratur.

[6] Wendelin Schmidt-Dengler, Als ich noch [...]. In: ds. Bd, S. 1ff.

> Meine Schriften konnten weder dem landläufigen Liberalen behagen noch dem Atheisten gefallen noch dem Radikalen und Naturalisten angenehm sein, ebensowenig vermochten sie dem Pietisten zu entsprechen. Das tut mir auch gar nicht leid. Befremdlich war mir, daß der Klerus sich von allem Anfange an ablehnend gegen mich verhalten hatte, was wohl darin liegen mochte, daß ich als armer Student in die Obhut seiner politischen Gegner gekommen war. Ich hatte mich freilich auch von diesem nicht beeinflussen lassen; meine Weltanschauung brachte ich schon ziemlich fertig als zweiundzwanzigjähriger Junge aus dem Waldlande mit, sie hat sich geklärt, aber im wesentlichen bis heute nicht geändert.[7]

Allgemein betrachtet, klingen diese Sätze wohl etwas überheblich und passen überhaupt nicht zu Roseggers schulmeisterlichen Predigten über Selbstbescheidung. Der behauptete mangelnde Einfluß seiner liberalen Förderer betraf wohl nur seine religiösen Grundanschauungen und sicher nicht die Finanzierung seiner schulischen Ausbildung oder seine gesellschaftspolitischen Standpunkte. Rosegger wollte mit der unbescheidenen Übertreibung lediglich betonen, wie beharrlich er am christkatholischen Glauben seiner Eltern festhielt.

Er, der seiner Aussage nach aus Geldmangel nicht Priester werden konnte, hat sich zeit seines Lebens darum bemüht, den ererbten traditionellen katholischen Glauben in den gesellschaftlichen Umbrüchen seiner Zeit weiterzugeben. „Das Christentum [...] des Lebens hat ihm den Frieden des Herzens bewahrt." Und er beklagt, das Christentum wolle nun plötzlich „nicht mehr stimmen mit den Anforderungen der Zeit. Das Evangelium wollte mit der Wissenschaft nicht mehr stimmen, das göttliche Schöne mit der neuen Ästhetik nicht mehr, die redliche Pflichterfüllung mit der Vergeltung, die Arbeit mit dem Kapitale nicht mehr, das Wohlwollen für alle Menschen mit den nationalen Tugenden nicht mehr."[8] Liebmanns abwertende Beurteilung, die dem steirischen Dichter theologisches Denken abspricht und sein religiöses Anliegen verniedlicht, hätte Peter Rosegger sicher sehr geärgert.

Aber vielleicht ist folgende Erinnerung aus ‚Mein Weltleben', die der Dichter erzählt, eine treffende Antwort auf Liebmanns einengende theologische Sichtweise:

> Vor achtunddreißig Jahren war eines Sonntags Christenlehre in Alpl. Der Kaplan Gußmann aus Krieglach war da und erklärte, daß alle Menschen, die nicht christkatholisch getauft wären, der ewigen Seligkeit verlustig gingen. Ich mußte den Geistlichen hernach auf dem Heimweg begleiten, um die Tasche mit dem kirchlichem Gewande zu tragen. Unterwegs machte das dumme Bauernbübel den Mund auf und sagte: ‚Das kann doch nicht sein, daß Gott alle verdammt, die nicht getauft sind.

---

[7] Peter Rosegger, Mein Weltleben, VA, S. 168

[8] Ebd., S. 223

> Gott ist ja gerecht, und die Chinesen können nichts dafür, daß sie vom katholischen Glauben nichts gehört haben.' Es war ein spottbilliger Einwand. Sagte hierauf der Kaplan: ,Willst also du gescheiter sein als unser Herrgott! So gehe nur hin und erschaffe eine bessere Welt und laß dich für sie kreuzigen.' Darauf habe ich mir gedacht: Es ist wahr, welterschaffen kannst du freilich nicht, dummer Bub, also sei still! ... - Es war mein erstes laut geäußertes Bedenken gewesen gegen eine feststehende Anschauung. Seither hat's in mir nimmer Ruhe geben wollen. Viele Richtungen und Einrichtungen, die mir verwerflich schienen, habe ich bekämpft mit aller Absicht, und viele Menschen, die daran hingen, habe ich beleidigt, ohne es zu wollen. Der beliebteste Schlager, mit dem meine Gegner mich schon hundertmal getötet haben, war der Vorwurf, daß ich nichts gelernt hätte, also nichts verstünde, also schweigen solle. Wenn man, die Einseitigkeit wiederholend, den Spieß umdrehen wollte, so wäre solchen hochgelehrten Leuten ebenso der Mund zu verbieten, weil sie ja doch alles nur aus Büchern gelernt, wenig aber erfahren und mit persönlichem Auge gesehen haben. Ich habe drei, wenn nicht gar vier verschiedene Gesellschaftsschichten durchlebt, durcharbeitet und durchlitten. Die dabei gemachten Erfahrungen dünken mich in meinen hoffärtigsten Stunden fast so wertvoll wie ein ganzes achtklassiges Gymnasium. Zwar bin ich nachher auch jahrelang auf Schulbänken gesessen, sogar auf solchen der ehrwürdigen ,Alma Mater', zwar habe ich unzählige Lehrbücher gelesen, teils sogar durchgeochst, aber alles, alles das hat nicht anschlagen wollen; mein Reitrößlein hat nie aus dem dürren Heu der Schulweisheit, immer nur aus dem grünen Grase des Lebens seine Nahrung gegrast. Fett ist es dabei auch nicht geworden. [9]

Die beiden letzten Sätze lesen sich wie eine natur- und lebensphilosophische Interpretation der biblischen Spruchweisheit: „Der Buchstabe tötet, der Geist aber belebt." [10]

Um das sittliche Wohl der Volksseele war Peter Rosegger deshalb mehr besorgt als um seine Stellung in der Literaturgeschichte. Er verstand seine Schriftstellerei als breite Volksseelsorge und meinte: „Im Grunde predigen wir jedoch dasgleiche, der Priester auf der Kanzel, ich in meinen Schriften: die Gerechtigkeit, die Mäßigkeit, die Klugheit, den Starkmut und die Menschenliebe." [11] Er trat mit den klerikalen Zeitgenossen in einen schriftstellerischen Wettstreit und wunderte sich, warum andere Schriftsteller, die diesen Streit nicht suchten, von den Priestern ignoriert wurden, um seine Schriften aber „Lärm" [12] gemacht und er kirchlicherseits mit Zensuren geplagt wurde. Diese kirchlichen Plagegeister zwangen ihn mittels Zensur, über seinen ererbten und traditionellen Glauben systematisch nachzudenken und führten zu dem Jesusbuch ,I.N.R.I.'

---

[9] Ebd., S. 216f.

[10] 2 Kor 3,6

[11] Mein Weltleben, VA, S. 168f.

[12] Ebd., S. 169

und dem Glaubensbuch ‚Mein Himmelreich'. Es sind dies Bekenntnisschriften eines Liberalkatholiken. In der freien Form der Erzählung brachte er das Kunststück zuwege, einerseits die Wesenzüge des katholischen Glaubenserbes zu bewahren [13] und gleichzeitig die zeitgenössische Bibelkritik und Leben-Jesu-Forschung der protestantischen wie katholischen liberalen Theologie miteinzubeziehen. Sein Hauptanliegen war es, den katholischen Väterglauben in der modernen Welt verständlich zu machen. Und das ist ihm sicher besser gelungen als Tausenden von Pastoraltheologen an den katholischen Fakultäten der Welt. Peter Roseggers ‚Mein Himmelreich' ist auch lesbarer als der neue ‚Weltkatechismus'. [14]

Peter Rosegger war der wortgewaltige Dichter des österreichisch-deutschen liberalen Milieukatholizismus. Trotzdem gilt er nicht als religiöser und katholischer Dichter. Diese mangelnde kirchliche Anerkennung hat ihn auch zeitlebens geschmerzt. Über Beschimpfungen wie „Giftmischer", „Volksverführer" und „Antichrist" konnte er mit der Zeit ironisch oder erhaben lächeln. Anspielungen auf den „ungebildeten Schneidergesellen" aber empfand er immer als besonders böswillig.[15] Das Schneiderhandwerk erlernen zu müssen, anstatt das Gymnasium des bischöflichen Knabenseminars besuchen zu können, blieb für Peter Rosegger lange ein Alptraum.

Aber nicht nur die Kirche verweigerte ihm die Anerkennung als religiöser Schriftsteller, auch die Literaturgeschichtler scheuen sich meist, Peter Rosegger unter diesem Gesichtspunkt zu behandeln, obwohl sie bei ihm einen moralisch lehrhaften Ton durchaus wahrnehmen. So schreiben Gerhard Fricke und Mathias Schreiber über Peter Rosegger: „Ein lauteres, phantasiereiches, erzählerisches Naturtalent, freilich mit einer allzu schreibfrohen Hand und nicht selten durch seine aufdringlich lehrhafte Tendenz, aber auch durch ihm ungemäße literarische ‚Bildungseinflüsse' ins Gekünstelte und Sentimentale abgelenkt. Ursprünglich echt, darin Auerbach weit überlegen, sind vor allem seine kleineren Erzählungen." [16] Und Albert Soergel urteilt über Rosegger:

---

[13] Vgl. Helfried Weinhandl, Peter Roseggers religiöse Gedankenwelt (Theol. Dissertation). Graz 1981 und Henry Charles Sorg, S.D.S., Roseggers Religion, A critical Study of His Works. (Phil. Dissertation) Washington, D.C. 1938 (The Catholic University of America Studies in German Vol. XI)

[14] Vgl. Katechismus der katholischen Kirche, Oldenburg: Benno-Paulus-Veritas 1993

[15] Mein Weltleben, VA, S. 174

[16] Gerhard Fricke und Mathias Schreiber, Geschichte der deutschen Literatur, 18. Aufl., Paderborn: Schöningh 1974, S. 234

> Er war - wie jeder Volksschriftsteller - leicht lehrhaft, er reflektierte gern, er war auch von Sentimentalität nicht ganz frei. Aber als Kind des Volkes hielt er zum Volke, die Schar seiner Sonderlinge aus seinen Alpen war überreich und wuchs von Jahr zu Jahr, und er hielt seine Hand über die Enterbten, die Pascher, die Wilderer. Das Soziale als Mitgefühl oder Problem, diese Forderung des Jüngstdeutschen war in ihm lebendig. [...] Und wenn in dem Programm der Frühzeit der Moderne auch die Behandlung des religiösen und staatlichen Problems gefordert ward: Der Dichter der Romane ‚Der Gottsucher' und ‚Martin der Mann' hatte beides versucht, ja in der Bewertung symbolischer Züge war Peter Rosegger der Zeit vorausgeeilt. Er war vieldeutig, man konnte sich darüber streiten, ob er ein Idealist oder ein Realist war." [17]

Mit den Begriffen des „Lehrhaften", „Sentimentalen" und „Sozialen" deuten diese Zitate die religiöse Problemstellung bei Rosegger zwar an, Bestandteil systematischer Reflexion werden sie jedoch kaum. Auch Peter Roseggers Hinweise, daß er mit Goethes ‚Faust' in Sachen Religion die These vertritt, „Gefühl ist alles", [18] verleiten kaum jemanden, den Zusammenhang zwischen dem Sentimentalen und dem Religiösen als literarische Gattung zu reflektieren.

Auch die klassische These des französischen Religionssoziologen Emile Durkheim (1858-1917), eines Zeitgenossen Peter Roseggers, das Soziale sei mit dem Religiösen gleichzusetzen, macht aus dem steirischen Dichter offensichtlich keinen Dichter der religiösen Werte, sondern er bleibt der Volksschriftsteller und Gelegenheitsdichter, der Volksbräuche beschreibt und ländliche Sozialverhältnisse schildert, eine reichhaltige Quelle der Sozial- und Heimatkunde.

Auch die in diesem Band abgedruckten literarwissenschaftlichen Beiträge deuten den religiös motivierten Moralismus und Sentimentalismus von Peter Roseggers Schriftstellerei nur an und thematisieren die religiöse Motivation Roseggers keineswegs. Schmidt-Dengler verweist zum Beispiel bei der Erläuterung der zweifachen Erzählweise des steirischen Dichters auf „Beichtgeschichten", ohne den zwiespältigen Charakter der katholischen Beichttradition zwischen Beichtgeheimnis und Sozialkontrolle aufzuzeigen, die zur Kunst des „zweifachen Erzählens" [19] nötigt.

Wie aus Richard Wagners ‚Tannhäuser' auch einem nichtkatholischen Publikum bekannt sein dürfte, konnten gewisse Sünden nur vom Bischof oder vom Papst vergeben werden. Der einfache Priester muß deshalb, um den Sünder zu schützen und das Beichtgeheimnis zu wahren, einerseits von den konkreten Begleitumständen, die

---

[17] Albert Soergel, Dichtung und Dichter der Zeit. Eine Schilderung der deutschen Literatur der letzten Jahrzehnte. 14. Aufl. Leipzig: Voigtländer 1911, S. 446ff.

[18] Mein Weltleben, VA, S. 167

[19] Schmidt-Dengler, a.a.O., S. 12

den Sünder identifizieren könnten, ablenken und andererseits den Sündenfall exemplarisch darstellen. Am besten gelingt dies durch die Kunst des Erzählens zweier ineinander verwobener Geschichten, einer wahren und einer erdichteten Begebenheit. Redebegabte Pfarrer verwendeten diese Form der Erzählkunst auch bei Predigt und Christenlehre, um die katholische Glaubens- und Sittenlehre volksnah zu veranschaulichen.

Ein weiteres Beispiel für die lediglich Andeutung der religiösen Motivationslage Peter Roseggers bietet Jürgen Lehmann bei der Darstellung des Roseggerschen Tolstoi-Bildes.

Lev N. Tolstois religions- und sozialkritischer Roman ‚Auferstehung' veranlaßt Peter Rosegger, seine bisherigen klischeehaften Äußerungen über diesen russischen Dichter und sein Werk zu revidieren. Rosegger erkennt offenbar das gemeinsame Anliegen und würdigt mit Tolstois in aller Bescheidenheit auch seine eigenen Bemühungen. Trotz der festgestellten gemeinsamen religiösen und sozialen Anliegen und der vielfältigen Unterschiede wird das Religiöse von Jürgen Lehmann aber nicht weiter thematisiert. Sogar bei der Darlegung der traumatischen Schneidererfahrung bleibt die bekannte lebensgeschichtliche Tatsache, die Rosegger zur Schneiderlehre zwingt, seine Nichtaufnahme ins bischöfliche Knabenseminar in Graz, gänzlich außer Betracht.[20] Kirchliches und Religiöses scheint den Wert literarischen Schaffens bei Peter Rosegger wohl ebensowenig zu fördern wie das Schneiderhandwerk. Moral und Religion gelten in der modernen Literaturwissenschaft offensichtlich überhaupt als Merkmale literarischer Wertminderung, wie Ludolf Müller nahelegt. Er schreibt über Tolstois Auferstehungsroman: „Der literarische Wert des Romans wird durch seine moralische und sozialkritische Tendenz nicht beeinträchtigt".[21]

Auch Karl Wagners literarkritische Würdigung Peter Roseggers blendet den religiösen Peter Rosegger meist aus und scheint die literaturwissenschaftliche Wertminderung durch das Aufgreifen religiöser Thematik zu fürchten. Trotz des unzweifelhaften Bemühens Karl Wagners, sich an den konkreten Texten Roseggers und ihrer Geschichte zu orientieren, bleibt er mehr in der Rezeptionsgeschichte hängen, als sich der Zeitgeschichte Roseggers zu verpflichten. Und dies, obwohl Wagner feststellt, daß die „textlose Rezeptionsgeschichte" vom „Rollenbild" Roseggers als „nichtliterarischem" Verwalter „öffentlicher Sinnbedürfnisse" (Bau der Waldschule, evangelischer und katholischer Kirchbau) eine „Wirklichkeit der Fiktion erzeugten".[22] Bei der Argumentati-

---

[20] Vgl. den Beitrag von Jürgen Lehmann in ds. Bd., S. 138

[21] Ludolf Müller, Voskresenie; in: dtv Kindlers Literaturlexikon Bd. 23, S.10082f.

on aus einem von ihm vorausgesetzten, aber nicht näher erläuterten gesellschaftlichen Beziehungsfeld bleibt Wagner jedoch eigenen Fiktionen unentrinnbar verhaftet. Meines Erachtens nicht zuletzt deswegen, weil er „die (pseudo)religiösen Schriften" Roseggers unverständlicherweise „weitgehend ausgeklammert"[23] hat und nicht, weil für Wagner „die ideologischen Kontexte der Wirklichkeit" der gesellschaftspolitischen Aktionen Roseggers „im einzelnen nicht absehbar sind."[24] Diese weitgehende Ausklammerung wird nämlich genausowenig wissenschaftlich verantwortet wie der Roseggers Werken unterstellte, nicht näher erläuterte Unterschied zwischen Religiosität und Pseudoreligiosität.

Wagners Unterscheidungskriterien von religiös und scheinreligiös wären für den Rosegger-Leser sicher äußerst hilfreich. Schließlich stolpert der Leser bei Peter Rosegger und auch in Wagners Arbeit über ihn trotzdem ständig über religiöses und kirchenpolitisches Vokabular.

Trotz der reichhaltigen autobiographischen religiösen Hinweise in der literarischen Sozialisation Peter Rosseggers, trotz des kirchenpolitischen und kulturkämpferischen Umfeldes der zeitgenössischen literarischen Öffentlichkeit und trotz der mit Religiosität und gläubiger Naivität geschwängerten „Provinzliteratur" des steirischen Dichters leistet sich aber Karl Wagner den unverzeihlichen „faux pas", die „(pseudo)religiösen Schriften" Roseggers zu vernachlässigen. Da aber Glaube und Religion im Schrifttum Rossegers einen zentralen Platz einnehmen, ist Wagner immer wieder gezwungen, ohne systematische religiöse Reflexion Religiöses sachfremd zu beurteilen. Das fällt auf den ersten Blick meist nicht auf. Bei genauerem Lesen könnte sich aber auch der nicht theologisch versierte Leser an Sätzen wie diesen über die Beschlagnahmung des Nachdruckes ‚Der Gottsucher' in der ‚Wiener Arbeiterzeitung' stoßen:

> Auch wenn ganz allgemein gilt, daß die Zensur dem Zensurierten eine zusätzliche Bedeutung gibt, so enthüllt dieses offiziöse Dokument der Denunziation und Illiberalität unfreiwillig das ideologisch Unvereinbare, das mit Rosegger öffentlich assoziiert wurde: auf der einen Seite eine mit deutschnationalen Argumenten geführte Katholizismuskritik und auf der anderen Seite eine Religionskritik, die tendenziell materialistisch fundiert zu sein schien.[25]

---

[22] Vgl. Karl Wagner, Die literarische Öffentlichkeit der Provinzliteratur. Der Volksschriftsteller Peter Rosegger, Tübingen: Niemeyer 1991, S. 4

[23] Ebd., S. 3

[24] Ebd., S. 173

[25] Ebd., S. 137

Wie Religionskritik und Katholizismuskritik, mit welchen Argumenten sie auch immer fundiert geübt werden, miteinander unvereinbar sein sollen, ist wahrscheinlich nicht nur mir schleierhaft. Bildhaft ausgedrückt: Wagners Odyssee durch das Schrifttum Peter Roseggers vermeidet zwar die „Scylla" religiöser Differenziertheit und wird deshalb Opfer der „Charybdis" gelehrter Unwissenheit. Um mit Peter Rosegger zu sprechen, er weicht der einen „Heimstätte der Arroganz", der „Kanzel" aus, um der anderen, dem „Katheder"[26] zu verfallen.

Wagners unsichere Argumentation in religiösen Sachfragen dürfte dem durchschnittlichen katholischen Kirchgänger oder protestantischen Bibelleser auch auffallen, wenn er im Zusammenhang mit Peter Roseggers Heineverleugnung den Satz liest: „Im Gegensatz zu seinem biblischen Namensvetter ist es Peter Rosegger nicht erlaubt, diesen Menschen nicht zu kennen."[27] Aus dem biblischen Kontext geht nämlich eindeutig hervor, daß es auch dem Apostel Petrus nicht erlaubt war, seinen göttlichen Meister zu verleugnen. Daß Petrus wegen seiner schuldhaften Verleugnung seines Meisters bitterlich weinte, wird in den Petruslegenden immer wieder betont.

Besonders peinlich wird die Wagnerische Ausklammerung der Religion bei der Antisemitismusfrage. Die christlichen Wurzeln des Roseggerschen Antisemitismus werden trotz Kulturkampf, trotz Heines Verarbeitung der antisemitischen Wernerlegende im ‚Rabbi von Bacharach' und trotz der antisemitischen Tiraden des französischen Katholizismus in der Dreyfus-Affäre einfach nicht zur Sprache gebracht. Warum? Sind sie so selbstverständlich oder so unbekannt? Mangels Erörterung entgeht Wagner die Tatsache, daß jahrhundertelang am Karfreitag für die „perfiden" (ungäubigen und verräterischen) Juden in den katholischen Kirchen gebetet und die entsprechende rituelle Kniebeuge unterlassen wurde, ebenso wie der aus der Bibel begründete Antisemitismus[28],

---

[26] Ebd., S. 125

[27] Ebd., S. 253

[28] Auch Roseggers literarische Metapher vom „jüdischen Princip" (ebd., S. 257) hat einen eindeutigen biblischen Ursprung. Judas, der Kassier der Jesusjüngerschar und Verwalter der Apostelkasse (Jo 13,29), der den Meister um 30 Silberlinge verrät (Mt 26, 14-16 par.), ist für nicht wenige Exegeten eine literarische und keine historische Figur. Die heuchlerischen Pharisäer, die nicht beim Tempel, sondern beim Gold des Tempels schwören (Mt 23, 16ff). sind wohl eher kontroverstheologische literarische Schöpfungen der Evangelisten nach der Trennung der christlichen Gemeinde von der Synagoge als ein historischer Bericht aus dem Leben des irdischen Jesus (Vgl.: Hans-Josef Klauck, Judas. Ein Jünger des Herrn, Quaest. disp. Bd. 111, Herder: Freiburg 1987). Auch die Steuerfrage der Sadduzäer, an wen Steuern zu entrichten seien, an den Kaiser oder den

dem die christlichen Kirchen erst nach Auschwitz abschworen. Die katholische Kirche bereinigte lehrmäßig den Antisemitismus erst 1965 in der Schlußphase des 2. Vatikanischen Konzils[29]. Die diplomatischen Beziehungen zwischen dem Vatikan und Israel wurden bekanntlich erst 1993 normalisiert.

Durch die Ausschaltung der religiösen Interpretationskomponente wird auch der religiös motivierte Antisemitismus nicht gut genug vom biologisch hergeleiteten, rassistischen Antisemitismus unterschieden. Wagner muß um den philosemitischen Antisemiten Peter Rosegger als ungelöstes Problem herumrätseln. Leider ebnet Wagner das differenzierte Spannungsverhältnis zwischen Philo- und Antisemitismus bei Rosegger schließlich in ein angeblich bei ihm vorgefundenes „biologisch-darwinistisches Reinterpretationsmodell"[30] ein.

Bei der Bewertung der unterschiedlichen jungen Dorfburschen Luzian und Rolf im Priesterroman ‚Das ewige Licht' beschränkt sich Wagner fast ausschließlich auf den üblichen Stadt-Land-Gegensatz und deutet unterschwellig auf Zusammenhänge zwischen Roseggerscher Naturverbundenheit und späterer Vereinnahmung durch die Blut-und-Boden-Ideologie hin[31]. Auf den Haupterzählstrang, die pastoral-theologischen Überlegungen des alternden Pfarrers Wolfgang Wieser von St. Maria im Thorwald, der Hauptfigur im Roman, geht Wagner nicht näher ein. Ganz unabsichtlich unterschlägt er

---

Tempel, dient den biblischen Autoren zur Glaubensaussage: Zahlt dem Kaiser Steuern, aber „Gebt Gott, was Gottes ist" (Mk 12, 13-17 par.) Auch das biblische Wort, man könne nicht zwei Herren dienen, „Gott und dem Mammon" (Mt 6, 24) gehört zur literarischen Metapher vom „hab- und geldgierigen Juden", dem schon Shakespeare im ‚Kaufmann von Venedig' ein literarisches Denkmal setzte.

29 LThK^2, Bd.13, Erklärung über das Verhältnis zu den nichtchristlichen Religionen Artikel 4, S. 491-495

30 Karl Wagner, a.a.O., S. 235

31 Der Priesterroman ‚Das ewige Licht' diente Karl Wagner bereits in „Die literarische Öffentlichkeit der Provinzliteratur" um in die Haltung Peter Roseggers zur Sozialdemokratie einzuführen (ebd., S. 325-344). Weder im Text noch im wissenschaftlichen Apparat finden sich aber Hinweise auf die zeitgenössische kirchen- und gesellschaftspolitische Diskussion der sozialen Frage, welche Papst Leo XIII. (1878-1903) mit seiner Enzyklika ‚Rerum novarum' vom 15.5.1891 auslöste. Wagner genügte es offenbar, sich dem Urteil des bräunlichen Peter Rosegger-Biographen Rudolf Latzke anzuschließen (ebd. 328), um seine Stadt-Land-Denkmuster vom sozialen Wandel (von der Bauern- zur Arbeitergesellschaft) bei Rosegger darzustellen, ohne sich mit einer Untersuchung der Romanhauptfigur und ihren pastoraltheologischen Denkbemühungen zu belasten. In seinem sehr gekürzt vorgetragenen Symposionsreferat ‚Rosegger und die Dialektik der Gegenaufklärung' wiederholte Karl Wagner sein reduktionistisches Interpretationsverfahren an Roseggers „(pseudo)religiösen Schriften".

neben den zeitgenössischen politischen Auseinandersetzungen um den Vereins- und Sozialkatholizismus dabei auch die wichtigen böhmisch-hussitischen Religionstraditionen der Adamiten und Taboriten. Für die richtige Beurteilung von Luzian, der vom Theologiestudenten zum sozialdemokratischen Versammlungsredner mutiert, und Rolf, dem nachdenklichen Naturburschen und einsamen Sonnenanbeter, sind aus der Sicht des Priesters und schließlich Peter Roseggers als Romanschreiber diese Traditionen aber äußerst wichtig. Nicht umsonst träumt der alte Pfarrer, daß er singt: „Puli pap pap, puli bum! Im Böhmerland geht's um!“ [32] Im Lichte der historischen Tatsachen, daß die militanten Taboriten untergingen, hingegen die pazifistischen Adamiten und Utraquisten als Bewegung überlebten, erhält die priesterliche Weisung: „Geh hinauf zum Rolf“ an den um Rat fragenden Luzian auch einen tieferen Sinn [33]. Schließlich geht der alte Pfarrer Wieser, der ehemalige Stadtpfarrkaplan, selbst ins Waldparadies, um dort zu sterben. Bezieht man die von Peter Rosegger verwendete Feuersymbolik auf die hussitischen und biblischen Traditionen, ergibt sich neben dem Erdbegräbnis im Waldparadies ein zweites durchaus sinnvolles werkimmanentes literarisches Gestaltungsmittel. Man muß die Roseggersche Feuersymbolik trotz oder wegen der Tätigkeit des deutschen Schulvereins im Sudetenland nicht unbedingt im Sinne germanischer Jul- und Sonnwendfeiern vordergründig entfremden.

Die hintergründige religiöse Symbolik ist bei Rosegger als Erzähler offenkundig und nur bewußt zu übersehen.

Die Negierung des religiösen Peter Rosegger, des Meisters von Kurzerzählungen mit hintergründiger Symbolik, der die uralte Glaubenstradition mit dem modernen städtischen Lebensgefühl verbinden wollte, hinterläßt eine gewaltige Lücke, die durch jedermann aufgefüllt werden kann. Sie lädt ein, Peter Roseggers Schriften nach Belieben zu mißbrauchen. Karl Wagner hat mit seiner literaturkritischen Forschungsarbeit den Mißbrauch Peter Roseggers in vielfältiger Weise durchaus bekämpft. Seiner Forderung nach einer kritischen Peter-Rosegger-Ausgabe kann ich mich nur anschließen. Sie müßte dringend verwirklicht werden, um auch die vorhandene religiöse Lücke zu schließen.

Das Ausschalten des Motivationsfaktors Religion für literarisches Schaffen bei Peter Rosegger konnte meines Erachtens schließlich zu jenen fatalen Rosegger-Interpretationen führen, wie sie in der ‚braunen‘ Rosegger-Rezeption gang und gäbe waren und deren politische Rahmenbedingungen Wolfgang Hölzl aufgezeigt hat [34].

---

[32] Peter Rosegger, Das ewige Licht, VA, S. 222

[33] Ebd., S. 268

Die antisemitischen und autoritär-patriarchalen Züge des Milieukatholizismus sind Peter Rosegger sicher nicht fremd und prägen auch seine schriftstellerische Tätigkeit. Dem deutsch-nationalen Zeitgeist konnte er sich auch nicht vollständig entziehen. Das menschenfreundliche Harmoniebedürfnis des alternden und allgemein anerkannten Erfolgsschriftstellers verhinderte zunehmend eindeutige kritische Distanz, die über den Tag hinaus verwiesen hätte.

Wie sein Verhältnis gegenüber den Sozialdemokraten zeigt, wollte Rosegger aber kein wie immer gearteter Parteigänger sein. Im ‚Heimgarten' schrieb er 1908:

> Ich mag nicht der Stengel einer Parteiblume sein. Noch weniger ihre Wurzen. Ich hasse die Parteien. Der Partei ist mehr an Hinterhältigkeit und Rücksichtslosigkeit gestattet als dem einzelnen, sie betreibt den Egoismus, die Übervorteilung anderer im großen und macht sich noch eine Tugend daraus. - Wenn man vor allem Wahrhaftigkeit und Gerechtigkeit sucht, ist man für keine Partei möglich, sei es nun politisch, sozial oder konfessionell. In welcher Partei ich Gutes schaue, da suche ich es zu ehren und mit anzueignen, in welcher Partei immer ich Bosheit und Schlechtigkeit sehe, da tadle ich es mit Spott und Zorn. So ist man heute mit einer Partei und morgen gegen sie. Das schaut höchst wankelmütig aus, und doch ist es die größte Beständigkeit. Nicht bei der Partei bleibt man stehn, sondern bei dem, was man für gut und recht hält. Man kommt zwar in Konflikt mit den Leuten, aber nicht mit sich selbst.[35]

Im blutigen Kampf der nationalen Ideologien kamen aber das wertevermittelnde Anliegen Peter Roseggers und sein Bemühen, Liberalismus und Katholizismus zu versöhnen, mehr als einmal zu Schaden.

Heute, am Ende des 20. Jahrhunderts, ist - trotz der Erklärung der Religionsfreiheit am Zweiten Vatikanischen Konzil[36] und vieler von Rosegger gewünschten innerkirchlichen Reformen - Peter Roseggers Anliegen einer religiösen Wertvermittlung in einer pluralen und liberalen Gesellschaft von höchster Aktualität. Sein Mundartgedicht ‚Derf i`s Diandl liabn' bleibt auch in der gegenwärtigen sexualethischen Diskussion ein gültiger Ausdruck des religiösen Volksempfindens. Sein schriftstellerisches Werk ist deshalb nicht nur für Literatur- und Sozialwissenschaftler interessant, sondern auch für Kirchengeschichtler, Moraltheologen und Religionspädagogen ein weites Forschungsfeld. Wünscht sich der Literaturwissenschaftler auf alle Fälle eine kritische Ausgabe

---

[34] Wolfgang Hölzl, „Der großdeutsche Bekenner". Nationale und nationalsozialistische Rosegger-Rezeption, Frankfurt/M.: Lang 1991

[35] Vgl. Anderle, a.a.O., S. 184f.

[36] LThK^2, Bd. 13, S. 713-747

seiner Gedichte, Kurzgeschichten, Novellen und Romane, sind Volkskundler, Zeit- und Kirchengeschichtler sicher auch an einer Neuauflage des ‚Heimgarten' von 1876-1918 interessiert.

Karl Wagner

Rosegger und die Dialektik der Gegenaufklärung

Der Grazer Musikkritiker Ernst Decsey, den Rosegger über die eben mit seinem Verleger Alfred Staackmann vereinbarte revidierte und neu geordnete Ausgabe seiner Werke informiert hatte, schrieb am 26.9.1912 an den Dichter: „Ein fünfzig Jahre langes Schaffen an sich vorüberziehen zu sehen, ist allerdings ein Spiegel und nicht immer ein angenehmer, das möchte ich Ihnen glauben - aber: ich wüsste keinen Dichter, bei dem alles so ehrlich und natürlich wäre wie bei Ihnen.- Warum es nicht ruhig stehen lassen? Gustav Mahler sagte mir einmal [...]: bei allen andern Dichtern merke ich die Geburtskrämpfe, nur bei P.R. nicht“ [1]. Während Rosegger noch daran arbeitete, nicht nur die „Geburtskrämpfe“, sondern auch die Spuren der Zeitkämpfe zu mildern, die sich in seinem bei Heckenast und später beim Wiener Verleger Hartleben erschienenen Frühwerk nunmehr störend aufdrängten, wurde der akademische Senat der Universität Wien am 16. Juni 1913 davon in Kenntnis gesetzt, daß die „philosophische Fakultät einen von einer größeren Anzahl von Kollegen gestellten Antrag auf Ernennung des Dichters P.K. Rosegger zum Ehrendoktor [...] mit großer Majorität angenommen“ habe. Anläßlich der Verleihung des Ehrendoktorates der Philosophie „fühlen sich Rektor und Dekan gedrängt“, dem solcherart Geehrten auszudrücken, „dass es die Wiener Universität mit Freude und Genugtuung erfüllt, wenn sie durch Verleihung der höchsten Auszeichnung, die sie zu vergeben hat, nachdrücklichst zu bekunden vermag, wie hoch sie nicht nur Ihre literarische, sondern auch Ihre allgemein kulturelle und nationale Wirksamkeit einschätzt“ [2]. Von dieser Wirksamkeit zeugt die rabiate Aufgeregtheit, die im gleichen Jahr die Nobelpreis-Affäre auslöste. Carl Dallago glossiert in der Zeitschrift ‚Der Brenner‘ die deutsche Entrüstung über die Nobelpreis-Richter und bedauert den nationalen Unfug, der keine literarischen Maßstäbe kenne. Obwohl Rosegger damit in „Dinge hineingezogen wurde, in die er nie hineingehörte“ [3], ist er für Dallago daran nicht schuldlos: „Es muß etwas vorhanden sein, das diesen Mächten eine Handhabe gibt“. Rosegger

---

[1] NLPR, 26/9/1912

[2] Universitätsarchiv Wien, Akte Ehrendoktorat Roseggers; Schreiben vom 12.11.1913 an Rosegger.

[3] Carl Dallago: Kleine Sämereien. In: Der Brenner 4 (1913/14), S. 231f.; die beiden folgenden Zitate S. 232.

habe diese Handhabe mit seiner Werbe- und Sammeltätigkeit für Deutschtum und für protestantisches Kirchentum geboten. Sein Aufruf zur Sammlung von Bausteinen für den Deutschen Schulverein im Mai 1909 hatte bis 1913 an die drei Millionen Kronen ergeben. Dallago fragt sich, ob dies eine „wahre Stärkung für das Deutschtum" bedeute: „Denn die Deutschen haben nur das Deutsche und nicht das Bedeutende zu schätzen gelernt. Und so muß das Nationale herunterbringen, statt hinauf. Wider den Erzähler Rosegger, dem Bedeutung zukommen mag, steht demnach belastend Rosegger der Sammler".

Diese zeitlich benachbarten Ansichten zeigen Rosegger nicht nur in der Gloriole der Berühmtheit, die ihn zu Lebzeiten schon umgeben hat, sie belichten in unterschiedlicher Weise Züge eines Erfolgsautors, dessen akklamierte Repräsentanz längst nicht mehr auf das literarische Feld beschränkt war. Das Publikum erkennt sich in seinen Schriften wieder und anerkennt ihn als öffentliche Figur. Als nationaler Identitätsstifter, als Kirchen- und Schulgründer hat Rosegger für die Wirklichkeit seiner literarischen Fiktionen gesorgt, im regressiven Wunschbild des ewigen Waldbauernbuben jene ungebrochene Identitätsfiktion verkörpert, die von der kruden Beschaffenheit der wirklichen Verhältnisse nur fragmentarisiert ermöglicht wird.

Schon damals konnte man Rosegger kennen, ohne ihn lesen zu müssen. Diese Wirkungsgeschichte ohne Text hat in der Folge die innerliterarischen Bezüge überformt, wobei Rosegger mit seinen Textrevisionen selbst Widerständiges gelöscht und fatalen Zügen vorgearbeitet hat, die seinem Leben und Werk in der Ära des Nationalsozialismus verliehen worden sind. Das schließt, heutzutage schon gar nicht, neue Aktualisierungsmöglichkeiten nicht aus. Während die kulturelle Moderne in der gegenwärtigen Polemik mit den Pathologien der gesellschaftlichen Modernisierung belastet wird, kann die Opposition zur kulturellen Moderne wieder zitiert und als moralische Instanz heutiger Fortschrittskritik entdeckt werden. Die Einsicht, daß sich die breitgefächerte und stabile Tradition des kulturell-gesellschaftlichen Antimodernismus durchaus mit der Beschleunigung des technisch-industriellen Progresses vertrug, ist auch im akademischen Bereich schwach entwickelt. Die verspätete und daher radikale Ideologiekritik fand in der Heimatliteratur, nicht unbegründet, den Faschismusverdacht in einer Weise bestätigt, daß sie die Ideologeme dieser Literatur mit der Wirklichkeit des Nationalsozialismus verwechselte und diese als Ausdruck provinziell-bornierter Rückständigkeit verharmloste.

Obwohl Rosegger dieser ideologiekritischen Vigilanz nahezu entgangen ist, kann dies nicht erklären, warum er gerade von Peter Turrini zum Ahnherrn einer „neuen österreichischen Dichtergeneration" gemacht wurde: „Mit wenigen Ausnahmen stammen sie [sc. die Angehörigen dieser Dichtergeneration] vom Lande oder aus Kleinstädten, sind dort verwurzelt und entwurzelt worden, geben Nachrichten aus der Provinz, von der sie, auch wenn sie sich räumlich entfernt haben, ein Leben lang nicht loskommen. Man könnte sie als späte Kinder Peter Roseggers bezeichnen, als verzweifelt und wütend gewordene Heimatdichter. Wenn Metropolen diese Literatur so oft und so herablassend als provinzielle Literatur titulieren, so erscheint mir dies als Rache der impotenten Stadt an der kreativ gewordenen Provinz".[4] Dieses Verdikt hätte Turrini fast wörtlich aus Roseggers programmatischer Einleitung zur ‚Entdeckung der Provinz' übernehmen können, in der die von den Großstädten ignorierte Provinzkunst der „eckigen, markigen Kerle" über die bloß kritisierende Kultur der Stadt gestellt wird. Das „geistige Durchschnittsleben großer Städte" steht für Rosegger „auf einer niedrigeren Stufe, als das kleinerer Culturcentren der Provinz", denn: „Auf der Provinz wird mehr geschaffen, in der Großstadt mehr kritisiert".[5] Der fast gleichzeitig erschienene Roman ‚Erdsegen', der den bäuerlichen Alltag als Exotik des Nahen aufregend macht und den städtischen Journalisten zwar nicht ‚verbauern', aber nach einjähriger Knechtzeit als Heimatschriftsteller das Glück der ländlichen Idylle finden läßt, wurde von Felix Mitterer, der für Karin Brandauers Verfilmung das Drehbuch schrieb, für den „aktuellsten und interessantesten Stoff Roseggers"[6] gehalten. In diesem Licht erhält Marcel Reich-Ranickis polemischer Beweis, mit dem er schon 1980 die These zu stützen suchte, es gebe heute ein blühendes literarisches Leben, aber keine Literatur, geradezu prophetische Qualität. Wenn Siegfried Unseld Lust hätte, meinte er schon damals, könnte er sich „alles" leisten, sogar die Gesammelten Werke von Peter Rosegger:

> Ich sehe sie schon vor mir: acht Bände in Leinen und gleichzeitig eine Werkausgabe in der edition suhrkamp, ausgestattet von Willy Fleckhaus, mit einem Vorwort von Peter Handke (das sich allerdings als eine Nacherzählung des Buches ‚Als ich noch ein Waldbauernbub war' erweisen wird) und mit einem Essay von Martin Walser, einer Arbeit aus dem Jahre 1976, in der sich kein Wort über Rosegger findet. Im Suhrkamp-Prospekt wird man lesen können: ‚Roseggers Werke entwerfen maßgebliche Konzepte gesellschaftlicher Erscheinungen. Reflektierend und kontrapunktierend bieten sie Gegenwelten an, Möglichkeiten einer Verlängerung von subjektiver Wahrnehmung in eine Vision unbegrenzten Verlustes. Angesichts der ökologischen Krise und inmitten der globalen Bedrohung eröffnen die Erzählungen Peter Roseggers neue und bisweilen makabre Dimensionen und gewinnen einen ungeahnten Stellen-

---

[4] Peter Turrini: Mein Österreich. Darmstadt 1988, S. 108.

[5] Vgl. Peter Rosegger: Die Entdeckung der Provinz. In: Die Zeit (Wien) v. 25.3.1899.

[6] Zitiert nach Arbeiterzeitung (AZ) v. 12.2.1985.

wert. Hier gilt es, einen großen unterschätzten Autor wiederzuentdecken und ihn als einen der Väter der Moderne zu erkennen.'[7]

In dieser hier nur grob skizzierten Konstellation von Historizität und Aktualität scheint Heimat zu einem überregionalen zivilisationskritischen Topos zu mutieren. Das historisch Abgeschriebene affirmiert heutiges Unbehagen in der Modernität. Statt die Bemühungen um Aktualität zu überbieten, könnte an Roseggers einstiger Repräsentanz das Dilemma heutiger Zivilisationskritik sichtbar gemacht werden. Die Interpretation des Vergangenen wäre, so verstanden, eine Möglichkeit der Selbstreflexion des Aktuellen. Unter einer behelfsmäßig mit Dialektik der Gegenaufklärung zu benennenden Perspektive möchte ich Roseggers Teilhabe an der Epoche, die Walter Benjamin mit ‚Fortschritt' und ‚Verfallszeit' gleichermaßen bestimmt sah, charakterisieren und zwar unter den Aspekten der Modernisierung des Literaturbetriebs (1), des Zusammenhangs von Genrebild und Industriekultur (2) und der Mythen der Antimoderne im Zeitalter der Modernisierung (3)

1. Literaturbetrieb

Der Auseinandersetzung Roseggers mit der Moderne ist nicht bloß auf der Ebene der ‚gepflegten Semantik' unterschiedlicher literarischer Subsysteme (Heimatliteratur vs. Literatur der Moderne) nachzugehen. Die markanten Unterschiede auf der Ebene der Symbolisierung müssen nicht ausschließen, daß im Hinblick auf die Kritik oder Affirmation der Modernisierung Gemeinsamkeiten oder konvergierende Konzepte bestehen. Am offenkundigsten ist diese Konvergenz bei der Modernisierung des Literaturbetriebs selbst. Die Industrialisierung und Expansion der Produktions- und Marktmechanismen verhält sich indifferent zum ideologischen und ästhetischen Bewußtsein des Autors. Gerade deshalb ist sie für sekundäre Differenzen gut geeignet, wie die literaturpolitischen Invektiven der Heimatkünstler beweisen. Während ihre zivilisationskritischen Produkte hohen Marktwert notieren, projizieren sie den Warencharakter als Charakterlosigkeit auf die konkurrierenden Verleger und Verfasser. Es ist aber unbestreitbar, daß Roseggers Aufstieg zum Erfolgsschriftsteller ohne die Modernisierung des Literaturbetriebs nicht denkbar ist. Von allem Anfang an ist Rosegger (mit seinen Verlegern) bestrebt, die Grenzen bloß regionaler Berühmtheit auszudehnen und vor allem auf dem deutschen Markt

[7] FAZ v. 7.10.1980.

Geltung zu erlangen. Je besser dies gelingt, desto einschränkender findet er den Kontrakt mit dem österreichischen Verlag Hartleben, einen Kontrakt, in dem er selber ein krisensicheres, garantiertes Einkommen, gleichsam als Rückversicherung gegen die konjunkturellen Schwankungen des Buchmarkts, verankert wissen wollte. Mit zunehmendem Erfolg erwuchsen ihm dadurch finanzielle Nachteile, die zum Bruch mit dem Wiener Verleger und, nach einem mehrjährigen Prozeß, zur Übernahme aller Verlagsgeschäfte durch den Leipziger Staackmann-Verlag führten. Dieser für die Rosegger-Rezeption des 20. Jahrhunderts und die massenhafte Verbreitung völkisch-nationaler Literatur aus Österreich entscheidende Wechsel zu Staackmann hat Rosegger - nicht zuletzt durch seine eigene Mithilfe - zum Aushängeschild eines Verlagsprogramms gemacht, das nach den Worten Alfred Staackmanns „im bewußten Gegensatz zu vielen modernen Strömungen steht“.[8] Das schließt eine schon für Zeitgenossen erkennbare offensive Geschäftspolitik nicht aus, die mit den fortgeschrittensten ökonomischen Organisationsformen, Verkaufsmethoden und Medien die Zirkulation der fortschrittsfeindlichen Massenware ‚Heimatkunst‘ zu beschleunigen sucht. Der gerissene ‚Portemonnaie-Idealist‘ (Hesse) ist im Bahnhofbuchhandel präsent und provoziert mit der Kombination von Autorenphotographie und Werbesprache nicht nur das satirische Vermögen eines Karl Kraus. Rosegger selbst nutzt die ihm großzügig eingeräumten Vorabdrucksrechte offensiv: Seine Romane ‚Erdsegen‘ und ‚Weltgift‘ erscheinen in der vom Berliner Zeitungsverleger August Scherl gegründeten Revue ‚Die Woche‘, die ein Millionenpublikum erreicht und mit Roseggerplakaten auf den Litfaßsäulen Berlins wirbt. Der Kampf gegen die Moderne und das programmatische ‚Los von Berlin‘ der Heimatkunst soll nicht gegen neue Medien, sondern mit ihnen geführt werden.

2. Genrebild und Industriekultur

Schon mit der dritten Buchveröffentlichung tut sich Rosegger mit seinen ‚Sittenbildern aus dem steierischen Oberlande‘ in jenem „durch keine Poetik regulierten, primitiven und daher oft ungestalteten Bereich“[9] hervor, den Friedrich Sengle in seiner Darstellung der literarischen Formenwelt des Biedermeier mit ‚Bild, Skizze, Genremalerei‘ überschrieben hat. Von der 1881 veranstalteten Hartleben-Ausgabe der ‚Ausgewählten Schriften‘ sind immerhin drei Bände – ‚Das Volksleben in Steiermark‘, die ‚Älpler‘ und

---

[8] NLPR, Alfred Staackmann an Rosegger, 27/11/1911.

[9] Friedrich Sengle: Biedermeierzeit. Bd 2: Formenwelt. Stuttgart 1972, S. 788.

die ‚Sonderlinge‘ - dieser Gattung zuzurechnen, ohne daß damit diese Werkreihe beschlossen wäre. Die mit ‚Volksthümliches aus den Alpen‘ und ‚Land und Leute‘, dem Erfolgstitel Wilhelm Heinrich Riehls, überschriebenen Rubriken des ‚Heimgarten‘ stehen auch für fremde Beiträge offen, um eine extensive Totalität der Ethnopoesie der Alpen zu erreichen. Während für Friedrich Hebbel das Genre den Tummelplatz aller „mittleren Talente“ bildet und als Ausgeburt des „Dorfgeschichtenschwindels unserer Tage“ [10] erscheint, die in Stifters ‚Nachsommer‘ ihr hypertrophes Ende gefunden habe, verschafft ihm Riehl neues Ansehen. Riehls kulturgeschichtliche Kleinschildereien machen die normativen Konsequenzen seiner beschreibenden Sozialforschung attraktiv. Ihr empiristischer Grundzug hat nicht nur Bauernsöhne wie Franz Michael Felder oder eben Rosegger von seinem Bauern-Bild überzeugt, sondern auch George Eliots Beifall gefunden, die sich von dieser Methode eine Korrektur der idyllisch verzerrten Wahrnehmung der Wirklichkeit des ‚Volkes‘ erhoffte. Das hat nicht nur damit zu tun, daß das Idyllische auch ein Rezeptionsphänomen ist, sondern auch damit, daß Riehls Aufmerksamkeit für ländliche Sitten die Vorbildlichkeit des Entlegenen, vom Untergang Bedrohten akzentuiert. Dieser Sachverhalt, den Friedrich Theodor Vischer mit den ‚grünen Stellen‘ der Wirklichkeit anvisiert, gilt auch für Roseggers Sittenbilder, die bereits Marginalisiertes arretieren.

Rosegger macht dabei vor den negativen Erscheinungsformen dieser Kultur keineswegs halt. Dem Riehlschen Grundsatz, wonach jede echte Volkskunde Sittenpredigt zu sein habe, wird durchaus entsprochen. Die Modifikationen dieser Kritik in den verschiedenen Textfassungen Roseggers zeigt anschaulich, wie sich die zunächst in volksaufklärerischer Absicht formulierte Kritik am Dargestellten verändert, bis schließlich die dargestellte Welt als Kritik der fortgeschrittenen Kultur fungiert. Zudem ist der Funktionswandel zu bedenken, dem die ethnographische Skizze als Bauelement der Romane Roseggers unterworfen ist.

Unter werkgenetischem Aspekt bilden nämlich die frühen Sittenbilder den Fundus, aus dem die Beschreibungskulissen der Romane Roseggers stammen; die ‚Charakterbilder‘ der ‚Älpler‘ und der ‚Sonderlinge‘ hinwiederum sind das Reservoir, aus dem die komischen Nebenfiguren gezogen werden. Dabei ordnet sich der kritische Gehalt der Einzelskizze dem Romanprogramm unter. Vom Elend der Dienstboten in „ent-

---

[10] Friedrich Hebbel: Das Komma im Frack. In: Moriz Enzinger: Adalbert Stifter im Urteil seiner Zeit. Wien 1968, S. 230f.

legenen, unfruchtbaren Gegenden“ (351)[11], das die Skizze ‚Der Leihkauftag‘ in der Totalsumme eines als Ware verschobenen Lebens pointiert: „Wie hoch an Baargeld wird nun Alles in Allem das Leben eines braven gesunden Dienstboten an den Mann gebracht? [-] Für Eintausend Gulden!“ (352) - von diesem Elend ist kaum mehr die Rede, wenn - zum Beispiel in ‚Jakob der Letzte‘ - die vom Fortschritt zerstörte bäuerliche Kultur thematisiert wird. Die moralische Anklage dieses gewaltsamen sozialen Wandels erzeugt ländlich-patriarchalische Idyllen, in denen allenfalls sexuell oder materiell begehrliche Dienstboten den Untergang des Bauerntums mitbetreiben.

Allerdings ist schon für die Gattung des Genrebildes eine grundsätzliche Ambivalenz festzuhalten: die dargestellte Not ländlicher Unterschichten und die Mühsal bäuerlicher Arbeit hat zweifellos eine sozialkritisch-polemische Funktion, wobei die ästhetische Darstellung dem gesellschaftlich Vernachlässigten Geltung verschaffen will oder diese Geltung korrigieren möchte. Andererseits erscheint das Leid von Bauern oder Dienstboten als Differenz zur Erfahrung des Lesers oder Betrachters. Dieser kann sich seiner Realität durch die Flucht in die soziale Exotik entziehen, wobei die Exotik, und nicht das Soziale den Wahrnehmungsinhalt ausmacht. Dolf Sternberger hat gezeigt, wie das Genrebild als Auslöser von Rührung und Rührseligkeit dazu führen kann, die Wirklichkeit selbst als ästhetisches Arrangement wahrzunehmen und „eine Form der Anschauung, der menschlichen Verhältnisse, des Lebens selber“[12] wird. Das „Bedürfnis nach arrangierter, erwartungsvoller Szene“ hielt die Serienproduktion von Genrebildern in Gang, denen sich auf den als ästhetisches Ereignis gefeierten Weltausstellungen neue Präsentationsmöglichkeiten boten. Es ist kein Zufall, daß Rosegger in der für die Wiener Weltausstellung erschienenen ‚Allgemeinen Illustrirten Weltausstellungs-Zeitung‘ über ‚Das steierische Bauerngehöft‘ in Wort und Bild berichtete (22.8.1872). Er pilgerte, wie sein Verleger Heckenast, mehrmals zu dieser „Wallfahrtsstätte zum Fetisch Ware“[13].

Was Heckenast als nachhaltigste Erfahrung festhält: „Ich muß mit Ihnen über Defregger sprechen. Seine Bilder haben mich in höchstem Grade entzückt. Kennen

---

[11] Seitenangaben im fortlaufenden Text beziehen sich auf Roseggers ‚Ausgewählte Schriften‘ (Sigle AS), bei Hartleben in Wien erschienen. Hier also auf den Band: Das Volksleben in Steiermark. 5. Aufl. Wien, Pest, Leipzig: Hartleben 1888.

[12] Dolf Sternberger: Panorama oder Ansichten vom 19. Jahrhundert. Frankfurt 1974, S. 60; das folgende Zitat ebd.

[13] Walter Benjamin: Das Passagen-Werk. Frankfurt 1983, S. 50.

Sie den Mann? Das ist ein Phänomen!"[14], wird von Rosegger nachgesprochen: „Die Deffregger'schen Bilder haben auch mich am meisten entzückt, von all dem, was ich in der Ausstellung gesehen".[15] Die gemalte Gegenwelt zur Industriekultur wird, von Heckenast immer wieder eingefordert, zu einem Schreibanlaß. Die Roseggerschen Texte zu den Bildern Defreggers erscheinen allerdings erst nach Heckenasts Tod. Das Beispiel illustriert eine These von Hans Robert Jauß, der den Wirkungen der ersten Weltausstellungen auf die Geschichte der ästhetischen Erfahrung nachgegangen ist: „Der Anblick des unendlichen Warenmeers hat die Besucher nicht einfach zu einer rückhaltlosen Bewunderung des industriellen Fortschritts gebracht, sondern zugleich Befremdung und Ängste vor der Übermacht der instrumentellen Vernunft ausgelöst, die in imaginären Kontrasterlebnissen [...] aufgefangen wurden."[16] Daß der Schöpfer erfolgreicher Kontrastmythen zugleich an der euphorischen Bejahung der modernen Welt und an der Ästhetisierung der industriellen Zivilisation zu partizipieren sucht, sei an Roseggers Automobilpoesie nur angedeuet: „Das ist einmal etwas ganz Neues, was die Menschheit bisher nie gehabt hat. [...] Ein solch souveränes Hinschnellen - wie kein Tier der Erde so schnell fliegt - bietet dem Auge, dem Ohr und den Nerven ganz neuartige Erscheinungen und Eindrükke; und ein Automobilfahrer, der seine Aufmerksamkeit nicht nur auf die Kilometerfresserei richtet, staunt über die flüssig gewordene Landschaft um ihn, und die Allbelebtheit der Umgebung steigert in ihm mächtig das Bewußtsein des Lebens".[17]

3. Modernisierung und die Mythen der Antimoderne

Angesichts der heterogenen Vielfalt zivilisationskritischer Inhalte und inszenierter Gesellschaftsferne um 1900 kann ein gemeinsamer und verallgemeinerbarer Gestus eines Krisenbewußtseins vermutet werden, der tiefsitzenden Erschütterungen historischer Erfahrung entspringt. Daraus resultiert eine sich beschleunigende Vielfalt wirklicher und vermeintlicher Krisen- und Zerfallssymptome, die die Konkurrenz unter den Kulturkritikern verschärfte und dazu einlud, den jeweils anderen als Mitverursacher der neuen

---

[14] NLPR, Heckenast an Rosegger, 17/10/1873.

[15] NLPR, Rosegger an Heckenast, 19/10/1873.

[16] Hans Robert Jauß: Der literarische Prozeß des Modernismus von Rousseau bis Adorno. In: Epochenschwelle und Epochenbewußtsein. Hrsg. v. Reinhart Herzog und Reinhart Koselleck. München 1987 (= Poetik und Hermeneutik 12), S. 261.

[17] Peter Rosegger: Heimgärtners Tagebuch. Leipzig: Staackmann 1914, S. 420.

Unübersichtlichkeit zu verdächtigen. Die Schub- und Suggestionskraft, die von der allgemein gewordenen Zivilisationsmüdigkeit ausging, trug dazu bei, Differenzen zwischen den ästhetischen Positionen zu verwischen, aber auch Übergänge zwischen aufgeklärter Rationalitätskritik und einem Irrationalismus mit seiner „Vision eines reflexionslosen Glücks“ [18] zu erleichtern. Neue Begriffe wie ‚Seele‘, ‚Leben‘ oder ‚Blut‘ suggerierten jene Unmittelbarkeit, die zur Jahrhundertwende in den anarcho-subkulturellen Zirkeln und Landkommunen hedonistisch gelebt wurde. Die Topoi und Begriffe der Lebensphilosophie entsprangen einer Negation rationaler Bemühung, die in ihrer Blindheit die Verzerrungen des abgelehnten Rationalismus reproduzierten. Robert Musil hat in der Heimatkunst der 20er Jahre, ausgehend von Paula Groggers ‚Grimmingtor‘, „ein abgeartetes, aber [...] legitimes Kind der deutschen Literatur zwischen 1890 und 1910“ [19] erkannt: „Man kann von den besten Büchern jener Zeit sagen, daß sie verhältnismäßig wenig Intellektualität enthalten, und zwar aus Prinzip“. „Heute noch wird Nachdenken in der schönen Literatur oft für einen Mangel an Persönlichkeit gehalten und noch öfter Mangel an Denken für Persönlichkeit“. Das große Schweigen der Helden des Bauernromans, das dieser wortreich zum Tiefsinn stilisiert, erscheint so als Komplement zu den intellektuellen Attitüden der Unmittelbarkeit. Ähnliches gilt nach Musil für die falsche Behauptung des Heimatromans, „das ‚gestuftere‘ Leben sei gar nicht das höhere, sondern sei das ‚zerrissene‘“ [20]. Darauf sei „neben änderem zu erwidern, daß auch dieses Argument des Zivilisationswehs längst in den Köpfen unseres literarischen Adels gespukt hat, ehe es in den Bundschuh fuhr“. Musils Spott, daß Joseph Goebbels ein Schüler Gundolfs war, gehört in diesen Zusammenhang [21], den er im Tagebuch verallgemeinert: „Die Intellektuellen des letzten Jahrhunderts (Nietzsche, Sorel) haben selbst die Verachtung des Geistes geschaffen.“ [22]

Am Beispiel von Roseggers kurz vor der Jahrhundertwende erschienenem Roman ‚Das ewige Licht‘ läßt sich zeigen, wie das, was Musil im zeitlichen Nacheinander auszumachen vermag, in der fiktionalen Welt des Romans bereits koexistierte. Der Text schildert aus der Sicht eines in die Hinterwälder (straf)versetzten Pfarrers den Untergang einer

---

[18] Cornelia Blasberg: Krise und Utopie der Intellektuellen. Kulturkritische Aspekte in Robert Musils Roman ‚Der Mann ohne Eigenschaften‘. Stuttgart 1984, S. 112.

[19] Robert Musil: GW 8, S. 1178; die beiden folgenden Zitate ebd.

[20] Ebd., S. 1179; dort auch das folgende Zitat.

[21] Vgl. Blasberg (=Anm. 17), S. 225.

[22] Robert Musil: Tagebücher. Hrsg. v. Adolf Frisé. Reinbek 1983, S. 793.

bäuerlichen Gemeinde durch die Destruktivkräfte des Fortschritts - repräsentiert durch einen jüdischen Magnaten und das (ausländische) Proletariat. In einer Nebenepisode dieses Romans wird der individuelle Schiffbruch des Pfarrers und der kollektive Funktionsverlust der Religion und der Institution Kirche durch privatistische und eklektizistische Mythologien der Jahrhundertwende zeitgemäß kompensiert.

Trotz seiner Vorbehalte gegen die Kirche als Instanz und dem institutionalisierten Wissen der Theologie sowie seiner Selbstzweifel: „So giebt sich dir deine Gemeinde hin, daß du sie führest über die Abgründe dieser Zeit, und du - du taumelst selber ..." (90)[23], schickt der Pfarrer den bildungshungrigen Sohn einer der ärmsten Familien im Dorf ins Priesterseminar. Dort revoltiert dieser gegen die autoritäre Verfassung und leblose Verfaßtheit des Geistes und kehrt als Prophet der sozialistischen Revolution heim ins Dorf, um den dort ausgebrochenen Arbeiteraufstand zu organisieren. Er scheitert am destruktiven Wahn der Masse. Während Lucian dem falschen Licht folgt und als Lichtbringer versagt, bleibt der ‚phallische Jüngling' und Sonnenanbeter Rolf - der Sohn des Schmieds - als vorbildliche Lichtgestalt ungebrochen: Der „Sonnenjüngling" (351), der sich am „eigenen Leibe" (ebd.) erfreut, wird zum Vorbild für den demontierten Agitator, der sich vom Pfarrer den Weg zum Licht weisen lassen will. Dieser weiß keinen anderen Rat mehr als: „Gehe hinauf zum Rolf". „Dort ist das Licht" (407). Die falsche Unmittelbarkeit seiner Sonnen- und Körperkultur behält ihr Faszinierendes. Der Roman kontrastiert sie mit den Widersprüchen einer gesellschaftlichen Existenz, die als illusionslos irrational erscheint. Im ‚Kleid der Sonne', in der Gesellschaftsferne wird Irrationalität hingegen positiv erfahrbar.

Roseggers eklektizistische Aneignung aktueller Heilsbotschaften und Lebensreformprogramme repräsentiert die punktuelle und fragile Übereinstimmung mit Positionen, die in rascher Folge einander ablösten. Da sich fast jede Position als zukunftsweisend präsentierte, durfte die jeweils neueste keinesfalls versäumt werden: „eclecticism [became] an attempt to avoid missing the right thing"[24], konstatiert Eugen Weber in seiner dichten Beschreibung der französischen Kultur um die Jahrhundertwende.

Dies gilt erst recht für einen, der sich für das ‚Übermorgen' spezialisiert hatte, denn gerade dann könnte die Stunde der Provinzkunst geschlagen haben. Hermann Bahr wollte dies jedenfalls nicht ausschließen und promulgierte, von der Metropole aus, mit Roseggers Hilfe die Provinzliteratur als Ornament der Moderne, allerdings

---

[23] Seitenangaben im fortlaufenden Text beziehen sich auf: Peter Rosegger: Das ewige Licht. Erzählung aus den Schriften eines Waldpfarrers. Leipzig: Staackmann 1897.

[24] Eugen Weber: France. Fin de Siècle. Cambridge, Mass. and London 1986.

mit dem Pathos der Überwindung Jung-Wiens. Ludwig Thoma, dessen Roman ‚Andreas Vöest' von Rosegger negativ besprochen wurde, erinnerte sich 1913 an diese Versatilität Hermann Bahrs, als er von Theodor Heuss um einen Gedenkartikel zu Roseggers 70. Geburtstag gebeten wurde: „Rosegger? [-] Ich kenne ihn zu wenig und ich liebe selten einen Österreicher. Ich kann aber nichts machen, was mich nicht freut. [-] Nicht einmal ein Breslauer Festspiel. Ich gebe Ihnen Recht, daß man auf ihn was bringen muß. Könnte nicht Hesse? Oder Ganghofer? [-] Oder Bartsch, der auch Ur-Steyrer ist - oder noch besser Hermann Bahr, der sein Wasser sicher gerne abschlagen wird. Den würd ich nehmen" [25]. Dazu kam es nicht; Theodor Heuss verfaßte selbst das obligate Geburtstagsfeuilleton der Zeitschrift ‚März'. Hermann Bahr aber hatte zuvor schon in der ‚Neuen Rundschau' in einem Artikel über ‚Hauskunst' Rosegger (und damit sich selbst) aufschlußreich porträtiert. Er findet es merkwürdig, „daß die Werke, die jetzt in jedem deutschen Hause zu finden sind und an denen die Jugend aufwächst, die deutsche Hauskunst unserer Zeit sozusagen also, zur Literatur nicht zugelassen werden. Und wer später einmal, frei von unseren Parteilichkeiten, die geistige Geschichte dieser Zeit schreibt, wird sagen müssen, unsere Literatur habe aus einigen ungelesenen hohen Dichtern, hauptsächlich aber aus unliterarischen Leuten bestanden". [26]

Von den „Künstlern des deutschen Hauses" (880) ist Bahr Rosegger „der liebste". Er sei „durchaus repräsentativ" (881), gleichsam der Phänotyp eines sozialpsychologischen Wandels, der mit der Transformation einer agrarischen Gesellschaft in eine Industriegesellschaft einhergehe.

> Tief steckt er im Bäurischen, hoch greift er ins Geistige und wie er sich nun zwischen den beiden festzusetzen weiß, keins aufgeben will und auf beide seine feste Hand legt, das hat mir den schönsten Reiz. Frau Bettelheim hat einmal sehr lustig erzählt, wie sie, als einst das Peterl an ihr Häusl am Grundlsee kam, die Bauern aus der Nachbarschaft herrief und er nun mit diesen und diese mit ihm sehr schön taten, heimlich aber schimpften sie auf ihn und er auf sie: sie trauten einander nicht. Es nützt ihm nichts, den Bauern ist er ein Stadtherr und den Stadtherrn wieder bleibt er der Bauer. Wer aber aus dem Bäurischen ins Städtische strebt, jenes doch nicht lassen und nur noch dieses dazu gewinnen will, findet sich in ihm. Bei uns sind's viele. Die ganze Mittelschicht in den kleinen Orten unserer Alpenländer. Eigentlich muß

---

[25] Ludwig Thoma: Ein Leben in Briefen. 1875-1921. München 1963, S. 253f.

[26] Hermann Bahr: Hauskunst. In: Neue Rundschau 20 (1909), S. 880; die folgenden Seitennachweise im Text.

> man ja sogar sagen, daß das ganze deutsche Österreich, Wien und die Juden ausgenommen, geistig noch auf diesem Wege vom Bauern in die Stadt ist. (880f)

Diese Entgegensetzung, wenn sie denn eine ist, stellt allerdings auch die präskriptive Norm eines kulturellen Deutungsmusters dar, die von der assimilationsbereiten Minorität durch Überanpassung verinnerlicht wird. Arthur Schnitzler hat dies am Beispiel von Frau Bettelheims Gemahl mit Mißfallen beobachtet: „Über Bettelheims Anbiedern ‚drüben' - von Anzengruber über Rosegger zu Schönherr".[27]

Die Brüche, die der Wechsel vom ‚Bäurischen' ins ‚Städtische' für Roseggers Selbst- und Weltauslegung zur Folge hatte, werden von Bahr zur Identitätsfiktion des Typus Stadtbauer synthetisiert. Die Tauglichkeit dieses Entwurfs erweise sich „im Augenblick noch" daran, daß er einen Umgang mit der transitorischen Beschaffenheit der Wirklichkeit ermöglicht, indem er deren Komplexitätszumutungen erfolgreich entschärft: „Man spürt überall: so wie er [Rosegger] die Welt uns zeigt, so braucht er sie, um sich in ihr zu behaupten; darum ist er unwiderleglich und hat immer recht" (881). Widersprüchlicher erscheint Bahr die literarische Artikulation dieser Lebenskunst. Er findet es seltsam, „wie künstlich Rosegger seine Wirklichkeit ausdrückt": „Es klingt, wie wenn jemand mit verstellter Stimme einen nachmacht, und dabei weiß man eigentlich nie, wen. [...] Man hört ihm an, daß ihm seine eigenen Worte nicht genügen [...] während seine Sprache ganz volksmäßig tut, merken wir, daß er ihr nicht zutraut, so zu wirken, wie er's braucht, weshalb er seine Sätze mit Schalldecken versieht" (882).

Beirrt durch jenen „künstlichen Ton", „hat man stets den Wunsch, diesen offenbar sehr merkwürdigen Mann einmal unter vier Augen zu Hause zu sehen, in der Lodenjoppe des täglichen Verkehrs" (882). Dieses Bedürfnis hatten offensichtlich viele, wie man den Klagen Roseggers über die Invasion der Literaturtouristen in sein Krieglacher Sommerdomizil entnehmen darf. Bahr reproduziert die für Roseggers Wirkungsgeschichte bedeutsame Substitution des literarischen Werks durch den Autor, also die Ersetzung von Kunst durch Leben, indem er den der Kunst fehlenden Kunstcharakter dem Leben zuschlägt. Der Entästhetisierung der Literatur bei gleichzeitiger Ästhetisierung des Lebens stand ein zeitgemäßes Rollenrepertoire zu Gebote, das von der geistesaristokratischen Aura der großen Persönlichkeit bis zu Carlyles Einbeziehung des Künstlers in seinen Heroenkult reicht.

Der prekäre Gesellschaftsbezug und die für die meisten Intellektuellen und Künstler auch prekären finanziellen Bezüge waren mit dieser Gloriole des Elitegedankens

---

[27] Arthur Schnitzler: Tagebuch 1917-1919. Wien 1985, 3/4/1917.

attraktiv überboten: attraktiver war nur noch, die Rolle des Künstlers und Intellektuellen selbst zu überbieten. In dieser Hinsicht war Tolstoi nicht nur für Rosegger ein Vorbild. Zur Zeit des Naturalismus verkörperte er allerdings mit der Negativität seiner Weltentwürfe ein Feindbild Roseggers, das groß genug war, um damit die gesamte Richtung abzutun. An den ausländischen Anregern, die Arno Holz 1885 der in Deutschland vorherrschenden Literatur entgegenstellte: „Zola, Ibsen, Leo Tolstoi, eine Welt liegt in den Worten, / eine, die noch nicht verfault, / eine, die noch kerngesund ist!"[28], diagnostiziert Rosegger das genaue Gegenteil. Sein ressentimentgeladener Verriß der ‚Kreutzersonate' [29] moniert am Naturalismus das, was für das eigene Werk beansprucht wird: „Der naturalistische Dichter wirft Probleme auf, ohne sie zu lösen; er steigert Conflicte bis aufs äußerste, ohne einen Abschluß zu geben - immer eine gefüllte Wurst, die nicht gebunden ist. Er klagt und weiß keinen Trost, er klagt an und weiß keine Abhilfe. Ja, das können wir alle, dazu bedürfen wir keiner Dichter. Und wenn ein Naturalist etwas vorschlägt, wie unpraktisch!" (228f) Unter solchen Prämissen wird verständlich, auf welche Weise der Naturalismus mühelos in das eigene Schreibprogramm integriert werden kann: er ermöglicht in Lizenz einen krasseren Detailrealismus, der mit praktikablen Lösungsvorschlägen „idealistisch" aufgefangen wird. Kann auf diese Weise der Bruch mit den Schreibregeln des ‚poetischen Realismus' vermieden werden, so läßt sich die naturalistische Beschreibung vorwiegend städtisch-proletarischen Elends als Stütze der eigenen Weltentwürfe instrumentalisieren. Die aufgeregte Polemik schließt also Anleihen bei den Naturalisten nicht aus - auch nicht beim „große[n] literarische[n] Hadernsammler an der Seine"[30], Emile Zola - und auch nicht das maliziöse Vergnügen der Lektüre: „Meine Studien beschränken sich momentan hauptsächlich auf die neueste französische Literatur, besonders ergötzt mich der französische Geist eines Daudet, der deutsche eines Schatrian [sic] u. die Frechheit eines Zola, welcher der Welt gerade noch abgegangen ist; sie braucht Einen, der ihre grundlosesten Niederträchtigkeiten verbrieft u. ‚poesiefähig' macht"[31]

Während ein ‚Moderner' wie August Strindberg schon in den 80er Jahren Tolstois radikale Kulturkritik rezipiert und dessen Bauernlob als Motiv für seine ethnologische Tour durch die französische Provinz angibt, deren Bericht mit dem darwini-

---

[28] Arno Holz: Das Werk, X, S. 35.

[29] Heimgarten 15 (1891), S. 228-30.

[30] Heimgarten 11 (1887), S. 948.

[31] NLPR, Rosegger an Svoboda, 25/7/1883.

stisch begründeten „vernünftigen Rückschritt für den Kulturmenschen“[32] schließt, entdeckt ihn Rosegger bei seiner Gott- und Heilssuche. Die Integration neopaganer und germanischer Mythen in seiner Exegese des Evangeliums gab seinem Antiklerikalismus einen deutschnationalen Rückhalt, den er mit weitgehenden Konzessionen in der Los-von-Rom-Bewegung bedankte. Das oppositionelle Moment gegen die institutionalisierte Macht der Kirche sicherte sich mit dem Hinweis auf Tolstoi einen fundamentalistischen Anspruch, der dank der internationalen Reputation des russischen Dichters von den nationalistischen Taktiken ablenkte. Jedenfalls aber war zur Jahrhundertwende die subjektive Hermeneutik des Evangeliums und das persönliche Glaubensbekenntnis nichts Originelles, wie Rosegger selbst in seiner Besprechung von Tolstois ‚Auferstehung‘ konstatiert: „Es ist ein auffallendes Zeichen der Zeit, daß die vernehmlichsten Dichterstimmen aller Culturländer jetzt nach dem Evangelium rufen. Tolstoi ist darunter der lauteste. Er predigt mit Wort und Leben“[33]. Das spektakuläre Ende des Ketzers und Reformators nimmt Rosegger zum Anlaß, sich von dessen „Fanatismus“[34] zu distanzieren, die verwandten Anliegen jedoch zu untermauern: „Mich hat man gelegentlich den deutschen Tolstoi genannt. Beileibe nicht in der erzählenden Kunst, die ‚kann‘ ich nicht und ist mir gleichgültig, als vielmehr in der Sehnsucht nach sittlicher Vollkommenheit an mir und den Mitmenschen. Hierin mag ich wohl so ein kleines Tolstoiserl sein“.

Darin, daß das Reformwerk Priorität vor dem Kunstwerk hat, sieht Rosegger die Vorbildlichkeit Tolstois. Mit ihr ist die eigene Geringschätzung der literarischen Form zu legitimieren, auch wenn die ‚Reformen‘ des ‚Tolstoiserl‘ keine radikale Vereinzelung, sondern, im Gegenteil, den Beifall der „allermeisten Leute“[35] zur Folge hatten. Während Hofmannsthal im „Apostolat Tolstois [...] bestenfalls eine ephemere und dazu eine national-russische Angelegenheit“[36] sieht und die ‚Künstlerschaft Tolstois‘ wegen seiner Gestaltungskraft rühmt, rettet die marxistische Kritik den revolutionären Anspruch seiner Kunst vor den weltanschaulichen Erlösungsprogrammen ihres Verfassers. In diesem Zusammenhang sind auch die notorisch eigenwilligen Kunst-Urteile

---

[32] August Strindberg: Unter französischen Bauern. Verdeutscht v. Emil Schering. 5. Aufl. München und Berlin 1917, S. 255.

[33] Heimgarten 24 (1900), S. 557.

[34] Peter Rosegger: Heimgärtners Tagebuch, S. 312: das folgende Zitat S. 311.

[35] Ebd.

[36] Hugo von Hofmannsthal: Reden und Aufsätze I. Frankfurt 1979, S. 646.

Tolstois zu sehen. Auf die Frage: ‚Kennen Sie Rosegger?‘ soll er, nicht unzutreffend, geantwortet haben: ‚Auch gekünstelt?‘ [37]

Die Kritik des Ästhetischen selbstreflexiv ins Ästhetische hereinzunehmen oder den Hiatus von Kunst und Praxis als Pathos der Distanz im Ästhetizismus vorzuzeigen - was allerdings Übergänge nicht ausschließt [38] -, ist nicht Roseggers Sache. Dabei mangelt es ihm keineswegs an radikaler Selbstkritik. An den Komponisten Wilhelm Kienzl schreibt er beispielsweise:

> Weißt Du, lieber Freund, wie das tut, wenn man müde ist, wenn man fühlt, wie die Schaffenskraft zu Ende geht? Du weißt es nicht. Die ruhige, gleichmäßige ernste Stimmung der Arbeit ist dahin, ein unwirtlicher Galgenhumor ist an ihre Stelle getreten und die Purzelbäume, die man macht, vermögen über die Erschöpfung nicht hinwegzutäuschen. Wenn so der Lebenshinhalt anfängt zu fehlen! Da wird es öde auf der Welt! Da macht man taube Torheiten und gut noch, wenn sie einem nicht verübelt werden, weil mancher zum Glück so taxiert ist, daß er machen und sagen kann, was er will. [...] Und diese öde Popularität, wenn man empfindet, wie unzulänglich, wie nichtig alles ist, was man ‚geschaffen‘. [...] die Hauptsache ist, daß man selbst mit sich - wenn auch nicht zufrieden - so doch ausgesöhnt ist. Ich bin nicht mit mir ausgesöhnt, weil ich nicht so bin, als ich sein möchte [39]

Die Selbstzweifel hinsichtlich des künstlerischen Werts des eigenen Schaffens hat Rosegger in der Öffentlichkeit zum grundsätzlichen Zweifel am Gelingen und Genügen der Kunst radikalisiert: sein Spätwerk ist vielfach Anstiftung zur Tat oder besteht aus öffentlichen Taten. Unter solchen Prämissen kann neben Tolstois Bekennertum auch das Spätwerk Zolas positiv gewürdigt werden, das den Erzählgestus der wissenschaftlichen Versuchsanordnung und das naturwissenschaftliche Objektivitätsideal zugunsten weltanschaulicher Proklamationen aufgibt. Die Romantrilogie der ‚Drei Städte‘ regte Rosegger wegen der Konfrontation von katholischer Lehre und echtem, den Sozialismus einbeziehenden Christentum zu ähnlichen Überlegungen an. Zolas Roman ‚Fruchtbarkeit‘ appellierte mit seiner fatalen Verherrlichung des ehelichen Geschlechtsverkehrs als chauvinistischer Erektion nicht nur bei Rosegger an nationale Gelüste: der Gebur-

---

[37] Lew N. Tolstoi: Über Literatur und Kunst. Leipzig 1980, S. 294.

[38] Cf. Hubert Lengauer: Metaphern der Macht. Ornament und Askese bei Hofmannsthal. In: Ornament und Askese im Zeitgeist des Wien der Jahrhundertwende. Wien 1985, S. 199 zu Hofmannsthal/Barrès.

[39] Hans Sittner: Kienzl - Rosegger. Eine Künstlerfreundschaft 1876 - 1918. Zürich, Leipzig, Wien 1953, 338; vgl. dazu die Biographie von Ernst Decsey: Peter Rosegger. Bielefeld und Leipzig o. J., S. 24f., wo dieser Brief an Wilhelm Kienzl zitiert wird, und Roseggers verärgerte Reaktion darauf bei Sittner, S. 399.

tenrückgang in Frankreich war entweder als Vorzeichen künftiger germanischer Vorherrschaft zu deuten[40] oder im Zeichen von Zolas nationalem Zeugungsprogramm den Deutschen zur Nachahmung zu empfehlen[41]. Daß sich Zolas zeugungsfreudiger Übermensch - trotz aller Schmerzen gebiert seine Frau zwölf Kinder - außerdem binnenkolonisatorisch zum Landwirt mausert (seine Nachkommen setzen sich nach diesem Vorbild in den afrikanischen Kolonien fest), macht das Identifikationsangebot nur noch attraktiver.

Ein Schreiben, das sich als Auslöser der Tat versteht, oder zugunsten der Tat sich aufgibt, ist darauf aus, die Vielzahl der Weltauslegungen und -anschauungen dezisionistisch zu reduzieren. Der Wille zur Vereinfachung der Wirklichkeit bedarf der Mythen der Einfachheit und Harmonie für das schreibende wie auch das handelnde Subjekt, in dessen Namen die Tat verkündet wird. Das schreibende Ich entwirft sich als abstrakte Synthese des ihn bedrängenden Heterogenen das Volk; als Projektion setzt es jene Einheit voraus, welche das Weltverbesserungsbedürfnis des stellvertretend Sprechenden mit ihm zu erreichen hofft. Robert Musil hat im ‚Mann ohne Eigenschaften‘ diesen Mythos in jene Partialinteressen und -bedürfnisse auseinandertreten lassen, aus denen er entsteht. Die Lieblingswendung Graf Leinsdorfs, „daß sein Werk eine machtvolle, aus der Mitte des Volkes selbst aufsteigende Kundgebung werden sollte“ (MoE 141) wird durch die explodierende Stimmenvielfalt ad absurdum geführt. Die Versuche, die Vielfalt der Weltverbesserungsvorschläge durch die Rubliken des ‚zurück zu‘ oder des ‚vorwärts zu‘ (ebd. 233) zu ordnen, machen die heillose Gegenwart der Jahrhundertwende (cf. 272) sichtbar, die von der Phrase verdeckt ist: die „Mitte des Volkes“ entpuppt sich als ‚Vakuum der Masse‘.

Im Lichte von Musils Epochendiagnose nimmt sich Roseggers widersprüchlicher Gebrauch des Volksbegriffs als symptomatisches Unterfangen aus, dieser Heillosigkeit Herr zu werden. Obwohl er auf eine Umfrage: ‚Was ist ein Volksstück?‘ antwortet: „Sagen Sie mir, was ein Volk ist, und ich sage Ihnen, was ein Volksstück ist“[42], beruft er sich auf das ‚Volk‘, um die moderne Malerei denunziatorisch auszugrenzen. Die Heftigkeit, mit der Rosegger auf die Grazer Slevogt-Ausstellung reagiert, zeigt, daß

---

[40] Vgl. die Rezension von Moritz Necker: Zolas Übermensch. In: Die Umschau 3 (1899), S. 881.

[41] Vgl. Heimgarten 24 (1900), S. 390-92.

[42] Heimgarten 24 (1900), S. 713; vgl. Jürgen Hein: Volksstück als didaktisches Drama. In: Literatur und Medien in Wissenschaft und Unterricht. Festschrift für Albrecht Weber zum 65. Geburtstag. Hrsg. v. Walter Seifert. Köln, Wien 1987, hier bes. S. 100f.

es sich nicht bloß um eine ideologisch-ästhetische Abwehr handelt. „Ich fürchte", schreibt er seinem in dieser Sache engagierten Schriftsteller-Freund Emil Ertl, „auch die Moderne selbst in ihren Meinungen gewohnt zu werden, u. deshalb fühle ich mich gefährdet u. aufgeregt" [43]. Das subjektive Unbehagen wird dabei in ein allgemeines verwandelt:

> Heute lese ich, daß die Studenten u. Arbeiter freundlich in die Slevogt-Ausstellung geladen sind [...] Schade, daß nicht auch die Schulkinder zu ermäßigten Preisen geladen sind! Ihr Geschmack würde durch die Danae (oder wie das Viech heißt) insofern gehoben werden, als sie sich jedenfalls gelegentlich nach hübschen Huren umsehen. [...] Ich sage Dir, lieber Freund, wenn Ihr diese Kunst volksthümlich machen wollt, diese cynische, unfertige, häßliche Kunst, dann seid Ihr erfolgreiche Mitarbeiter zur Verrohung der Menschen. Es handelt sich um mehr u. anderes, als um die Freude an Farbentechnik. Ihr, die Ihr das Volk nicht kennt, habt keine Ahnung, was fürs Volk das *Bild* bedeutet! [44]

Ertls Replik ist eine Revue der Meinungskämpfe, die er mit Rosegger und der Grazer Öffentlichkeit wegen jener Modernen auszufechten hatte, die nunmehr wie Ibsen, Hauptmann, Böcklin oder Zola auch von den ehemaligen Gegnern anerkannt werden. Roseggers Rede vom ‚Volk' hält er entgegen, daß es nicht bloß auf dem Lande zu finden sei. „Mit der Verrohung ist das so eine Sache. Slevogt wird ja nicht immer Danaes malen, u. auch jetzt sind unter seinen 30 Bildern 29 andere. Was hat man über Verrohung durch Zola geeifert! Den habe ich auch schon vor 10 Jahren geschützt u. erkannt, als er für Dich u. die Meisten nichts war als ein Verroher". [45]

Da Rosegger wenige Jahre zuvor Ertl die Lektüre von Zolas ‚Rom' dringend angeraten und eine positive Rezension über Otto Julius Bierbaum damit begründet hat, er sei „so froh" gewesen, daß er einem „‚Neuen' einmal einige gute Seiten abgewonnen" [46] habe, zieht er es vor, seine Abneigung nicht zu begründen bzw. sich auf eine willkürliche Festlegung zurückzuziehen: „Unter ‚Volk' meine ich Alle, die sich gern dazuzählen lassen. Künstler u. Kritiker wollen das nicht gerne, sie glauben dem Volke gegenüber zu stehen" [47]. Daß der, der sich auf das Volk beruft, sich nicht als Teil desselben fühlt, geht aus einem wenige Wochen später geschriebenen Brief an Ertl hervor:

---

[43] NLPR, Rosegger an Emil Ertl, 14/2/1898.

[44] NLPR, Rosegger an Emil Ertl, 12/2/1898.

[45] NLPR, Emil Ertl an Rosegger, 12/2/1898.

[46] NLPR, Rosegger an Ertl, 19/6/1896.

[47] NLPR, Rosegger an Ertl, 14/2/1898.

„wir geistig Arbeitenden haben auch doppelt Ursache, uns zu Konzentrieren, wir leisten am meisten, wenn wir nicht bei Allem bereitwilligst mitarbeiten, wo es ein sogenanntes ‚Gemeinnütziges' zu schaffen gibt. Dazu sind die Herdenmenschen recht. Persönlichkeiten stehen für sich selbst, haben eher Handlangerdienste zu beanspruchen, als zu leisten". [48]

---

[48] NLPR, Rosegger an Ertl, 7/5/1898.

Wolfgang Hölzl

Völkisch-nationale Rosegger-Rezeption in den zwanziger und dreißiger Jahren

Das Peter-Rosegger-Gedenkjahr 1993 (Landesausstellung in der Steiermark) und die Reaktion auf die Tatsache, daß der „Heimatdichter" einer der meistgefeierten Schriftsteller während des Nationalsozialismus war: von offizieller Seite aus war eine „Verteidigungsstrategie" erkennbar, die sich sozusagen als offiziöse Linie im Rahmen der Landesausstellung an die zahlreichen Besucher der Ausstellung gut verkaufen ließ. [1] Diese unter dem Prätext der schon zum Klischee erstarrten Vorgabe des „ausgewogenen Rosegger-Bildes" aufgebaute Strategie stützt sich im wesentlichen auf die Kompensation (Rosegger sei auch für die Propaganda gegen den Nationalsozialismus benützt worden [2]), auf die Methode, prekäre Aspekte (Ausfälle Roseggers in der nationalen Frage sowie seine Aufrufe für nationale Schutzvereine) einfach dem „Zeitgeist" zuzuschreiben [3], sowie auf das Argument des unschuldig braun angestrichenen Heimatdichters [4].

Es nimmt nicht wunder, daß jene Arbeit, auf die sich dieser Beitrag zum Großteil stützt [5], während des Rosegger-Gedenkjahres indirekt mit dem Vorwurf der „Unausgewogenheit" [6] bedacht worden war, wurde doch der Versuch unternommen, die (bedenklich vielen) Rezeptionsvorgaben Roseggers für völkisch-nationale und NS-Ideo-

---

[1] Diese Strategie wurde vor allem im Ausstellungskatalog zur Landesausstellung 1993 entwickelt: Gerald Schöpfer (Hg.): Peter Rosegger 1843-1918. Graz 1993, sowie Gerald Schöpfer (Hg.): Peter Rosegger. Steirische Landesausstellung 1993. Waldheimat, 8. Mai bis 31. Oktober. Objektbeschreibungen. Graz 1993; siehe insbesondere den Beitrag von Gerald Schöpfer: Vorwort. Das „Phänomen" Peter Rosegger: Vom Waldbauernbuben zum Fernsehstar, Katalog, S. 7-12.

[2] Ebd., S. 10.

[3] Ebd.

[4] Siehe das Zitat in den Objektbeschreibungen, S. 141: „Der Nationalsozialismus greift nach Rosegger" sowie die darauf folgende Begründung der NS-Vereinnahmung.

[5] Wolfgang Hölzl: „Der Großdeutsche Bekenner". Nationale und nationalsozialistische Rosegger-Rezeption. Frankfurt a.M., Bern u.a. 1991 (=Europäische Hochschulschriften. Deutsche Sprache und Literatur 1, 1236.)

[6] Schöpfer, Vorwort (= Anm. 1), S. 10.

logen herauszuarbeiten.[7] Im Katalog zur Landesausstellung wurde meine Arbeit schlichtweg als „obsolet“[8] bezeichnet.
Freilich: ich muß zugestehen, daß die Lust an der polemischen „Destruktion von Rosegger-Mythen“[9] in meiner Arbeit ungebührlich oft über den reinen Erkenntnisgewinn triumphiert hat. Trotzdem erscheint es mir gerechtfertigt, den Ausgangspunkt für meinen Beitrag anhand einer Aussage im Katalog zur Landesausstellung zu illustrieren: „Die NS-Propaganda greift nach Rosegger“[10]. Gegenfrage: Bot Rosegger nicht zumindest kleine Griffe?

Zur Aufbereitung dieser Frage soll die völkisch-nationale Wirkungsgeschichte Roseggers in den zwanziger und dreißiger Jahren näher beleuchtet werden. Meiner Meinung nach wird gerade in diesem Zeitraum jenes Potential, das der steirische Schriftsteller zweifellos hinterlassen hatte, radikalisiert und von Einzelpersonen, völkisch-nationalen Vereinen und Politikern für jeweils eigene Zwecke nutzbar gemacht. Die Schnittstellen zwischen Vorgaben Roseggers und deren Umsetzung in der völkisch-nationalen Propaganda können beispielhaft sichtbar gemacht werden. Es steht mehr dafür, die prekären Aspekte dieser „Vereinnahmung“ darzustellen, als das aufzuzählen, was ohnehin jeder zu wissen glaubt: Rosegger als unschuldig braun angestrichener Heimatdichter, den die Nationalsozialisten nur manipulativ argumentierend in die eigene Ideologie integrieren konnten.

1. Die Vorgaben - Peter Rosegger als „nationaler Identitätsstifter“

Nimmt man Roseggers Namen einerseits als „Signatur für den Alltagsverstand seiner Epoche“[11] und bezeichnet man ihn andererseits als „geistigen Führer von nicht unwe-

---

[7] Hölzl (= Anm. 5), S. 203-230.

[8] Stefan Karner: Peter Rosegger und die Orientierung der steirischen NS-Kulturpolitik. In: Ausstellungskatalog (= Anm. 1), S. 371-378, hier S. 371.

[9] Vgl. in anderem Zusammenhang: Karl Wagner: Die literarische Öffentlichkeit der Provinzliteratur. Der Volksschriftsteller Peter Rosegger. Tübingen 1991 (= Studien und Texte zur Sozialgeschichte der Literatur. 36), S. 138.

[10] Siehe Anm. 4.

[11] Wagner (= Anm. 9), S. 223.

sentlichem Einfluß auf eine gewisse Mittelschicht“[12], so scheint es durchaus legitim, ihn und sein Werk als Symbol für die weltanschaulich-politische Entwicklung eines großen Teiles des zeitgenössischen Bürgertums zu werten.[13] Die politisch-ideologische Entwicklung Roseggers von der liberalen Frühzeit bis zur konservativ-nationalen Einstellung der Spätzeit gehört zu den bestdokumentierten Teilbereichen der Rosegger-Forschung (siehe die Arbeiten von Karl Wagner, Gerhard Pail und auch Eva Philippoff). Der Bogen spannt sich von Roseggers Auseinandersetzungen mit radikalen Anhängern der Schönerer-Partei Mitte der achtziger Jahre über die ‚Heine-Affäre‘ 1894 - sie wird als seine Positionierung und Verankerung im nationalen Lager angesehen -, bis zum Rosegger der Spendenaufrufe und öffentlichen Aktionen.

Wenn an dieser Stelle etwas über die grundsätzliche Einstellung Roseggers zum Deutschnationalismus gesagt wird, so soll damit dem erhobenen Zeigefinger im Katalog zur Landesausstellung gegenübergetreten werden, wo betont wird, daß das Wort „Deutsch“ zu des Schriftstellers Zeiten einfach „eine andere Bedeutung hatte“[14], sinngemäß jene der simplen Unterscheidung zur slowenischen Untersteiermark. Solch wenig differenzierte Aussagen verdecken, daß gerade in jenen Kreisen, in denen Rosegger verkehrte, sehr viel mehr zum Bedeutungsgehalt dieses Wortes gehörte.

In den frühen achtziger Jahren bezeichnete Rosegger die nationale Frage als eine innere, häusliche Angelegenheit der Deutschen[15]. In zahlreichen ‚Heimgarten‘-Artikeln setzt er dem „welschen Wesen“ - wenig nobel durch Frivolität, Eigennutz und Spitzfindigkeit definiert[16] - das sogenannte „deutsche Wesen“ gegenüber, das für ihn durch Tugenden wie „Gerechtigkeit, Häuslichkeit, Einfachheit, Schlichtheit, Echtheit“[17]

---

[12] Eva Philippoff: Peter Rosegger. Dichter der verlorenen Scholle. Eine Biographie. Graz 1993, S. 131.

[13] Gerhard Pail: Peter Rosegger - Ein trivialer Ideologe? In: „Fremd gemacht“? Der Volksschriftsteller Peter Rosegger. Hrsg. v. Uwe Baur, Gerald Schöpfer u. Gerhard Pail. Wien, Köln, Graz 1988, S. 61-87, hier S. 64.

[14] Schöpfer, Vorwort (= Anm. 1), S. 10. Zum Einschwenken Roseggers in das nationale Lager vgl. vor allem die Geschehnisse rund um die „Heine-Affäre“ 1894, differenziert dargestellt bei Wagner (= Anm. 5), S. 248-260; zur radikalen deutschnationalen Ideologie von Freunden Roseggers vgl. vor allem den Briefwechsel mit Friedrich v. Hausegger - siehe Hölzl (= Anm. 5), S. 209 ff.

[15] Vgl. etwa: Zweite Bergpredigt gehalten auf der Höhe der Zeit unter freiem Himmel von P.K. Rosegger. In: Heimgarten 8 (1884), S. 354-358.

[16] Vgl. ebd.

[17] Vgl. dazu Hölzl (= Anm. 5), S. 204 ff.

geprägt war. Freilich unterschied sich das von den teilweise schon damals radikalen deutschnationalen Kampfmethoden, es barg jedoch ein Potential in sich, das später auf vielfache Weise wirksam werden wird. Es ist diese bestimmte Form der deutschnationalen Überheblichkeit, die auch aus vielen nationalen Äußerungen Roseggers sprach. Diese und die Überzeugung von der Führungsrolle der Deutschen ließen Rosegger auch gegen nationale Bestrebungen anderer Völker der Monarchie auftreten. Zeitlebens glaubte der Schriftsteller an die Weltmission der Deutschen als Träger der Menschlichkeit.[18] Diese idealistische Schwärmerei vom Deutschtum als dem besseren Menschentum[19] drückte sich auch in Gedichten aus, deren Inhalte gerade in „nationalen Notzeiten" ihre Wirkung nicht verfehlten[20]. Noch dazu wurden sie in ein geändertes, meist radikalisiertes Bezugsfeld eingebettet[21]. Der Rosegger-Biograph Rudolf Latzke beschreibt Roseggers Nationalismus als mehr der Reinigungsarbeit im Inneren als dem Angriff nach außen hin zugewendete Empfindungs- und Denkweise, die „immer opferbereit" war, immer aber lieber den Feind im eigenen Lager als den „jenseits der Stammesgrenzen bekämpft - und wenn schon Kampf, dann mit der immer siegreichen Waffe der deutschen Tüchtigkeit, der deutschen Zivilisations- und Kulturarbeit"[22]. Aus dieser Haltung heraus läßt sich im Kontext des wachsenden Nationalitätenkonflikts - die Deutschen fühlten sich durch den rasch wachsenden Nationalismus der anderen Völker bedroht[23] - sein Eintreten für den „Deutschen Schulverein" verstehen. Das Bewußtsein eines in seiner Superiorität bedrohten Nationalgefühls[24] wird in Roseggers ‚Gespräch mit Bauern über den

---

[18] Vgl dazu: Rudolf Latzke: Peter Rosegger. Sein Leben und sein Schaffen. Nach den Quellen dargestellt. Bd. 2: Der ältere und der alte Rosegger. Graz - Köln 1953, S. 284.

[19] Vgl. Gerhard Pail: Die Funktion subjektiver Assoziationen und ihr Wandel in den Werken Peter Roseggers. Graz Phil. Diss. 1983 (Masch.), S. 312.

[20] Vgl. Hölzl (= Anm. 5), S. 208.

[21] Ebd.

[22] Latzke (= Anm. 18), S. 297.

[23] Robert A. Kann: Das Nationalitätenproblem der Habsburgermonarchie. Graz - Köln 1964, S. 390ff.

[24] Vgl. Karl Wagner: Heimat- und Provinzliteratur in den dreißiger Jahren. Am Beispiel der Rezeption Peter Roseggers. In: Klaus Amann, Albert Berger (Hrsg.): Österreichische Literatur der dreißiger Jahre. Ideologische Verhältnisse - Institutionelle Voraussetzungen - Fallstudien. Wien - Köln - Graz 1985, S. 215-246, hier S. 220.

Deutschen Schulverein‘ verdeutlicht[25]: Das Bild der gestörten sozialen Ordnung - der Halterbub nimmt den Platz des Großknechts ein - überzeugt die Bauern von den Gefahren nationaler Gleichberechtigung in der Monarchie[26].

Schon zu Lebzeiten Roseggers ist der Kult um seine Person in Gang gebracht worden, von Verehrern, Freunden und wohl auch von ihm selbst. Zahlreiche Auszeichnungen beförderten die „Auratisierung der Person des Autors aber auch die Reduktion seiner politisch eingreifenden, nicht selten widersprüchlichen Stellungnahmen auf Ideologeme, in denen sich die auszeichnenden Institutionen selbst erkennen konnten und wollten“[27]. Keine Geburtstagsfeier, wo nicht die deutsche Integrationsfigur Rosegger beschworen wurde, keine Auszeichnung, wo nicht seine Verdienste für das Deutschtum herausgestellt wurden. Seine Stilisierung zur „Herzeigeform als nationaler Identitätsstifter“[28] wurde durch den Aufruf für den ‚Deutschen Schulverein‘ 1909 verstärkt. Die angeblich von den Tschechen verhinderte Verleihung des Nobelpreises für Literatur war Wasser auf die Mühlen der sonst nicht so geschlossenen deutschnationalen Reihen und entfachte eine rüde nationale Auseinandersetzung mit den Tschechen, in deren Verlauf dieselben als „Kulturvolk“ disqualifiziert wurden[29]. Was davon nach Roseggers Tod übrig blieb, war freilich nicht sein durchaus differenzierter und ausgewogener Aufruf für den ‚Deutschen Schulverein‘: die geschickten Geschäftemacher des ‚Deutschen Schulvereins‘ malten den „Kopf des Dichters im Namen einer alldeutschen Grenzmarkpropaganda auf Briefbeschwerer, Bierkrügel und Berlocken“,[30] durch den vorenthaltenen Nobelpreis wurde der Steirer zum „Märtyrer der deutschen Sprache“[31] gekürt. Beide Ereignisse sollten in keiner völkisch-nationalen Würdigung mehr fehlen - durch Verkürzung der Perspektiven wurde ein nationaler Mythos geschaffen, der auch als Nachweis für Roseggers „Nationalismus der Tat“ gute Dienste leisten konnte.

---

[25] Als Separatum aus der „Deutschen Zeitung“ gedruckt. Wien 1907. Zitiert nach Wagner (= Anm. 24), S. 220.

[26] Ebd.

[27] Ebd., S. 217.

[28] Ebd.

[29] Vgl. Hölzl (= Anm. 5), S. 32ff.

[30] Otto Basil: Peter Rosegger. Zu seinem 30. Todestag am 26. Juni. In: Neues Österreich v. 26.6.1948.

[31] Philippoff (= Anm. 12), S. 185.

2. Die Vermächtnisverwalter

Der ‚Heimgarten' in den zwanziger Jahren - Hans Ludwig Rosegger als Herausgeber, Leopold Stocker als Verleger

Roseggers Tod am 26. Juni 1918 in Krieglach ließ ihn die endgültige Entscheidung des Ersten Weltkrieges nicht mehr miterleben. Der Zusammenbruch der Monarchie und die daraus resultierenden politischen und wirtschaftlichen Probleme, mit denen die junge Demokratie zu kämpfen hatte, waren die historischen Rahmenbedingungen, in denen sich die völkisch-nationale Rosegger-Rezeption entfalten sollte. Rosegger wurde zum „Kronzeugen der Reaktion" (Karl Wagner). Suchten ihn schon zu Lebzeiten Vereinsmeier aller Art und Organisatoren als „Anwalt ihrer Anliegen"[32] zu vereinnahmen, so verstärkte sich dieser „Brauch" nach dem Tode des Dichters - zahlreiche völkisch-nationalen Schutzvereine agitierten gekonnt im Namen des Schriftstellers, einer der radikalsten, der ‚Deutschösterreichische Preßverein', nahm 1921 Rosegger zu Ehren den Namen ‚Roseggerbund' an, um solcherart legitimiert den Kampf für den „Schutz des Deutschen Volkstums" und gegen das Judentum aufzunehmen[33]. Aus dem Zusammenhang gerissene Kommentare Roseggers konnten hiezu gute Dienste leisten.

Eine unrühmliche Rolle spielte mehr und mehr die von Rosegger gegründete Zeitschrift ‚Heimgarten', seit 1910 von Sohn Hans Ludwig als Herausgeber betreut. Dieser übte sich zwar auch als Literat, stand aber mit seinen Werken immer im Schatten des Vaters. Die angestrebte akademische Laufbahn scheiterte nach einem mißglückten Habilitationsversuch[34]. Nicht zuletzt war es der Gründer, der bis 1918 einen mäßigenden Einfluß auf die Linie des ‚Heimgarten' ausübte. Nach 1918 wurde das Organ zu einem völkisch-nationalen Kampfblatt radikalster Prägung, in dessen publizistischem Mittelpunkt der Anschluß an Deutschland stand. Die Propagierung von Elementen der völkisch-nationalen und nationalsozialistischen Ideologie korrespondierte mit der antidemokratischen Grundeinstellung des Herausgebers Hans Ludwig Rosegger, die dieser in zahlreichen Artikeln zu rechtfertigen versuchte[35]. Die Förderung und Legitimation ei-

---

[32] Karl Wagner: „Auch gekünstelt". In: Die Presse (Wien) v. 31.7.1993, Spectrum, S. VI.

[33] Hölzl, (= Anm. 5), S. 39f.

[34] Ebd., S. 54f.

[35] Ebd.

nes inhumanen Sozialdarwinismus, der Beginn sogenannter Rassenforschungen sowie ein schwelender Antisemitismus, der immer radikalere Formen annahm, führten nicht nur zur Zerstreuung der ‚Heimgarten'-Leserschaft, sondern auch zu Schwierigkeiten mit der Leykam-Verlagsleitung. Schließlich wurde im Oktober 1923 der Wechsel zum „Leopold-Stocker-Verlag" vollzogen, zu einem Verlag, dessen „literarisches und politisches Profil jener Radikalität entsprach, die Hans Ludwig Rosegger im Verein mit seinen Beiträgern als Losung ausgab und durch die tagespolitischen Aktivitäten des neuen Verlegers praktisch werden sollte!"[36].

Hans Ludwig Rosegger fühlte sich als Vermächtnisverwalter des väterlichen Erbes: schon kurz nach dem Tod des Vaters präsentierte er sich als oberster Interpret und letzte Beurteilungsinstanz in Sachen Peter Rosegger[37]. Die Absicherung für sein Wirken gibt ihm ein väterlicher Brief, datiert mit 20. März 1918: „Vergiß nicht, den Deutschen in Österreich zu sagen, was sie tun und lassen müssen, um vor ihrem gemeinsamen Feind zu bestehen"[38]. Die Definition des Begriffes „Feind" oblag nunmehr jedoch nur noch Hans Ludwig Rosegger, wobei er seinem Vater laufend unterstellte, auch dieser würde das „Weltgift"[39] radikaler bekämpfen, hätte er die „Gegenwart" erlebt. 1919 schlägt der Dichtersohn zur Lösung der „Judenfrage" ein „Riesenpogrom"[40] vor. Als oft beschworenes Gegenbild zur „semitischen Vorherrschaft"[41] taucht das durch Peter Rosegger repräsentierte „gesunde deutsche Bauerntum" auf.

Der Schriftsteller wurde, den Gepflogenheiten im ‚Heimgarten' entsprechend, sehr oft als „rassisches" Vorbild dargestellt. Aufbauend auf dem von Peter Rosegger selbst bestärkten Mythos, er sei sein ganzes Leben lang Bauer geblieben, schreibt Hans Ludwig Rosegger:

> Mein Vater stammte aus einer Bauernfamilie, die nachweisbar mehr als ein halbes Jahrtausend auf derselben Scholle saß, Wälder rodete, Äcker und Wiesen bestellte. Nachfahren bayrischer Leute, die möglicherweise schon unter Karl dem Großen ins Land gekommen waren. Und mein Vater blieb Bauer sein Leben lang: bodenständig, treu und zäh. Es ist Bauernart zu bauen, so oder so. Das liegt im Bauernblut. Ist

---

[36] Wagner (= Anm. 9), S. 428.

[37] Hans Ludwig Rosegger: Danksagung, in: Heimgarten 42 (1918), S. 872f.

[38] Zit. n. Heimgarten 43 (1919), S. 849.

[39] Vgl. ebd.

[40] „Verjudung". In: Heimgarten 43 (1919), S. 637f.

[41] Vgl. ebd., S. 572f.

> es nicht der Erdboden, dem man die Ernte abringt - so sind es Kirchen, Schulen ... Weltanschauungen, die man zusammenzimmert, wie Haus und Hof und Grabkreuze.[42]

Um den großen Anteil „nordischen Blutes“ im Steirer nachzuweisen, greift man auf die Ahnenreihe der Rosegger zurück[43]. Für Hans Ludwig Rosegger war der Vater „nordisch“ geprägt: „Auch im Äußeren und vor allem im inneren Wesen meines Vaters deuten wichtige Züge meines Vaters [!] auf stärkeren nordischen Einschlag; kein Wunder, hatte ja s e i n Vater Augen so blau strahlend wie ein Sommerhimmel - und wie Friedrich der Große, und Haare so hell wie ein reifes Haferfeld“[44].

In zahlreichen Artikeln versuchte Hans Ludwig Rosegger, seinen Vater manipulativ argumentierend auf den Anschluß an Deutschland, auf seinen unverhohlenen Rassismus und seine radikalen gesellschaftspolitischen Ansichten festzulegen[45]. Noch 1943 erschien einer seiner zahlreichen Artikel über die nordische Prägung der Roseggerschen Ahnenreihe im ‚Fränkischen Kurier‘[46]. Hans Ludwig Rosegger hatte seinem Vater schon früh einen für die Nationalsozialisten akzeptablen Ahnenpaß ausgestellt.

Nach Hans Ludwigs Tod 1929 sorgte Verlagsleiter Leopold Stocker dafür, daß sich die Linie der Zeitschrift nicht änderte[47]. Auch Stocker sprach im Namen des Schriftstellers. Angeblich wurden die Verlagskonzeption und das Programm des ‚Heimatverlages Leopold Stocker‘ in Übereinstimmung mit dem greisen Dichter entworfen[48]. In einer 1967 erschienenen Festschrift heißt es dazu:

> Den alten Rosegger schauderte es vor dem geballten Schicksal, das dräuend über Mitteleuropa heraufstieg, er verdammte den Materialismus als die Quelle allen Übels, ohne mit ihm fertig werden zu können. Der jüngere Stocker, dem alten Dichter Rosegger befreundet, sprang in die Bresche! So verdichtete sich in langen Gesprä-

---

[42] Hans Ludwig Rosegger: An die Freunde des „Heimgarten“, in: Heimgarten 42 (1918), S. 881-885, hier S. 883.

[43] Vgl. etwa in: Heimgarten 50 (1926), S. 34-36, besonders S. 35.

[44] Ebd., S. 36.

[45] Vgl. Hölzl (= Anm. 5), S. 54ff.

[46] Fränkischer Kurier (Nürnberg) v. 1.8.1943.

[47] Über Leopold Stocker und den gleichnamigen Verlag vgl. Murray G. Hall: Österreichische Verlagsgeschichte 1918-1938. Bd. II: Belletristische Verlage der Ersten Republik. Wien - Köln - Graz 1985. (= Literatur und Leben. N.F. Bd. 28/II.), S. 395 ff.

[48] Vgl. dazu: Zum 100. Geburtstag von Dipl.agr. Leopold Stocker (1886-1950). In: Der fortschrittliche Landwirt 64 (1986), S. 1-8 (Sonderbeilage).

chen, die sich im Frühjahr 1916 im Grazer Heim des greisen Dichters über ein ganzes Jahr lang hinzogen, die Absicht Leopold Stockers, einen Verlag zu gründen [49]

Die Biographen Stockers versuchten mehrmals, wie auch an anderer Stelle vermerkt, „Erinnerungen an den steirischen Urbauernsohn Peter Rosegger wachzurufen“ [50].

Diplom-Landwirt Stocker saß von 1919-1920 als steirischer Abgeordneter des ‚Deutschen Bauernbundes‘ in der Nationalversammlung und gehörte von 1924-1926 als Mitglied des Landbundes dem Bundesrat an [51]. Er war maßgeblich am Zustandekommen des ‚Landbundes für Österreich‘ beteiligt. Ab 1925 verlegte er primär Bauernromane, die, wie Murray G. Hall in seiner Verlagsgeschichte schreibt, später „den klingenden Namen ‚Blubo‘ (= Blut-und-Boden-Romane) erhalten sollten“ [52]. Inzwischen auch Verleger des ‚Heimgarten‘, benützte Stocker den Namen Rosegger als Klammer zwischen der konservativ-nationalen Ideologie des Schriftstellers und seiner eigenen völkisch-nationalen Bauernideologie. An diesem speziellen Fall der Rosegger-Wirkungsgeschichte läßt sich nachweisen, wie durchlässig Roseggers „Schollenideologie“ für völkisch-nationale und nationalsozialistische Ideologen war.

‚Heim zur Scholle‘ hieß jene Schrift Peter Roseggers, in der seine Bauernideologie am deutlichsten zum Ausdruck kam. Erstmals 1915 erschienen, wurde sie 1922 im ‚Stocker-Verlag‘ neu aufgelegt. Leopold Stocker schloß in mehreren ‚Heimgarten‘-Artikeln an diese Schrift an, durchaus zu dem Zweck, die darin enthaltenen Thesen völkisch modifiziert als Lösung für anstehende Probleme zu empfehlen [53]. Rosegger spezifizierte in ‚Heim zur Scholle‘, an anderen Stellen schon als „Kompendium beklemmender Irrationalitäten“ [54] und als „reaktionäre Utopie“ [55] bezeichnet, sein

---

[49] 50 Jahre Verlagsarbeit. Ein Rückblick. Hrsg. v. Leopold Stocker Verlag. Graz 1967, S. 5.

[50] Hall (= Anm. 47), S. 397.

[51] Ebd.

[52] Ebd., S. 403.

[53] Peter Rosegger: Heim zur Scholle. Hrsg. v. Hans Ludwig Rosegger. Graz 1922.

(= Landhefte. 2.)

Leopold Stocker: Roseggers Mahnruf ‚Heim zur Scholle‘, in: Heimgarten 52 (1928), S. 593-602.

[54] Pail (= Anm. 19), S. 294.

[55] Peter Zimmermann: Der Bauernroman. Antifeudalismus - Konservativismus - Faschismus. Stuttgart 1975, S. 99.

gesellschaftspolitisches Programm, in dessen Zentrum als Zielvorstellung eine Gesellschaft stand, die vorwiegend aus bäuerlichen Kleinbesitzern zusammengesetzt sein sollte. Diese agrarische Sozialutopie präsentierte den kleinbäuerlichen Familienbetrieb als diejenige gesellschaftliche Institution, die die Menschheit gleichermaßen vom Feudalismus wie vom Kapitalismus sowie vom Sozialismus zu befreien und damit die „Gesundung des Volkes“ herbeizuführen versprach [56]. Die Parteinahme für „agrarische Gesundung“ und gegen „bürgerlich-kapitalistische Entartung“ machte zugleich auch den Kern der ‚Heimatkunstbewegung‘ aus [57]. Zur Zeit der Ernährungskrise während des Ersten Weltkriegs fühlte sich Rosegger in seinen „mittelständischen Aphorismen zur bäuerlichen Lebensweisheit“ [58] bestätigt.

Nun denn: ‚Heim zur Scholle‘ entfaltete weniger ökonomische Wirksamkeit, sondern bot eher Basisideologeme für völkisch-nationale Jugendbewegungen. Leopold Stocker empfahl Rosegger als Vordenker für die deutsche Jugendbewegung ‚Artam‘ [59] und stellte zu diesem Zweck vor allem die deutschnationalen Implikationen von ‚Heim zur Scholle‘ heraus. Stocker konzediert dem Schriftsteller, die Gefahren erkannt zu haben, die „dem deutschen Volk durch den Rückgang der Bodenbau treibenden Bevölkerung droht“. [60] Rosegger selbst hatte das Bauerntum als „Hort der Nation“ bezeichnet, er sah für spezifisch deutsch angesehene Tugenden (z.B. Ehre, Treue, Innerlichkeit) am ehesten im Bauerntum verwirklicht [61].

Die ‚Artam‘-Bewegung verfolgte den Plan, eine „heldisch denkende Jugend von der Entartung abzuschließen“ und auf „gesundem Boden aus sich heraus und ihren eigensten Zielen wachsen zu lassen“ [62]. Durch Landleben, Ackerbau, Baumpflege und gewollte Einfachheit sollten diese Ziele erreicht werden, stadtgeborene Jugend wurde zur Landarbeit animiert. Vorbeugend sollte damit die „große nationale Gefahr“, die „Abhängigkeit von slawischen Landarbeitern“ gebannt werden - ähnliche Sorgen hatten

---

[56] Vgl. ebd., S. 100f.

[57] Ebd., S. 99.

[58] Wagner (= Anm. 9), S. 412.

[59] Leopold Stocker: Die deutsche Jugendbewegung „Heim zur Scholle“. Die Artamanenbewegung in Deutschland, in: Heimgarten 52 (1928), S. 679 f.

[60] Ebd., S. 679.

[61] Vgl. Wagner (= Anm. 24), S. 219.

[62] Stocker (= Anm. 59), S. 679.

ja auch schon Peter Rosegger geplagt [63]. Durchaus berechtigt bezeichnet Leopold Stocker die ‚Artam'-Bewegung als verheißungsvollstes nationales Erneuerungswerk in der Nachfolge von Peter Rosegger. Schon 1929 spannte die NSDAP die ‚Artamanen' für ihre politischen Zwecke als ländliche „Agitprop-Abteilung" [64] ein, um ab 1930 mit den Formeln „Großstadtfeindschaft" und „Agrarromantik" auf politischen Bauernfang zu gehen [65]. Viele NS-Größen standen der Bewegung nahe, z.B. Heinrich Himmler, andere, wie der spätere Reichsbauernführer Richard Walther Darré und Baldur von Schirach, gingen direkt aus ihr hervor. Darré integrierte auch die Ideologie der Großstadtfeindschaft und der Agrarromantik in den „Blut-und-Boden"-Kult.

Wie bei Rosegger standen im Zentrum der ‚Artam'-Ideologie die Fragen Landflucht und Verstädterung [66]. Die Mitglieder erfüllten den von Rosegger so vehement geforderten freiwilligen Arbeitsdienst in der Landwirtschaft und versuchten durch diesen Einsatz, polnische Landarbeiter zu ersetzen sowie eine bäuerliche Volksordnung zu verwirklichen. Die Großstadt sah man als volksbedrohend an, „jeder echte Deutsche wird dort krank" [67]. Ähnlich wie Peter Rosegger rechtfertigte man die Parole ‚Heim zur Scholle': Ein Volk, das die Bindung zur Scholle verliere, sei dem Untergang geweiht, wie Rosegger wollte man die landwirtschaftliche Arbeit ideell aufgewertet wissen, da man die Unterbewertung als eine der größten Ursachen der Landflucht ansah. Bei soviel Gemeinsamkeit muß jedoch auf wesentliche Differenzen nachdrücklich verwiesen werden: Rosegger verfolgte mit seinem konservativen Gesundungsprogramm keine imperialistischen Absichten, während für die Artamanen nach der Konsolidierung innerhalb der eigenen Grenzen die Eroberung von Bauernland im Osten primäres Ziel war. Auch der im ‚Artam'-Programm gepredigte radikale Rassismus fand bei Rosegger keine Entsprechung [68].

---

[63] Vgl. Hölzl (= Anm. 5), S. 41.

[64] Klaus Bergmann: Agrarromantik und Großstadtfeindschaft. Meisenheim a. Glan 1970 (= Marburger Abhandlungen zur Politischen Wissenschaft. 20.), S. 279.

[65] Vgl. ebd., S. 279f.

[66] Vgl. dazu ebd., S. 279ff.

[67] Ebd., S. 261f.

[68] Vgl. zu diesem Themenkomplex (Reagrarisierung, Agrarromantik, völkisch-bündische Jugendbewegungen u.a.) den Beitrag von Reinhard Farkas: „Unsere Rückkehr zur Natur" - Peter Rosegger und die Lebensreform. In: Ausstellungskatalog (= Anm. 1), S. 293-309, bes. S. 297.

Es nimmt nicht wunder, daß 1933 - dem Jahr der NS-Machtübernahme in Deutschland, gleichzeitig ein Rosegger-Gedenkjahr (90. Geburtstag, 15. Todestag) - vor allem der Agrarromantiker im Mittelpunkt von Festartikeln und -reden stand. Die einschlägige Auswahl an Rosegger-Texten beweist, welch wichtige Rolle gerade Topoi wie die Regeneration in der Natur und die bäuerliche Lebensweise im Bestreben um die Etablierung der faschistischen Herrschaft spielten[69]. Sie dienten damit zunächst einem realen politischen Zweck, nämlich der „Verschleierung und Festigung, der Legitimierung und Überhöhung der Herrschaft und bestimmter Herrschaftsformen des Nationalsozialismus“[70]. ‚Heim zur Scholle‘ bietet sich in dieser Hinsicht als besonderer Fundus an, Zitate daraus füllen die Spalten der Gedenkartikel[71]. Folgerichtig registrierte man den „Kummer Roseggers über die Gefahren, die Volkstum und Bauernstand durch die Entwicklung des Maschinenwesens und das Anwachsen der Großstädte“[72] drohten.

Der Kommentator der ‚Nationalsozialistischen Landpost‘, Rudolf Proksch, wertet Rosegger nicht nur als Vordenker des NS-Deutschlands, er sieht auch Ideen des Steirers 1933 in die Realität umgesetzt. Die bei Proksch zitierte Aussage Roseggers: „Der Gesetzgeber, wenn er in die Zukunft schaut, müßte das Wachstum der Städte möglichst erschweren, anstatt es zu fördern, wie das heute geschieht ...“[73], belegt, wie attraktiv für die nationalsozialistische Ideologie Sätze Roseggers waren, die einen „machtpolitischen Konservativismus“ zu erkennen geben, der „technisch-industriellen Fortschritt stillschweigend voraussetzt und mit rückwärtsgewandten Gesellschaftsentwürfen“[74] verknüpft. Die Fakten belegen es mehrfach: durchaus zu Recht sahen völkisch-nationale und nationalsozialistische Ideologen in Roseggers Schollenideologie ein Vorbild[75].

---

69 Vgl. dazu Hölzl (= Anm. 5), S. 165ff.

70 Bergmann (= Anm. 64), S. 355.

71 Etwa: Peter Rosegger, der Feuerwart des Deutschtums (zu seinem Todestag am 26.6.). In: Münchener-Augsburger Abendzeitung (Augsburger politische Zeitung), München v. 26. 6. 1933.

72 Ebd.

73 Rudolf Proksch: Peter Rosegger und das Bauerntum. In: Nationalsozialistische Landpost 1 (1934), Folge 30.

74 Wagner (= Anm. 9), S. 6.

75 Vgl. dazu auch noch Hölzl (= Anm. 5), S. 158-173.

3. Der ‚Deutsche Schulverein Südmark' und die nationale Rosegger-Rezeption im Sudetenland

Peter Rosegger wurde zur Instanz der Ideologie des ‚Deutschen Schulvereins Südmark', obwohl es den Verein in dieser Form zu seinen Lebzeiten noch nicht gegeben hatte[76]. Das Hauptgewicht der Arbeit nach 1925 lag auf der wirtschaftlichen Unterstützung von Deutschen an den Sprachgrenzen und im Grenzland, mit dem deutlichen Anspruch, dem „Deutschtum" auch neue Gebiete zu erobern. Damit in Verbindung stand die „geistige und kulturelle Schutzarbeit", durch die man das „Deutsche Wesen" der Grenzbevölkerung festigen wollte. Mit bereits an die spätere „NS-Schrifttumspflege" erinnernden Maßnahmen wurden aus den zahlreichen vereinseigenen Büchereien „bluts- und ortsfremde Bücher" entfernt - Buchhändler wurden aufgefordert, „undeutsche Bücher des Volksfeindes" aus den Schauläden der Buchhandlungen zu entfernen[77]. Im Gegenzug kam es zur massenhaften Verbreitung des „guten deutschen Buches", darunter an der Spitze Werke Peter Roseggers, besonders in den Agitationsgebieten dieses Vereins.

Radikaler Antisemitismus und Rassismus prägten die Linie, und im kleinen Kreis wurden schon jene Maßnahmen ergriffen, die Jahre später für jüdische Bürger der Anfang vom Ende waren. Aus den vereinseigenen Wirtschaftsbesitzungen (Darlehens-, Einkaufs- und Verkaufsgenossenschaften) wurden „Nichtarier" konsequent ausgeschlossen; „Deutsches Geld auf arische Banken" hieß Mitte der zwanziger Jahre der Slogan der ‚Südmark'-eigenen Volksbank[78]. Die Basis für die „Verwertung" Peter Roseggers bildete der 1909 getätigte Spendenaufruf für den ‚Deutschen Schulverein': Während der sogenannten Rosegger-Gedenkjahre wurde verstärkt auf den großen Erfolg der Sammlung verwiesen[79]. Gefragt war jedoch nicht mehr die ursprüngliche Roseggersche Intention von „Gesittung und Verständigung" für alle Lager. Die gebauten Schulen und Kindergärten wurden zu „Bollwerken gegen die drohende Slawisierung und Verwelschung"[80], die nationalen Auseinandersetzungen, schon zu Lebzeiten des Schriftstellers prekär, wurden nach 1918 verschärft, als mehrere Rosegger-Schulen „in Feindeshand gefallen,

---

[76] Zu ‚Deutschem Schulverein' und ‚Südmark' vgl. vor allem Wagner (= Anm. 24), S. 219ff.

[77] Mitteilungen des Vereins Südmark (1918), S. 235f.

[78] Vgl. Südmark-Kalender. Graz 1923. Vgl. dazu auch Alpenländische Monatshefte 6 (1929/30), Heft 1.

[79] Gustav Groß: Die Rosegger-Schulsammlung. In: Grenzland 3 (1928), F. 6/7, S. 92f.

[80] Ebd., S. 93.

geraubt und sogar für slawische Schulzwecke gebraucht worden"[81] waren. In diesem radikalisierten Kontext kam es von 1919 bis 1922, initiiert vom ,Deutschen Schulverein', zur ersten großangelegten ,Rosegger-Gedächtnissammlung' - sie wurde gleich ihrem Vorbild zu einem großen Erfolg. Bis 1923 wurden 300 Millionen Kronen für Schulen und Kindergärten in bedrohten deutschen Sprachgebieten gesammelt[82]. Schon 1928 folgte die zweite ,Rosegger-Gedächtnissammlung', im Rosegger-Gedenkjahr 1933 schließlich rief man zur ,100-Millionen-Groschen-Sammlung zu Ehren Peter Roseggers' auf, welche die Kulturarbeit für das Grenz- und Auslandsdeutschtum für „die nächsten Jahre auf eine gesicherte Grundlage" stellen sollte[83].

Rosegger wurde schon zu Lebzeiten im Sudetenland euphorisch verehrt, er selbst bemühte sich in Lese- und Vortragsreisen um dieses Gebiet: Immer wieder las er in Deutschböhmen (Teplitz, Aussig, Pilsen) zum Nutzen des ,Deutschen Schulvereins'[84], in Prag, Teplitz-Schönau und Breslau wurde er als Vorleser gefeiert. In nicht wenigen deutschsprachigen Haushalten des Sudetenlandes war der ,Heimgarten' zu finden[85].

Durch den Aufruf für den „Deutschen Schulverein" - wie moderat dieser auch immer formuliert war - positionierte sich Rosegger auf deutschnationaler Seite und hatte mehrere Auseinandersetzungen mit dem ,Tschechischen Kulturverband' auszufechten[86]. Roseggers Satz „Nicht anderen zum Trutz, nur uns zum Schutz!" ging unter, die vom eingegangenen Kapital geschaffenen Schulen und Kindergärten wurden zu Trutzburgen: insgesamt wurden im Sudetenland, in Galizien, der Steiermark, in Kärnten, Tirol, Krain, Küstenland und Buchenland 31 Schulen und 17 Kindergärten neu gebaut, 81 Schulen und 10 Kindergärten Unterstützungen gewährt[87].

---

[81] Ebd.

[82] Vgl. Wagner (= Anm. 24), S. 223f.

[83] Vgl. Hölzl (= Anm. 5), S. 112.

[84] Karl Kern: Peter Rosegger. In: Sudetenland, Böhmen, Mähren, Schlesien 11 (1968), S. 200-205, hier S. 201.

[85] Vgl. Josef Mühlberger: Geschichte der deutschen Literatur in Böhmen 1900-1939. München - Wien 1981, S. 367.

[86] Vgl. Hölzl (= Anm. 5), S. 36f.

[87] Vgl. Maximilian Mayer: Die Rosegger-Schulsammlung 1909-1913. In: Jahrbuch des Volksbundes für das Deutschtum im Ausland. Bd. 4. Berlin 1938, S. 18-37, hier S. 33 f.

In den deutschen Gemeinden der Tschechoslowakei setzte sich insbesondere die Lehrerschaft für das Gelingen der Aktion ein [88]. Rosegger verbesserte sein Image noch dadurch, daß er Helfern, die besonders eifrig und erfolgreich an der Sammelaktion mitgewirkt hatten, eigenhändig geschriebene Danksagungen überreichen ließ, die bis zur „Austreibung der Sudetendeutschen als kulturelle Kleinode vor allem in vielen Lehrerfamilien behütet worden sind" [89]. Dieses Verehrungspotential ließ sich nach 1918 gut nützen. Den Endpunkt der Entwicklung verdeutlicht eine Aussage von Roseggers Sohn Sepp, der 1939 in Anspielung auf den erfolgreichen Spendenaufruf schrieb: „Daß unser Vater somit einen starken Anteil am Schlagen der Brücke hatte, über die die Sudetendeutschen wieder heim ins Reich zogen, ist unser Stolz!" [90].

1933 schrieb Friedrich Pock in der Zeitschrift ‚Grenzland', Roseggers Autorität sei in der Tschechoslowakei noch so gefürchtet, daß sein *„Name aus Straßentafeln und Gedenksteinen ausgemeißelt werden mußte.* Aber daran merkt man vielleicht am besten, wie lebendig dieser vor 15 Jahren verstorbene Sohn der Heimat ist und bleiben wird" [91]. Ähnliche Beispiele für die Wirkung des gefestigten Rosegger-Bildes auf die Tschechen findet man auch im ‚Heimgarten'. Im Böhmerland wollte die Bauernjugend ein Rosegger-Denkmal ‚Heim zur Scholle' errichten, die tschechische Regierung verbot jedoch die Anbringung des Namens [92]. Durch die Integration des deutschen Siedlungsgebietes (Böhmen, Mähren, Schlesien) in die Tschechoslowakische Republik 1918 wurde gerade in diesen Gebieten ein radikal deutschnationales Klima geschürt, insbesondere von den Schutzvereinen.

Für die deutschen Schutzvereine ergaben sich nach dem Zusammenbruch der Monarchie und der Bildung der Nachfolgestaaten völlig neue Bedingungen. In Südslawien wurden sie verboten, deutsche Bibliotheken und Rosegger-Schulen zerstört. Gegenteilig entwickelten sich die Dinge in der Tschechoslowakischen Republik. Nicht nur die Rosegger-Schulen blieben zum größten Teil unbehelligt, auch die Schutzvereine wurden bei ihrer Arbeit nicht behindert. Zwar wurde der ‚Deutsche Schulverein' nach dem Ersten Weltkrieg verboten, seine Aufgaben übernahm aber schon 1919 der ‚Deut-

---

[88] Kern (= Anm. 84), S. 36.

[89] Ebd.

[90] Sepp Rosegger: Peter Roseggers deutsche Sendung. In: Deutsches Wollen (Zeitschrift der Auslandsorganisation der NSDAP) 1 (1939), Nr. 8, S. 14 f., hier S. 15.

[91] Vgl. Grenzland 9 (1933), F. 10, S. 122.

[92] Heimgarten 52 (1928), S. 595.

sche Kulturverband'. Primär widmete man sich der wirtschaftlichen und kulturellen Schutzarbeit. Das deutsche Volksbildungswesen erfreute sich einer regen staatlichen Förderung. Durch ein Gesetz vom 22. Juli 1919 wurde allen politischen Gemeinden aufgetragen, eine öffentliche Gemeindebücherei zu errichten und zu erhalten, wobei die nationalen Minderheiten ihrem Stärkeverhältnis entsprechend zu berücksichtigen waren [93].

Die größten Schutzvereine waren der ‚Deutsche Kulturverband' und der ‚Bund der Deutschen in Böhmen'. Ersterer hatte 1923 bereits 1300 Ortsgruppen mit 180.000 Mitgliedern, der ‚Bund' verfügte ebenfalls über 1300 Ortsgruppen mit 130.000 Mitgliedern. Dieser Verein widmete sich primär der sogenannten „wirtschaftlichen" Schutzarbeit, wobei die „Erhaltung deutschen Grund und Bodens" erstes Ziel war. Zudem förderte man das „bedrängte nationale Gewerbe" und die Industrie und vermittelte Arbeitsstellen an Deutschsprachige. Der „Zentralverband der deutschen Heimatschollen" zur Bodenbetreuung wurde ebenfalls vom Bund gegründet [94].

Wie im Kontext der nationalen Schutzarbeit, der Grenzschutz- und Besiedelungspolitik Peter Rosegger aktiviert wurde, zeigen die Vorträge Richard Plattensteiners, des „begeisterte[n] Apostel[s] Roseggers" [95], der durch unermüdliche Vortragstätigkeit für die völkische Schutzarbeit und Rosegger warb. Ihm oblagen die großen Rosegger-Sammlungen 1919 und 1928. Insgesamt soll Plattensteiner über 300 Rosegger-Abende im sudetendeutschen Gebiet gehalten haben, 1928 bereiste er aus Anlaß des 10. Todestages von Peter Rosegger die Ortsgruppen des ‚Deutschen Schulvereins Südmark', um das „Andenken an diesen erfolgreichsten Mitarbeiter wieder recht lebendig zu machen" [96]. Nach Plattensteiners Vorträgen war es den Zuhörern möglich, Bausteine für die Gedächtnissammlungen zu zeichnen.

Plattensteiner vereinigte seine Referate zu einer im „Staackmann-Verlag" erschienenen Volksschrift über Peter Rosegger [97]. „Die Schriften des Waldschulmeisters" (1875), Roseggers meistgelesenen Roman, rückte er in das Zentrum seiner Interpretatio-

---

[93] Handwörterbuch des Grenz- und Auslandsdeutschtums. Hrsg. v. Carl Petersen und Otto Scheel. Bd. I (Lief. 8). Breslau 1935, S 583.

[94] Vgl. Emil Lehmann: Vom deutschen Böhmerland. Reichenberg 1928. (= Sudetendeutsches Volk und Land. 1.), S. 81.

[95] Wagner (= Anm. 24), S. 223f.

[96] Ebd.

[97] Richard Plattensteiner: Peter Rosegger. Eine Volksschrift. Leipzig 1913.

nen [98]. Karl Wagner vermutet, daß unter dem Vorzeichen der Grenzschutz- und Besiedelungspolitik das Robinsonaden-Modell, wie es in diesem Roman beispielhaft gestaltet ist, neue politische Wirkungsmächtigkeit erlangte [99]. Tatsächlich vermittelt Plattensteiner den Waldschulmeister als Kolonisator, der in „weltentlegener Waldeinsamkeit die kostbare Saat der Kultur“ ausgestreut habe. Nach seiner Auffassung nahm Rosegger im realen Leben die Funktion des Waldschulmeisters ein: „Rosegger ist selbst so ein Waldschulmeisterlein“ [100]. Gekoppelt ist diese Einschätzung mit Roseggers Aufruf für den „Deutschen Schulverein“, eine der „wertvollsten Taten“ des Schriftstellers, die ihn als „treues Kind seines Volkes zeigen“ [101]. Damit transformiert der Vortragende das von Rosegger entworfene fiktive literarische Modell in die Realität, verbindet es aber mit einem völlig anderen Kontext als im Roman: durch das Geld des Spendenaufrufs konnten an den Sprachgrenzen deutsche Schulen und Kindergärten gebaut, „deutsche Kultur“ also gerettet werden.

In seinem zweiten Rosegger-Buch vereinnahmte Plattensteiner den Verehrten noch intensiver für die völkisch-nationale Ideologie. Er entwickelte dafür eine manipulative Methode, die sich der Ich-Form bedient und noch dazu Roseggers spezifisch poetisch-idyllischen Stil aus der literarischen Anfangszeit geschickt nachahmt. So erweckt Plattensteiners Buch den Eindruck eines autobiographischen Textes, und er kann wichtige Phasen der Entwicklung Roseggers nach eigenem Gutdünken darstellen, ohne auf die störende Realität Rücksicht nehmen zu müssen [102]. Mit dieser Stilisierung suggeriert er Übereinstimmung zwischen seinen Aussagen und denen Roseggers, der Schriftsteller wird zum Sprachrohr der Ansichten Plattensteiners. Unter die betont idyllische Darstellung mischt er konkrete politische Anliegen - so sollte mit Hilfe Roseggers das Kernstück der völkisch-nationalen Ideologie, die Ideologie der Volksgemeinschaft, der zahlreichen Zuhörer- und Leserschaft vermittelt werden. Rosegger bot in dieser Hinsicht keine konkreten Anknüpfungspunkte, obwohl in seinen Romanen nicht selten die Dorfgemeinschaft als prägende politische Kraft sich gegen „Eindringlinge“ zu wehren hat. Plattensteiner verbindet ob dieser fehlenden Vorgabe seine Deutung einfach mit

---

[98] Ebd., S. 28ff.

[99] Wagner (= Anm. 24), S. 223.

[100] Plattensteiner (= Anm. 97), S. 28.

[101] Ebd., 30.

[102] Dieses „Verfahren“ wird noch gegenwärtig häufig in der „Rosegger-Apologetik“ angewendet, wie das Werk von: Walter Zitzenbacher: Peter Rosegger. Sein Leben im Roman. Graz - Stuttgart 1978, beweist.

dem Roseggerschen Spendenaufruf, der mangelnden völkischen Aktivismus mehr als ausgleicht:

> Ein Bauer gibt seine Hand dem Bürger, ein Lehrer seine einem Arbeiter. ... Ein großes Fühlen bebt von Bruder zu Bruder - da sitzen sie da und lauschen, der Arbeiter, der Bauer, der Bürger, Schulter an Schulter, Herz an Herzen. Die Volksgemeinschaft, von der Roseggers Seele einst geträumt, ist Wahrheit geworden. ...
> ... und du Rosegger würdest überall dort Schulen erbauen helfen, wo der Deutsche am allerschwersten ringt, seine Art zu erhalten. Da flammte es in ihm auf: schaffe Schulen! Wo der Deutsche nur schwer aufkommt im Kampfe mit ihrer Kraft bewußteren Völkern, dort schaffe Schulen, Kindergärten und hilf den bereits bestehenden! [103]

So konnte Peter Rosegger im Namen einer alldeutschen Grenz- und Besiedelungspolitik auf Inhalte festgelegt werden, die er mit seinen Romanen nicht und mit seinen Aktionen nur zum Teil vorgegeben hatte.

4. Schluß

Anhand von Beispielen konnte die Eingliederung von Vorgaben Roseggers in die völkisch-nationale Ideologie angeführt werden. Mußten auch viele Fakten ungenannt bleiben [104], so zeigen die angeführten Exempla doch auf, wie durchlässig Roseggers konservativ-nationale Ideologie für völkisch-nationale und später nationalsozialistische Ideologen war. Ein „ausgewogenes" Rosegger-Bild kann nur dann entstehen, wenn man gewillt ist, auch diese Tatsachen zu akzeptieren. Die Methode, „Unangenehmes" (die intensive NS-Rezeption Roseggers) mit „Angenehmem" (der antifaschistischen Rezeption Roseggers) zu kompensieren, ist am wenigsten dazu geeignet, das so oft beschworene „ausgewogene" Rosegger-Bild entstehen zu lassen.

---

[103] Richard Plattensteiner: Peter Rosegger. Ein deutscher Ekkehard. Leipzig 1928, S. 105f. u. S. 120.

[104] Vgl. dazu Hölzl (= Anm. 5), S. 54-173 , sowie Wagner (= Anm 24).

Karl Wagner

Dokumentarischer Anhang zur Wirkungsgeschichte Peter Roseggers

Vorbemerkung

Im folgenden werden drei von Roseggers selbst verfaßte, im Rosegger-Nachlaß der Steiermärkischen Landesbibliothek aufbewahrte (und von mir originalgetreu transkribierte) Dokumente zu seiner Wirkungsgeschichte abgedruckt. Die extensive Liste seiner Vorlesungen und die Aufstellung von Ehrenbezeugungen, am Höhepunkt seines Ruhms, gegen Ende seines Lebens, zusammengestellt, vermitteln ein eindrucksvolles Bild von einer Wirkungsgeschichte, die sich längst von den schriftlichen Zeugnissen der Literaturkritik abgekoppelt hat. Diese Rezeptionsgeschichte ohne Text vermag vielleicht zu veranschaulichen, warum dieser Autor so tief im kollektiven Bewußtsein Österreichs verankert ist. Die verschiedenen Anlässe und Einladenden bei seinen Lesungen, die regionale und ideologische Streuung seiner Denkmalsetzer und der in seinem Namen sprechenden Vereine und Organisationen verdeutlichen die Betriebsamkeit, mit der ein Volksschriftsteller gemacht wird bzw. die von einem solchen ausgelöst wird.

[1.] Vorlesungen

In diesen Jahren hielt ich Vorlesungen in steirischer Mundart in Wien bei den Literaturfreunden mehrmals. Von 1870-1881 ungefähr 100 Vorlesungen.

1881.	9.	Dezember	in Wiener Neustadt, zu eigenem Gunsten,		
1882.	"	"	Wien. Literaturfreunde		
1882.	"	"	Sophiensaal, Schulpfennig.		
1882.	7.	Oktober	Regensburg. Kaufmännischer Verein		
1882.	9.	"	Hanau. Kunst=Industrie Verein		
1882.	10.	"	Frankfurt a.M. Kaufmännischer Verein		
1882.	5.	November	Reichenberg.	"	"
1882.	4.	"	Warnsdorf. Turnverein.		
1882.	7.	"	Neustadt.		
1882.	25.	"	Graz. Für Mädchenliceum.		
1883.	25.	Jänner	Wien. Kaufmännischer Verein „Wiener Lied“		
1883.	13.	Februar	Proßnitz.		

1883.	14.	"	Olmütz.
1883.	27.	"	Graz. Ressource für Akad. Leseverein: „Mei Voda"
1883.	4.	März	Trautenau. Deutscher Verein
1883.	6.	"	Brünn. Sektion des Deutsch=österr. Alpenvereins „Moravia"
1883	13.	April	„Ressource" Klagenfurt.
1883	14.	"	„Casino" Villach.
1883	24.	Mai	Deutscher Schulverein. Karlsbad.
1883	26.	"	" " Asch
1883.	27	"	" " Pilsen.
1883.	22.	Oktober	Volksbildungsverein. Weimar.
1883.	23.	"	Kaufmännischer Verein. Plauen
1883.	24.	"	" " Greiz.
1883.	25.	"	" " Fürth
1883.	27.	"	Museumsgesellschaft. Karlsruhe
1883.	30.	"	Kaufmännischer Verein Mannheim.
1883.	9.	November	Verein Moravia. Brünn. Alpenverein
1883.	10.	"	" Zukunft. Wien. „Mei Voda"
1883.	21.	"	Literaturfreunde Wien.
1883.	22.	"	Lehrerverein des II. Bez. Wien
1884.	11.	Jänner.	Rittersaal zu Graz für Mädchenliceum: „Die steirische Londsgschicht."
1884.	8.	März	Deutscher Schulverein. Baden
1884.	28.	"	Vorgelesen bei einer Soiree bei [?]=Holländer. Wien.
1884.	29.	"	„Frauenheim" Lehrerinnen=Verein. Wien..
1884.	29.	April	Touristen=Club. Salzburg.
1884.	7.	August	" " Gmunden.
1884.	26.	Oktober	Verein Ressource. Klagenfurt.
1884.	30.	Oktober	Schillerverein. Triest.
1884.	31.	Oktober	" " öffentlich.
1884.	5.	November	Touristenklub. Wien
1884.	6.	"	Deutscher Schulverein. Baden.
1884.	19.	"	Literaturfreunde. Wien.
1885.	3.	Jänner	Deutscher Schulverein. Wien. Bei einer Akademie im Musikvereinssaal.
1885.	5.	"	Graz. Rittersaal. Mädchenliceum.
1885.	16.	"	Teplitz. Fortbildungsverein.

1885.	17.	"	Aussig. Turnverein
1885.	19.	"	St. Pölten. Kaufmännischer Verein.
1885.	2.	Februar.	Leoben. D. Schulverein.
1885.	12	"	Bruck. M. Armenverein.
1885.	28.	"	Frauenheim. Wien. Gewerbevereinssaal
1885.	1.	März	Deutscher Schulverein. Carolinenthal. „Volkshumor"
1885.	2.	"	Casino. Teschen "
1885.	5	"	Alpenvereinssektion. Hamburg "
1885.	7	"	" Magdeburg "
1885.	9	"	Gewerbeverein. Dresden "
1885.	11	"	Alpenvereinss. Prag. „Lustige Geschichten"
1885.	12	"	Deutscher Schulverein. Pilsen. „Volkshumor"
1885.	13	"	Turnverein. Marienbad
1885.	15	"	Touristen Club. Stockerau
1885.	12.	April	Touristenklub. Pottenstein.
1885.	1.	Juni.	Graz. „Volkshumor" für die durch Erdbeben Verunglückten im Mürzthal.
1885.	19.	Juli	Puchberg a. Schneeberg. Touristen=Club.
1885.	5.	September	Steyer. Deutscher Schulverein.
1885.	16.	August	Neuberg " "
1885.	1.	Oktober	Ternitz. Leseverein.
1885.	7.	"	Fürstenfeld.
1885.	17.	"	Fohnsdorf. D. Schulverein
1885.	18.	"	Knittelfel " "
1885.	19.	"	Judenburg für arme Schulkinder.
1885.	24.	"	Wien. Touristenklub zur Weihnachtsbescherung armer Gebirgskinder.
1885.	7.	November	Vorlesung in Reichenau. (Karl Ludwig)
1885.	12.	"	Bruck, für Suppenanstalt
1885.	9.	Dezember	Literaturfreunde. Wien
1885.	14.	"	Concordia. Graz. Schreiner Conzertsaal.
1885.	27.	"	Krieglach für die Bauern (bei Höbenreich)
1886.	15.	März	Berlin. Verein junger Kaufleute.
1886.	17.	"	Dresden. Sektion Alpenverein.
1886.	4.	April	Waidhofen a.d. Ybbs. Gesangsverein.
1886.	10.	"	Laibach. Turnverein für Anast. Grün=Denkmal in Laibach.

1886.	15.	"	Pettau. Für Volksbibliothek
1886.	17.	"	Graz. Lehrerverein.
1886.	26.	"	Vordernberg. Leseverein.
1886.	21.	Juni	Gleichenberg. Für die Schule.
1886.	18.	Juli	Frohnleiten. " " "
1886.	5.	August	Vöslau. Humanitärer Verein
1886.	8.	"	Trofaiach. Verschönerungsverein.
1886.	19.	September	Steyr. Deutscher Schulverein
1886.	27.	Oktober	Wien. Österreichischer Touristenklub
1886.	28.	"	Krems " "
1886.	7.	November	Leibnitz. Suppenanstalt.
1886.	14	November	Prag. Concordia.
1886.	16.	"	München. Österr.=Ung. Verein
1886.	9.	Dez.	Wien. Schulverein. Ortsgruppe Landstraße.
1886.	15.	"	Gloggnitz
1887.	2.	Jänner	Wien=Währing. Hernalser Lehrerverein.
	22.	"	Teplitz. Fortbildungsverein.
	23:	"	Dresden. Alpenverein.
	24.	"	Berlin. Verein junger Kaufleute
	25.	"	Braunschweig. Kaufmänn. Verein
	26.	"	Hamburg. Verein Handlungsgehilfen.
	27.	"	Bremen. Kaufmänn. Verein.
	28.	"	Bremerhaven. Wissenschaftlicher Verein.
	29.	"	Essen. Alpenverein.
	31.	"	Elberfeld. Wissenschaftlicher Verein.
	1.	Februar	Cassel. Kaufmännischer Verein.
	3.	"	Chemnitz. " "
	4.	"	Plauen. " "
	5.	"	Dresden. Verein jüngerer Buchhändler.
	11.	März	Graz. Stadttheater. Frau Müllers Einnahme.
	19.	"	Wien. Für Verein Frauenheim
	25.	"	Wien mit Anzengruber u. Gabillon im Bösendorfersaal für N.Österr. Volksbildungsv.
	25.	"	St. Pölten. Kaufm. Verein.
	1.	April	Abbazia Der Kronprinzessin u. dem Publikum
	2.	"	" Vor dem Kronprinzenpaar in seiner Villa.

	8.	Oktober	Traiskirchen.
	3.	November	Regensburg. Kaufm. Verein.
	4.	"	Nürnberg " " Merkur
	5.	"	München. Österr.Ung.-Verein.
	6.	"	Kempten. Literarischer Verein
	7.	"	München. Kaufmännischer Verein
	9.	"	Wien. Literaturfreunde.
	23.	"	Cilli. Kasino
	11.	Dezember	Wien. Bösendorfersaal für Verein der Schriftstellerinnen
	12.	"	Währing. Deutscher Schulverein.
	16.	"	Graz. Rittersaal. Frauenheim. „Pforrer u. sei Bruada." - Simer im Kreuz. - Folscher Zeug. - Wissenschaftliches Gespräch. - Socken=Schäfer. - Kolumbus.- Steirer vor da Himmelsthür.
1888.	24.	Jänner	Dresden. Kaufmannschaft.
	25.	"	Görlitz. Verein junger Kaufleute.
	26.	"	Dresden. Gemeinnütziger Verein.
	27.	"	Weimar. Volksbildungsverein.
	28.	"	Sonneberg. Vortrags-Comité
	29.	"	Coburg. " "
	30.	"	Meiningen. Durch Baumbach dort zu meinen Gunsten veranstaltet.
	31.	"	Altenburg. Kaufmannschaft
	10.	März	Mödling. Deutscher Schulverein
	21.	"	Krems. Touristen Club.
	14.	April	Laibach. Deutscher Schulverein
	21.	"	Wien. Lehrerhaus-Verein.
	22.	"	Troppau
	16.	Juni	Pottendorf
	22.	Juli	Trofaiach. Verschönerungs Verein
	23.	"	Eisenerz für Museum
	5.	August	Krieglach für Leseverein und Verschönerungsverein.
	12.	"	Neuberg. Deutscher Schulverein.
	18.	September	Semmering. Freilesehalle.
	9.	Dezember	Mürzzuschlag. Lesekränzchen bei Schruf.
	16.	"	Wien. Touristen=Club. Bösendorfersaal.

1889.	22.	Februar	Graz. Rittersaal für das Frauenheim. Wulfbauernkinder. Fürsichtige Schofholta. D'Hutschn. A vafluachta Kerl. D'Weiberpeitschn. Richt mih af an kloan Häusler zsom. Wo is die Kotz?
	14.	März	Salzburg. Touristen=Club.
	6.	April	Pirna. Kaufm. Verein
	7.	"	Dresden. Allg. deutscher Schulverein. Frauenortsgruppe.
	8.	"	Leipzig Buchhändler=Unterstützungsverein.
	21.	Juli	St. Michael. Für arme Schulkinder.
	5.	Oktober	Feldhof bei Graz.
	6.	November	Wien. Literaturfreunde.
	21.	"	Graz. Rittersaal zu eigenen Gunsten: Feindverzeiher. Gansstein.Ganshalter. Stadtherrnhosn. Lieder. Melkkua Nosnhandler.
	30.	"	Wien. Touristen=Club. (Kl. Musikvereinssaal für Weihnachten Armer Kinder im Gebirge.)
	10.	Dezember	Graz. Rittersaal zu eigenen Gunsten: Bruggnwirt. Verspielter Terno. Wixerl. Vierkreuzerbotzn. Is s wos [...]
	11.	"	Köflach. Leseverein.
	15.	"	Deutschlandsberg. Gesangverein.
	19.	"	Graz. Deutscher Sprachverein.
1890.	3.	März	Abbazia. Quisisana.
	5.	Jän.	Gleisdorf. Für Gunsten der Suppenanstalt.
	11.	April	Graz. Stadttheater bei einer Akademie für Ferien-Colonien. Aprilnarr. Rumpelbacher. Bär.
	26.	April	Wolfsberg. Casino
	3.	Mai	Bei Voß im Sanatorium. Graz.
	20.	Juli	Weißenbach a.d. Triesting. Verschönerungsverein
	15.	August	Trofaiach. Für den Verschönerungsverein.
	8.	November	Wien. Bösendorfersaal, zum eigenen Vortheil.
	19.	„	Neunkirchen. Lehrerverein.
	13.	Dezember	Linz. Oberösterr. Volksbildungsverein.

1891.	8.	Jänner	Graz. Rittersaal. Zu eigenen Gunsten: Hirtenzeit-Lieder. - Disputirer. Gleichgilti. [?] Gaukl Blos - Esel sein Ehrentrunk. [?] sein größte Verwirrung.
	4.	März	Stainz.
	8.	"	Berndorf. (Piestingthal)
	2.	April	Meran (Cursalon)
	8.	"	Gries "
	2.	August	Hainfeld. Turnverein.
	31.	Oktober	M. Ostrau. Deutscher Schulverein.
	5.	November	Graz. Rittersaal: Kornäher, Austria u. Styria auf der Murbruckn, Guate Kameradschaft. Wo ist die Kotz. Briaderl. Brautprüafung.
	14.	November	Wien. Bösendorfersaal. Zum eigenen Vortheil
	20.	"	Neustadt. Touristen=Club.
	26.	"	Abbazia. In Gegenwart der Kronprinzessin.
1892.	12.	März	Wien. Bösendorfersaal. Touristen=Club für Hochschwabhaus: Jessas Graupen! - Is s wos - Esel sein Ehrntrunk. - Heiratn muaß er mih. - Paar Socken - Droschene Drescher.
	26.	"	Judenburg. Casinoverein: Wolfbauernkinder. - Schoufholta. - Mit Bretta vaschlogn. - Brautprüafung. - Verspielte Terno. - Stodtherrnhosn. - Folscha Zeug.
	5.	April	Wien. Für Anzengruberdenkmal im Gr. Musikvereinssaal mit Schlögl, Martinelli, Kiavacci. - Verpielte Treffer. Luidl.
	6.	"	Linz. Für deutschen Schulverein: Trutziger Bauer. - Bär. - Mit Bretter verschlogn. - Wo is die Kotz? - Is s wos. - Wixerl.
	9.	"	Bruck a. M. Für deutschen Schulverein: Wolfbauernk. Ehrentrunk. - Brautprüafung. - Verspielte Treffer. - Stodtherrnhosn. - Luidl.
	26.	Mai	Wien. Verein Friedensfreunde über: Meine Meinung über die Friedensfreunde.
	19.	Juni	Vorlesung Gleichenberg. Theater.
	14.	Juli	Johannisbad
	31.	August	Krieglach. Höbenreich für eine zu gründende Badeanstalt.

1893.	27.	Oktober	Vorlesung im Rittersaale Graz, zu Gunsten des Hamerlingdenkmals. Kriagl Wein. - Micherl vorm Feind. Stiefelknecht. - Waldseppel gstorbn. - s aufgweckti Dirndl. - Da Hodalump. - Da Regnschirm.
	23.	November	Wien. Kleiner Musikvereinssaal. Zu Gunsten des Steirervereins: A Kriagl Wein. Ähndl Noah. s aufgweckti Dirndl. Da Regnschirm. D' Höllnongst. Da Betbruada. Da Hoderlump. Is s wos -
1894.	14.	Februar	Graz. Stadttheater, bei Akademie für Deutschen Schulverein: Der verspielte Terno. - Da fürsichtige Schofholta.
	1.	März	Casino der Staatsbeamten. Graz. - „Ehestreit". „Luidl".
	7.	April	Schöckelfreunde. Graz. Annensäle zu Gunsten Absengers. „Ehrntrunk". „Aprilnarrn". „Kolumbus".
	12.	April	Dresden. Für Frauen Ortsgruppe des deutschen Schulvereins.
	22.	April	Leoben. Deutscher Sprachverein. „Schofholta". „Weiberpeitschn". „Brautprüafung". „Af an Kloanhäusler." „Woldseppel". „Luidl". „Stadtherrnhosn".
	2.	Mai.	Puntigamer Bierhalle. Graz zur 25. Gedenkfeier der Neuschule. „D Wulfbauernkinder".
	26.	Oktober	Graz. Rittersaal. Für Überschwemmte in Steiermark. Ähndl Noah. Drei Juchhezer. Is s wos, so iss nix. Trutziger Bauer. Bruggnwirt. Leibfahler. Folscher Zeug. Brautprüafung. Regnschirm.
	7.	November	Graz. Puntigamer Bierhalle im Verein der Kunstfreunde für die „Südmark": Drei Juchhaza. „Luidl"
	17.	November	Graz. „Stadt Triest", Verein der Schlesier: „s Wixerl." Brautprüafung". „Da Bär."
1895.	20.	März	Wien. Kl. Musikvereinssaal für Steirerverein: „Prinz Johann Denkmal." „Wo is die Kotz?" „Esel sein Ehrntrunk". „Trutzige Bauer". „Weiberpeitschn". „Brautprüafung". „Kolumbus".
	5.	April	Pola. „Wixerl" „Bruggnwirt". „Is s wos". „Trutziger Bauer", „Brautprüafung". „Kolumbus". „Regnschirm".

	16.	April	Abbazia.
	21.	April	Baden. Für Rettungsanstalt.
	25.	August	Trofaiach. Für Verschönerungsverein
	31.	"	Gloggnitz. Für Kindergarten.
	13.	Oktober	Wien. Neubau Tischgesellschaft für arme Schulkinder. Kl. Musikvereinssaal. - „Moises." - „Bär." - „Regnschirm." - „Gansleber." - Wissenschaftliches Gespräch. - „Gamsbock."
	25.	Oktober	Graz. Rittersaal für die Friesacher: s redendi Löchel - A Krügl Wein. - Wissenschaftliches Gespräch. - Gamsbock. - Eisenbahnfahrt. - Is s wos, so is s nix. - Regnschirm.
	8.	November	Marburg. Für Verein junger Kaufleute
	15.	November	Dresden. Alpenverein
	16.	November	Leipzig. Alpenverein.
1896.	1.	März	Judenburg. Verein der Handelsbeflissenen. Wixerl. - Kotz. - Regnschirm. - Trutzige Bauern. - Esels Ehrntrunk. - Kolumbus.
	18.	März	Pettau. Für Vereinshaus (deutsches). Wixerl. - Kotz - Luidl. - Krüagl Wein. - Ehrentrunk. - Regnschirm.
	2.	April	Abbazia in Anwesenheit der Königin von Rumänien: Rumpelbacher. - Bruggnwirt. - Verspielte Terno. - Gamsbock. - Aprilnarr. - Regenschirm.
	9.	April	Abbazia Anwesenheit des rumänischen Königspaares: Wixerl. - Ehestreit. - Dampfwagenfahrt. - Trutzige Bauer. - Luidl. - Is s wos. -
	18.	April	Graz. Beamten=Casino: „Worum da Schummel=Fronz wieda zruggkemen is." - „Folscher Zeug". - „Wia da Rumpelbacha sein Feind vazeiht."
	16.	Oktober	Nürnberg. Kaufmännischer Verein.
	17.	"	Stuttgart. Buchhändler Gehilfen Verein.
	19.	"	Zürich. Lesegesellschaft Hottingen.
	29.	"	Graz. Rittersaal. Für Volksbibliotheken. Unser liabe Frau u. d. Vögerle. - Vierkreuzerbotzn. - Rumpelbocha. - Stodtherrnhosn. - Tannenbam. - Vasambb. - Worum da Schummelfranz wieda zruckkemen is. - Mit Brettern vaschlogn. - Sauholta.

	19.	November	Wien. Bösendorfersaal für Steirerverein. Ehestreit. - Jessas Graupn. - Woldbruada. - Stadtherrnhosn. - Unser liebi Frau u. d Vögala. - Schummelfronz. - Herrgott liabt d Welt. - Rumpelbocher. - Regnschirm.
	30.	Dezember	Graz. Ressource: Kotz. Folscher Zeug.
1897.	14.	Jänner	Wien. Statthaltereisaal für Beamten=Töchterheim: Unser liabe Frau u. d Vögerle. - Wixerl. - Stodtherrnhosn. - Luidl. - Drei Buabm. - Terno. - Regnschirm. - Folscher Zeug. - is s wos, so is nix.
	24.	Februar	Dresden. Für arme Schulkinder.
	25.	"	Berlin. Berliner Presse
	26.	"	Berlin. " "
	20.	März	Graz. Staatsbeamten=Casino. Annensäle: „Gamsbock".
	24.	"	Graz. Landestheater. Hamerlingakademie „Verspielte Terno". „Folsche Zeug".
	31.	"	Hietzing. Für deutschen Schulverein. Frauenortsgruppe.
	19.	April	Groß-Florian. Für Feuerwehr.
	24.	"	Krumau. Eislaufverein.
	3.	Mai	Marburg. Österr. Handelsangestellter.
	17.	Oktober	Leoben. Alpenverein für Reichensteinhütte.
	8.	November	Hamburg. Alpenverein.
	10.	"	Dresden. Deutscher Schulverein
	11.	"	Aussig. Kaufmännischer Verein.
	23.	"	Graz. Rittersaal: Der Himmel auf Erden. - d Schwoagerin u. die Kua. -Raffer Michels Obitt. - A verfluachta Kerl. - Leutnosnhondla. - Bär. - Kolumbus.
	28.	"	Klagenfurt. Für deutschen Schulverein. Wolfbauernkinder. - Schwagerin. - Raffer=Michl. - Terno. - Stodtherrnhosn. - Regnschirm. - Rumplbacher.
	29.	"	Innsbruck. Für deutschen Schulverein. - Wolf-bauernkinder. Schwoagerin. - Raffer-Michl. - Terno - Stadtherrnhosn.- Regnschirm
	3.	Dezember	Graz, Stadttheater für verwahrloste Kinder. F. Freiheims 87. Geburtstag: „Warum i so gern af d Olm geh." - „In Olmhiasl sei Red."

	7.	"	Wien. Steirerverein. für Weihnachtsbaum armer Steirerkinder. Olmhiasl. - Schwoagerin. - Tannenbam. - Raffer-Michl. - Bruggnwirt. - Leutnosn. - Steirer v. d. Himmelsthür. - Regnschirm.
	12.	"	Graz, für die kleinen Freunde meiner Martha, in ihrem Zimmer. Tannenbam. - Sauholta. - Bär. - Kolumbus. - Regnschirm.
1898.	26.	Februar	Korneuburg. Für N.Ö. Volksbildungsverein.
	13.	März	Teplitz. Kaufm. Verein.
	14.	"	Saaz. Turnverein.
	26.	"	Meran: Deutscher Schulverein.
	28.	August	Krieglach. Für Südmark.
	30.	"	Berchtesgarden. Alpenverein.
	21.	Oktober	Nürnberg Verein Merkur
	23.	"	Konstanz. Wessenburg=Stiftung.
	24.	"	München. Literarische Gesellschaft.
	29.	"	Graz. Rittersal: Der reuigi Dokter. - A Krüagl ein. - s ausglichni Büachl. - Der Gonsholter. - Da Schweizerkas. - Aprilnorn. - Warum i koan Krebsn mag. - Reitpferd, des ka Ros is. - n Esl sein Ehrntrunk.
	14.	November	Brünn für Ferien Colonie.
	15.		Wien. Steirerverein Kinder zur Christbescherung: Himmel auf Erden. - Kas. - Krüagl Wein. - Brautprüfung. - Luidl. - Roß. - Ausglichni Büachl. - Regnschirm.
	27.	"	Knittelfeld für Kinderbewahranstalt.
	3.	Dezember	Graz. Rittersaal, Thierschutzverein: „D Schwagerin u. die Kua."
	20.	"	Graz. Steinfelder Bierhalle. Pensions=Unterstützungsverein der Sicherheitswachmannschaft: „Christbam". „Buidl".
1899.	19.	März	Wien. Arbeiterbildungsverein Fünfhaus=Ottakring
	20.	"	Mödling. Südmark.
	13.	August	Mürzzuschlag. Für Hamerlingdenkmal.
	17.	"	Krieglach. Südmark=Conzert.
	3.	September	Teuffenbach für Südmark.

	28.	Oktober	Graz. Rittersaal. - Wolfbauernkinder. - Drei Juchazer. - Herrgott liabt d Welt. - Musikanten=Jogl. s ausglichne Büachl. - Feuersbrunst in der Woldhoamat. - Bauernorzt. - Es war amol a Grobn. - Steirer vor der Himmelsthür. -
	3.	November	Marburg. Handelsangestellten Krankenkasse.
	3.	Dezember	Wien. Bösendorfer Saal für Weihnachtsbescherung armer Steirerkinder. Drei Juchaza. Herrgott liabt d Welt. - Feuersbrunst. - Grobn. - Ausglichne Büachl. - Olli Tog is nit Sunta. - Wann s Diandl deafat suachn. - Musikantn Jogl. - Bettbruader. - Bauernorzt. - s Wixerl. - Regnschirm.
	9.	“	Graz. Redoutensaal. Evangelisches Waisenhaus: Musikantn Jogl.
	9.	“	Haus der Kaufmannschaft. Staatsbeamten Verein: Musikantn Jogl. Ausglichni Büachl.
1900.	6.	Jänner	Graz. Rittersaal für Verein „Arbeiterbühne“: ‘s Wixerl. - Tannenbam. - Grobn. - Luidl. - Treffer. - Brautprüafung. - Ehestreit. - Regnschirm.
	14.	“	Wien. Arbeiterbildungsverein. Rudolfsheim-Fünfhaus
	7.	März	Innsbruck. Für Studenten Krankenkasse. - Drei Juchaza - Herrgott liabt d Welt. - Feuersbrunst. - Baumarzt. - Raffer. - Höllnongst. - Luidl. - Falscher Zeug.
	10.	April	Wien. Volksbibliotheken. Viertes Gebot. - Wolfbauernkinder. - Deckerveitel. - Höllnongst. - Feuersbrunst. - [?] - Reitpferd, das ka Roß is.
	16.	“	Fürstenfeld. Für Südmark.
	29.	“	Ilz. F. Suppenanstalt
	2.	Mai	Hartberg. Suppenanstalt.
	5.	August	Trofaiach. Für Verschönerungsverein
	11.	“	Krieglach. Conzert für Suppenanstalt.
	2.	September	Mürzzuschlag. Letzte Rate fürs dortige Hamerlingdenkmal gedeckt.
	12.	“	Traiskirchen für Volksbildungsverein.
	7.	Oktober	Florisdorf [!]. Volksbildungsverein.
	11.	“	Mürzzuschlag. Lehrerverein, nachmittags einige Stückchen.

	13.	"	Neunkirchen. Deutscher u. österr. Alpenverein.
	27.	"	Graz. Für Armenhaus Krieglach: Das Evangelium u. die Kirche. - Ahndl ihr Tram. - Kirchnausraubn. - Student u. die Seinige. - Ausglichne Büachl.
	9.	November	Wr. Neustadt für Turnverein.
	11.	"	Leoben. Arbeiterverein „Naturfreunde."
	15.	"	Linz. Kaufmännischer Verein.
	25.	"	Wien. Döbling. Arbeiter Bildungsverein „Lassalle"
	4.	Dezember	Wien. Bösendorfersaal für Steiererverein, Christbaumspenden: Ahndl. - Kirchnausraubn. - Is s wos. - Schulmoaster. - Bretter verschlogn. - Student u. die Seinige.
	9.	"	Baden. Volksbildungsverein.
1901	20.	Jänner	Berlin. Lessinggesellschaft
	21.	"	Berlin. "
	23.	"	Dresden. Für Speisung armer Kinder.
	2.	Februar	Bruck zur Bekleidung armer Schulkinder.
	10.	März	Kapfenberg. Für die Arbeiter.
	16.	"	Wien. Gustav Adolf Verein. Bibel u. die Kirche. - Ausgliechni Büachl. - Abbitt. - Herrgott liabt d Welt. - Stodthernhosn. - Vierte Gebot. - Regnschirm.
	31.	"	Wien. Arbeiter=Bildungsverein. „Bildungshort".
	8.	"	Kapfenberg Arbeiterverein Naturfreunde.
	12.	"	Wien Anti=Alkohol=Congreß. Hotel Continental
	21.	"	Wien. Arbeiterverein Helios.
	10.	Juni	Graz. Wohlthätigkeitsfest in der Burg: Feuersbrunst. Regnschirm. S Räuscherl.
	18.	September	Kapfenberg in Böhlers Haus. Für Alpel Schule.
	2.	Oktober	Veitsch. Sparter Haus. Für Alpel-Schulhaus.
	22.	"	Graz. Rittersaal. Für Alpel Schulhaus: Wolfbauernkinder. - Wissenschaftliches Gespräch. - Jo s is a so, s is eh a so. - Bruggnwirt. - Schulmoasta. - Leibfahler. - Noah.
	15.	November	Wien. Bösendorfersaal für Alpel-Schulhaus. Wolfbauernkinder. - Heidnische Lämer. - Sauholter. - Wissenschaftliches Gespräch. - Jo s is a so. - Regnschirm. - Kolumbus. - Leibfahler.

1902.	13.	April	Feldbach. Für dortige Schule.
	28.	Oktober	Graz. Rittersaal: Zither u. Hackbrettlgspül. - Trutzige Bauer. - Waldlilie im Stadtpark. - Wia da Scher hingricht worn is. - Der kranke Hulzknecht. - War amol a Grobn. - Weiberpeitschn. - Stodtherrnhosn.
	15.	November	Vorlesung Mödling für Studenten=Unterstützungsverein.
	19.	"	" Aussee. Arbeiterverein „Eiche".
	20.	"	" Gmunden. Touristen-Klub.
1903.	1.	April	Judenburg. Touristen=Club.
	18.	"	Leoben. Touristen-Club.
	18.	Oktober	Wr. Neustadt. Eisengießer, Arbeiter Wohltätigkeitsverein.
	23.	"	Graz. Rittersaal: Ehestreit. - Hoderlump. - Folscher Zeug. - Oba nua ka Wossa nit. - Wia d Erdkugel is tonzad woan. - Da Schworzi.
	15.	Nov.	Wien. Steirerverein. - Feuersbrunst. - Schwoagerin. - Zeug. - Krank Hulzknecht. - Scher. - Raffermichel.
1904.	10.	Jänner	Semmering. Südbahnhotel: „Eisenbahnfahrt."
	6.	März	Marburg. Südmark.
	13.	"	Brünn. Für Ferien=Colonie.
	20.	"	Wien. Arbeiterbildungsverein Helios. Hernals.
	12.	August	Mürzzuschlag. Für Kathreiner Kirche.
	22.	Oktober	Graz. Für die Kathreinerkirche: Die Kathreiner Kirchen. - Komödianten. - Wo is die Kotz?. - Bär. - Kolumbas.
	13.	Nov. Wien	Bösendorfers. Für Kathreiner Kirche. - Kath. Kirchen. - Komödianten. - Wo is die Kotz? - Bär. - Stodtherrnhosn.
	4.	Dezember	Marburg für Verschönerungsverein.
	31.	"	Semmering. Hotel Panhans. Für Kathreiner Kirche.
1905	2.	Mai	Klagenfurt für die Südmark.
	7.	"	Mürzzuschlag. Schillerfeier. Festrede in der Heilandskirche.
	14.	"	Langenwang. Deutsches Schulvereinsfest.
	23.	Juli	Beim Hausteiner in St. Kathrein. Für die Bauern gratis.

	28.	Oktober	Graz. Rittersaal: Da Glückspilz. - O süaßi, hoaßi Somstanocht. - S Liachtl im Wald. - Bauernorzt. - Die spot Opfelblüa. - Die hoati Buaß. - Da wulleni Strumpf. - Schofholter.
	15.	November	Wien. Bösendorfersaal für Steirerverein: Glückspilz. - Olmglüahn.- Ober nua ka Wossa nit. - Horte Buaß. - Die spot Opfelblüa. - Bauernorzt.
	20.	Dezember	Graz. Odilienheim, Blindeninstitut.
1906.	27.	Jänner	Wien. Urania „Steirischer Volkshumor".
	4.	März	Neunkirchen Alpenverein „Steirischer Volkshumor".
	14.	"	Graz. Militärkasino. Stephaniensaal. - Hosn. - Regnschirm. - Vafluachter Kerl.
	23.	"	Wien. Grillparzer-Gesellschaft.
	22.	"	Leoben. Touristenklub.
	19.	Mai	Bruck. Sekt. Deutsch u. Österr. Alpenverein, für ein Rennfeldhaus.
	5.	August	Gloggnitz für einen Kinderverein.
	19.	"	Neumarkt. für Verschönerungsverein.
	25.	"	Mürzzuschlag für Tuberkulosen=Heilanstalt.
	23.	September	Waldschulhaus vor Bauern u. Waldleuten.
	13.	Oktober	Steyr. Oberösterr. Bund.
	27.	"	Graz. Steirischer Volkshumor.
	15.	November	Wien. Bösendorfersaal: Steirischer Volkshumor für arme Steirerkinder.
	24.	"	Villach. Volkshumor. Für Südmark.
	13.	Dezember	Graz. Kl. Ressource-Saal für Kindergärten.
	16.	"	Graz. Stephaniensaal. Für Arbeiterbühne: „Tannenbaum. - Terno. - Horti Buaß. - Krügl Wein." - Staufl.
	31.	"	Semmering. Hotel Panhans für Waldschule
1907.	13.	Jänner	Mödling Für Bund der Deutschen i. Ö. „Volkshumor"
	16.	Februar	Wien. Urania. Der Steirer in Lust u. Leid.
	10.	März	Baden. Für Bund der Deutschen. „Volkshumor".
	16.	April	Graz. Burg. Akademie für „Kinderschutz". Ich las: Is s wos. - Wissenschaftl. Gespräch. - Regnschirm.
	1.	Juni	Salzburg. Für Volksbildungsverein. „Volkshumor".

	8.	Juni	Leoben. Für durch Hochwasser Verunglückte im Liesingthal.
	15.	August	Kindberg für abgebrannte Kirche von St. Lorenzen.
	18.	"	Friesach. " Deutschen Schulverein.
	28.	Oktober	Linz. Kaufm. Verein. „Volkshumor".
	9.	November	Graz. Rittersaal: Rumpelbacher. - Luidl. - Sauholter. - Bretter verschlogn. - Trutziger Bauer. - Regnschirm. - Brautprüafung. - Wissenschaftliches. - Kolumbus. (Für's Waldschulhaus)
1910.	8.	Jänner	Graz Großer Stephaniensaal. Drei aus Steiermark: Rosegger, Ertl, Kernstock. - Ich las: Feuersbrunst in der Woldhoamat. - Muata aufweckn. - A hoate Buaß. - Mei letzti Bitt.

Damit hoffentlich Schluß.

358 Vorlesungen (außer der ersten Jahre)

[2.] Weitere Ehrenbezeugungen
Öffentliche u.s.w.

Donaufeld, Verschönerungsverein, Dank u. Anerkennungsdiplom. Sept. 1901 Ehrenmitglied
Gablonz. Diplom Ehrenmitglied 1902
Züricher Harmonie. Ehrenmitglied. 1903
Krieglacher Gemeinde. Ehrenmitglied 1884.
Graz. Almbrüder Ehrenmitglied 1874.
Krieglacher Feuerwehr. Ehrenmitglied 1884.
Mürzthaler Sängerbund. Ehrenmitglied.
Marburg. Verein zur Unterstützung armer Kinder. Ehrenmitglied 1877
Graz. Gesang Verein Styria. Ehrenmitglied 1881
Marburg. Verein Österr. Handelsangestellter. Ehrenmitglied 1896
Prag. Concordia, Verein deutscher Künstler in Böhmen. Ehrenmitglied 1893
Prag. Deutsche Redehalle deutscher Studenten. Ehrenmitgleid 1890
Mattsee. Scheffelbund. Ehrenmitglied 1892

Wien. Leseverein deutscher Studenten. Ehrenmitglied 1876
Leoben. Obersteirischer Lehrerverein. Ehrenmitglied 1871
Graz. Verein Colonie. Ehrenmitglied 1887
Wien. Grillparzer Verein. Ehrenmitglied 1882
Wartberg. Leseverein. Ehrenmitglied 1893
Teplitz. Deutscher Fortbildungsverein. Ehrenmitglied 1885
Wien. Rudolfsheimer Männergesangverein. Ehrenmitglied 1891
Nürnberg. Begnesischer [!] Blumenorden. Ehrenmitglied 1894
Graz. Steier. Fremdenverkehrsverein. Ehrenmitglied 1882
Wien. Schubertbund. Ehrenmitglied 1903
Wien. Deutsch Österr. Schriftstellergenossenschaft. Ehrenmitglied 1903
Mürzzuschlag. Ehrenbürger 1903.
Heidelberg. Ehrendoktor 1903.
? Österr. Touristen=Klub. Ehrenmitglied 1903
Graz. Deutscher Klub. Ehrenmitglied? 1881 (?)
Wiener Sängerbund. Ehrenmitglied 1903
Sängerbund „Harmonie Zürich". Ehrenmitglied 1903
Ortsgruppe des deutschen Schulvereins auf der Landstraße in Wien nennt sich „Rosegger". 1903
Deutsch akad. Lese= u. Redehalle, Wien. Ehrenmitglied 1903
Rudolfsheimer Gesangverein. Ehrenmitglied.
Steirerverein Wien. Ehrenmitglied 1893
Volksgesangverein in Wien. Ehrenmitglied 1904
Erbschlaraffe der Schlaraffia Grazia. 1904
Ehrenmitglied des Akad. Studenten Unterstützungsvereins der Universität Innsbruck. 1901
Kaufm. Sängerchor „Engelsberg=Bund" Wien. Ehrenmitglied 1906
Royal Society of Literature of the United Kingdom London. Ehrenmitglied 1907 [abgelehnt 1914]
Weimar. Deutscher Schillerbund. Ehrenmitglied 1908
Österreichischer Schriftsteller=Verein. Wien. Ehrenmitglied 1909
Steirischer Gebirgsverein. Ehrenmitglied 1909
Schillerstiftung. Weimar. Ehrenmitglied 1909 zu Schillers 150. Geburstag.
St. Pölten. Männergesang=Verein. Ehrenmitglied.
Graz. Deutscher Leseverein. Ehrenmitglied 1909.
Pettau. Ehrenbürger. 1910
Marburg. Ehrenbürger. 1910

Klosterneuburg Ehrenbürger 1910
Niederösterreichischer Sängerbund. Ehrenmitglied 1910
Harrachsdorf (Böhmen) Ehrenbürger. 1910
St. Kathrein a. H. Ehrenmitglied 1902
Waldheimat=Seife. Kapfenberg 1906
Rosegger=Speikseife. Wien 1907
Rosegger=Loden. Graz. 1907
Rosegger=Schnitten. Graz 1900
Rosegger Buisquittes. Hamburg 1903
Brannenburg (Oberbaiern) Erdsegen, Buchhandlung
Rosegger Briefverschlußmarken (deutschnational)
Rosegger Ansichtskarten. In verschiedenen Ländern.
Rosegger=Marke. Karlsbad. 1910
Völkische Ortsgruppe Rosegger des D. Schulvereins. Brünn 1910
Rosegger Ansichtskarten der Südmark. 1911
Rosegger=Ansichtskarten aller Sorten. 1900
Neulerchenfelder Männergesangverein. Ehrenmitglied. 1911
? Ortsgruppe Rosegger des Vereines der Alkoholgegner. Brünn 1911
Ehrenmitglied der Ortsgruppe Zauchthal Jugendbundesgruppe des D. Schulvereins 1912
Wien. Ehrenmitglied des Männergesangvereins der Steirer in Wien. 1912
Gründer der Südmark aus Preßbaums Gnaden. 1912
Zauchtahl. Ehrenmitglied des Nordmährerbundes 1912
Graz. Erreicher des [?] Grazia 1912
Wien. Ehrenmitglied des alpinen Vereins [?] 1913
Prag. Ehrenritter der Allmutter Praga. 1913
Wien. Verleihung des Österr. ung. Ehrenzeichens für Kunst und Wissenschaft. 1913
Metz: Ehrenritter des Reyches Metis 1913
Linz. Ehrenschelm des Reyches Linzia. 1913
Broklin. Ehrenmitglied der Broklinia. 1913
Illemitz [?] bei [?] Ehrenbürger 1913
Hamburg. Ehrenritter der Schlaraffia Harmonia 1913
Wien. Reichsbund der österr. Mundartdichter. Ehrenmitglied. 1913
Grazer Männergesangverein, Ehrenmitglied. 1913
Gonobitz. Ehrenbürger 1913
Innsbruck. Ehrenmitglied des Tiroler und Vorarlberger Schriftsteller u. Journalisten=Vereins 1913
Flensburgia. Schlaraffen. Ehrenmitglied 1913

Chemnitz „Gemeinde Winkel". Ehrenmitglied 1913
Urspitz. Deutscher Schulverein Ortsgruppe Rosegger 1913
[?] Nordmähren. Jugendbundsgruppe „Rosegger" 1913
Graz. Fachverband der Kleidermacher Steiermarks. Ehrenmitglied. 1913
Windisch Feistritz. Ehrenbürger 1914
Wien. Lesehalle der Technischen Hochschule. 1914
Trautenau. Ehrenmitglied der „Jünger Deutschböhmens". 1914
Wien. Ehrenmitglied des Vereins „Deutsche Heimat" 1914
Hamburg (Berlin) Ehrenmitglied des Allgemeinen Deutschen Sprachvereins. 1914
Wien. Rosegger=Kindergarten 1914
Graz. Landesverband für Fremdenverkehr in Steiermark 1914
Weimar. Goethegesellschaft. Vorstandsmitglied. 1916
Erzherzog Franz Salvator Offiziers Ehrenzeichen mit Kriegsdekoration. 1916
Graz. Ehrendoktor Jus der Universität 1917
Brünn. Ehrenmitglied des deutschen Journalisten und Schriftstellervereins in Mähren u. Schlesien. 1917

[3.] Ehrungen Roseggers so weit sie mir bekannt.

Graz: Roseggergasse.
Wien. Ottakring: Roseggergasse
Mürzzuschlag: Roseggergasse 1901
Krieglach: Roseggergasse. 1884
Bruck a. M.: Roseggergasse 1901
Leoben: Roseggergasse 1901
Leibnitz: Roseggergasse. 1901
Pretuleralpe: Roseggerhaus. 1900
" Waldheimathütte. 1900
Mürzzuschlag: Roseggerruhe. 1901
Spital a. S.: Roseggerplätzchen. 1900
Mürzzuschlag: Evang. Kirche: Roseggerinschrift. 1900
Schottwien: Roseggerhöhe. 1901
Thalerkogel bei Trofaiach: Roseggerstein. 1890
Mürzzuschlag: Schruf: Roseggerstübel. 1898
Mürzzuschlag, Steinbauer: Roseggerhöhe
Graz: Waldlilie. 1885
Mürzzuschlag: Waldheimat=Gesellschaft. 1900

Teplitz, Böhmen: Villa Rosegger.
Teplitz " Roseggerhaus.
Pertschach, Wörthersee: Heimgarten=Villa.
Von Bachofen Wien gestiftet: Roseggermedaille. 1893
Jos. Pichler, Graz: Roseggerhüte.?
Wien, Dresden, Berlin, Görlitz, Mürzzuschlag, Krieglach, Zilli, Graz: Roseggerkarten
Graz: Roseggerwarte. 1901
Graz: Zitherclub Waldlilie.
Hüttau: Roseggerhäuschen.
Zahllose Zueignungen von Werken deutscher Schriftsteller.
Festschrift u. andere große Ehrungen zum 50. Geburtstag.
Kaiserliche Auszeichnung mit dem Orden der Eisernen Krone III. 1898
In Deutschland ungezählte Vorlesungen über mich und meine Bücher.
Übersetzungen vieler meiner Werke ins Englische, Französische, Holländische, Dänische, Schwedische, Norwegische.
Gasthaus zur „Waldlilie". Scheuchenegg bei St. Lorenzen. 1901
Algersdorf bei Graz: Rosegger Gasse. 1889
Roseggerstübel, Pichelwang 1902
Rosegger=Gesellschaft. Dornbirn 1902
Rosegger=Bank, Sulzhagen i. Harz. 1902
Rosegger=Schnitten. Graz. 1902
Rosegger=Gasse. Gablonz. 1902
Roseggerstraße. (Villen Colonie) Frankfurt a.M. 1903
Roseggerhof. Bruck a. M. Neues Haus von K. Till in der Roseggerstraße. 1903
Roseggergasse Marburg.
Roseggergasse. Knittelfeld 1903
Rosegger=Buche. Höningen. Rheinpfalz. 1903.
Rosegger=Steig auf den Plabutsch. 1903
Rosegger=Waldhaus. Altenberg Sachsen.
Waldheimatwarte. 1903
Peter Rosegger=Haus. St. Gilgen
Haus „Waldheimat" Lieberzell, Würtemberg.
Waldschulhaus=Tafel 1903.
Roseggerstraße, Brünn 1903.
Rosegger-Hemdkrägen 1904, Graz.
Rosegger=Bisquits. Hamburg. 1904
Rosegger-Warte auf dem Thalerkogel bei Trofaiach. 1904

Alpsteig=Roseggerhof. 1904
Gmunden Café Heimgarten. 1904
Gablonz Rosegger=Weg. 1903
Oldeslon. Holstein. Heimgarten. Kinderpflegeheim 1905
Karlsbad. Roseggerhaus des Theater [?] 1905
St. Georgentheil bei Rumburg: Roseggergasse 1905
Kindberg. Rosegger=Weg 1906
Graz Gösting. Rosegger=Stübel. 1906
Mitterdorf. Rosegger=Steig 1906
Königl-Preußischer Kronenorden II. Cl. 1907
Graz. Steinfeldersäle: Rosegger=Stube. 1907
Berlin=Rixdorf: Roseggerstraße 1908
Lustenau. Roseggerstraße
Leitmeritz. Tischgesellschaft Rosegger 1908
Kapfenberg. Waldschulmeister=Brunnen. 1908
Aussee. Roseggerweg 1908
Trofaiach. Roseggerstübel 1908
Eggenberg. Roseggergasse ?
Vordernberg. Roseggerstübel 1908
Neutitschein. Roseggerstraße 1909
Olmütz. Peter Roseggergasse. 1909.
Radebeul. Roseggerstraße 1909?
Wien. D. Sch. Ortsgruppe „Rosegger"
Krummau. Roseggergasse. 1909
Wien. Tischgesellschaft „Rosegger". Junge Wiener Staatseisenbahnbeamte 1909. Ehrenmitglied.
Abbazia. Roseggerhaus. (Schulhaus) 1909
[?] bei Pilsen. Jugendbund „Rosegger" 1909
Rodaun. Rosegger=Straße. 1909
Fürstenfeld. Roseggergasse. 1909.
Graz-Mariatrost. Roseggerweg 1910
Hartberg. Roseggergasse. 1910
Deutschlandsberg. Roseggersteig 1910
Roseggerstraße Meran ?
Kapfenberg: Gasthaus zum Rosegger=Brunnen. 1910
Pettau. Rosegger=Stübel. 1910
Wels: Roseggerstraße 1910

Karlsbad: Roseggerpark. 1910
Roseggerstraße "
Klosterneuburg. Roseggerstraße 1910
Bozen. Roseggerpark. 1910
Gablonz: Rosegger=Hutbroche. 1910. Brunner u. Leiß. Alleinrecht.
Liebenau bei Graz. Roseggerstraße 1910
Jägerndorf. Roseggerdenkmal 1910
Bruck a.d.Mur. Rosegger=Stübel „Zum Mohren" 1910
Velden. Rosegger=Warte. 1910
Galizien, Mariahilf Roseggerschule 1910
Schneekoppe in Riesengebirge Roseggerweg 1910
Judenburg. Roseggergasse 1910
Judenburg. Roseggerhof 1910
Klagenfurt. Roseggerstraße 1913
Graz. Gedenktafel im Landhaus. 1913
Cilli: Rosegger=Ring 1913
Retz: Rosegger=Gasse 1913
Nixdorf (Böhmen) Rosegger=Straße 1913
Breslau [?]. Rosegger=Weg. 1913
Langenwang. Rosegger=Weg 1913
Berndorf. Roseggerstraße 1911
Schwanberg. Roseggerpark. 1913
Vöslau Roseggerhöhe 1913
Hruschau. Roseggerstraße 1913
Melk Roseggerstraße 1913
Oderberg Roseggerstraße 1913
Windisch-Feistriz Roseggerallee 1913
Suczawa. Bukowina. Roseggerplatz 1913
Marienbad. Roseggerweg 1913
Aussee. Roseggerhöhe. 1913
Kritzendorf (bei Klosterneuburg.) Roseggergasse 1913
Aspang. Roseggergasse. 1913
Dölsach Villa: Rosegger=Ruh 1913
Stadt Neugasse (bei Olmütz) Roseggerstraße 1913
Perchtoldsdorf Peter Roseggerstraße 1913
Deutsch=Altenburg. Roseggergasse 1913
Groß=Enzersdorf. Roseggerstraße 1913

Groß=Enzersdorf. Rosegger=Kindergarten.
Wien. Roseggerhütte. Uhrmacher Schneider. Operng. 10
Straßgang Roseggerstübel. 1913
Hohenelbe. Roseggerstraße 1913
Czernowitz Roseggerstraße 1913
Linz. Roseggerstraße 1914
München Roseggerstraße in „Waldlust=Haar" 1914
Fürstenfeld Roseggergmoan 1914
Riga. Roseggerzimmer im Christl. Hospiz der Stadtmission 1914
Wieselburg (N.Ö.) Roseggergasse. 1914
Meiningen. Pensionat Heimgarten. 1914
Gratwein. Roseggerstübel. 1915
Wien. Roseggerkindergarten. ?
Graz. Roseggerhaus. 1914
Andritz Heimwesen Rosegger 1916
Graz Kaffeehaus Rosegger 1916
Marienbad: Peter Roseggerweg 1916 (?)
Bodenbach: Roseggerheim 1916
Krieglach Alpel: Gasthaus zur Waldheimat
Radkersburg: Roseggersteig?

Rosegger=Schulen: Mariahilf (Gal.) Matzdorf (Schles) Neuwelt (Böhm.) Hölldorf u. Saldenhofen (Steierm.) Finkenstein (Kärnt.)

Jägerndorf: Roseggerstraße. 1910
Rosegger=Kindergärten: Schröffelsdorf (Böhm.) Chotinschau (Böhm.)
Judendorf. Roseggerweg. 1910
St. Pölten. Roseggerstraße 1910
Pernitz. N.Ö. Roseggerwarte 1910
Villach. Roseggerstraße 1910
Harrachsdorf. Roseggergasse 1910
Salzburg. Roseggerstraße 1910
Pöllau. Roseggerweg 1911
Mährisch=Ostrau Roseggergasse 1911
Loschwitz (Sachsen) Roseggerstraße 1911
Judendorf (Gasthof Zach) Roseggerstübel. 1911

Hartberg Villa Erdsegen 1911
Graz. Roseggerstübel. (Albrechtsgasse 8) 1911
Gotha. Roseggerstraße 1911
Obermais. Roseggeranlage. 1911
Stadt Berndorf. Roseggerstraße. 1911
Göstling. Rosegger=Stübel. 1911
Rennzähe (bei Königinhof) Roseggerstein 1911
Amstetten. Rosegger=Straße 1911
Schönstein. Turnverein Rosegger 1911
Feldbach. Rosegger=Stübel. 1911
Troppau. Rosegger=Gasse. 1911
Prag Rosegger=Ortsgruppe des D. Schulvereins 1911
Preßbaum. Südmark. Roseggerstübel. 1912
Tetschen a. d. Elbe. Roseggerstraße. 1912.
Weiz. Roseggerstraße. 1912
Böhm. Kamitz. Roseggerweg 1912
Arnstadt (Thüringen) Roseggerstraße 1912
Pernitz. Rosegger=Warte 1912
Prödlitz. Roseggerstraße 1912
Stangelalpe. Waldheimat=Schutzhaus 1912
Haida Böhmen. Roseggerstraße 1912
Niklasdorf bei Leoben: Roseggerstübel. 1912
Aune, Südtirol: Roseggerrunde.
Kukau bei Gablonz: Rosegger=Park. 1912
Pragerhof: Roseggerschule 1912
Matzdorf. Roseggerschule. 1911
Hölldorf. Roseggerschule 1912
Harrachsdorf Roseggerschule. 1912
Wr. Neustadt. Rosegger=Gasse 1912
Leobersdorf. Rosegger=Gasse 1913
Gumpolds-Kirchen. Peter Roseggergasse 1913
Pyhanken bei Teplitz. Böhmen. Rosegger=Anlage. 1913
Fischern-Karlsbad. (V. Heinrich) Roseggerhaus. 1913
Mödling. Roseggerweg 1913
Ried. Peter Rosegger=Straße 1913
Witkowitz. Roseggerstraße. 1913.
Frohnleiten. Rosegger=Warte 1913

Purkersdorf: Roseggergasse 1913
Göding. Roseggerstraße 1913
Dortmund. Roseggerstraße 1913
Graz. Rosegger=Kai.
Vöcklabruck. Rosegger=Denkstein 1913
Aussig: Rosegger=Anlagen 1913 Rosegger=Park.

Die Autoren

Hans-Anton Ederer
Geboren 1944 in Weiz. Theologe, Religionssoziologe, 1972-1983 im Bistum Trier tätig, freier Journalist und ständiger Mitarbeiter der Zeitschrift kritischer Christen „Publik-Forum", Frankfurt am Main.

Werner Hahl
Geboren 1940 in Heidelberg. Privatdozent für Neuere deutsche Literatur an der Universität München. Arbeiten zur Romantheorie, zum Bürgerlichen Realismus und zur literarischen Volksbildung im 19. Jahrhundert. „Jeremias Gotthelf, der ‚Dichter des Hauses'" (1993), Nachwort zu Gotthelf: Die schwarze Spinne; Nachwort zu Theodor Storm: Immensee – Pole Poppenspäler;

Jürgen Hein
Geboren 1942 in Köln, Professor für Literaturwissenschaft und Literaturdidaktik an der Westfälischen Wilhelms-Universität Münster. Buchveröffentlichungen zu Raimund und Nestroy. Dorfgeschichte und Volksstück, Beiträge zur Dialekt- und Regionalliteratur.

Wolfgang Hölzl
Geboren 1961 in Judenburg. Germanist, Kunsthistoriker, Dr.phil., 1988-92 Verlagslektor in Graz, seit Juli 1992 Leiter des Universitätsverlages Carinthia in Klagenfurt. „‚Der Großdeutsche Bekenner'. Nationale und nationalsozialistische Rosegger-Rezeption" (1991).

William M. Johnston
Professor für Geschichte an der Universität von Massachusetts. „Österreichische Kultur- und Geistesgeschichte. Gesellschaft und Ideen im Donauraum 1848-1938" (3. Aufl. 1992), „Vienna, Vienna" (1981), „Celebrations: The Cult of Anniversaries in Europe and the United States Today" (1991).

Jürgen Lehmann
Geboren 1940, Germanist, Slawist, seit 1988 Professor für Vergleichende Literaturwissenschaft und Neuere Deutsche Literaturgeschichte an der Universität Erlangen-Nürnberg. Zahlreiche Publikationen zu den deutsch-russischen Literaturbeziehungen, zur Autobiographik, zur Ästhetik des Deutschen Idealismus, zur DDR-Literatur und zur Regionalliteratur.

Hubert Lengauer
Geboren 1948 in Kirchschlag bei Linz, Germanist, Anglist, A.O. Professor am Institut für Germanistik der Universität Klagenfurt. Veröffentlichungen zur Literaturgeschichte, insbesondere zur österreichischen Literatur des 19. Jahrhunderts.

Karlheinz Rossbacher
Geboren 1940 in Waidegg (Kärnten), Professor für Neuere deutsche Literatur am Institut für Germanistik der Universität Salzburg. Zahlreiche Veröffentlichungen zur deutschsprachigen Literatur des 19. und 20. Jahrhunderts, Heimat- und Provinzliteratur, zur Vermittlung von Literatur und Sozialgeschichte bzw. Zivilisationstheorie; „Heimatkunstbewegung und Heimatroman" (1975). „Lesen auf dem Lande" (1977), „Literatur und Liberalismus" (1992).

Wendelin Schmidt-Dengler
Geboren 1942 in Agram, Germanist, Altphilologe, seit 1989 Professor für Neuere Deutsche Literatur am Institut für Germanistik der Universität Wien, seit 1996 Leiter des Literaturarchivs der Österreichischen Nationalbibliothek, Gastprofessuren an Universitäten in Österreich, Italien, Frankreich und den USA. „Genius. Zur Wirkungsgeschichte antiker Mythologem in der Goethezeit", Herausgebertätigkeit (Doderer, Herzmanovsky-Orlando), zahlreiche Aufsätze.

Gerald Schöpfer
Geboren 1944 in Graz, Jurist, Staatswissenschafter, Vorstand des Instituts für Wirtschafts- und Sozialgeschichte an der Universität Graz , seit 1972 Chefredakteur der „steirischen berichte". Theodor Körner-Preis, Josef Krainer-Forschungspreis. Publikationen zur österreichischen Wirtschaftsgeschichte und zur Oral History.

Gisela Steinlechner
Geboren 1961 in Kirchdorf in Tirol, Germanistin, Literaturwissenschafterin, Dr. phil., derzeit Lehrbeauftragte am Institut für Germanistik der Universität Wien. „Fallgeschichten. Krafft-Ebing, Panizza, Freud, Tausk" (1995), diverse Publikationen zur Psychoanalyse und zur literarischen Avantgarde. Derzeitiges Forschungsprojekt „Studien zur literarischen Moderne in Österreich".

Juliane Vogel
Geboren 1959 in Mainz. Germanistin, Anglistin, Dr. phil., seit 1989 Assistentin am Institut für Germanistik der Universität Wien, zahlreiche Veröffentlichungen zur österreichischen Literatur des 19. und 20. Jahrhunderts, zur feministischen Literaturwissenschaft und zum Musiktheater. Buchveröffentlichung: „Elisabeth von Österreich. Momente aus dem Leben einer Kunstfigur" (1992 u. 1998).

Karl Wagner
Geboren 1950 in Steyr, A.O. Professor am Institut für Germanistik der Universität Wien. „Herr und Knecht. Robert Walsers Roman ‚Der Gehülfe'" (1980), „Die literarische Öffentlichkeit der Provinzliteratur. Der Volksschriftsteller Peter Rosegger" (1991), Herausgebertätigkeit (Rosegger, Saar), Aufsätze zur Literatur des 19. und 20. Jahrhunderts.